教潭行影

——孙汉洲教育文萃

孙汉洲　著

东南大学出版社
SOUTHEAST UNIVERSITY PRESS
·南京·

内 容 简 介

本书是孙汉洲先生教育思想研讨会资料汇编，主要收录了孙汉洲先生21世纪以来发表的相关论文，以及部分书刊中的对他的评介资料。本书分为五编：第一编“理念评述”，分别就孙汉洲先生的语文教育思想和教育管理思想作了初步探讨；第二编“教海问津”，收集了孙汉洲先生部分语文教学论文；第三编“治教探骊”，收集了孙汉洲先生部分教育管理方面的论文；第四编“教余心语”，收集了孙汉洲先生与学校教育有关的诗文；第五编“公众视角”，收集了媒体和社会知名人士的评价性诗文。

图书在版编目(CIP)数据

教潭行影：孙汉洲教育文萃 / 孙汉洲著. —南京：东南大学出版社，2017.6

ISBN 978-7-5641-5980-1

Ⅰ.①教… Ⅱ.①孙… Ⅲ.①教育-文集 Ⅳ.①G4-53

中国版本图书馆CIP数据核字(2017)第100297号

教潭行影——孙汉洲教育文萃

著　者	孙汉洲	责任编辑	刘　坚
电　话	(025)83793329/83790577(传真)	电子邮件	liu-jian@seu.edu.cn
出版发行	东南大学出版社	出 版 人	江建中
地　址	南京市四牌楼2号(210096)	邮　编	210096
销售电话	(025)83794561/83794174/83794121/83795801/83792174/83795802/57711295(传真)		
网　址	http://www.seupress.com	电子邮件	press@seupress.com
经　销	全国各地新华书店	印　刷	南京玉河印刷厂
开　本	787mm×1092mm 1/16	印　张	21　　字　数 520千字
版　次	2017年6月第1版	印　次	2017年6月第1次印刷
书　号	ISBN 978-7-5641-5980-1		
定　价	48.00元		

本书编委会

前　言

南京二十九中七十周年校庆之际，南京市鼓楼区教育局与学校举办了刚退休的老校长孙汉洲教育思想研讨会。这本集子是研讨会的重要成果。集子中选录了孙汉洲先生21世纪前后教育教学论文和与教育相关的诗文，同时还收集了部分媒体的报道与同事、专家的评论文字，计约50万字。

孙汉洲先生1976年走上教坛，除其间读大学四年外，一直在教育教学、教育管理第一线奋斗、探索；天道酬勤，春华秋实，孙汉洲先生的成果丰硕。早在上世纪九十年代，他就形成了“新活导创”的教学风格，教学成绩在本地区出类拔萃。1987年，他担任了学校教务处主任，1989年起先后在白塔中学、东海县中学、东海高级中学、南京二十九中等名校任副校长、校长；退休刚卸任，又受聘为非营利性民办学校南京市鼓楼实验中学校长。无论在苏北还是南京，作为校长，他都以卓越的管理水平把学校工作搞得风生水起。我们不妨看一个事例，他在南京二十九中临卸任前创造了两个奇迹：一是学校2014年被评为全国文明单位，这在南京市教育史上绝无仅有；二是学校2015年高考文化类考生二本上线达608人，刷新了南京主城区名校高考的记录。

孙汉洲先生的学术研究与创作视野开阔。他是一个诗人、散文家、语言学家、孔学专家、语文教育与教育管理专家。他先后发表400多篇诗文，出版语言学、教育学、社会学专著以及诗集、散文集21部，主编著作30余部。他的研究成果先后获得全国、省、市、区(县)哲学社会科学奖、五个一工程奖等奖项20余次。

正因为如此，孙汉洲先生先后荣获“全国劳动模范”、特级教师、“江苏省有突出贡献中青年专家”等荣誉称号，并成为江苏省首批教授级高级教师，中小学教师中鲜见的中国作家协会会员。

孙汉洲先生的成就是多方面的，这个集子展示的主要是他语文教学与教育管理方面的思想理念与相关研究。孙汉洲先生是一个基础教育行家。他的教育教学思想、理念，扎根基础教育的沃土，具有“针对性、实用性、实践性”，易学易行，是基础教育宝库中的珍品。例如他“积米为炊”“生动激趣”“语文姓语”“读写结合”等教学理念，“以生为本”“以爱为本”“以德为本”“文化留根”“目标激励”“以研促教”等教育理念，无不闪烁着理论与实践的智慧光芒。我们把这次研讨会成果整理出版，旨在使孙汉洲先生的教育思想发扬光大，充分发挥其社会效益。

从传统人事制度的角度看，孙汉洲先生已经退休了；但是，从教育事业的角度看，孙汉洲先生退而未休。他创办的南京市鼓楼实验中学先是“未办先红”，后是“一办惊人”，从而充分证明他的教育青春不老，余勇可贾。我们期望孙汉洲先生青春永葆，再接再厉，继续在教育这块希望的田野上不辍耕耘，收获成功与辉煌……

编委会

2016年9月10日

目录 Contents

▶第一编 理念评述◀

▶第二编 教海问津◀

目录

Contents

目录

Contents

第一编

理念评述

自　述

——在孙汉洲教育思想研讨会上的发言

尊敬的各位来宾，首先请允许我以个人的名义对你们拨冗光临表示热烈的欢迎、衷心的感谢和崇高的敬意！

从1976年做民办教师起，到今年8月份退休，我在教坛上耕耘了将近四十个年头。四十年风雨，语文教学和教育管理耗费了我的心血与智慧，也成就了我的人生，给我带来了荣誉、鲜花与掌声。然而，我从来没有敢说自己已经形成了教育思想。记得前年江苏教育厅编写《特级教师教学思想录》时，我入选的文章题目是《教学心得ABC》。今天开这个会，一是因为二十九中新任的领导班子对我的尊重，二是因为新常态下，校庆需要新的形式，三是因为“某某思想”也是目前流行的说法。但我深知担当不起，受之有愧，但又却之不恭，只好从众从俗，像丑媳妇见公婆一样，把自己的一些见解展示给诸位专家，不过这样也好，因为“群贤咸集，高朋满座”，我得以聆听教诲，三生有幸，另外今天的会议会给二十九中七十华诞增加几分喜气，也令人欣慰。十年来，我关于语文教学与教育的所谓“思想”基本收集在《教潭行影》这个小册子中，我这里不拟多说，也不敢讲我是怎样“成名成家”的，更不敢以家自称，但我不妨给自己下个“评语”，算是“敷衍塞责”吧！

一、我是一个语文人——语文情深深几许

自打懂事以来，我一直在学语文，教语文，研语文，倡语文。花甲回首，多少人和事如涛声远去，与我形影不离的唯有语文！

父亲是一个胆小本分的读书人，虽解放前饱读诗书，但却做了一辈子农民，因而他把希望寄托到我身上。从我懂事时起，他就把学过的诗文一个劲地向我灌输。记不清多少次，父子茅屋薄被相拥，于夜雨寒风中共读《三字经》《幼学琼林》，背诵《唐诗三百首》，六七岁时，我连李华《吊古战场》之类的长篇古文也会背了。虽然当时听了似懂非懂，但是我心中语文的种子却悄然发芽、生根。

1976年，由于教师奇缺，我这个高中毕业生当了高中语文教师，从此走上了语文教学之路。即使是后来在徐州师范学院中文系学习的四年，我仍利用寒暑假时间和通信的方式辅导着10多个追随我的学生。这些学生大多为高考落榜生，但是，随着语文能力的提高，他们多数人都有所成就，获得了“铁饭碗”，成为记者、编辑、国家干部，其中还有4个人成了省作家协会会员，1个人成了中国作家协会会员。

近四十年来，我的执教对象不仅有中学生，还有研究生、部队官兵、进修教师，他们的成就就是我的欣慰。难忘1987年，我一个人带了三个班语文，还带了一个距校十五里地的空军师高考补习班，外加一个五十里外县进修学校大专班的文学概论课。一个人的工作量相当于三个人的工作量！

语文研究是我研究领域的重要部分。我以研促教，以教促研，发表了几百篇论文，编了几十本书，多半与语文有关。《语文笔谈》《趣味语文》《快乐语文》《中学实用修辞》等多本专著，如惊艳的芽

儿，浸透了奋斗的泪水、牺牲的血雨。

我的许多业余爱好也离不开语文。我来到南京后，受友人影响喜欢石头。但我搜集石头时，却偏重于文字石。目前，我搜集到的文字石已近200枚。我用这些石头上的文字组成名句、组成诗歌，令人拍案惊奇。例如“语文人”“千年等一回”“人类财富”，等等。

总之，语文已经融入我的生活，我的生活中不可一日无此君。可以食无酒肉，但不能一日不看书；可以不看电视不打牌，但不可以一日不写作。如果一天不看书，不写作，我便觉得日月虚度。床头有书，案头有文章，此生亦足乐矣。平时所交，有高官有富豪，然而，身处其中不自卑者，因有语文支撑我！当然，论及地位，我自然不如他们。然而，我有弟子三千，诗文千篇，又何贱之有？何贫之有？何卑之有？我坦然，恬然，不以为惭焉。

二、我是一个中学教育人——为伊消得人憔悴

四十年来，我的中学教育情结千丝万缕。我热爱教育事业，多少次有改行做公务员的机会都放弃了；我珍惜中学校长这个职务，多少次做局长乃至更好的职位我也放弃了。

女儿于1988年出生，我1990年开始做校长。女儿长大后开玩笑说：“老爸不求上进，干了一辈子，还是校长。”我听了不但不惭愧，反而有几分自豪！自从做校长以来我一直以校为家，我的节假日基本都在学校度过。2005年，我在东海高级中学做校长，教育厅组织赴英国考察一个月，我因放心不下学校工作，到了上海机场，连夜改变主意，第二天别人上了飞机，我却回了东海。在任南京二十九中校长期间，我也没有出过一次国。我不敢说我有多大能耐，但我敢说我所到之处工作风生水起，靠的就是这种中学教育情结。今年8月3号，超期服役的我退休了，不少轻松的工作在召唤我，但我一一谢绝。因为区委区政府领导要我办一所非营利民办学校，我欣然答应。我在中学教育的沃土上耕耘日久，确实也积累了一定的经验，产生了不少灵感，创造了几次奇迹。我做过四个学校校长，都把学校教育教学推向高峰，功成而退，不留半点遗憾。

三、我是一个诗人——“语”不惊人死不休

我用我的智慧写文学之诗，我也用我的生命写生活之诗、工作之诗。

作为诗人，我用诗抒情言志，我用诗记载心路历程，我用诗咏物审美，我用诗寄托讽喻与理想。目前，我已写了两千余首诗，出版了6本诗集。2015年3月开始，我用诗配图的方式在微信上发诗，与同好共乐。我私下想，再过一百年，如果还有人会记起我的话，那一定是因为我的一两首诗。

我也是一个生活与工作的诗人。就拿当校长来说吧，本非我愿，但是，我把管理当做写诗，首先产生了爱好，同时也产生了激情，进而产生了诗情。回首往事，我当校长的四个学校，每一次经历都是一首诗。在东海县中，我亲自建起了一个占地300亩，建筑面积8万平方米的花园式学校，并使它的教学质量鹤立鸡群，那是一首诗；在二十九中，我带领师生创建了南京市中学教育史上唯一一家全国文明单位，那是一首诗；二十九中高考逆袭而上，连续10年高位增长，文化类二本达线人数由90多人到2015年的608人，刷新了南京市主城区的高考纪录，那是一首诗；二十九中创立了全省唯一一家儒学课程基地，受到省市领导的重视，这也是一首诗！

在诗情画意中工作其乐无穷，在诗情画意中前进的团体其乐无穷！我相信，二十九中人在这种诗般的情结中庆祝学校七十华诞，亦其乐无穷！

四、我是一个学人——众里寻他千百度

几十年来，我钟情学术，在语言学、社会学领域辛勤耕耘。我承担过10个国家级、省级社会科学

与教育科学课题,并顺利结题。我研究孔子、毛泽东的语言艺术。鲁迅诞辰100周年,绍兴市政府邀请我出席研讨会。我研究修辞方法,发现总结了7种修辞手法。我个人编写的47万字的《双音词典故词典》,填补了国内外辞书的空白。我研究孔子,已出版了9本书,其中《孔子智慧与现代文明》获得江苏省哲学社会科学优秀成果奖,《孔子教你做老师》被韩国又松大学译成韩文,作为韩国教师进修用书。2015年7月19日,江苏书展在徐州举行,江苏人民出版社出版的《孔子智慧丛书》举行首发式,受到了众多学者的好评。有人开玩笑说,我研究孔子是赶时髦,我说不是。因为我在读大学时就研究孔子,屈指算来,已经三十五年。当然,《孔子智慧丛书》也许算是普及性读物,或者说是"下里巴人"吧,下面我还要深入研究,搞出点"阳春白雪"来。目前,我在研的有江苏省社会科学基金项目和南京市文化人才项目,都是有关孔子研究的,我受命正在筹建江苏省儒学研究专业委员会、江苏省教育学会孔子教育研究中心。我将团结、整合全省儒学研究力量,为中华传统文化的传承和发展献计献策献力。

五、我是一个真人——一片冰心在玉壶

我把陶行知的名句作为座右铭:"千教万教教人求真,千学万学学做真人。"

我为人一片真心,做工作一股真劲,心怀善良,不隐瞒好恶,不做老好人,不要小心眼,无害人之心,甚至无防人之心。几十年来,由于工作关系,得罪过不少人,但是都是由于工作关系。正如恩格斯评价马克思那样:"他可能有许多敌人,但没有一个私敌。"我性子急,大嗓门,直来直去,有人说我好骂人,甚至有人说,二十九中的成绩是我骂出来的。我说,不敢当,我没那么大的本事!如果凭骂人能把学校成绩骂上去,那么校长就成了"神人"了。有时我讲,就算我骂人吧,但我骂人不害人。如果要说我"骂人",骂得最多的是中层干部。但是,截至我退休时,二十九中60多个中层干部中,达到最基本条件的(凡中层干到三年的)都被提拔为副校级干部。

"名岂文章著,官应老病休。"退休者应该退而休矣,应该成为"桃花源中人":"不知有汉、无论魏晋。"但是我还有一件重要的工作要做,那就是写一本关于教育的纪实性长篇小说。我将在小说中写进我的教育理念与实践,乃至人生风雨、爱恨情仇。我还要写更多的诗,用诗歌之烛照亮我的晚年。

最后,祝诸位嘉宾身体健康,工作顺利,全家幸福!祝二十九中顺势而为,乘风而上,百尺竿头更进一步,谱写鼓楼教育、南京教育、江苏教育乃至中国教育的新篇章!

孙汉洲

2015年10月

因为心中有个“她”

——孙汉洲语文教学理念评述

孙汉洲,江苏教育界一个响亮的名字。他博学多能,在诸多领域都取得了非凡的成就。他是模范人物(全国劳动模范、江苏省有突出贡献的中青年专家),他是名校长(省辖市名校长),他是名师(中学语文特级教师、教授级高级教师),他是知名作家、诗人(中国作家协会会员),他是学者(仅研究孔子的专著就已经出版了 9 部),他是家庭教育专家(中国家庭教育专业委员会常务理事),他还是学术领袖(江苏省儒学研究专业委员会理事长、江苏省教育学会孔子教育思想研究中心主任)。他获得过全国、省、市、区等荣誉 100 多项。他两次晋京受到党和国家领导人的接见,十余家报刊、电视台对他的事迹进行过报道。

1975 年高中毕业,他就做了民办教师,任教高中语文。高中毕业教高中? 家长与学生的眼光中充满了疑问。然而,时间不久,疑问就变成了信任。在全乡(公社)统考中,他任教的班级语文均分夺得了第一! 1982 年,在徐州师范学院深造了四年的他,以优异的成绩毕业,又回乡任教。

起初分配到白塔中学,他带了两个普通班的语文课。然而,三年后高考成绩揭晓,这两个班的语文均分分别比最好的重点班高 5 分和 6 分! 1988 年,他教的农村中学理科班高考均分全县第一。1999 年高考,他任课的班级平均分不仅在县内夺魁,而且高出省平均分 16 分! 2007 年,南京二十九中颜欢同学高考作文获得满分,令语文界拍案称奇,而这位同学恰恰出自孙汉洲任教的班级。数不清多少学生,“亲其师”而“信其道”“行其道”。在他的感染与带动下,许多同学投身语文事业,成了名师、作家、记者、编辑……

他不仅语文教学实践经验丰富,在语文教学理论方面也成果丰硕。早在 20 世纪 80 年代,他就已经形成了“实、活、导、创”的教学风格。《中国教育报》《语文教学通讯》《中学语文教学参考》等十几家刊物先后对此做过专题报道。语文出版社出版的国家级重点课题研究成果“名师成长研究丛书”《把人的教育写在旗帜上》开辟专章 1 万余字对他的教学风格、教育理论与实践进行阐述;2012 年出版的“中国教育成长观察丛书”《名校长》将他作为首篇人物进行推介。他在 30 余家刊物上发表语言学、教育教学文章 400 余篇,其中语文专业研究文章 200 多篇。个人出版语言学、教育学、社会学专著以及散文集、诗歌集 18 部,主编著作 30 余部,其中包括《语文笔谈》《中学生修辞》《爱国诗鉴》《语文活动课程方案选粹》等十多部语文领域专著。先后主持 10 余项国家级、省级课题并结题。科研成果受到好评,先后获得国家、省、市哲学社会科学、教育成果、“五个一工程”等优秀成果奖 20 余项。

笔者在与孙汉洲相处的日子里,对他总有“仰之弥高,钻之弥坚,瞻之在前,忽焉在后”的感觉。面对如此卓著的成就,人们不禁要问“孙汉洲成功的秘诀何在?”他总是以“我的心中有个‘她’”来回答。“她”是谁? “她”就是让孙汉洲一生魂牵梦萦的“语文”! 正是因为这份执着与热爱,才让他在语文教学这条路上奋力前行,锐意进取。我们这里管中窥豹,就其语文教学理念略作探究。从他的理论著作与实践踪迹中,初步总结出其十个语文教育理念,与同仁共享。

一、积米为炊的理念

积米为炊，是孙汉洲语文教学的重要理念。他反对以改革为旗号、奢谈能力培养、轻视“积累”的现象。他认为语文基础知识和生活经验是“米”，而语言表达（包括书面表达和口头表达）水平是“炊”。若基础积累不厚实，则会陷入“巧妇难为无米之炊”的窘境。

虽然他长期执教高中学段，但仍然非常重视字词教学。他总是要求学生必备三本工具书：《现代汉语词典》《汉语成语词典》《古代汉语常用字字典》。同时，他还开出了要求学生掌握的词语清单，让学生做到会读、会写、会用。20 世纪 80 年代，全国统编语文教材，课文内容很少。孙汉洲便组织学生加强课外阅读，他自拟了一份书目要求学生阅读。平常，他一旦发现好文章，便刻印在蜡纸上，然后油印分发给学生阅读。他还利用课内外时间注重补充一些记叙文素材、议论文论据，夯实学生的写作基础。

孙汉洲在课改方面，能够开风气之先。“九五”期间，他就承接了江苏省“333 工程”活动项目、江苏省教育科学“九五”课题“中学语文活动课程的设计与实施研究”，其重要成果《语文活动课程方案选粹》由中国矿业大学出版社出版。该书中 60 多个方案中半数属于“带有积累性的”微型语文研究课题。例如“一词多形研究”“赏月诗词研究”“爱国诗词名句研究”等。这些方案，多数是学生在教师指导下完成的。

孙汉洲尤其注重学生生活之米的积累。他在《注重生活之“米”的积累》一文中有较为详尽的表述：

要想写出优秀诗文，必须备好生活之米。历史上，大凡能为诗文美食的巧媳妇，都是生活之米的富有者。安史之乱使得杜甫颠沛流离，却写出了“三吏”“三别”等千秋史诗。李白被唐玄宗“赐金还山”，浪迹江湖，却写出了《梦游天姥吟留别》等一系列卓尔不凡的诗篇。曹雪芹遭受家庭败落的不幸，贫穷到“举家食粥酒常赊”的地步，却创作了文坛奇葩《红楼梦》。蒲松龄在科举考试之路上跋涉艰难，屡试屡败，却为后人留下了文学瑰宝《聊斋志异》。以上诸公成功的秘诀就在于身遭不幸而流落社会底层，因而占有了大量生活之米。拷问那些几千年来的状元宰相们，并非缺少杜、李、曹、蒲之才，而是缺少生活积累，所以在文学上的成就就无法和他们媲美。

从某种意义上讲，生活积累比写作技巧更重要。历史上不少人，文学功底并不深厚，但生活底蕴深厚，偶然为之，便成佳作。刘邦、项羽，都非读书人出身，然而，世事沧桑，酝酿于胸，一朝流露于口，便成精品，他们的《大风歌》《垓下歌》几千年来传诵不衰便是明证。陆游教育儿子说：“汝果欲学诗，功夫在诗外。”陆游这里强调的“功夫”就是生活积累！

2014 年，南京二十九中出版了学生文集《阅读南京》，其中大多数文章都是他提倡学生寒暑假从事社会实践活动，读“无字书”（生活）积累的成果。再如二十九中影像社的学生，他们深入生活，创作的《寻迹 1937》《城市 city》两部电视专题片，先后获得全国校园电视创作评比金奖。

二、生动激趣的理念

孙汉洲认为，语文是一个富矿，可以挖掘大量生动有趣的材料以资教学。他主张语文教师要不唯课本，不唯教参，广泛采集生动的、有趣味性的材料用于语文教学活动的各个环节，包括考试命题。他倡导通过生动的语文材料来激发学生的兴趣、强化学生的学习动机。

孙汉洲是“语文生动激趣说”的倡导者与实践者。让语文“乐”起来，是孙汉洲语文教学实践的经验总结。他推崇孔子的经验：“知之者不如好之者，好之者不如乐之者。”认为语文教学，理应激发学生的兴趣，使学生“乐学”（乐于学习）以至“学乐”（以学习为乐）。

在教学实践方面，他身体力行。这里，我们不妨看他的两个教学案例：

案例一：一次，他讲王之涣的《凉州词》，开始并没有直接分析课文，而是讲了王之涣与王昌龄、高适“旗亭打赌的故事”。绘声绘色的叙述，为学生设置了学习的理想情境。

案例二：仿拟诗会。仿拟诗是模拟现成的诗歌格式，是一种袭用有关字句或句式，从而别出新意的一种诗体。它本身就具有趣味性，为人们喜闻乐见。上课伊始，他简要地介绍了仿拟诗的特点。紧接着，便通过投影仪提供范例。他举的是鲁迅先生《替豆萁申冤》、陈毅的《仿〈出塞〉》，以及谢觉哉的《仿〈芙蓉楼送辛渐〉》。这些仿拟诗精品内容深刻，趣味横生，先自深深地吸引了学生。他再趁机对内容稍作点拨，学生的尝试欲之火被点燃起来。

在这种情势下，他要求学生每人作仿拟诗一至两首，并写在投影纸上，以便“放映”出来让教师评析。教师一呼，学生响应，仿拟诗会就火热地开展了起来。不一会，同学们竞相把作品通过投影仪放出来让师生评析。学生们的作品选材广泛，或讽刺辛辣，或诙谐幽默，或新颖别致，如珠玑杂陈，令人目不暇接。一篇作品放映出来，大家参与评析，各抒己见，在笑声中增长了知识，增长了能力。就这样，一节课不知不觉地过去，以至于下课铃声响了好一会，大家仍浑然不觉。

这堂活动课目的在于让学生了解、掌握仿拟诗的知识，提高语言表达水平。由于课堂教学选材的趣味性强，极大地调动了学生的积极性，教学效果显著。这里，我们不妨看一下学生的两首习作——

仿《幽州台歌》：前不见星期，后不见假期。念作业之重重，独怆然而泣下。

仿《春晓》：春眠不觉晓，何处闻啼鸟？偶尔一两只，又被气枪瞄。

第一首诗讽刺了某些学校违反规定，加班加点的补课现象，第二首诗表现了强烈的环境保护意识。这两首诗立意新颖，内容深刻，读来饶有趣味。

在理论提升方面，他将自己及团队的实践经验加以整理归纳，总结出很多对一线教学有极大参考价值的经验。他发表过多篇相关论文，较为详尽地介绍了这方面的经验。他搜集过大量语文趣味材料，出版了《语文趣话五百篇》等专著。在语文选材方面，他于浩瀚的语文海洋中采珠拾贝，撰写了一批趣味性语文读物，如《文史趣谈》《快乐语文》《趣味语文》《智慧语文》等专著。他还执着于语文活动课程和语文命题的生动性研究，发表了《谈谈语文试题生动性》《谈语文教学选材的趣味化》等论文。他把自己的理论付诸实践，设计趣味性试题。如《读写月报》1990 年 10 期就发表了他的试题《幽默语言运用技巧训练》。他承担过江苏省教育规划“九五”课题“中学语文活动课程的设计与实施研究”，为高中一、二年级开设语文活动课，在语文教学的选材趣味化方面做了有益的探讨，上文所提及的仿拟诗会就是一个很好的探索。

三、语文姓“语”的理念

对五花八门、标新立异、哗众取宠的教学方法，孙汉洲不以为然；对不顾人文学科的特殊性，主张“语文教学理科化”的理论，他并不认同；对“语文是工具性与人文性相结合的学科”这一观点，他也是别有见地。目前，学界对语文的定义，主流声音有两种，或曰语言文字，或曰语言文学。权威性颇强的《现代汉语词典》对语文一词的解释也于二者之间游离。孙汉洲对“语文”的概念有自己独特的理解，他在《我心目中的语文》一文中，以房子作喻，认为语文像是一幢框架结构的房子，生活是基础，文化是框架，语言文字是建筑材料。简言之，语文的要素应该涵盖语言、文字、文化（含文学）、生活。

他认为之所以说生活是语文的基础，是因为语文附丽于生活，语文应生活需要而产生，语文的外延与生活的外延相等，语文能力高低与生活的底蕴密切相关。人类生活需要交际，语文在需要的条件下应运而生。如远古人抬木头累了，需要减压，就“吭育吭育”地喊，这就产生了“语文”，鲁迅先生把“吭育吭育”称为诗歌。语文在生活中无处不在，与人须臾不离。

文化作为语文的框架（这里的框架，取的是现代楼房的框架结构中的框架的义项），其支撑作用至关重要。任何一个民族的语文无不依托、充溢着民族的文化，学者们之所以说语文具有人文性，道理就在于此。当然，作为汉语语文，文学的成分自然是要占较大的比重，但是，不应该说语文要素中“文学”可以替代“文化”。语文教学中务必要加强文化教育。

至于语言文字，是语文的核心内容。语文教学的首要任务，就是要抓好语言教学，这是语文有别于其他学科的“这一个”。很难想象，没有建筑材料，房屋如何建构。语文去掉了语言文字，不就等于孔子所说的那样，犬和羊去掉了皮毛就缺少了区分度吗？语文要姓“语”，这是不容置疑的！

关于语文姓“语”的问题，他不苟同语文的工具性与人文性并重的观点。他认为二者有先后之分、轻重之分。毫无疑问，工具性为先、为重，这种关系含糊不得。语文教学的最主要任务是教会学生利用语言工具表情达意，我们应该注重的是语文知识的积累，语言表达能力的提升。至于学生在学习教材时，思想、情操受到教材内容的熏陶，即属于副产品，就像农民栽种竹子，本意是长出毛竹，但却同时也收获了春笋。

当然，孙汉洲并非说“道”不重要。他只是在“文”“道”两者孰轻孰重、关系界定上更加明确而已。因为这个问题搞不清楚，往往就会把语文课变成政治课、历史课，就会忽视语文的特点。孙汉洲认为，“纯粹教授语言的语文教学是没有的，因为语言是思想的物质外壳，其中不可能不包含人文内容，学生在人文方面的收获也是水到渠成的事。”

四、注重诗教的理念

中国是诗的国度，诗歌一直是文学长河的主流。从社会风化角度看，诗歌教育是中华民族传统教育的有效载体。孙汉洲在《把诗歌请回家》《与诗同行》《诗歌素养·社会·人生》等文章中，充分阐述了一个重要理念：语文教学要注重诗歌教育。有鉴于高考不考诗歌，所以语文教师教学中就不注重诗歌写作教学的现象，他撰文大声疾呼：把诗歌请回家！他认为，诗歌教学意义重大，不可废弃。他在《作文教学要把诗歌请回家》一文中谈到：

（一）诗歌是人类心灵的泊地。某种意义上说，我们教学生创作诗歌，也是教学生创造生活，提高其生活品位。一个有诗歌素养，有诗歌创作能力的人，诗歌会成为他的心灵的泊地。

（二）诗歌是人生交际的武器。一个人难免要与人交际，诗歌作为重要的交际武器，可以让交际过程更为高效。甚至在某些特定时期，还能够左右历史、改变国家命运。

（三）诗歌是实施语文新课改的重要载体。首先，诗歌一直是中国文学的主流，诗歌写作，自古以来就是语文素养与民族精神、精神品格、情感、态度养成与表达的重要载体。第二，诗歌是语言的艺术，体量短小而信息多多，是提高语文素养最好不过的载体。一个人写诗的过程，本身就是语文知识运用的过程。第三，诗歌写作，从语文的工具性讲，涉及语言、文字、修辞的全部知识，一个人的诗歌创作水平，是语文知识与能力的综合实力的体现。第四，诗歌创作活动本身就是创新性探究活动，一首好的诗歌就是探究的成果，创新的佳绩。诗歌创作更能激发人们对美的发现，美的创造，从而接受美的熏陶。诗歌创作是对学生创新能力最有力的支撑。

基于以上认识，孙汉洲非常重视诗歌教学，明确主张诗歌写作训练不能废弃，要把被放逐的诗歌教学请回家！他不仅自己写诗，教学生写诗，将自己的诗歌作为授课素材用来与学生分享，还带动整个学校甚至社会“与诗同行”。

他在南京二十九中任校长期间，倾力打造“诗教校园”活动，鼓励孩子们与诗同行，用诗歌滋润心灵，用诗歌抒写情性，用诗的眼光看世界，用诗的色彩绘人生。学校开学典礼、毕业典礼、教师节、成人仪式等活动中师生的发言都以诗歌的形式呈现。学校把《中学生日常行为规范》编为 43 首诗歌，使学生易读易记并且乐学乐诵。“儒学经典诵读”“‘校园诗韵’诗歌诵读”“必备诗歌和必备美文诵读”“活动性诵读”等课程的开设，旨在让优秀的中华文化和民族精神不断地产生潜移默化的效应。学校的“诗教校园”和经典诵读校本课程受到了省内外的一致好评。他编写、出版了师生诗歌集《石城诗韵》《诗意校园》等著作，并受江苏省语言文字工作委员会委托，编写出版了 60 万字的《中华经典修身诗歌赏读大全》。

在他的带领下，“学生诗人”层出不穷：2014 年，学校作为江苏省唯一代表参加“首届全国中学生朗诵大会”，荣获高中组一等奖；在江苏省诗歌作文竞赛中，学校 60 人获得南京赛区一等奖，其中陆慧文同学获得江苏省一等奖；2014 届理科班赵炜烨同学的《金陵赋》，令学界专家拍案叫绝，并作为南京名片之一用于地铁站宣传；2014 级谭丰雪同学，凭借灵动的诗歌作品与傲人的创作佳绩，入选江苏省首届青少年作家协会。

由此可见，孙汉洲注重诗教的语文教学观念，在高考不考诗歌创作、诗歌写作教学式微的今天，依然有着非常重要的意义！我们语文教学工作者，不能唯高考马首是瞻，诗歌写作不可废弃！

五、不拘一格的理念

孙汉洲认为，教无定法，运用之妙存乎一心。具体说来，不同的学校、班级、学生，应该采取不同的教学方法。“不拘一格”是对其教学理念灵活性的凝练概括。他自己的教学实践中，无论是授课方法还是评价机制，都是灵活多样的。

孙汉洲的授课方法不拘一格。或发挥学生的主体作用，让学生自学讨论，老师稍加点拨；或发挥教师的导向作用，循循善诱，娓娓而谈；或师生对话，质疑答难；或师生共同研究问题。他在教学中注重联系发挥，并提出了“有益”“有机”“有节”“有趣”“有序”五条原则。许多抽象难懂的问题，他都能巧妙设喻，使学生豁然开朗。例如，在讲授《义理、考据和辞章》一文关于风格问题时，我们可以就书中提到的鲁迅与闻一多的风格加以比较，也可以拿茹志鹃与王愿坚的风格加以比较，但是，都难以说清楚。而孙汉洲只是打了一个比方，他说：“以女子为喻，玲珑娇小为美，婷婷秀颀为美，肥硕丰腴的贵妃何尝不美”这几句话以人喻文，简洁生动，很能说明问题。

孙汉洲对学生的评价方法也是灵活多样。例如：甲乙写同题作文，按常规衡量，甲可得 80 分，乙只能得 60 分。但是，由于甲这次作文写得马虎，赶不上上次作文，只给他 60 分；反之，乙的作文虽然不理想，但比上次有进步，就给他 80 分。通过调控，甲惕然自警，乙则受到激励而奋发。

他不仅自己在教学方法、形式上“不拘一格”，而且也以这一理念来影响他的学生。以写作教学为例，不同的文章，组织结构、表达方式固然有不同之处，然而，也有相通之处。有时，对其他文体的表达方法进行渗透，也可能产生奇妙的效果。他就指导学生“不拘一格”，灵活运用，例如议论是议论文的主要表达方式，然而记叙文中适当运用它，往往起到画龙点睛、深化主题的作用。《风景谈》《白杨礼赞》等文章中的议论便是有力证据。而议论文中如恰当运用记叙、描写，也可以使文章生动形象。毛泽东的《别了，司徒雷登》、苏洵的《六国论》中也不乏这样的例子。

他任校长时期，反对教学方法一阵风的现象，不主张草率地将未加消化理解的“新方法”“洋方法”付诸课堂。他主张教师要有自己的教学风格，不管新方法还是土方法，能提高成绩就是好方法。

他从不对教师的教学方法、步骤做硬性要求，提倡“八仙过海，各显神通”，老师们可以充分发挥主观能动性，因地、因校、因班、因人、因科采取不同方法提高学生的学习成绩。“你是李逵，就抡板斧；你是关公，就使大刀；你是林冲，就持丈八长矛……”“不管白猫黑猫，抓住老鼠就是好猫。”这些是他常对老师们说的话。

六、广义备课的理念

孙汉洲认为，一个优秀的教师，其格局不应该只是教材教参那一小块天地，而应该有“备大课”的境界。他在《持之以恒“备大课”》中指出：所谓“备大课”，是指除了传统意义上凭借教材与参考书编写教案之外，还要充分利用业余时间认真读书，认真搞研究，甚至也搞搞创作，并且留心一下生活，以促进语文教学水平的提高。在他的备课本里，除了教材之外，还有这样四个重要元素，它们共同构成了孙汉洲的“大课”：读书、科研、创作、生活。

首先，读书也是备课。他在《读书也是备课》一文有如下论述：

今天的教师，如果不注重读书，凭借大学时代的老本，是难以满足教学需要的。就拿研究性学习来说吧，现在，媒体高度发达，学生获取知识的渠道很多，我们教师即使博览强记，也未必能有效地指导学生，更何况安于现状，不去读书呢？常言道，“要给学生一碗水，自己要有一桶水。”其实，这种说法已经不合时宜。对教师而言，一桶水的量太少了，何况桶水易腐？我们认为，教师应该是江河，而学生则是海洋。江河长流才能成就海洋之大。

令人担忧的是，目前的教师，特别是广大中小学教师，读书并不多。其原因有二：一是学校的课务、会务以及各种检查评比太多，教师被绑在教学的车轮上转动不休，很少有时间来静心读书；二是不少教师满足于靠教学参考书过日子，懒得去读书。前者是教育行政部门与学校领导的事。教育行政部门与学校的领导还没有认识到读书也是备课，甚至有些领导还认为读书是不务正业。长期下去，势必使教师的知识老化，思想僵化，只能作为一个教书匠混迹课堂。为什么中国之大，中小学教师之多，却难以出现像江苏斯霞那样的教育家？其原因与此密切相关。后者是教师自身的关系。诚然，教师，特别中小学教师时间紧。然而，只要挤，时间还是有的。如果教师把娱乐、搞家教的时间挤一部分出来用于读书，效果会很明显。可以肯定地说，靠教科书过日子的教师不是优秀教师。苏霍姆林斯基认为，随着教龄的增长，“在教师知识的海洋中，教科书一年比一年成为愈来愈小的一滴。”只有当教科书成为了教师知识海洋中的一滴，教师的教学工作才能得心应手，游刃有余，才能攀上教育家的高峰。

我国中小学的课程改革已经在许多省市普遍开展，然而进展效果未能尽如人意。原因就在于教师的专业知识、技能储备不足和观念滞后。实事求是地说，有相当数量的教师由于读书不多，连传统的常规教学都难以应付，还谈何进行新课改？笔者曾听过不少被学校领导评定为优秀教师的年轻人的课，听后实在不敢恭维。以语文教师为例吧，他们往往连对所教文言文中的有些古汉语知识都搞不懂！以己昏昏，焉能使人昭昭？当然，我们这里无意责怪这些年轻人。他们是在快餐文化背景下长大的，再加上有些高校治学不严，不少中文系毕业生连中外常见的名著都没有通读，怎能在教学中不捉襟见肘？一支军队要保持在现代战争中的竞争实力，需要不断更新武器装备，而一支教师队伍要在新课改中决战决胜，也要更新知识。知识如何更新？读书！多读书！读好书！

孙汉洲本人堪称书迷。几十年的教学生涯，他无一日不读书。他自称“杂家”，无论是枯燥的字典词典、艰深的《二十五史》《诸子集成》及中外心理学著作，还是趣味横生的名人传记、时文期刊，他都广泛涉猎。他有一幅自勉联：“虚心静心宽心，读书教书著书。”上联是为人修身之道，下联是工作生活自况。从中我们不难看出,他是把读书放在首要位置的。

2006年,他被评为全国推进读书十大人物,他的获奖感言题为《有一种生活叫读书》。他在文中写道:

有一种生活叫读书。读书的生活原本就是一种享受;或者说,读书本身就是享受生活。书是森林,可以栖息疲惫的心灵;书是甘露,可以滋润龟裂的心田;书是良药,可以医治心头的创痛;书是隔音壁,可以屏蔽尘世的喧嚣;书是砖瓦,可以构筑知识与人格的大厦。我提倡读书的生活!

春秋时期的孔丘先生酷爱读《诗》。《诗》赏其心而悦其目,养其心而移其情。读诗,使他生活更精彩,思想更深邃,情感更丰沛。于是,他击节赞叹道:"《诗》三百,一言以蔽之,曰'思无邪'。"一次,儿子孔鲤从庭中走过,他叫住孔鲤说:"小子何莫学夫《诗》?诗可以兴,可以观,可以群,可以怨,迩之事父,远之事君,多识于鸟兽草木之名。"看,孔子就认为读诗,可以提高生活的质量,说得更现代一些,读书就是享受生活!孔子确实比后代那个宣扬"书中自有黄金屋,书中自有千钟粟,书中自有颜如玉"的皇帝高明。读书的功利性太强,本身就庸俗化了读书与生活。

二是教科研,以研促教,方能解决教师"教然后知困"的"困"境。他平常醉心于教学研究,几十年下来,共发表了四百余篇论文,自编或主编了教学论文教辅类书籍不胜枚举。这一方面将会在第十点以研立言的理念中详细阐述,在此不赘述。

三是创作,孙汉洲主张,作为语文教师,适度进行文学创作是有益于教学的。中学时代,他就热心文学创作,小说、诗歌、散文、戏剧都尝试过,每每见诸报端。大学时代,更是"雄心勃勃",决心做一名作家。毕业后工作的一二年内,创作的小说、诗歌便相继在《新华日报》《北方文学》等刊物上发表了。只是他后来教了毕业班,与文学"相见日常稀"了。

他认为教学生写作文,自己必须会写。只有亲自写作,才能深刻体味诗文的得失,从而高效地指导学生阅读、鉴赏、写作,才能不至于讲起课来使学生有"隔靴搔痒""雾里看花"之感。他创作的散文,有时提供给学生作范文,有时候作为阅读试题的材料;他创作的诗歌,有时用来作为鉴赏的资料:我口讲我"文"(诗),学生听了有亲切感,教师自己讲完也有成就感。他的主要精力不在文学创作上,但是几十年集腋成裘,他的创作成就也蔚然可观。目前,他出版了6本诗歌、散文、随笔集,他凭借不凡的创作成就,于21世纪初加入了全国作家协会。在中学语文教师中,能够加入全国作协的,可谓凤毛麟角。

四是留心生活,"语文的外延与生活的外延相等",增强语文能力,固然要读有字书,然而更要读生活这本无字书。新课标倡导"语文的外延与生活的外延相等",其实早在20世纪,孙汉洲的教学行为就已经印证了这一理念。他主持的省级课题"语文活动课的设计与实施"本身就具有创新性质。他的论文《试谈语文活动课设计的原则》在《文教资料》上发表后,被中国人民大学报刊复印资料中心全文复印。他主编的《语文活动课程方案选粹》,是语文活动课教材的拓荒之作,全国语文教学法研究会副会长顾黄初先生予以极高评价。他的《语文活动课程与创新思维》《论语文教学中创新思维能力的培养》等文章相继发表后,在语文界引起了较大的反响。

七、创新思维的理念

现代心理学认为:"思维能力是智力的核心"(朱智贤、林崇德《思维发展心理学》),创新思维能力(即创造性思维能力)又是思维的重要因素。毋庸讳言,人才素质的优劣,取决于创新思维能力的高低。一个人,只有具备较强的创新思维能力,进而在实践中取得创造性成就,才能被社会认可为优秀人才。孙汉洲十分注重学生创新思维品质的培养,在这一方面,他的实践经验与理论著述都很有建树,其论文《论语文教学中学生创新思维能力的培养》《磨砺思想的剑锋》《由孔子谈思维品质的培养》等在语文界产生了深远影响。

如何在语文教学中培养学生的创新思维能力呢?我们不妨从《论语文教学中学生创新思维能力的培养》一文中管中窥豹。

一是培育再现性思维的沃土。在教学中首先要注重再现性思维的训练,使学生掌握一般性的思维方式,养成正确的思维习惯;在此基础上,才能培养学生的创新思维。我们的语文教学,应该注重字词句章方面的基础训练,让学生掌握一定的听说读写技能,使其再现性思维能力得到长足的发展。

二是冲破迷信的樊篱。孙汉洲在语文教学中,善于引导学生破除迷信,具体地说,就是引导学生敢于怀疑,疑书疑人(包括名人与老师)。如:人教社版高中教材第一册《雨中登泰山》注释中的"磨崖"应为"摩崖";鲁迅《拿来主义》一文的"几位'大师'们"一语,"几位"与"们"表意重复。一次,他组织了题为"失街亭主要责任在谁"的讨论。学生们说"在马谡",这是常规评价。他却援引毛泽东的评论:"初战宜慎,诸葛亮轻率用人而失街亭,主要责任不可推脱。"由此,他又鼓励学生对传统的定论提出异议,学生受到启发.提出了"有志者事未必成""要标新立异""不想当元帅的士兵未必不是好士兵"等有见地的观点。

三是鼓起想象的翅膀。格林·克拉克说:"人类所有才能之中,与神灵相近的就是想象力。"孙汉洲在平常的语文教学(包括作文教学)中,充分挖掘教材内容,引导学生的思想展翅翱翔。例如:教完《我的叔叔于勒》,他以《于勒的结局》为题让学生作文。教完《项链》,他让学生续写路瓦栽夫人后半生的境况。教完《雨霖铃》,他让学生想象情人别后各自的生活……

四是广开思维的通道。在这一方面,孙汉洲认为要从如下几个方面入手:

(一) 注重发散性思维的培养。发散性思维,是一种从不同角度、不同方面去思考问题,以期寻求众多解决问题的方法或答案的思维方式。人民教育出版社高中语文第一册议论文单元知识训练中《第三只小板凳》这则材料,就可供我们对学生进行发散性思维训练。我们可以引导学生从如下几个方面立论:(1) 成功往往不是一次性的。挫折和失败是成功之母。(2) 只要锲而不舍,持之以恒,终会获得成功。(3) 不要光看"做得怎样",更要看"怎样去做",以成败论人是不足取的。(4) 不要轻易否定自己,要相信自己的力量,敢于发表独立的见解。

(二) 注重培养学生的求异思维能力。求异思维要求我们同中求异。语文教学中的"同义词辨析""对比阅读"都是训练求异思维的好形式,我们在语文教学中应该转换思维角度而另辟蹊径。古人云"近朱者赤,近墨者黑",他却引导学生思索"近朱者未必赤,近墨者未必黑"。人们常以"梅花香自苦寒来"为喻说明"逆境成才"的道理,他又引导学生从生物学的角度看问题,指出"苦寒"对梅花来讲并非逆境,从而指出这个比喻不妥当。

(三) 注重培养学生的综合、归纳能力。他在语文教学过程中,十分重视对学生进行综合、归纳能力的培养。例如,在高三复习阶段,他引导学生对朱自清的散文进行归纳:朱自清的《春》《绿》《荷塘月色》《威尼斯》,从选材、意境到语言(特别是语言,多用女性为喻),体现出了女性美。又如:由鲁迅的《从百草园到三味书屋》和朱自清的《背影》,他归纳出民间注重谐音手法的运用:《从百草园到三味书屋》中的"鹿"谐音"禄",要求学生对着鹿行礼,寄寓了先生希望学生学而有成,享受俸禄之意;《背影》中的"橘"谐音"局",扬州人称"走运"为"走局",旧俗买橘赠送行人,有祝"走局"之意。

(四) 引导学生注意事物的特殊性。矛盾的特殊性客观存在,但却容易被人们所忽视。从某种意义上讲,思维的触角及矛盾的特殊性,本身就具有创新性质。语文知识中有许多特殊现象,可以培养学生对矛盾特殊性的注意能力。如"寡妇",一般指"死了丈夫的妇女",而古代在特殊情况下也指

“丈夫外出的女子”,在教授《赤壁赋》时,他便引导学生发现“嫠妇”即应该解释为“丈夫外出的女子”(详见《释“寡妇”“嫠妇”》)。

(五)多供给课本之外的“杂粮”。他在语文教学中经常提供一些课本之外的“杂粮”,用以强健学生的“身体”。这在第九点“活水引进”的理念中将会详细阐述,在此不做赘述。

这样的认识,决定了他的课是“动”起来的课堂——灵动、生动、活动的课堂,手动、笔动、脑动的课堂。课堂教学让学生在获取知识的同时,思维能力得到锻炼。教师精心设计方案,放手让学生自己活动,给学生以充分的自由,这是动;同样,教师就某个问题作必要的点拨,讲得生动有趣,学生听了或茅塞顿开,或心领神会,悟出新知,这也可以视为动。热热闹闹,只做表面文章,不能算是真正的动。他“动”起来的课堂,真正做到了让学生动笔、动脑,学术的思维得到锻炼。

八、以身示范的理念

“火车跑得快,全靠车头带。”孙汉洲认为,老师非演员,而是导演,要求学生做到的事情,自己首先要做到。作为语文老师,他与学生同读同写同进步;作为特级教师,他与年轻教师共教共研共成长。他用自己的行动为“师”、为“范”效果显著。

作为老师,他为学生做示范。我们不妨从“写作”这一方面,来看看孙汉洲对学生的“示范”影响。作为语文老师,孙汉洲驰骋教坛40年,也在文坛、学术领域占有一席之地。他写诗歌、写散文,研究语言学、研究孔学,都能够另辟蹊径,独树一帜。他说,一名语文教师不能写,犹如一个大兵不能用枪。不能写的语文老师总是缺少切身体验,指导学生往往如隔靴搔痒。受他影响,他教过的学生中,很多人走上了语文教学或文学创作的道路。曾驰名全国的“荠菜花”文学社的骨干成员基本上都曾是他的学生。

作为名师,他为青年教师做示范。作为特级教师、教授级高级教师,他还担负着培养年轻教师的重任。孙汉洲先后担任江苏省教师培训中心专家组成员、镇江市特级教师培养专家、鼓楼区名师工作室主任等职务,培养了出一大批优秀的中青年教师。在指导年轻教师这一方面,他始终身先士卒,用自己的行动向年轻老师展示一个杰出教师的成长过程。他经常参加送教下乡与社会科普工作,受省干训部门、师训部门、省讲师团、南京图书馆、省网上家长学校、各大中小学之邀,开设讲座近百场,社会反响热烈。执教以来,他在30余家刊物上发表语言学、教育教学文章400余篇,其中语文专业研究文章200多篇。个人出版语言学、教育学、社会学专著以及散文集、诗歌集18部,主编著作30余部。在他的感染与带动下,众多优秀的青年教师脱颖而出:青蓝工程结对对象赵世祥老师,在他的帮助与指导下迅速成长为名师,先后获得全国模范教师、全国模范教师奖章、江苏省基础教育改革先进个人等多项荣誉称号;孙汉洲特级教师工作室的成员邱兼顾、刘宏业二人被评为南京市学科带头人;张会齐、邱兼顾被评为江苏省“333高层次人才培养工程”培养对象。孙汉洲名校长工作室的成员侯正永2014年被评为江苏省正高级教师。2012年,在江苏省教育厅举办的第12届“五四杯”中学青年教师教学论文竞赛中,南京二十九中共有3篇论文荣获一等奖,有14篇论文荣获二等奖,15篇论文荣获三等奖,成绩全省第一!

作为校长,他在抓教学方面,堪称典范。他历任多所名校、大校校长职务,所到之处总能以身示范,带动全校教师“站稳课堂,写好文章”。“写好文章”,即在教科研上大有作为,这将在第十点以研立言的理念中详述。“站稳课堂”即抓好教学质量。孙汉洲一直潜心研究高考语文的命题趋势,能够准确把握命题脉搏,尤其在作文研究方面尤有建树。他先后担任《全国中学生优秀作文选》《莫愁:家教与成才》作文专栏撰稿人。2009年高考前夕,他与同事们在考前指导时预测高考作文题为《我看时尚》,结果当年高考作文题为《品味时尚》。2010 年,他给全校高三 800 名学生作了两个半小时的作文辅导,预测高考作文内容为人与自然、环境问题,并出了一道作文题为《撑起一片绿色的天空》,结果当年高考题目为《绿色生活》……虽然已经评上正高三级,但依然笔耕不辍;虽然已经不在一线教学,但是依然研究教学。正是他这份对教学工作的执着精神,打动了全校教职员工。他在二十九中任校长的十年期间,二十九中实现了质的飞跃,为全市教学工作树立了榜样。近三年,他圆满地完成"四五六"目标:2013—2015 年分别突破高考文化二本以上达线人数 400、500、600 大关。2015 年,二十九中刷新了南京市主城区文化二本以上达线人数的历史,达线 608 人! 在刚刚提出"四五六"目标的时候,无论是兄弟学校还是本校老师,都不敢相信二十九中能达成这一目标,但是他用实际成绩,将质疑转变为掌声!

九、"活水引进"的理念

"教材无非是个例子"(叶圣陶语)。孙汉洲的教学内容不拘泥于课本,他在充分发挥课文例子作用的同时,经常补充一些教材相关的内容。《读者》《微型小说选刊》等刊物上的文章,常化为他的教材。这些补充的材料,被孙汉洲称之为"活水"。

孙汉洲所说的"活水",不同于旧戏中的插科打诨。引进活水是讲究原则的。在《试谈语文课堂教学中的活水引进》一文中,孙汉洲对此提出五点原则:有益、有机、有节、有趣、有序。

有益,即于教学有帮助。我们引进活水的原则,不是为了哗众取宠,而是为了提高教学质量。那种抛开书本,大讲"山海经"的现象,是首当杜绝的。比如我们教《赤壁之战》,有些学生对文中称刘备为"刘豫州"不解,而书中注解又不能使他们明白时,我们不妨在向学生讲清楚这是古代汉语中常见的借代辞格中一种的——以官名、地名代人的同时,再举一些课外例子:如杜甫当过工部员外郎,人称杜工部;韦应物当过苏州刺史,人称韦苏州;韩愈自称祖籍昌黎,人称韩昌黎;柳宗元家乡河东,人称柳河东。至于刘备的出身、家庭成员情况,大可不必谈。

有机,即要求联系发挥要贴切、自然,不能牵强附会。比如我们教《惯于长夜》一诗,在分析鲁迅先生改"眼"字为"忍"字,改"边"字为"从"字时,同时再讲"一字之师"的掌故,这有助于学生理解,是有机的。但是,如果我们大讲齐已和郑谷的家世、交往轶事,就显得牵强附会了。

有节,是说语文教学中引进"活水"要简约精当。例如在讲授《义理、考据和辞章》中有关风格问题时,我们可以就书中提到的鲁迅与闻一多的风格加以比较,也可拿茹志鹃与王愿坚的风格加以比较;但是这些比较非三言两语所能说清楚的,费时费力,效果还未必好。其实,我们倒不如打个比方:文章风格譬若美的形式多样。以女子为喻,玲珑娇小为美、娉婷秀颀为美;浣纱嬉笑的西施美,捧心踽行的西施何尝不美? 这几句话尽管不是出自名人之口,但以人喻文,简洁、生动,很能说明问题。

有趣,是说课堂上的"活水"引进,必须从趣味着眼。如讲授《义理、考据和辞章》中"要有好的形式"时,我们可以引前人的修辞实例加以说明:杜甫"语不惊人死不休"的写作态度,贾岛"推敲"诗句的故事,鲁迅修改诗文的例证……如果只让选其中一个的话,我们认为还是选贾岛"推敲"的故事为宜,因为它故事性强,更能引起学生的兴趣。

有序,即要求在教学的某一阶段,应纵观知识体系,做到由浅入深,由近及远,使活水引进层次化、系列化。如中学语文课本选入鲁迅的作品很多,我们在教学中,可以介绍一些鲁迅的出生、为人,以及作品情况。但选哪篇文章,介绍什么情况,这里有个顺序问题。例如教杂文时,就不适宜介绍鲁迅的小说情况。而介绍小说知识时,最好在初次教鲁迅小说时介绍。

除了将时文、美文等引入课堂外,孙汉洲的课堂活水的另一个重要的来源是课题研究。在孙汉洲的带领下,南京市第二十九中学成功申报“普通高中儒学经典课程基地建设的实践”课题研究,并以此为基础,2012 年,成功申报了江苏省普通高中儒学经典课程基地,这也是全省唯一一家儒学课程基地。该课程基地从显性课程与隐性课程两方面入手,为学校课程注入了新的活力,实现了“留住中华民族文化之根”的育人理念。有了课程基地这一平台,学校开设了“孔子教做人”“《论语》中的成语智慧”等近 10 门校本课程,围绕校本课程的实施,学校老师又编订了相应的校本教材。目前,《〈论语〉中的成语智慧》《向孔子学做人》《〈论语〉诗歌》等校本教材已经出版。这些选修课程,不是可有可无的“附属品”,而是画龙点睛的“活水”,它们对于促进学生文化素养的提升,有着重要意义。

目前,儒学经典课程基地建设成效显著,不仅为二十九中课程开设注入了活水,也在全省乃至全国起到了示范引领作用,受到省内外的广泛关注。2014 年 4 月,儒学馆落成,已接待新加坡、日本、德国、香港等国内外学校考察团 70 余次。全国政协副秘书长、民进中央专职副主席、中国教育学会副会长朱永新等领导也莅临指导,朱永新盛赞二十九中的儒学教育“不仅是读点国学经典,更重要的是培养学生对于优秀传统文化的价值认同。学校课程契合学生的生命,又注意仪式庆典的作用,特别是在培养行为习惯上下功夫,使学生活出中国文化的根本精神。”

十、以研立言的理念

一直以来,我们都希望通过“立德、立功、立言”来实现人生价值。“立德、立功”是各行各业的从业者都孜孜以求并能够实现的,而教师作为知识分子,其应有区别于其他行业的从业者的特征,那就是教师要有书卷气。因此,他认为“立言”应成为教师的特征。而如何立言?他倡导“以研立言”,即通过教科研来著书立说,成就人生。提及“教科研”,我们很多人的第一反应就是教学研究,但是孙汉洲的“教科研”却不仅仅局限在学科、专业,语言学、儒学、社会学、家教学等多个领域都有他的身影。而且,他的研究文章、专著深入浅出,语言生动,与其他枯燥艰深的科研成果有很大区别。

孙汉洲常说:“科学的教育离不开教育的科学。”有人说,中学教师,不需要做大学问,他则不认同;甚至有部分校长也认为,教科研会分散老师精力,影响教学质量,孙汉洲也不相信。在孙汉洲看来,教科研不仅于教学、专业大有裨益,而且也能够实现教师的人生价值。从 1976 年做民办教师开始,他就以陶行知、朱自清、夏丏尊等大师为榜样,这些人都做过中学教师,也都通过著书立说成就人生。他师从前人,立志要在中学教学工作中讲好课、写好书,实现自己的价值。那时候,他写写短小精悍的文章,多是教学心得体会。三十五岁以后,他立足学科前沿,写大文章;四十岁以后,著书立说,搞大研究。几十年来,他孜孜以求,说不清多少个夜晚,书房寂寂,他伏案读书备课写作,只有明月探望,灯光做伴。即使在患面瘫期间,他也从不停歇,病榻之上读书、查资料、写卡片,十年辛苦终于成就了《实用修辞》。去美国考察学习期间,当别人在自由女神像旁流连忘返,他却争分夺秒地坐在石凳上写文章。正是这样,他才能“以研立言”“著作等身”。他的科研成果受到广泛好评,先后获国家、省、市政府哲学社会科学、“五个一工程”等研究成果奖 20 余次。

作为学者型教师,他立足教学搞教研,研究范围已延伸到学科前沿。“教而不研则困”,他发表的几百篇教学论文,半数是“解教学之困”之作。这些研究源自教学,又回归教学,促进了教学成绩的提升。其中有微观研究,如“杨柳岸晓风残月”妙在何处,侯嬴为何要“北向”自刎,《孔雀东南飞》“共事二三年”“小姑如我长”释疑,纠正曹雪芹常识性错误的文章《“司马牛之叹”释疑》等。也有宏观的,如学生创新能力的培养、活动课程的开发与实施、校本课程的建设等。他一直致力于语文教学趣味化研究。他认为,语文教学可资利用的趣味性材料汗牛充栋,我们完全可以“拿来”为我所用,使语文教学生动起来,让学生在快乐中学习。目前,他已出版了《语文趣话五百篇》《少年文史趣闻》等相关著作。他能够取得优异的教学成绩，与这些源自一线教学的科研经历是密不可分的。

作为孔子研究专家，几十年来，他潜心研究孔子，在孔子思想研究方面颇有建树，出版了7本专著。其中，专著《孔子智慧与现代文明》于孔子诞生2550周年之际出版，获得省政府的哲学社会科学优秀成果奖。2008年9月，《孔子教你做老师》出版，该书获江苏省教育科学规划领导小组颁发的江苏省第三届教育科学优秀成果实践探索二等奖，并被译为韩文出版，作为韩国教师进修教材。

作为语言学专家，他还致力于语言学的研究，2009年3月出版的《双音典故词典》填补了国内相关辞书的空白。他尤其热衷于修辞学的研究，出版了《中学生实用修辞》《中学生语言艺术修养》等修辞学研究专著。他对鲁迅、毛泽东的语言艺术研究造诣良深。他独立发现、总结了"套词"等7种修辞格，并被学界认可。

作为知名作家，他发表了大量散文、小说、诗歌。出版了散文、随笔集、文学鉴赏书籍《海棠花开》《花落知多少》《爱国诗鉴》等，诗集《尘旅歌吟(上)》《尘旅歌吟(下)》《游子行吟》《对石当歌》《诗意校园》《南京成语诗歌》《〈论语〉诗歌》等，收集诗歌1000余首。

作为家庭教育专家，他发表家庭教育论文50余篇，在省内外作专题讲座30余场。出版专著《古代教育启示录》《呵护心灵的智慧》《少年英才录》三部，《天才就在你身边》也即将付梓。

近年来，他还把研究的目光投向南京的历史文化。他编写的《南京语文故事》和《南京成语诗歌》先后出版。《南京成语诗歌》还被译成英文版，在青奥会期间作为文化礼物赠给各国教练员、运动员。

孙汉洲还十分注重课题研究，他承担10余项国家、省市级课题研究任务。他作为国家"九五"重点课题"素质教育的实践研究"的主要负责人之一，研究成绩卓著，被评为全国实验先进个人。他主持的4个省级"九五"课题、3个"十五"省级课题均通过专家验收。2010年，他主持的教育部"十一五"重点课题"体育、艺术实践教育的特色研究"顺利结题；2011年，他主持的重点课题"普通高中儒学经典课程基地的实践研究"被批准为江苏省教育科学"十二五"重点课题，并于2015年4月初顺利结题。该课题已被市教科所评为精品课题。2012年度，在他和他带领的团队的努力下，学校又被批准为江苏省普通高中儒学经典课程基地，这在目前国内中学教育阶段尚属首家。2014年，儒学经典课程基地的重要成果之一的儒学馆正式落成，受到海内外广泛关注。

他不仅自己在"以研立言"的道路上奋力前行，还带动身边的人加入到他的行列中来。在他的管理下，多所名校涌现，享誉教育界；在他的带动下，一大批优秀的教师著书立说，成就人生。他在东海县中任校长期间，该校教科研蔚然成风，教科研水平雄踞全连云港市第一。有一位生物老师一年就发表了十几篇论文！这位老师的教学成绩非但没有受到影响，反而在同届高三的班级中遥遥领先，这位老师也被评为连云港市高三教学先进个人。在南京二十九中任校长期间，他带领班子推出《南京市第二十九中学教科研管理条例》，要求"教师每年度至少发表一篇论文"。他加大了对教师著书立说的奖励力度，例如老师发表一篇核心期刊论文，就将获得奖励金3000元。2013年，全校教师在北大图书馆核心期刊目录认定的核心期刊上共发表文章34篇！其中致远校区的一位老师一年在核心期刊发表论文7篇！

一个学校拥有独立申请的省级以上(含省级)课题的数量，是学校科研能力的重要指标。"十二五"期间，南京二十九中拥有全国教育规划课题、江苏省教育科学规划课题多达15项！这在全省也是独一无二的。2014年，该校成功申报1个江苏省哲学社会科学基金项目，这属于全省社会科学领域最高级别的科研项目，数量在全省中小学中绝无仅有。2015年，孙汉洲成功申报南京市文化人才培养对象项目"孔子思想与社会主义核心价值观研究"。从教育规划课题到政府立项项目，学校儒学基地研究品位实现质的飞跃。

在孙汉洲的等身著作中，我们可以体会到一位普通教师“立言”的人生成就感。但这些论文论著的价值又不仅仅在于实现了他个人的人生价值，更重要的是，这些源自一线教学的宝贵经验，为语文教学界送上了一笔丰厚的大礼！毋庸讳言，他的教育人生是辉煌的！

“只因夕阳无限好，何须惆怅近黄昏”，虽然已经退休，但他退而不休，依然在“语文之路”上执着前行，他与“她”的故事还在继续：他读书学习，常有心得、新得；笔耕不辍，写诗撰文无一日搁置。作为同在语文之路上的前行之人，我们当以他为楷模，学习其“衣带渐宽终不悔”的执着精神，追求他“蓦然回首，那人却在灯火阑珊处”的洒脱境界。

（孙璐撰稿）

2015 年 10 月

风雨兼程

——孙汉洲教育理念评述

作为一名教育工作者，孙汉洲在教坛上耕耘四十年，成就斐然，足迹斑斓——他是全国劳动模范，江苏省首批教授级高级教师，江苏省资深语文特级教师，全国优秀语文教师，全国推进读书十大人物，中国作家协会会员，江苏省有突出贡献中青年专家，江苏省优秀教育工作者，江苏省教科研先进个人，江苏省“红杉树”园丁奖金奖得主，市名校长，市十大杰出人物。自1990年始，孙汉洲25年风雨兼程，耕耘不辍，历任白塔中学、东海县中、东海高级中学、南京二十九中副校长、校长。

作为一名教育家型校长，孙汉洲时刻谨记教育者的使命和责任。25年来，他在思考中实践，在实践中思考，形成了一套完整的教育理念，我们这里不妨一探究竟。

一、爱是教育之本的理念

孙汉洲认为：爱是教育之本。他认为：“爱，是教育的起点，也是终点；爱是教育的形式，也是内容；爱是教育的过程，也是目的。教育因爱而生，因爱而存。教育的悲哀，莫过于爱的缺失。”他认为，和其他爱相比较而言，师爱带有更多的职业色彩。他在《论教师之爱》的长篇论文中总结了教师之爱的20个特征：“专业性、无私性、均衡性、深沉性、灵活性、发现性、稳定性、衔接性、期待性、及时性、简约性、计划性、丰富性、民主性、宽容性、鲜活性、原则性、主动性、有效性、传递性”。

我们这里看个例子，关于师爱的均衡性，他就认为：“有教无类、博爱众生，是每位教师应有的情怀。学生成绩高低，家境贫富，品行优劣，都不应该影响师爱的厚薄。”孙汉洲不仅这样说，同时也努力践行着“爱的教育”理论。在一段时期内，高中“择校生”是一种普遍现象，他们低于中考录取分数线进校，在行为习惯、学习能力、基础知识等方面与统招生相比，有一定的差距。毋庸讳言，有些学校收了“择校费”，但学校教育却将其“边缘化”，使这类孩子只能“陪太子读书”。孙汉洲校长在学校推行孔子“有教无类”的思想，要求教师洒向学生都是爱，对“择校生”，要予以充分的关爱。他常常跟教师讲：“把优等生教育成才，那是教书匠都能做到的。而关爱后进生，把后进生教育成才，只有教育家才能做到。”在孙校长“爱的教育”理念感召下，南京二十九中10年前就在教师中提出了“消灭差生这个概念”的口号，在学生中提出了“我们一起上大学”的口号。南京二十九中高考成绩连续10年飙升，不少人为之震惊，其实，秘诀就在于教师实践了孙汉洲的教育思想，使90%以上的择校生高考达到或者超过了文化类二本分数线。择校生考上南京大学等“985”高校，这在南京二十九中已不是新闻！

二、学生为教育之本的理念

教育界的“为本”理论很多，“生本”“校本”“师本”……然而，孰轻孰重却无人予以明确的论述。孙汉洲的“皮毛理论”有力地回答了这个问题。他认为：学生是学校之本，学生是皮，学校和老师是毛，皮之不存，毛将焉附？因此，学校应当坚持“一切为了学生，为了一切的学生，为了学生的一切”的宗旨，把学生的利益放在首位，使学生德、智、体全面发展，学业有成，这是学校一切工作的出发点、着力点和归宿点。他旗帜鲜明地反对学校关于人文关怀的管理误区：关怀的阳光只照耀教师，不照耀学生；甚至是以牺牲学生的利益，破坏学校的制度，松散工作纪律，涣散教师人心来实行所谓的“人文关怀”。他在《小议学校管理与人文关怀》中指出：“一提‘人文关怀’即是管理者对教职工的关怀。鉴于这种偏见，有些学校放松了对教师的管理。在这里，教师可以不按时上下班，上课迟到早退，乃至旷课也不会受到批评；在这里，奖金福利方面实行的也是平均主义，勤优不奖，懒劣不罚；在这里，民主变成了无政府主义的代名词，学校的规章制度形同虚设，领导的要求如东风灌马耳。教职工只要有一丁点儿的不满意，尽可以‘端起碗吃肉，放下碗骂娘’。在这里工作，只是一种谋生的手段，教师只满足于将课上的时间熬过去，至于学生学习的效果如何，不去管它；在这里，学生课外辅导也无人过问，教师晚上要接有偿家教，学校的加班费算得了什么？在这里，学生缺少纪律约束，自由吃零食，自由扔废纸，自由上网，自由恋爱；在这里，没有家访，只有校访。教师有权命令家长来学校说孩子的问题，但有些教师，不能平等对待家长。学生犯了错误，有些教师竟横眉冷对家长。有些大城市的家长，虽然贵为一方诸侯，然而在孩子的老师面前，只有站着听教训的份。在这种环境里，正气被压缩在角落里而不得见阳光，倘有哪位领导想认起真来进行管理，那么就会被教师视为洪水猛兽，同事也视之为另类。”

这样的学校，教师所受的“人文关怀”可谓多，然而学生和家长却倒了霉。“可怜天下父母心”，父母花血本把孩子送到学校，谁不想孩子学习成绩好，然而，十个手指有长短，只要按成绩排队，总有名次高低。教师认定名次低的孩子就是成绩差，就批评学生，指责家长，结果往往给学生家庭带来灾难。家长受老师的气，回家便将气发泄到孩子身上，而孩子在学校家里两头受气，哪还谈什么青春幸福？

这样的学校，教师的“人文关怀”享受了不少，然而学校的办学效益却惨淡得很。可是，这些学校的领导却浑然不知耻，还大力宣传自己是素质教育，并顺便把应试教育的“帽子”扣在那些教学质量高的学校。其实，工厂讲究产品，农民讲究收成，学校凭什么不讲究教学质量？

其实，学校管理中的人文关怀，不是私家水龙头，只供教师使用，它应该是公共水龙头，也应惠及家长和学生。从某种意义上而言，学生和家长应该优先使用这个水龙头，原因何在？原因在于，学生是学校之本。许多民办学校纷纷倒闭的原因足以证明这一点。

因此，我们建议教育行政部门对所属的学校进行认真督导，认真整顿这些片面追求对教师人文关怀的学校，以使学校建立正确的人文关怀观，让学生和家长享受到人文关怀雨露的同时，也促进这些学校改进办学理念，提高教学质量，为基础教育作出应有的贡献。

现代教育观点认为：谁获取知识谁就是课堂的主体。以学生的发展为本是新课标的核心理念。孙汉洲校长长期以来坚持的“以生为本”的教育观点恰恰与新课标的理念契合。他常常说：“学生和家长都是用脚投票的。”学校如果不能满足学生和家长的需求，就留不住学生，没有了学生，学校只好关门，教师只能走人！反观今天有些公办学校的领导和教师捧着“铁饭碗”，吃着“大锅饭”，缺少危机感，整天做着恩师梦，认为自己有恩于学生，学校有恩于家长，实在是一种错觉！因此，以生为教育之本，面向全体学生，关注每一位学生；因材施教，注重每一位学生的成长，发展每一位学生的个性应该成为每一所学校的追求！

三、德育为诸育之本的理念

德智体美劳诸育和谐发展，是我国教育方针的主要内容。但是在诸育关系方面，尤其是把教育和德育相比，真正地把“德”置于“才”之前，孙汉洲校长做到了，学校也做到了。

以德为先的教育思想是有历史渊源的。孙汉洲校长作为孔子研究专家，早年就从孔子那里汲取了相关智慧。《论语》中就有这样的记载：“子曰：‘弟子入则孝，出则悌，谨而信，泛爱众，而亲仁。行有余力，则以学文。’”意思就是说，孔子认为作为一个年轻人，做到了孝悌、严谨、诚实、博爱而又亲信仁慈，并在这些方面行有余力，然后才可以去学习文化知识。孔子的话正体现了“以德为先”的思想。孔子的学生子夏对“德”和“才”的评价进一步发挥了孔子的思想，子夏认为，一个人如果在道德修养方面达到了一定的程度，即使没有读过书，也可以被看做有学问的人。或许有人要问，“德智”并举不更好么？我们说，这当然是好事。但是如果二者不能兼得的时候，怎么办呢？孙汉洲校长在《孔子教你做老师》一书中明确指出：要舍鱼（智育）而取熊掌（德育）；因为“道德可以弥补智慧的缺陷，而智慧却永远弥补不了道德的缺陷”（但丁语）。

然而，因为名牌学校招生工作分数定乾坤，“德育为先”的办学思想统统落不到实处。有些人认为，文化学习是有硬性指标的，而德育是软的，学校管理只要不出大事就行。这样一来，不少学生在成绩上是个巨人，而在道德上却是个侏儒。这种急功近利的教育思想，乍一看是爱护学生，实际上是坑害了学生。

孙汉洲校长在学校管理中，始终坚持“德育为先”的理念，为提高德育教育效果殚精竭虑。他是语文教学专家，也是德育教育专家，多年来他的德育研究成果惠及省内外成千上万个学生。为了学生能够熟记中学生日常行为规范，他将枯燥的条款编写成 40 多首朗朗上口的诗歌；他受江苏省语言文字工作委员会委托主编了 60 万字的诵读教材《中华经典修身诗歌赏读》，作为德育教材在全省推广；江苏省组织的“阅读经典”活动的学习用书也是他主编的。此外，他研究的课题“青少年践行社会主义核心价值观”成功申报 2014 年江苏省社科基金项目，这在全省社会科学领域属于最高级别的政府科研项目，也是全省 2014 年度 241 个立项课题中唯一的中小学项目。江苏省委宣传部、江苏省教育厅、江苏省新闻出版广电局、江苏省作家协会组织编写的《青少年思想道德教育丛书》等以弘扬传统美德，践行社会主义核心价值观为内容的系列丛书也由孙汉洲校长主编。

其实，德育的内涵不仅仅是“生德”，也应该包括“师德”。在教育部下发的《中学教师专业标准（试行）》中，就明确提出了“师德为先，学生为本，能力为重，终身学习”的要求。孙汉洲校长一直以来都重视师德建设，始终将师德作为考评教师的重要指标。他在学校开展师德讲座、“最美教师”宣讲、师德报告会等形式表彰先进，树立身边师德典型。在此基础上，孙汉洲还对干部队伍建设提出了“十事八有”的要求，其中“十事”，即“干事有激情，办事讲原则，大事敢担当，谋事讲策略，做事讲奉献，临事讲胸襟，难事不束手，小事不懈怠，处事能坚韧，成事思进取”。这其中的激情、担当、原则、奉献、胸襟等很多内容都是对教师道德修养提出的要求。

在孙汉洲校长的率先垂范下，学校形成一支敬业爱生、乐于奉献的教师队伍。有的老师腿部骨折后，坚持绑着石膏拄着双拐给学生上课；有的老师腰椎间盘突出手术后每天拄着拐杖爬四层楼坚持上课；有的老师患癌症化疗后休息不到半年便继续上课；有的老师患尿毒症每周要进行两次血透，依然坚持上班；年轻教师将婚期安排在节假日已成为流行的“潜规则”；许多毕业班教师坚持带病教完毕业班，才下讲台又上手术台。有的老师将父母闹矛盾的学生主动带回家 70 多天照顾其饮食起居，补习功课；有的老师多年来资助班上困难的学生使他能考上大学……像这样感人事例不胜枚举。在各种评优评先活动中，南京二十九中教师也屡获全国、省、市劳动模范，全国优秀教师，江苏省先进教育工作者，江苏省有突出贡献专家，江苏省优秀班主任等殊荣。

四、目标激励的理念

目标管理是以目标为导向,以人为中心,以成果为标准,而使组织和个人取得最佳业绩的现代管理方法。当一个人没有明确的目标的时候,便会失去前进的动力;同样,当一个团队没有目标的时候,便没有压力,缺少动力。孙汉洲校长在多年的学校管理实践中,有效采用目标激励的管理理念,明确工作目标,制订工作计划,从宏观上统领学校的各项工作。

例如,他在二十九中上任伊始就提出了学校的三维目标,即"学校目标——质量上乘,特色鲜明;教师目标——站稳课堂,写好文章;学生目标——全面发展,学有专长"。他同时也提出了二十九中学生特质的目标,即要着力培养具有学校特质的"三气":"心气、勇气、灵气"。心气,就是要志存高远,自尊自爱,独立不迁,追求卓越;勇气,就是要不畏困难,直面人生,敢于担当,勇于进取;灵气,就是要善于思考,博学敏行,识时应变,善于创新。他在对学校历史、传统和文化总结的基础上,提炼出师生共同追求的精神目标:"不辞寸土、海纳百川的精神;藐视困难、风雨前行的精神;内力驱动、自强不息的精神;敢为人先、创新发展的精神;志存高远、勇争第一的精神"。

全国文明单位的创建工作也是一个很好的例子。众所周知,全国文明单位是一项举足轻重的综合性奖项,获得者一般都是在地区或行业内具有龙头作用的单位,南京市历史上从没有中小学入选。南京二十九中虽然已多次获得江苏省文明单位称号,然而想入选全国文明单位也绝非易事。孙校长看重参评全国文明单位对学校发展的意义,在 2012 年初就提出了创建全国文明单位的目标,全校上下以此为契机,凝心聚力,以精神文明创建推动全校各项工作的开展。2015 年,南京二十九中终于如愿以偿,捧得全国文明单位的奖杯。

有了宏观的目标,并不等于就有了成功。孙汉洲在工作中还善于将宏观目标分解成具体的微观目标。宏观目标是战略上的,微观目标是战术上的。从学校的五年发展规划,到学年工作计划;从每学期的工作目标,到每月、每周甚至每日的计划,孙汉洲校长就是这样计划每一天,成功每一天。以高中工作为例,孙汉洲校长要求他的团队在高一时就将具体的目标分解到年级、到班级。然后,通过各种会议宣传目标,下达目标,制订计划,使得人人心里想目标,人人手里抓目标,让目标成为团队成员的共识。到了高三,更是定期召开年级管理委员会会议、班主任会议、家长会、优生会、后进生会等各种层次的会议,分析目标、分解目标,同时利用一整套科学的评价激励机制有效监督目标的推进情况。在目标达成的过程中,孙汉洲校长不仅"叫"教师怎么干,还"教"教师怎么干。他编写了很多"口号"指导教师工作,具有很强的可操作性,如《毕业班"十个关注"》:关注奋斗目标、关注敏感学科、关注临界人群、关注基础内容、关注课堂效率、关注讲练质量、关注课后巩固、关注氛围心态、关注思维品质、关注学科匹配。当然,在推进目标的过程中会遇到很多困难,孙汉洲校长常说"只要思想不滑坡,办法总比困难多"。正是在这种乐观豪迈的精神激励下,二十九中人才能克服一个又一个困难,实现一个又一个目标,创造一个又一个辉煌。

科学目标的制定需要以科学的分析为基础,以经验理念为支撑,以方法措施为保障,孙汉洲校长在这方面具有很强的驾驭能力。2012 年南京二十九中高考文化类二本达线人数已经突破 300 大关,这是二十九中几代人的期许目标,许多人认为已无以复加了。正在全校上下欢欣鼓舞之际,孙汉洲校长在科学分析的基础上又提出了"456"目标工程,即高考未来三年三个台阶,文化类二本以上达线人数分别超过 400、500、600 人。目标提出后,不少人觉得是天方夜谭,有些老教师找到孙校长表达自己的疑惑,有的更是直言"提醒"不要吹破牛皮。孙汉洲校长利用各种会议向老师反复分析"456"目标工程的科学依据,打消了老师们心中的疑虑,使全校上下一条心,拧成一股绳,共同朝着目标奋进。事实证明，孙校长高瞻远瞩，科学决策所制定的目标是可以实现的，南京二十九中高考文化类二本以上达线人数 2013 年达 468 人，2014 年达 541 人，到 2015 年达 608 人，顺利完成了“456”目标。

还记得 2012 年初，在鼓楼区校级领导学习会上，孙汉洲校长甫一提出“456”目标工程的设想，就引来一片愕然，台下同行有疑惑的眼光，甚至有哂笑的神情。孙校长坚定地说：“二十九中人从来不说假话，不说空话，我们说到做到！”2015 年，当孙校长在鼓楼区“七一”表彰大会上发言时说到“二十九中经过三年的时间，顺利实现了我们提出的‘456’目标工程”时，台下掌声如雷！

五、文化留根理念

南京二十九中的办学理念是：“培养既有中国优秀文化素养、又具国际视野的现代公民。”南京二十九中作为省城名校，学生与国外交流机会很多，“国际视野”教育不成问题。然而，这个学校与我国目前多数学校一样，学生的中国优秀文化素养营养不良。作为一名孔学研究专家和语文教育专家，孙汉洲校长心急如焚。他常说：“目前西方文化浸染学生，社会上包括学校中出现了‘香蕉人’现象，即外皮是黄的，里面都是白的；我们应当培养的是‘芒果人’，不仅皮是黄的，里面也是黄的。”“根深才能叶茂，我们的下一代只有具备了优秀的中国民族传统的文化素养，才能成功地走向世界。”在他看来，“留住中华民族之根”，是教育工作者的神圣使命。

在孙校长的主持下，南京二十九中实施系统的“留根工程”，2012 年学校成功申报了江苏省普通高中儒学经典课程基地。学校以此为契机，重点打造儒学文化为核心的中国优秀传统文化教育特色。围绕儒学经典课程基地建设，学校开展了一系列活动，从“隐形课程”和“显性课程”两个方面着力实施留根工程。

一是打造具有儒学文化内涵的校园文化。学校用儒学文化统领校训和三风。校训：“己所不欲，勿施于人”，校风：“再思、慎言、敏行”，教风：“诲人不倦”，学风：“学而不厌”。同时，提炼了具有儒学文化特质的学校精神。

二是建设儒学课程体验中心。力求为广大师生提供一个可观、可听、可感、可读的学习空间。重点是建设了儒学馆、儒学图书馆和中华大讲堂。其中，儒学馆内用实物、图片、文字、视频等方式，呈现儒学演变、大师风采、儒学影响及学校儒学校本课程的实施情况等内容，为师生提供了一个可观、可听、可读、可感的多维学习空间。

三是着力打造儒学课程体系。在高度重视国家课程的同时，积极开发地方课程和校本课程，出版了《南京语文故事》和《南京成语诗歌》两本地方教材，开设了“孔子教做人”“论语中的成语智慧”“诗话《论语》”“‘大家’读《论语》”“《论语》与现代文明”“儒学经典诵读”“成语中的诸子智慧”等多门校本选修课。其中，《南京语文故事》2013 年被评为江苏省精品校本课程一等奖。

伴随着儒学教育基地建设的实施，南京二十九中师生道德水平不断提升，也促进了学校社会主义核心价值观教育的落实，极大地推动了学校精神文明建设。除了荣获全国文明单位称号外，南京二十九中还获得江苏省社会科学普及示范基地、江苏省国防教育示范学校、江苏省中华经典诵读基地学校等称号。

在孙汉洲校长“文化留根理念”的指引下，学校通过课内、课外，校内、校外，多渠道对学生进行传统文化教育，使学生受到儒学经典的熏陶，增加了学生儒学知识的积累，促进了传统道德素养的提升。学校“石城”文学社是江苏省优秀文学社，社刊《石城》是学生一展文采的平台，已出版《石城文韵》《阅读南京》等多部学生作品集。学校参加江苏省首届中学生全国朗诵大会获一等奖。学校影像工作室制作的节目3次蝉联全国校园电视和优秀节目评比金奖。江苏省诗歌作文大赛,全省决赛设7个一等奖,二十九中学生占得一席。二十九中学生参加南京市"中国汉字听写大赛"获得冠军,并代表南京市参加江苏省比赛获得江苏省第二名;参加南京市"八礼四仪"礼仪知识大赛获得冠军。学校青年志愿者服务队是江苏省优秀志愿者服务队。李彦希同学将自己的2万元零花钱积攒下来,创建了全省首个学生个人慈善基金——"李彦希慈善基金"。南京市两次"美德少年"评选,二十九中学生都榜上有名。

在取得丰硕成果的同时,学校儒学教育受到社会的广泛关注,各级领导和专家先后莅临学校儒学体验中心视察二十九中儒学基地建设情况,都给予了高度评价。全国政协副秘书长、民进中央专职副主席、中国教育学会副会长朱永新为南京二十九中儒学馆揭牌并高度评价说:南京二十九中的儒学教育"不仅是读点国学经典,更重要的是培养学生对于优秀传统文化的价值认同。学校课程契合学生的生命,又注意仪式庆典的作用,特别是在培养行为习惯上下功夫,使学生活出中国文化的根本精神。"2015年3月18日,以南京师范大学教育科学学院院长顾建军为组长的省课程基地建设视导组在视导该校后给予了极高评价,认为南京二十九中校儒学课程基地"形成了儒学课程价值与评价体系""打造了丰富的课程形态体系""形成了行之有效的课程实施体系""建立了强有效的保障体系""形成了课程基地的辐射体系""开辟了以传统文化为切入点进行儒学基地建设的典范",具有极高的水平与价值。《江苏教育报》2014年12月专版对孙汉洲校长的"文化留根理念"进行推介。多国多地区等60余批考察团近2000人次先后前往南京二十九中考察儒学基地的建设情况。

目前,学校的儒学馆入选南京市微型博物馆和南京市青少年践行社会主义核心价值观教育基地。市区相关领导十分重视,表示今后将进一步扩大儒学馆规模,还将办杂志、建网站、搞培训,以进一步提高儒学课程基地的影响辐射作用,让更多的人能从中受益。

六、以研促教理念

科研是教育的第一生产力。孙汉洲校长常说:"科学的教育离不开教育的科学。中小学教研应是以实践为主的行动研究,目的是为了更好地指导教育教学实践。"因此,孙汉洲校长提出了"科研先导,教研结合,以研促教"的策略,在实践中不仅提升了办学品位,彰显了教育特色,提高了教学质量,也促进了教师的专业成长。

在南京二十九中,他给教师提出了"站稳课堂,写好文章"的目标。在他的倡导下,学校制定了《教科研条例》,要求"每位教师每年度发表一篇文章",并加大对教师著书立说的奖励力度。同时,通过教科室给教师定目标、定任务,确保绝大多数教师能够参与课题研究,出文章,出效果。他自己也身先士卒,做好表率。同时,他所主持的"孙汉洲特级教师工作室"是鼓楼区优秀特级教师工作室,"孙汉洲劳模创新工作室"是南京市十佳劳模创新工作室,在市区范围内培养了一批年轻的教科研骨干。

在孙校长的要求和示范下,教师以研促教蔚然成风。2012年,在江苏省教育厅举办的第12届"五四杯"中学青年教师教学论文竞赛中,南京二十九中共有3篇论文荣获一等奖,14篇论文荣获二等奖,15篇论文荣获三等奖,成绩全省第一!仅2013年,南京二十九中就有144篇文章在各类刊物上发表,其中在北大图书馆核心期刊目录认定的核心期刊上发表文章34篇,近70篇教师论文在市级以上评比中获奖。《南京语文故事》获江苏省优秀校本课程评选一等奖。一个学校拥有独立申请的省级"十二五"规划课题的数量,是学校科研能力的重要指标。学校拥有15个国家级、省级教育科学、社会科学课题，这在全省也是绝无仅有的。

七、本色坚守的理念

学校教育千头万绪，但教学是中心，教学质量是本色。《国家中长期教育改革和发展规划纲要(2010—2020年)》51次提到“质量”一词。质量是办学的核心，这是全国教育工作会议的共识。因此，坚守质量“本色”，提高教学质量，办质量上乘的教育，不仅是家长、社会的需要，也是一所四星级高中的责任和使命。

时下众多学校在汹涌澎湃的教育改革浪潮冲击下，大张旗鼓地发展特色，而忽略教学质量，仿佛一提教学质量就不是素质教育了。孙汉洲校长认为：特色要抓，但本色不可丢。没有本色，就没有特色，要以本色带动特色，本色是最大的特色。因此，他给学校定的办学目标是“质量上乘，特色鲜明”，就是要以教学质量为首位，理直气壮地抓教学质量。“是英雄，是好汉，成绩面前比比看”，这是孙校长经常挂在嘴边的话。南京二十九中高考“456”目标工程的实现就是坚守本色的重要成果！

“本色”教育抓好了，发展“特色”也是水到渠成的事。近三年，在文化类二本达线人数整体攀升的基础上，学校“洋高考”“艺术高考”“体育高考”也捷报频传，一大批学生被中央美院、清华美院、中国美院、中央音乐学院等艺术类高等学府及美国普林斯顿大学等常青藤院校录取。2014届艺术类考生陆扬为南京市艺术类考生文化状元，被中央美院录取。

南京二十九中的办学特色也日益鲜明，初步形成了体育、艺术、文学、科技教育以及儒学教育等方面的特色。

学校的武术队屡屡在全国中学生运动会上力挫群雄，摘取桂冠。2009年，代表江苏省参加全国中学生运动会一举夺冠！2014、2015年又两次蝉联全国体育传统项目学校联赛全国冠军！现任中国女排国家队队长的惠若琪是该校2011届毕业生，高尔夫球明星吴豪川是该校2009届毕业生。

学校文学教育全国知名，从这里产生过高考作文满分的考生、江苏省作文大赛特等奖获得者、江苏省青少年作家协会首批会员等杰出代表。近两年，学校在各类作文比赛中，就有200多名学生获奖；学生写的文章每年有数百篇在各种刊物上发表。2014年，学校参加首届全国中学生朗诵大赛，荣获高中组一等奖。2014年，学校在江苏省诗歌大赛中，荣获一等奖。

近两年，学校共有500余人次参加科技类竞赛并获省级以上大奖。学校机器人创作小组荣获国际机器人创作奥赛中国赛区一等奖。3名学生获全国青少年科技创新奖，受到国家领导人接见，5名同学的创新发明分别获得国家专利。

学校民乐团、艺术团在各级各类竞赛中先后获得全国青少年艺术成果展竹笛一等奖、全国少儿艺术大赛江苏赛区舞蹈一等奖、全国扬琴比赛一等奖等殊荣。校影像工作室制作的《城市CITY》等节目连续三次蝉联全国金奖。

八、注重传承的理念

习近平同志在中共中央政治局第十三次集体学习时语重心长地指出：“要认真汲取中华优秀传统文化的思想精华和道德精髓，大力弘扬以爱国主义为核心的民族精神和以改革创新为核心的时代精神，深入挖掘和阐发中华优秀传统文化讲仁爱、重民本、守诚信、崇正义、尚和合、求大同的时代价值，使中华优秀传统文化成为涵养社会主义核心价值观的重要源泉。”习近平的讲话强调了继承的重要性。

其实,孙汉洲校长很早就注重传统文化的研究和传承,他从上大学开始致力于孔子思想研究,近四十年来,潜心于全方位、立体化地研究孔子,在孔子思想研究方面成就卓著。他的专著《孔子智慧与现代文明》于孔子诞生2550周年之际出版,获得省政府的哲学社会科学优秀成果奖。2015年7月,由江苏人民出版社出版的《孔子智慧丛书》收录了孙汉洲校长21世纪以来著述的孔子研究专著,深受社会各界好评。其中,《向孔子学做老师》由省教育厅厅长沈健作序。他在序言中高度赞扬了这本书具有"古为今用,联系实际"和"学术性与通俗性兼顾"的特点,并指出"知名中学教授级高级教师、特级教师孙汉洲先生的专著《向孔子学做老师》的问世,给我们提供了一部学习、研究和发展孔子教育思想的好教材"。目前,该书不仅成为许多国内学校校本培训的教材,同时也被翻译成韩文,被韩国教育界广泛采用。

孙汉洲校长认为,传承不仅仅是对传统简单的固守,而应该是用现代的思想审视传统,从而赋予传统以新的内涵。还是拿孔子研究来说明。他的论文《汲取孔子教育智慧,提高教师执教水平》就是研究如何从新课程理念的角度去汲取孔子的教育智慧,以提升教师的专业水平。近年来,孙汉洲校长又侧重于从社会主义核心价值观的角度来研究孔学。他发现,"社会主义核心价值观"的理论是在吸取中华民族道德精华的基础上提出的;而孔子的学说则是中华民族千百年来奉为圭臬的"核心价值观",从某种意义上说,两者是一脉相承的。于是,他从社会主义核心价值观的角度研究孔学,赋予孔学以时代内涵。2015年,他成功申报了南京市文化人才培养对象项目"孔子思想与社会主义核心价值观研究"。目前,研究成果已经成书,行将付梓。近日获悉,孙汉洲校长已受命组建江苏省儒学研究专业委员会和江苏省孔子教育思想研究中心,他将作为江苏省传统文化的领军人物整合全省的研究力量,为弘扬以儒学为核心的中华优秀传统文化作出贡献!

九、务实求真的理念

孙汉洲校长推崇人民教育家陶行知的至理名言"千教万教教人求真,千学万学学做真人"。他目标求实,管理求实,评价求实,总之在工作中处处体现务实求真的理念。以高三管理为例,孙汉洲校长不仅每周亲自召开年级管理委员会会议,而且每次考试都亲自参加分析,对重点教师和重点学生都亲自督促谈话。他还撰写了"毕业十关注""课堂教学的度""校长高考寄语"等口号具体指导毕业班教师的工作。

"火车跑得快,全靠车头带。"校长为一校之魂,"魂要附体"是孙汉洲校长始终坚持的信条。他认为,校长"魂之附体"要体现在三个方面:

一是附校园之体。时下很多校长,尤其是名校校长热衷于"满天飞",参加各种教育论坛,研讨活动,参观学习,难得在校园露面。而孙汉洲担任南京二十九中校长的10个年头,始终坚守在校园。寒来暑往,朝至夕归,每个工作日甚至节假日都在学校度过。他常说,只有坐得住办公室,才能办得了大教育。二是附教学之体。每次阶段测试分析,孙校长必全程监控,对存在问题的班级、教师都亲自谈话,帮助分析问题,制定解决方案。三是附教研之体。有人说,中学教师事务繁杂,既没有时间做学问,更难有空闲搞创作。孙汉洲却不以为然,他常说:时间就像海绵里的水,是要挤出来的。即便当了校长之后,他仍然努力挤出时间做学问,而且成果丰硕,对教师也起到了引领作用,这在前面已经详细表述,这里不作赘述。此外,宣传工作、招生工作、协调工作,总之事无巨细,孙校长都亲力亲为,研究决策,力求务实高效。

孙校长务实求真的理念还体现在朴素的教育风格上。他向来主张教师不要人云亦云,随波逐流,鼓励教师"八仙过海,各显神通",自成一家、不拘一格地开展教学工作。对于时髦的新理念、新思想，他都能从教育规律和教育实际出发进行分析，选择性地接受。在工作中，他从不说空话、套话、官话、废话，也不拿这个理论、那个经验吓唬人，“理论写到专著上，措施落到工作上”是他一贯的工作作风。

十、独立自由的理念

孙汉洲认为，独立的思想和自由的精神，是教育管理者必备的素质。所谓“独立自由”，就是不死板教条，不拘于时俗，追求创新。毋庸讳言，在目前的教育体制下，教育管理行政化倾向严重，校长独立自主地从事教育教学管理的空间很少。囿于行政管理的压力，很多校长在管理中不敢越雷池半步，缺少独立创新，导致学校办学缺乏特色，同质化现象严重。针对这种情况，孙汉洲校长认为，校长、教师都要有独立自由的精神，只有这样，才能创新，才能办出学校的特色。

譬如对于素质教育的内涵，孙校长就有着自己独特的解读。他认为：“素质教育的主要元素是科学文化教育，不能片面地认为素质教育就不能谈教学质量”。离开教学质量谈素质教育，理不直，气不壮。“我们不要应试教育，但我们要应试”。江苏省教育评估院关于四星级高中的评估条例明确要求，四星级高中应当使80%以上的学生都能升入本科院校，为高校输送高质量人才。可见，不仅要谈质量，而且要理直气壮抓质量。

在教育管理上，孙校长敢于打破常规，也有诸多创新。早在东海高级中学的时候，他就首创“分部管理”的体制，以适应100多个班级的大规模学校精细化管理的需要。孙汉洲校长把学校等份划分为三个分部，每个部都有高一、高二、高三三个年级，每个分部享有相对独立的管理权，但又隶属于学校行政职能部门的管理。行政部门每月对分部的常规管理、教学质量等方面进行量化考核，根据考核积分决定奖惩；分部再参照学校的考核制度逐层考评到年级组、班级组、个人，形成环环相扣的分部管理体制。责、权、利具体化，激发了教工的竞争潜能。

另外，在管理中，孙校长又首创“班级组”管理模式并在南京二十九中也付诸实施，取得了显著的成效。班级组是包括班主任在内的全体任课教师和全班学生的集合体。班主任是班级组长，管理班级学生和班级任课教师。班级组管理模式将班级组成员捆绑在一起，成员之间存在着共同利益关系。学校考评、奖惩首先到班级组，班级组长再根据任课教师的工作情况，具体奖惩到人。一个班级组整体教育效益好了，班级组成员才有可能提高精神奖励与物质奖励的份额。

实行班级组与班级组长制度的好处有两点：一是使对学生的管理力度加大。班级由一个人独管变成多人齐管；二是班级组成员之间利害关系密切，一损俱损，一荣俱荣，因而团队精神增强。实行班级组管理体制之前，班级管理工作往往是班主任孤军奋战。有时学生上课违反纪律，教师自己却不作处理，把矛盾交给班主任。更有甚者，对班主任横加指责，班主任即使满肚子委屈，也敢怒而不敢言。有时候，学生对任课教师有意见，班主任只好压制学生，生怕任课教师“生气”而闹出乱子。实行班级组管理之前，教师“各人自扫门前雪，不管别人瓦上霜”。有的教师拼命挤占时间，虽然他所任学科一枝独秀，而其他学科则受到影响，教学的整体效益大打折扣。也有的教师责任心不强，上课、辅导到岗不到位。对这种现象，班主任也只好听之任之。而实行班级组与班级组长制度以后，班级组长职责明确，对任课教师的管理理直气壮。班级组长根据班级的实际情况，经常给任课教师提要求，包括时间分配、备课、上课质量、学生心理疏导问题等。有的班级组还实行任课教师联系学生制度。根据学生的学科成绩、性格爱好等因素，把学生分成几个组，每位任课教师负责联系一个组。这样一来，任课教师都成了班级组长的助手。更令人欣喜的是，任课教师不仅各人自扫门前雪，也管别人瓦上霜了，除积极协助班主任工作外，对其他任课教师的工作也鼎力相助。对个别业务不精或态度不端正而拖班级组后腿的教师更是想方设法，促进其提高工作质量。那种滥竽充数的现象已为班级组所不容。总之，班级组管理增强了教育的合力，使教育管理扎实有效。

可以这样说，南京二十九中近年来教育教学所取得的辉煌业绩，孙汉洲校长所创立的“班级组”管理模式是重要的支点。上面谈到了班级组的两点好处，其实这里还要补充一点：班级组管理改变了任课教师的精神面貌。班级组使教师提高了责任感、使命感，使教师爆发出了极大的工作热情。

孙校长的独立自由，还体现在他的教学思想上。“不拘一格”是对其教学思想灵活性的凝练概括。他自己的教学实践中，无论是授课方法还是评价机制，都是灵活多样的。这种独立自由的教学思想，还影响到他所在学校的老师们。他任校长时期，就反对教学方法一阵风的现象，不主张草率地将未加消化理解的“新方法”“洋方法”付诸课堂。他主张教师要有自己的教学风格，不管新方法还是土方法，能提高成绩就是好方法。他从不对教师的教学方法、步骤做硬性要求，提倡“八仙过海，各显神通”，老师们可以充分发挥主观能动性，因地、因校、因班、因人、因科采取不同方法提高学生的学习成绩。

孙汉洲校长的“独立自由”是在工作中积淀经验，掌握规律，提高工作的预见性和决策的科学性，从而达到游刃有余、挥洒自如的境界。“独立自由”的理念还体现在敢为人先，别人没有做的先做，别人都做了就不做。早在“九五”期间，孙汉洲校长就强风光之先，潜心语文活动课程的研究，他的《语文活动课程方案选粹》受到语文教学研究专家顾黄初的称赞。目前，党和国家重视中国优秀传统文化教育，教育界也开始行动起来。而孙汉洲研究孔学文化已近四十年。早在 2010 年，南京二十九中在他的主持下就申报了儒学经典课程基地，也是江苏省第一家。

十一、灵活辩证的理念

孙汉洲校长认为，要辩证地看待教育方法。“运用之妙，存乎一心。”教有定法，教无定法。教有定法是说教育有常规可言，而教无定法是说面对着千变万化的教育对象和教育形势，应该灵活运用教育方法，做到因地、因校、因人、因事施教。

在教育管理中，孙汉洲校长始终注重灵活和辩证的方法。比如，现在教育论者十分提倡赏识教育。主张在教学活动中表扬学生，赏识学生。我们不难看到这方面的文章或在教学观摩活动中看到这种现象。然而，孙汉洲校长认为，对于这个问题要辩证思考。表扬固然可以激励学生，但批评也同样重要。表扬与批评如同鸟之双翼，没有批评的教育如殺翼之鸟。不少初涉教坛的教师笃信赏识教育的魅力，对学生处处“表扬”，使表扬变成了廉价的空气、沙子，学生并不珍惜它。无奈之余，这些老师只好再祭起批评的法宝。然而，由于之前学生已经散漫惯了，批评的“矫治”工作也步履维艰。

其实，两千五百年前的孔子，也是表扬与批评并用的。就拿颜回说吧，颜回是他最得意的弟子。他不止一次表扬颜回。如：

子曰：“贤哉回也！一箪食，一瓢饮，在陋巷，人不堪其忧，回也不改其乐。贤哉回也！”

子谓子贡曰：“女与回也孰愈？”

对曰：“赐也何敢望回？回也闻一以知十，赐也闻一以知二。”

子曰：“弗如也！吾与女弗如也。”(《论语》)

然而，对于颜回的缺点，他也毫不客气地批评：

“回也，非助我者也。于吾言无所不说。”(《论语》)

孔子有时候对犯大错误的学生批评更是严厉。他的高足冉求在季氏幕下当官。季氏已经富比周公了,可是冉求还千方百计为他搜刮民脂民膏。对这种“损不足而益有余”的不义做法,孔子十分生气,便当众宣布说:“非吾徒也,鸣鼓而攻之可也”! 其实,从某种程度上讲,批评也是一种激励,只不过是反面激励而已。

再比如,在编排任课教师的过程中,传统观念肯定是老教师带好班,年轻教师带平行班,原因很简单,老教师课堂教学经验丰富,课后辅导到位,所以带好班以达到“强强联合”的效果,年轻教师经验薄弱,自然应该分配到平行班锻炼。然后,孙汉洲校长并不这样做。他编排教师都是按照年龄结构、业务水平、教学经验、性格脾气,甚至性别等各方面综合考虑,从而达到教育教学上互补的效果。到了高三下半学期,班级的课表经常是根据复习进度和班级学情一周一排,并非一张课表管半年,具有很强的针对性和实效性。现在有很多校长都推崇推门听课的管理方法,认为可以通过深入课堂了解一线教学情况。孙校长并不反对进班听课,但他却很少进班听课,他认为管理手段应该因人因校而异。南京二十九中是一所师生规模近万人的大校,校长每天有很多工作要处理,如果深陷课堂,那么什么事都做不好。因此,孙汉洲校长更注重宏观上对教学进行掌控,注重每次考试的管理,考后评价并亲自分析到班,分析到人,谈话到人,奖励到人,问责到人,同样取得了好的效果。

十二、立体化教育的理念

“学校校园有围墙,而学校教育没有围墙。”这也是孙汉洲校长常常挂在嘴边的话。他认为,教育应该是立体化、全方位、完整的。因此,家庭、学校、社会应该形成合力,以实现教育效果的最大化。早在“九五”期间,他就主持省哲学社会科学研究课题“立体化社区教育模式的研究”并顺利结题。在长期的教育实践过程中,孙校长着力构建“一主两翼”的学校管理体制,这是完善教育管理体制、推进教育精细化管理的积极探索。学校“一主两翼”管理体制,是指以“校长负责制”为主,以“教职工代表大会”“校务委员会”为辅,学校其他各种工作制度有机配合的管理体制。在“一主两翼”新型管理体制中,“校长负责制”是中心,教代会侧重于协调学校内部关系,校务委员会侧重于协调学校外部关系,两者构成“校长负责制”的辅助决策系统。对涉及教职工和学生管理、发展的相关事项,必须经过辅助系统的前置性审议,才能转化为学校或者校长的决定,并通过学校其他执行系统得以落实。这是对原有“校长负责制”管理体制的补充和完善。可以发现,在“大教育观”的指导下,“一主两翼”的管理体制改变了以往以学校为轴心的组织架构,建立起学校、家庭、社会之间平等参与、协调制衡的新型家校、社校关系。校务委员会制度正是汇集学校、家庭、社区(社会)三方合力,推动新型家校关系、社校关系逐步形成的探索和尝试。为了实践“一主两翼”的管理理念,南京二十九中在南京市最早成立了校务委员会,取得了显著成效。

在孙汉洲立体化教育理念的引领下,学校依托省城的优势资源,把院士、将军“请进来”,开展了一系列高品位活动,拓展了师生的视野。原南京军区司令员向守志、朱文泉,原南京军区政委傅奎清都是该校的校外辅导员,他们定期走进校园对学生进行爱国主义教育。近三年来,南京二十九中就邀请了中国科学院院士、中科院南京紫金山天文台研究院、南京大学天文系陆埮教授,著名的雷达专家、中国电子集团第十四研究所、中国工程院院士贲德教授,南京大学桑志芹教授等几十位专家学者来校讲学。

此外,孙汉洲校长还主张教育要“走出去”。一方面,是学生要走出校园,走上社会,在社会接受教育。南京大屠杀纪念馆、南京陆军指挥学院、南京市中小学生社会实践行知基地、南京市地铁、南京图书馆、凤凰街道蓝天园社区等单位都是学校的社会实践基地。南京二十九中与"国旗班"青年志愿者服务队8年来坚持深入社区开展社会实践活动，是江苏省暑期社会实践优秀小分队。另一方面，是学校教育资源向社会延伸。孙汉洲校长身体力行，他致力于家庭教育的研究，是中国家庭教育学会理事、江苏省网上家长学校专家，有着《呵护心灵的智慧》《与孩子一起应对高考》等近百篇研究文章，其中有的文章被收录入《江苏省人文社会科学通识文丛》。多年来，孙汉洲校长应邀在南京图书馆、南京市民大讲堂及省内外其他地区举行公益讲座60余场，获得社会各界的广泛好评。

现代中学实行的是校长负责制，校长是学校各项工作的组织者和管理者。有人说"一个好校长就是一所好学校"，校长在学校工作中所起的作用可见一斑。孙汉洲校长从一名普通教师到为名师、名校长，从乡镇中学到省城名校，所到之处，风生水起，赢得了社会的广泛赞誉。他的教育理念继承与创新并举，在充分汲取本土优秀传统文化的同时，也极具国际视野和时代精神。这些理念凝聚了孙汉洲校长多年的教育智慧，对中学管理者具有普遍指导意义。

(时明撰稿)

2015年10月

第二编

教海问津

教学心得 ABC

或许是前世注定，我与语文有缘，语文伴我一生风雨前行：学生时代，酷爱语文，工作伊始又教语文。自从1976年走上语文教学岗位以来，屈指已经36年。36年，人世沧桑，多少壮志成灰，多少往事如烟，面对镜中白发，不禁喟然长叹。然而，值得欣慰的是选择了并始终未弃的语文教学生涯，它犹如我生命黄昏的一抹彩云，在昏暗中透出几分亮色。每每回味语文教学生涯，寂寞的心中便生出些许慰藉。日前，接到《特级教师教学思想录》(中学语文卷)的约稿函，愧然而又欣然。惭愧的是教书几十年，不敢说已有了成熟的思想；然而欣喜的是，心得还是有的。不妨借机梳理一下以公诸同好。

一、读书也是备课

“读书也是备课”，是我发表在《中国教育报》上的一篇文章的标题，也是我语文教学的心得之一。

备课，是教学的重要环节，向来为学校管理者所重视。各个学校的教务部门少不了经常组织教师集体备课，并定期检查教师的备课笔记，同时还依此评定优劣，与奖惩挂钩。这种做法，确实用心良苦。然而，我们说，这样做是远远不够的。我们不应该忽视教师另一项更重要的备课活动——读书！

还是在读大学期间，我读了苏霍姆林斯基的《给教师的一百条建议》后，就产生了这个理念。

苏霍姆林斯基在《给教师的一百条建议》中就谈及读书与备课的关系：

一个有三十年教龄的历史教师上了一堂公开课，使听课的领导与同行入了迷，以至于忘了记听课笔记。课后，一位邻校的老师问：“你花了多少时间来备课？可能不止一小时吧？”而这位历史教师回答说：“这节课我准备了一辈子，而且，一般地说，每节课我都准备一辈子。”

这位教师的答案的内涵是什么？苏霍姆林斯基解读说：“这种准备空间是什么呢？这就是阅读。要终生以书籍为友，这是一天也不断流的潺潺小溪，它充实着思想的江河。”“优秀教师教学技艺的提高，正是由于这样经常性的阅读不断地补充了他们的知识海洋。”

苏霍姆林斯基的言论发人深省，特别是人类已经进入信息时代的今天。今天的教师，如果不注重读书，凭借大学时代的老本，是难以满足教育教学需要的。就拿研究性学习来说吧，现在，媒体高度发达，学生获取知识的渠道很多，我们教师即使博览强记，也未必能有效地指导学生，更何况安于现状，不去读书呢？常言道，“要给学生一碗水，自己要有一桶水。”其实，这种说法已经不合时宜。对教师而言，一桶水的量太少了，何况桶水易腐？我们认为，教师应该是江河，而学生则是海洋。江河长流才能成就海洋之大。

正因为如此，在漫长的教育生涯中，我没有一天敢懈怠而不读书。

四年的大学生活，我汲取了大量知识；但是，我并未满足，参加工作以后，我没有一天不在充实、提高着自己。读书，我不怕辛苦。四书五经、诸子百家、中外教育学、心理学名著，什么都读。《论语》《李太白全集》《杜工部集》《毛泽东选集》，鲁迅的全部杂文、诗词，我不仅潜心研究，做了大量卡片，并撰写发表了多篇研究文章。每次出差，凡发现有价值的新书，我总设法买到。1979 年到外地开会，买书用光了钱，还是向同行者借钱买的返程车票。说来有趣，我家中现在最值钱的财产就是书！对我而言，书可以疗饥，有时看书入迷，连饭都顾不上吃。我最喜欢去的地方是图书馆，一次，我在书库查书，管理员下班时疏忽，竟把我锁在了书库里。正因为书读得多了，我在课堂上才不至于照本宣科，而是“活水长流”；正因为书读得多了，我在课堂上才能对学生的质难问疑从容应对；正因为书读得多了，我才能高屋建瓴，引导学生进行探究性学习；正因为书读得多了，我才能在课堂上“导而弗牵”，拨亮心灯，开启智慧。从我的口中，学生搞清了杜甫诗中为什么不写海棠花，《论语》中的“乘肥马”为什么不能翻译为“骑肥马”，女子自称“妾”并非自称“小老婆”等问题。我用自己读书获得的知识为学生扬起了探索创新的风帆。

2007 年，我被评为年度“全国推进读书十大人物”，应《中国教育报》之邀写了一篇获奖感言，题目叫做《有一种生活叫读书》。这篇文章中，反映了我对读书认识与体验的升华，这里不妨摘取一二段以反映我的心迹：

有一种生活叫读书。读书的生活原本就是一种享受；或者说，读书本身就是享受生活。书是森林，可以栖息疲惫的心灵；书是甘露，可以滋润龟裂的心田；书是良药，可以医治心头的伤痛；书是隔音壁，可以屏蔽尘世的喧嚣；书是砖瓦，可以构筑知识与人格的大厦。我提倡读书的生活！

春秋时期的孔丘先生酷爱读《诗》。《诗》赏其心而悦其目，养其心而移其情。读诗，使他生活更精彩，思想更深邃，情感更丰沛。于是，他击节赞叹道：“诗三百，一言以蔽之曰：‘思无邪’。”一次，儿子孔鲤从庭中走过，他叫住孔鲤说：“小子，何莫学夫《诗》？《诗》可以兴，可以观，可以群，可以怨；迩之事父，远之事君；多识于鸟兽草木之名。”看，孔子就认为读诗，可以提高生活的质量，说得更现代一些，读书就是享受生活！孔子确实比后代那个宣扬“书中自有黄金屋，书中自有千钟粟，书中自有颜如玉”的皇帝高明。读书的功利性太强，本身就庸俗化了读书与生活。

我们深信读书能为生活增色，为生命增彩。“苦读”一词带有几分悲壮色彩，但有失准确。其实，真读书者不苦而有乐。古人用“如味膏粱，如饮醇酒”来形容读书的感觉，并非妄言。凿壁偷光的匡衡不苦，隔壁微弱的灯光驱散了他心头的黑暗；囊萤映雪的车胤与孙康不苦，书籍擦亮了他们的第三只眼睛；栉风沐雨牧羊的路叔温不苦，因为他有用苇叶抄写的书做伴；把《汉书》挂在牛角上备读的李密不苦，他的行为倾倒了当朝宰相；那位少年时代点灯自读的周恩来不苦，他用青春谱写了一曲仁者之歌；那位湘乡县立东山学堂的毛家少爷，虽然有些土气为纨绔子弟所轻视，但他悠然读书，心中自有天地，享受了生活的极乐，不，他非但享受了生活，还创造了生活。

古往今来，官谥与私谥虽多，然而“读书种子”的谥号却是至高无上的，只可惜配得上这个称号的人太少。不过，做个“读书种子”的“粉丝”，那倒是容易的，只要你愿意！我想，读书有三种境况：一是要我读，那些中小学的应试学子大多是如此。二是我想读，此种人已登堂矣，许多读书爱好者即如此。三是我不能不读，此为最高境界。因为对这些人而言，读书已经融入生活，读书就是享受生活。我不敢自诩已臻于第三境界，然而我已经从书中尝到了“甜头”，尝到了“乐趣”。倘若问我今后生活中有什么打算，我可以告诉你，一个重要的内容就是自己多读书，并带领我的同事、我的学生多读书！

二、写作功夫不可丢

作为语文教师，写作功夫不能丢。一名语文教师不能写，犹如一个大兵不能用枪。不能写的语文老师总是缺少切身体验，指导学生往往如隔靴搔痒。

需要界定的，我这个写的概念主要包括“研究”和“创作”：“研究”，既指教学的研究，也指对专业领域的前沿研究；至于“创作”，似可作副业，然而或诗歌，或小说，或散文，偶尔写写也会对教学大有裨益。

或许有人说，中学教师时间紧，没有时间做这些工作。还有人说，中学教师不必去抢大学教授和作家的饭碗而搞什么学问。但我不以为然。几十年来，我一直在抢教授与作家的饭碗。

为了抢这个饭碗，我像钉子挤木板的空隙一样挤时间。

多少年来，我不知推掉了多少“开会考察”、迎来送往的活动，电视节目很少看，娱乐场所从不涉足，甚至连陪爱人和孩子逛商店、逛公园也免了。说不清多少个夜晚，书房寂寂，我伏案研究写作，只有明月探望，灯光做伴；就连去美国考察学习的时候，当别人在胜利女神像旁流连忘返，我却争分夺秒地坐在石凳上写文章！

天道酬勤，集腋成裘。我教育教学研究有所建树，文学创作也小有成就。

先说研究：“以研促教”，是我的教育策略。古人云：“教然后知困”。那么，怎么解困？我的答案是“研究”。我发表的400余篇研究文章，半数是“解困”之作。其中有微观研究，如“杨柳岸、晓风残月”妙在何处，侯嬴为何要“北向”自刎，《孔雀东南飞》“共事二三年”“小姑如我长”释疑等。也有宏观的，如学生创新能力的培养、活动课程的开发与实施、校本课程的建设等。我尤其致力于语文教学趣味化研究。我认为，兴趣是最好的老师。语文教学可资利用的趣味性材料汗牛充栋，我们完全可以“拿来”为我所用，使语文教学生动起来，让学生在快乐中学习。目前，我已出版了《语文趣话五百篇》(中)《少年文史趣闻》《中学生语言艺术修养》等相关著作。2006年，最能体现我主张的《趣味语文》一书又由中国文史出版社出版。另外，在宏观方面，我还进行课题研究。我先后主持了省哲学社会科学、省教育科学“九五”“十五”9项课题的研究，最近两年出版的《语文笔谈》等著作集中反映了我的教学心得与实践案例。

我的研究领域宽广，涉及哲学、社会科学、语言学、教育学、文学等领域。1998年我的专著《孔子智慧与现代文明》于孔子诞生2550周年之际出版，从哲学社会学的角度，用现代视角关照孔子思想、智慧，力求赋予其新的生命。《读书》等杂志发表专家评论文章说：“学术性与通俗性兼顾，继承与创新并重。”2008年以来，我又连续推出三本孔学专著：《向孔子学做老师》《孔子教做人》《跟孔子学做家长》，受到了众多媒体及专家的热捧。我的《爱国诗鉴》曾于香港回归前夕出版，并作为连云港市人民的礼物寄赠董建华。原国家教育委员会副主任柳斌为本书题词：“读爱国诗词，养浩然正气。”2009年修订出版的《双音词典故词典》耗时十年，终成巨著，填补了中国辞书的空白。学界泰斗廖序东先生生前为之作序，称赞这是“一项富有开拓性的工作”。我对鲁迅、毛泽东的语言艺术研究也颇有心得，发表了一系列有深度的论文。鲁迅诞辰百年纪念，绍兴市政府专门邀请我参加纪念活动。我对《红楼梦》曹雪芹也敢问津，对曹雪芹有关文化常识的失误认真进行考证辨误。对家庭教育我也情有所钟，出版了《古代教育启示录》《呵护心灵的智慧》等专著，并被推选为中国家庭教育学会理事。

青少年时代，我就做过文学梦。中学时代醉心涂鸦，写了不少诗歌、散文乃至剧本。也许是物以稀为贵吧，在那文化荒芜的70年代，这些作品竟然受到民众青睐。老师常把我的诗文向学生推荐，并且常让它们占据公社墙报专刊的版面。我的剧本有幸被公社宣传队排演。公演时，但见万头攒动，如痴如醉，我心里泛起几分惬意。偶尔，也会收到刊载我诗文的出版物，其时的高兴劲胜得过穷人拾得一斗金子。多少次，朦胧的月光下，我觉得缪斯在向我招手……

“文革”结束，高考制度恢复。为了实现文学梦，我的报考志愿中一律填上综合性大学中文系。

尽管后来接到的是师范大学的录取通知书，心中有几分怅惘，但毕竟上了中文系，不久也就释然了。大学四年，我像一个饥饿的人扑在面包上一样，汲取中外名著的乳浆。我更加勤勉地练笔，说不清写下多少文字。前日整理旧书刊，偶然发现幸存的《佰日集》。那是我大学四年级习作的诗歌汇编，竟有三百首。我懂得厚积薄发的道理，我决心磨快刀剑，将来驰骋文场。

1982年，我大学毕业，分到中学教书，除了完成教学任务，就进行文艺创作。很快，小说、诗歌在省级刊物上发表了，我看到了理想航船的桅杆。可是，一位长者忠告我："鱼和熊掌不可兼得。你的资质不错，不如集中精力，在教学教研上干出点名堂来。"起初，我对这位长者的话还不以为意。然而，不久我带了高中毕业班的课程，面对在命运的海洋中挣扎、急需岸边的老师援手相助的学生，我良心的天平倾斜了。从此，我集中精力投入教学工作，并结合教学工作，搞点学术研究。至于创作，那是偶然为之的事情了。

然而，随着头上白发的增多，也添了几分怅惘。夜深人静，投笔长思，总有几分"种瓜得豆"式的遗憾。文学是我初恋的对象，我无法把她从我的心头驱走。到了20世纪90年代末期，压抑在生命石之下的文学创作冲动又抬起头来。从此，我又常常"老夫聊发少年狂"，写写诗歌、散文，并偶尔也涉足文学鉴赏。起初，当诗歌与散文又在刊物上发表时，我捧谈之际，就如看到了久违的情人。目前，我已出版了2本散文集，2本诗集，2本随笔集，还有2本诗集正待付梓。2000年，我获准为中国作家协会会员。这个称号，我是十分看重的，因为，它证明我圆了自幼的作家梦。

三、继承也是创新

"创新"，是时代的强音。教育教学工作强调创新，本也无可非议。然而，我们眼中只有"可夫""斯基"，只有前苏联与欧美。数典忘祖，忽视了继承却是不应该的。

其实，我们中华民族的传统文化是丰富的宝藏，许多本来就具有"创新价值的瑰宝""养在深闺人未识"。我们发掘出来，继承下来，本身就是创新。惜乎我们在这方面继承不够，许多人对老祖宗早已说过的、做过的一无所知，反而把西方近现代学者步我们老祖宗后尘之说当做"创新"，并大加推崇。当然，也有这种现象，老祖宗的经验我们未能继承、关注，而外国人提出了类似的理论，我们不得不把发现(明)权拱手让人，这岂不令人心寒！这里，我们不妨看一个例子：

在心理学领域，我们目前非常推崇美国人罗森塔尔20世纪60年代提出的"皮格马利翁"效应。其实，这个效应的提出，依据只是希腊的一个神话故事，说的是塞浦路斯王子，爱上了美丽的少女雕塑。由于心怀虔诚，雕塑获得了生命，与王子喜结良缘。其实，中国何尝缺乏这类神话故事？只是我们没有注重继承总结罢了。这里聊举两个例子：

宋朝皇都风月主人《绿窗新话》载：

唐人王轩，字公远，到苎罗山麓游览，听人讲西施的遗迹，深惜国色天香埋于尘泥。因而在石头上题诗一首："岭上千峰秀，江边细草春。今逢浣纱石，不见浣纱人。"诗刚写完，回头一看。一个绝色女子穿着素衣，琼佩为饰，感激地对他说："妾自吴宫还越国，素衣千载无人识。当时心比金石坚，今日为君坚不得。"于是，王轩与她缠绵缱绻了一个多月才回家。后来，萧山地区有个叫郭素的人听说这件事，也前往泉石间题诗。他题诗无数，却不见西施的影子。有人作诗讽刺他说："三春桃李苦无言，却被残阳鸟雀喧。借问东邻效西子，何如郭素学王轩？"人们听了，没有不讥笑郭素的。

唐代杜荀鹤《松窗杂记》载：

唐朝进士赵颜，从一个画家那里得到一幅画障，画障上有一个女子，非常美丽。赵颜对画家讲：

“世上绝对没有这样漂亮的女子，你如果能使她成为活人，我愿娶她为妻。”画家对赵颜说：“这是我神妙的作品，画中的美人叫真真，你如果昼夜不停地呼唤她的名字达一百天，她就会答应你。当她答应你时，你如果能用百家彩灰酒灌她，她就一定会成为活人的。”赵颜听信了画家的话，如法炮制，果然使真真走出画面，成为活生生的美女。

真真走出画面后，谈笑饮食跟真人一样，并说：“感谢你召唤我，我愿与你结为夫妻。”赵颜非常高兴，便与她绸缪缠绵起来。不久，真真喜结珠胎，到了年底，便生了一个儿子。

可惜的是，我们缺少罗森塔尔的眼光，没有重视这类材料，没有提出“西施效应”或者“真真效应”而已，所以我们现在只好言必称罗森塔尔，言必称皮克马利翁效应。再进一步说，我们的古人对这方面内容也并非只有矿石，没有提炼。“精诚所至，金石为开”，不是我们熟知的古语么？它出自《后汉书·广陵思王荆传》，离今已 1500 余年。这个成语已经对这类心理现象上升到了理论高度，只差没有用“某某效应”的字眼表达而已。今天我们把发明权拱手让人，实在是于心不甘啊！

如果说皮克马利翁效应问题使我们无可奈何的话，那么有些专家学者由于不了解老祖宗，四处摇唇鼓舌，对西方的古代教育理念推崇备至的同时，反过来贬低我国的古代教育思想，这就令人是可忍孰不可忍了。

譬如说吧，有一位知名学者在一次演讲时说：“西方古代学者鼓励学生发表与老师不同的意见，甚至另辟蹊径，背离老师的研究方向或主张，而中国却一味讲究‘传承’。”他特别推崇亚里士多德的名言：“吾爱我师，吾更爱真理。”这种说法是缺乏常识的。其实，与亚里士多德差不多时代的中国并非只讲“传承”。孔子明确主张“当仁不让于师”。孔子这句话，说得比亚里士多德更直截了当。孔子不仅这样说的，也是这样做的。他对经常提反对意见的学生子路不以为忤，反而与他“情同兄弟”。孔子弟子三千，但最得意的只有颜回一人。他对颜回平日赞赏有加，不过，对颜回唯命是听，从不提出不同意见的做法却表示不满。他说：“回也，非助我者也，于吾言无所不说！”再说，中国的古代学术也不是一味“传承”的。如果说亚里士多德对柏拉图有所背离(创新)的话，孔子的后学何尝没有对孔子的学说有所“背离”(创新)？就拿孟子来说吧，孟子就对孔子的学术有所否定。以武王伐纣为例，孔子认为以臣伐君，不予肯定。而孟子却认为，纣王无道，已不配做人君，而是独夫民贼，理当伐而诛之。再说吧，春秋战国时代“孔子—孟子—荀子—韩非子”，他们之间有直接或间接的师承关系，然而，他们的学术主张嬗变却非常明显。到了“韩非”，已从“儒家”脱胎成为与儒家学术相对立的法家学派。

基于“传承也是创新”这种理念，我长期在古代教育宝库中寻寻觅觅。首先，我从研究《论语》入手，挖掘孔子的教育宝藏。我惊奇地发现，孔子的许多教育思想与语文新课程标准不谋而合，对我们实施新课标，实现教育现代化有着积极的指导意义。我在《语文教学通讯》上发表了题为《汲取孔子智慧，提高教师身教水平——关于新课标背景下教师自身发展问题的思考》，对这方面内容有较为详尽的阐述。例如：新课标要求培养学生“实事求是的科学态度”，孔子要求学生“知之为知之，不知为不知”“过则勿惮改”。

新课标强调语文课程的审美教育功能，要求“语文课程关注学生情感的发展，让学生受到美的熏陶，培养自觉的审美意识和高尚的审美情趣，培养审美感知和审美创造能力。”孔子时代，美学理论没有今天发达，然而孔子对学生的审美教育却是毫不含糊的。

孔子非常重视文学艺术鉴赏这个重要的审美活动。他大力提倡学生学习《诗经》。他说“小子，何莫学夫《诗》？《诗》可以兴，可以观，可以群，可以怨；迩之事父，远之事君；多识于鸟兽草木之名。”可是，现在为数不少的语文教师，自身文学艺术鉴赏能力就很差。很多人莫说没有系统读过《论语》，就连小说、戏剧一类的名著也没读过几本。这样的教师如何以自身的审美情愫熏陶、熏染学生？孔子还注重对美的发现、追求和创造。《子路、曾皙、冉有、公西华侍坐》章中，孔子对曾皙“浴乎沂，风乎舞雩，咏而归”的理想大加赞赏便是明证。

新课标要求培养学生思考问题的广度与深度。学生请教他：“一个人是不是人人说他好，他就是好人？”孔子却认为，“众恶之，必察焉；众好之，必察焉。”“人人都说他好的人”可能就是一个乡原——老好人、伪君子。

新课标要求教师必须顾及学生的原有基础、自我发展方向和学习需要等方面的差异，激发学生的兴趣和潜能，增强课程的选择性，为每一个学生创设更好的学习条件和更广阔的成长空间，促进学生特长和个性的发展。孔子则“因材施教”“有教无类”，不拘一格育人才。他把好勇的子路培养成军事家，把头脑灵活的子贡培养成巨商，把子游、子夏培养成外交家……

试想，我们今天的语文教师有多少人做到了这种程度？

我常听一些学者讲，中国传统语文教学不讲方法，就是死记硬背，这种言论过于武断了。其实，这是三家村塾师的做法。古代许多高明的教师的教学方法不仅不落后，反而是我们难以企及的。就说《红楼梦》中贾宝玉的老师贾代儒吧，他教学的理念、批改作文的方法足以令我们拍案叫绝。他讲课循循善诱，注重发挥学生的主体作用，鼓励学生打破禁忌，放胆直言。他注重师生互动，适时点拨，他还针对学生实际，进行思想渗透教育。他批改作文，字斟句酌，一丝不苟；批语高屋建瓴，画龙点睛。

多年来，我在创新声中说“继承”，虽未遭白眼，但少有人响应，然而我甘于寂寞而不悔。好在胡锦涛同志 2010 年在全国教育工作会议上的讲话，给我的信念撑了一把力。他要求教育界“坚持继承与创新相结合，不断深化教育体制改革和教学改革。”胡锦涛同志的提法，本身就是一种创新，他把被教育界“放逐”了的“继承”这个话题又请回了家，也给我们今后教育的发展指明了正确的方向。

四、让语文教学生动起来

语文教学理应生动，这已经成为共识。然而，这常常局限于课堂，要求语文教师“肚中有货”“嘴巴会说”。其实，此外还要求教学的选材趣味化；就是语文考试，也应该力求试题生动。

许多年教学生涯中，我不仅努力提倡语文教学的生动性，而且在选材方面身体力行，我于浩瀚的语文海洋中采珠拾贝，编写了一批趣味性语文读物，如《文史趣谈》《快乐语文》《趣味语文》，我还执着于语文活动课程和语文命题的生动性研究，发表了《谈谈语文试题生动性》《谈语文教学选材的趣味化》等论文。

我更多用实践证明我的观点。我承担过江苏省教育规划“九五”课题“中学语文活动课程的设计与实施研究”，为高中一、二年级开设语文活动课，在语文教学的选材趣味化方面做了有益的探讨。这里不妨以教学案例《仿拟诗会》为例，以窥语文教学选材趣味化一斑。

仿拟诗是模拟现成的诗歌格式，是一种袭用有关字句或句式，从而别出新义的诗体。它本身就具有趣味性，为人们喜闻乐见。上课伊始，我简要地介绍了仿拟诗的特点。紧接着，便通过投影仪提供范例。我举的是鲁迅先生《替豆萁申冤》、陈毅的《仿〈出塞〉》，以及谢觉哉的《仿〈芙蓉楼送辛渐〉》。这些仿拟诗精品内容深刻，趣味横生，先自深深地吸引了学生，教师再趁机对内容稍作点拨，学生的尝试欲之火被点燃起来。

在这种情势下，我要求学生每人作仿拟诗一至两首，并写在投影纸上，以便“放映”出来让教师评析。教师一呼，学生响应，仿拟诗会就火热地开展起来。不一会，同学们竞相把作品通过投影仪放出来让师生评析。学生们的作品选材广泛，或讽刺辛辣，或诙谐幽默，或新颖别致，如珠玑杂陈，令人目不暇接。一篇作品放映出来，大家参与评析，各抒己见，在笑声中增长了知识，增长了能力。就这样，一节课不知不觉地过去，以至于下课铃声响了好一会，大家仍浑然不觉。

这堂活动课目的在于让学生了解、掌握仿拟诗的知识，提高语言表达水平。由于课堂教学选材的趣味性强，极大地调动学生的积极性，教学效果显著。这里，我们不妨看一下学生的两首习作——

（一）仿《幽州台歌》

前不见星期，后不见假期。念作业之重重，独怆然而泣下。

（二）仿《春晓》

春眠不觉晓，何处闻啼鸟？偶尔一两只，又被气枪瞄。

第一首诗讽刺了某些学校违反规定，加班加点的补课现象，第二首诗表现了强烈的环境保护意识。这两首诗立意新颖，内容深刻，读来饶有趣味。

或许有人认为，语文考试试题也可生动是天方夜谭。事实上并非如此，就是历年全国高考试题中，也有先例可循。例如：1992 年全国语文高考题中的一题阅读题，命题人选择了南宋刘过的《沁园春》：

斗酒彘肩，风雨渡江，岂不快哉！被香山居士，约林和靖，与坡仙老，驾勒吾回。坡谓西湖，正如西子，浓抹淡妆临镜台。二公者，皆掉头不顾，只管衔杯。白云天竺飞来。图画里峥嵘楼阁开。爱东西双涧，纵横水绕；两峰南北，高下云堆。"逋曰不然，暗香浮动，争似孤山先探梅。须晴去，访稼轩未晚，且此徘徊！

刘过大胆想象，把自己置身于古代文坛领袖之中，更把辛弃疾也拉了进去。诗中古人今人打成一片，谈诗赏景，趣味盎然。当年辛弃疾"得之大喜，致馈数千百，竟邀之去，馆燕弥月。"命题人选该词为阅读材料，使应试者眼界大开，耳目一新，兴趣顿生。

又如 1989 年全国高考题中的一道阅读题：《九章算术》上有一道题："竹原高一丈，末节着地，去本三尺，问竹还高几何？"根据该题所作的图，找出正确的一幅（图见《语文学习》1989 年 7 期 P36）。

这道题妙就妙在语文与数学联姻。命题人精心策划，以数学题形式来考查学生文言文阅读理解的能力。

此外，1993 年的全国高考作文题选的材料是父亲与儿女关于新老树皮的对话，1995 年全国高考作文题，选的材料是寓言诗《鸟的评说》，都是不可多得的生动有趣的材料。这些材料能够激活学生的思维，使学生的水平得到充分发挥。

五、教书是平常而实在的活

先说教书是平常的活。

我们说教书是平常的活，目的在于要求教师要有平常心。

教师，在传统观念的"干部"这个队伍中，是一个最庞大的群体。从道德、伦理方面考察，我们应该如何定位？

或许有人说，这个问题已经解决了。教师，毫无疑问应该是"太阳底下最光辉的职业"，应该受到全社会的高度尊重。

或许有人说，教师在中国，自古伦理定位就很恰当："天地君亲师"。师与天地君亲并列，这是理所当然的。

诚然，说教师是太阳底下最光辉的职业，这是现代伟人的名言；把师与天地君亲并列，这是古训。

目前为止,还没有人对这种说法提出不同意见。

不过,我们认为,问题恰恰出在这里。上述判断给教师的伦理定位太高,而教师也乐于、惯于在心理上定位于此;然而,实际情况却大相径庭。当教师的伦理定位观念与现实对撞时,教师的心理便严重失衡——

实际上,学生对教师非但不与"亲"(父母)相提并论,甚至不以长辈视之。他们希望与教师平等相处。然而对学生的这种心理,教师往往熟视无睹;大部分教师以父母自居,动辄训斥、体罚学生。学生对他们不仅不恭,甚至有时还采取过激的报复手段。这样一来,有些人便骂人心不古,叹师道不存,怨学生"朽木不可雕",悔错选职业入师门。

某位伟人为了振兴教育,提倡尊师重教,说教师是太阳底下最光辉的职业,这本是无可非议的。不过,我们教师不应以此自居。七十二行,行行都有其职业的特殊性,行行对社会来说都不可或缺。教师不应以老大自居。试想,没有官员,天下无人治理行不行?没有军队外御侮内戡乱行不行?没有医生防疫保健、救死扶伤行不行?没有农民,无食无衣行不行?……即使是清洁工,也是重要的。不堪设想,一个没有清洁工的城市会脏到什么样子。

然而,有些教师却偏偏认为自己的职业最崇高、最伟大,相应也就要求最丰厚的报酬,最高的政治地位。然而,这种要求却无法实现。教师的经济地位在众多行业中只居中下游水平。由于教师也属于"干部"之列,许多教师就更想与公务员攀比,认为应与之平起平坐。但事实上不是一回事。目前的许多乡镇级甚至村级干部出则轿车,居则宾馆,吃则饭庄,而许多高级教师、教授却身居陋室,菜无兼味,挤公共汽车。不少教师面对这种现状愤愤不平,认为天道不公,于是便千方百计改行从政或经商。至于工商、税务、金融、供电、邮电,在教师眼中,理应"低师一等",然而却"高师一等",教师的心理因此则更难承受了。特别是不少教师教过的学生刚毕业到这些部门工作,工资就比半生从教的老师还高时,老师更怨天尤人了。

毋庸讳言,教师队伍中不乏路瓦栽夫人那样心高命薄者,不乏琵琶女那样自怜身世者,更不乏祥林嫂似的逢人诉说不幸者。

其实,教师的地位在中国历史上从来就没有高过。就说孔子这位至圣先师吧,当年带领弟子周游历国,有时候连续几天饿肚子,"惶惶若丧家之犬"。

考之事实,历史上不独孔子,其后学中做教师者社会地位又何尝高过?就说唐朝大文学家韩愈吧,他当了国子监博士(注:国子监,唐代国家主管教育的官署),家境却贫寒异常:"冬暖而儿号寒,年丰而妻啼饥。"他写过一篇《送穷文》,旨在送别贫穷,但贫穷却伴其终生。他四十多岁时,就老态龙钟,秃了顶,掉了牙。

至于近代也没听说教师地位高过。"家有三斗粮,不当小孩王。"解放前流传的歌谣,是那时教师地位低下的真实写照。

认识到这一点,有利于我们摆正心态。

其实,我们不妨胆子大一些,把师生关系与市场中的顾客与商贩类比。商贩凭货物换取顾客手中的钱,教师凭借知识换取学生与国家的钱,本质上没有什么不同。如果教师把自己的伦理定位放到这个基点上,那么我们就不再奢求社会的厚遇、学生的驯从了。我们要想办法像商家那样提高服务质量,招徕顾客。这样一来,我们的工作态度解决了,我们的心理也平衡了。原先心中的不平之气,就会烟消云散。

有人认为,这种说法不唯老旧,而且有点阿Q主义的味道,那么,我们不妨再看一看。著名特级教师魏书生接受采访时说过这样一番话:"教育就是这个活儿,干教育别想发财,想发财,别干教育,以这种平平常常的心态、高高兴兴的心情，干实实在在的事情，尽到人生的责任，也享受人生的乐趣。”

再说“实在”。教书虽然是平常的活，但是要干好这个活却不平常。我们一生中要面对成百上千个学生，他们的成绩与我们的工作水平紧密联系，我们不能有丝毫的懈怠，这就需要我们实实在在地干活。

作为一名教师，课要实实在在地备。靠抄教参或借现成教案过日子是君子所不屑的。作业、试卷要实实在在地编制，虽然不能题题原创，但至少要做到于浩瀚的教辅资料中精选，那种靠现成资料讨生活的事是君子不齿的。实实在在地上课，充分发挥自身的指导作用。要注重基础，要关注学生成绩，那种以“改革”“创新”为理由，把学生成绩搞得一塌糊涂而不以为耻的现象，是有伤斯文的。要实实在在地做人处事。不要自我膨胀，以专家、学者自居，不要热衷于四处演说，八面招摇，满天下乱讲，却荒了“责任田”——课堂。“大江东去，浪淘尽，千古风流人物”。诚使我们成了特级教师，在教学上小有成就，然而，我们在历史的大江中，比起那些风流人物又算什么？一朵浪花、一粒沙子而已，是会不淘自尽的。

有感如此，几十年来，我只是埋头读书、埋头教书、埋头当校长、埋头搞研究、埋头搞创作，居陋室而自足，衣粗衣而自得。任花开花落，任人事沧桑，虽身居都市，而心近桃源，偶然被冠以某种荣誉，仍淡然处之，不觉得自己立即得了神通。曾有多少次离开教育从政的机会，但是我还是舍弃了。因为我知道，教育是适合我的土壤，离开教育我也许会一无所成。

结语

最近出了一本散文集，其名为《朝花夕拾》，而这篇文章大概只能算是“夕花夕拾”，或者是“夕草夕拾”了。石城明月在，秦淮水长流，抬头月光冷，俯身水悠悠。值得高兴的是，我这“夕花”或“夕草”“生”于金陵胜地，虽速朽而无憾也。

2011 年 5 月 19 日

我心目中的语文

——对语文的认识与实践

一、语文是什么？

语文是什么？这个问题看似简单，事实上却很“深奥”。直至现在，还没有标准答案。目前，学界对语文的定义，主流声音有两种，或曰语言文字，或曰语言文学。权威性颇强的《现代汉语词典》对语文一词的解释也于二者之间游离。笔者作为语文人，也有“一己之见”。我认为，语文像是一幢框架结构房子，生活是基础，文化是框架，语言文字是建筑材料。简言之，语文的要素中应该涵盖语言、文字、文化、生活。当然，任何比喻都是有缺陷的(列宁语)，不过比喻会使抽象变得具体，深奥化为浅显。这里，我们不妨以这个为抓手，铺陈一下自己的见解——

先说生活。之所以说生活是语文的基础，因为语文附丽于生活，语文应生活需要而产生，语文的外延与生活的外延相等，语文能力的高低与生活的底蕴密切相关。人类生活需要交际，语文在需要的条件下应运而生。例如远古人抬木头累了，需要减压，就“吭育吭育”地喊，这就产生了“语文”，鲁迅先生把“吭育吭育”称为诗歌。语文在生活中无处不在，与人须臾不离，这一点大家普遍认同，无需赘述。惜乎，生活底蕴与语文能力的关系密切，却往往被人们忽视。其实，增强语文能力，固然要读有字书，然而更要读生活这本无字书。有例为证：我们都觉得《大风歌》与《垓下歌》脍炙人口，可是，作者们都不是传统意义上的读书人。他们只是凭借生活底蕴，情之所至，率然而为之；然而，却令无数饱读有字书的人望洋叹止。这两首诗已经成为中学语文课本的经典篇目。因此，我们大声疾呼：语文教育工作者应引导学生多读无字书——生活！

或许有人认为，笔者对语文的定义强调了文化，而忽视了“文学”。我们说：“否！”文化是人类社会历史发展过程中所创造的物质财富和精神财富的总和，包括文学、艺术、教育、科学等。文化作为语文的框架(这里的框架，取的是现代楼房的框架结构中的框架的义项)，其支撑作用至关重要。任何一个民族的语文无不依托、充溢着民族的文化，学者们之所以说语文具有人文性，道理就在于此。当然，作为汉语语文，文学的成分自然是要占较大的比重，但是，不应该说语文要素中“文学”可以替代“文化”。我们希望语文教学中强化文化常识教育！

至于语言文字，在语文中不可轻视。语文教学的首要任务，就是要抓好语言教学，这是语文有别于其他学科的“这一个”。不难想象，没有建筑材料，房屋如何建构。语文去掉了语言文字，不就等于孔子所说的那样，犬和羊去掉了皮毛就缺少了区分度吗？语文要姓语，这是不容置疑的！

二、语文如何教?

有鉴于我的语文理念,作为干了二十多年校长的我,带领我的团队作了如下的尝试:

1. 让语文“动”起来

让语文“动”起来,就是注重语文的实践活动,注重学生的生活体验与生活积淀。

早在20世纪90年代,笔者就主持了江苏省教育科学规划课题“中学语文活动课程实践研究”。在研究过程中,我们开展了“语文与生活”研究,师生共同寻觅生活中的语文“踪迹”。我们结合生活,搞了一些语文实践活动,如撰写春联,诊断“街市店面牌匾”的错别字等活动。我们设计了近百个语文活动课方案,并汇集成书,与语文界同仁共享。我们还抓住了青奥会在南京召开的契机,开展“阅读南京活动”。我们除了编写《南京成语诗歌》《南京语文故事》等读物,还利用寒暑假,组织学生探访南京人文名胜,并开展相关的征文、讲演、演出活动。

2. 让语文“厚”起来

让语文“厚”起来,就是说,我们要摆脱“本本主义”,不唯教材是教,不唯课程标准是“听”,不唯考纲是“瞻”,应该构建丰厚的校本课程体系,并使之与国家课程相融合,起到丰富、补充、拓展的作用。

为了达成这个目标,我校从两方面入手:一是抓传统文化校本课程建设。我们开设了“孔子教做人”“《论语》中的成语智慧”“《论语》诗歌”“成语中的诸子智慧”等校本课程。我们以语言文字为抓手,以经典为依托,以智慧为导向,使语文教学的内容丰厚起来。其次,我们重点开展了“把诗歌请回家”的活动。诗歌,是汉语言文学的主流,理应是我们语文教学的一个重点。然而,由于语文高考不考诗歌,诗歌教学就被淡化了。语文教学中,以应试目的读诗解诗教学在“苟延残喘”,而诗歌创作在教学中几成绝唱。我们在语文教学中则大张旗鼓地把“诗歌教学请回家”。我们不仅开展了“中华诗歌经典诵读活动”,还开展了诗歌创作教学活动。除课堂教学外,我们利用文学社刊物、诗歌创作展示会、组织学生投稿等形式鼓励学生积极进行诗歌创作。我们还注重诗歌环境的营造。学校的一些活动的文字尽量用诗歌表达,如入学通知书、开学典礼、毕业典礼致辞、旗下讲话,甚至学校的工作总结等。我们还把《中学生行为规范》改写成42首朗朗上口的诗歌,让学生易学易诵。2013年底,在学校组织的学生原创诗歌朗诵会上,作为校长,我也把自己刚发表在中文核心期刊《钟山》上的一组诗歌印发出来,与同学们分享。

3. 让语文“特”起来

让语文“特”起来,就是注重语文的个性,在教学中注重语文的语言文字因素,“把语文课上成语文课”。关于语文教学,我们充分强调其工具性,基础知识的积累与理解、运用能力并重;注重传统语文教学“听说读写”四大环节,把语文教学落到实处。以文言文教学为例,我们以读懂、读熟,掌握重点虚词、实词意义、用法及句式为重点,因为“文言文”的语言基础与生活经验和现代文不同,学生对此“隔膜”太多,读“通”才是硬道理。那种不着边际的人文性的分析,理应杜绝。即使对现代文教学,我们也倡“实”忌“空”,力求阅读理解与知识积累、写作应用相结合,反对那种认为是白话文,就忽视了语言文字方面的教学,片面地从思想、情感方面渲染分析的做法。

4. 让语文“乐”起来

让语文“乐”起来,是笔者语文教学实践的经验总结。“知之者,不如好之者,好之者不如乐之者。”(《论语》)语文教学,理应激发学生的兴趣,使学生“乐学”以至“学乐”。我曾经发表过多篇相关论文,较为详尽地介绍了我们这方面的经验。实践证明,中国文化源远流长,可资用来培养学生语文学习兴趣,形成“乐学”的教学局面的资料太多。我所带领的教学团队为了使学生学乐,曾在语文教学的生动性上下了一番功夫,包括教学选文的生动性,教学引申材料的生动性,乃至考试材料的生动性都进行了探索,并初见成效。

当然,我们所说的语文中生活、文化、语言文字三者之间,以及四种措施之间,都不是孤立的,它们是有机的整体,甚至“你中有我,我中有你”,密不可分。我们之所以分条叙述,只是为了行文方便。我们的观点与做法是一块“砖”,希望收到“引玉”的效果。

2014 年 1 月

浅谈语文活动课程设计的原则

高中语文教学大纲的重新修订，给中学语文教学带来了新春的气息。其中，语文活动课程的设置，是对语文课程体系的重大突破，是素质教育思想在语文教学大纲中的体现。但是，语文活动课程作为新的课程类型，应该如何设计教学方案？这是语文教学界的新课题，有待人们深入研究。

活动课程的思想，最早由美国芝加哥大学教授杜威提出。杜威的目的是以问题为中心，师生共同活动，在解决问题的过程中融汇多种学科知识，打破传统学科课程的单一化倾向。按杜威的理论，只涉及一门学科知识的课程已经算不得活动课程。然而，新修订的高中语文教学大纲突破了杜威的理论框架的禁锢，提出了语文这个单学科的活动课程概念，这应该是一个创举。我们现在设计语文活动课程的方案，不必要再囿于杜威理论的雷池，但是，对杜威理论的合理因素，还应该予以肯定和继承。根据我们的实践经验，考虑到杜威理论的合理因素，我们认为，语文活动课程的方案设计大致应遵循以下七条原则：

一、“活”“动”性原则

语文活动课程设计既要注意“活”，又要注意“动”。

语文活动课程在形式上要“活”。具体地说：① 以课堂为主阵地，但也可以走出课堂，如调查市场，走访劳模，参观人文景观，检查城镇标牌规范用字情况，搞街头演讲，到法庭旁听……② 上课形式灵活多样。可以以某个问题为中心，由学生组织实施教学方案。如辩论会、知识竞赛、新闻发布会。可以以教师为中心，对生活中的某些语文现象进行剖析，或者以讲座形式，介绍一些贴近生活的热门的文学、语言知识。可以教师抛“砖”以引学生之“玉”，可以放手让学生编筐，最后老师收口。③ 可以采用孔子茶馆式的教学方法；也可以采用常规的课堂教学方式。师生角色也可以互换，如学生为师，生问师答。可以师生一起“活动”，如限时作文、作诗、师生共作，然后师生互评等。

“动”，要求师生双边活动到位。当然，这种动，不仅要求手动、口动，更要求“脑动”。要求学生在活动中，在获取知识信息的同时，思维能力得到锻炼。“动”还要求克服形式主义倾向。教师设计的教学内容要难易得当，问题应如同树上的桃子，让学生跳一跳可以摘到。那种没有一定难度的问题，尽管一问一答，热热闹闹，也算不得“动”，因为学生无需动脑就可以解决那些不成问题的“问题”。如果设计问题过难，学生百思而不得其解，思维积极性受到压抑，无法解决，最后还得由教师越俎代庖，这也算不上“动”。反之，教师就某个问题作必要的点拨，讲得生动有趣，学生听了或茅塞顿开，或于心中戚戚焉感受深刻，悟出新知，这也可以视为动。

二、综合性原则

虽然语文活动课程中的“语文”二字，已限定它不能如杜威提倡的传统活动课那样，每节课都做到多学科内容交叉，但是，要尽量挖掘语文与其他学科交叉的内容。例如，我们设计教学内容、选取材料时，可以顾及历史、政治、军事等内容的材料。即使是语文方面的材料，我们也应该注重文学、文化与语言基础知识的综合。再说，即使是某一方面的专题知识，我们也可以多角度综合分析。这样做，可以较好地体现出活动课程的综合性、交叉性、渗透性的特色。

三、课程性原则

目前，有相当一部分人把活动课程与课外活动等同起来。认为说说笑笑，跑跑跳跳就是活动课程，这是大谬不然的。活动课程不排除课堂外的阵地，但是，它作为列入教学计划的课程不能放弃课堂这个主阵地。其实，活动课程的创始人杜威又何尝放弃过课堂这个教学阵地？他所说的活动课程核心是教授内容方法的改革，而不是教学场所的转移。作为语文活动课程，应该牢牢占领课堂这个阵地，我们在设计语文活动课程方案时，应该有课堂意识，一个活动方案的内容一般应该控制在一节课(45 分钟)之内。

四、长效性原则

目前的语文教学模式陷入应试教育的泥潭。一篇篇课文和知识短文被肢解为零碎的“考点”，变为应试的敲门砖。作为人文学科的语文，其特点被歪曲，学生局限于咬文嚼字，语文综合能力得不到提高。譬如作文吧，它是展示人们语文综合能力的最佳形式。可惜的是，考场上得高分的学生们，写作能力却低下得令人担忧。作为语文活动课程，它是语文教改的产物，是素质教育思想在语文课程中的体现。语文活动课程方案的设计，应该有大语文观，把《语文学习》的封面题词——“语文学习的外延与生活的外延相等”这句话作为语文教学的座右铭，注重学生的语文综合运用能力的培养，注重学生思维的训练，注重学生语文视野的拓宽。笔者主持的课题组自编的一套语文活动课程教材，在这方面做了有益的尝试。例如《谐音与生活》一课，由《从百草园到三味书屋》中的“鹿”谐音“禄”，《背影》中“橘”谐音“局”作为引子，引导学生谈生活中的谐音现象。课堂实践证明，设计的问题贴近生活，学生熟悉，有话可说。同时，使学生在学习语文的过程中体味出生活情趣。另外，还使学生在“活动”课程中打消了语文的神秘感，增强了语文学习的兴趣。

五、知识性原则

任何一门课程，都要让学生获得一定量的知识。学生没有一定的知识积累，奢谈能力的培养，犹如搞建筑不打基础，于沙上建塔一样，其后果可想而知。当然，语文活动课程给予学生的知识，要以“鲜活”为主。比方说时文赏读，又如广告词的撰写，讽刺诗的创作等，都具有鲜活性。

当然，语文活动课的知识积累不仅仅指纯语文知识，如语法、修辞、文化常识方面的积累，还应该从“大语文”角度着眼，从人文学科的角度，注重与语文相关的生活积累。难以想象，一个缺少生活积累，仅凭熟背了文章、诗歌的作法的人能写出好的文章、好的诗歌来！历史上不少人，熟读诗书，但缺少生活积累，虽然文字技巧纯熟，但难成佳构，流传不广。反之，刘邦、项羽之辈，虽然对诗歌作法之类不甚了解，但是由于生活积累深厚，感悟深切，偶尔口占一诗，便成为千古佳作。刘邦的《大风歌》、项羽的《垓下歌》便是明证。

六、趣味性原则

常言道，兴趣是最好的老师。要想使学生对学习产生兴趣，教材内容的趣味性不可忽视。中国是有五千多年文化的文明古国，人们的语言实践，留下来大量具有趣味性的语文资料，这给我们进行语文活动课程教材的设计提供了极大的便利。只要我们肯下功夫，是不难编出具有趣味性的语文活动课程教材的。举个例子说吧：我们如果以“仿拟诗会”为题设计教学方案，可以为学生提供鲁迅、陈毅、毛泽东等人的仿拟诗作。这些诗作立意新颖，或风趣幽默，或讽刺辛辣，学生听了(见了)会兴趣盎然。在此基础上，要求学生来个仿拟诗竞赛，学生自然会十分踊跃，全身心投入。如能借助投影仪把学生的诗作展现出来，让大家评析，就会把同学们的热情推向高潮。

七、创造性原则

创造，是教学的高标，我们从事语文教学活动，要注重学生创造性思维的培养。语文活动课程方案的设计，要注重在学生之间、师生之间创设思想碰撞的机会，使学生思想在碰撞中产生创造性的火花。语文活动课程方案设计还应引导学生自觉地探索发现，而不应只让学生接受现成的结论。教育过程中，要特别注重学生求异思维、逆向思维的培养，鼓励学生标新立异，鼓励学生在思想上冲破传统结论的牢笼。倘能做到这些，学生的创造力何愁不能提高？

1997年3月

汲取孔子教育智慧，提高教师执教水平

高中语文课程继续坚持《全日制义务教育语文课程标准(实验)》提出的基本理念，根据新时期高中语文教育的任务和学生的需求，从"知识和能力""过程和方法""情感态度和价值观"三个方面出发设计了课程目标，努力改革课程内容、结构和实施机制，为语文教育开辟了一条通向未来的光明大道。彻底贯彻高中新课程标准的理念，广大语文教育工作者责无旁贷。当然，贯彻高中新课程标准的理念，是一项系统工程，光靠教师自身的力量难以胜任。不过，有一点可以肯定，"教改问题，首先是教员问题"，教师必须先用新课程理念武装自己，不仅要提高自己适应新课程的业务能力，而且要提高执行新课程理念的身教水平。目前，我们教师的身教水平与新课标的课程理念实施需要之间有一段距离。因而，现在亟须加强教师身教水平的培训。这种培训比业务培训任务更艰巨。因而，我们这里就汲取孔子的智慧，就提高语文教师贯彻新课程理念的身教水平等有关问题略作探讨。

一、关于"认真负责，实事求是的科学态度"问题

实事求是的科学态度，是普通高中新课标的重要理念。一个人不具备办事认真、实事求是的态度，就谈不上具备健康的人格。关于科学态度的培养，语文应该是一个富矿。语文教材涉及的人和事，教师可以信手拈来，用以熏陶、感染学生，而教师自己则更应该用以武装自己。就拿《论语》来说吧，其中记载的孔子言行中所反映出来的办事认真、实事求是的科学态度值得我们认真效法。

某种意义上讲，孔子之所以成为孔子，就在于他办事认真，实事求是。他执着于追求真理，胜过生命。他说"朝闻道，夕死可矣。"他出身低微，做过吹鼓手，管理过仓库，也当过国家司法长官，然而，在每一个职位上，他都认真负责，勤奋工作：他吹"喇叭"吹得炉火纯青，管仓库管得井井有条，在大司寇任上尽管才三个月，然而刚正执法，杀了巧言令色而不法的少正卯。孔子曾自我评价说："在'圣'和'仁'方面我不敢自许。但是，我能够做到'诲人不倦，为之不厌'。"公西华听了，非常钦佩地说："这正是我们这些做学生赶不上的。"我们说，这也是现代一般教师难以企及的。三尺讲台，一站几十年，很容易产生厌倦感，能够"诲人不倦"，必须要有高度的负责精神。有些贫困乡村的教师勉从教坛暂栖身，上课应付，课余时间看书，准备考研或考公务员。这种做法，也许无可厚非。然而，他们的行为会给学生带来负面影响却是肯定的。再说"为之不厌"。厌，即不满足，这也是我们教师队伍中缺乏的。有相当一部分教师，教过几年书，带过三两届毕业班，出了点成绩，便沾沾自喜，踌躇满志了。特别是高级教师一评上，便认为功成名就了。这种教师的思想在教学活动中流露出来，对学生也是贻害无穷的。

"实事求是"的思想，向来是中华民族优秀文化传统的核心内容之一，它在孔子身上也体现得淋漓尽致，值得我们做教师的效法。

孔子主张实事求是，他说"知之为知之，不知为不知，是知也。"他反对文过饰非，提出"过则勿惮

改”，即知错必改的观点。他主张在真理面前，在事实面前，对君主，对老师也不屈从。一次，子路问如何侍奉君主，孔子回答说：“宁愿冒犯他，也不说假话哄骗他。”他不主张学生在教师面前唯唯诺诺，并因此批评过颜回。在这方面，他更喜欢子路的有话则说，敢唱反调。他郑重宣布过：“当仁，不让于师。”他反对不分是非的好好先生，愤恨地骂道：“乡愿，德之贼也。”他不谈一些虚幻的事情。“子不语怪力乱神”是大家知道的，对道听途说，他也极力反对，他说：“道听途说，德之弃也。”换言之，听了小道消息便不负责任地传播，是对道德的背叛。

孔子不仅是这样说的，也是这样做的。一次，陈司败问孔子：“鲁昭公懂礼吗？”孔子说：“懂礼。”孔子走后，陈司败向孔子的学生巫马期说：“我听说君子不庇护人，孔子不该庇护鲁昭公。鲁昭公娶同姓女子为妻。他要算懂礼，还有谁不懂礼呢？”巫马期后来又转述了司马败的话。孔子听了，不仅检讨自己，还因此高兴——闻过则喜！面对满世界好色胜过好德而又标榜自己“好德”胜过一切的男人们，他一针见血地说：“吾未见好德如好色者也。”这句话，是一句大实话，但却振聋发聩。古往今来，能如此说的唯孔子一人，能承认自己好色的唯小说中的人物贾宝玉一人！孔子生病，几个学生认为孔子不行了，为孔子料理后事。他们认为孔子做过大夫，应有家臣，并由几个学生扮演家臣。后来孔子病情好转，刚能打起精神说话，就把学生弄虚作假的行为批评了一顿，并立即纠正。

我们认为，只有认真负责，秉承实事求是科学态度的老师，才有可能有认真负责、实事求是的学生。或许有人说，教科书中不乏培养办事认真、实事求是的科学态度的内容！但是，我们始终认为，身教比言教更重要！为师者不可不慎之！

二、关于审美教育问题

新课标强调语文课程的审美教育功能，要求“语文课程关注学生情感的发展，让学生受到美的熏陶，培养自觉的审美意识和高尚的审美情趣，培养审美感知和审美创造能力。”孔子时代，美学理论没有今天发达，然而孔子对学生的审美教育却是毫不含糊的。

孔子非常重视文学艺术鉴赏这个重要的审美活动，他大力提倡学生学习《诗经》。可是，现在为数不少的语文教师，自身文学艺术鉴赏能力就很差。很多人莫说没有系统读过《诗经》，就连小说、戏剧一类的名著也没读过几本。这样的教师如何以自身的审美情怀熏陶、感染学生？

孔子注重对美的发现、追求和创造。一次，孔子与子路、曾皙、冉有、公西华几个学生在一起。他要求学生各人谈谈自己的志向。子路、冉有谈的是治理国家的事，公西华谈的是宗庙会同方面的事，孔子听了没有表现出多大的兴趣。对于子路要用三年时间就能把一个有千乘兵车、处于内忧外患之中的国家治理好的说法，他不以为意。但是他对曾皙的话却极尽赞赏之能事。那么，曾皙说了些什么？原来，曾皙的理想是投身自然，春日畅游。他描述了一幅春游图：“暮春三月，莺飞草长，春风习习，柳丝依依。这时候穿上刚刚做好的春衣，带上五六个小伙子，六七个小孩子，到沂水中洗个澡，到舞雩上吹吹风，乘兴回家，留下一路歌声……”孔子听了，不由拍案叫绝，明确表态说：“我赞成曾皙的！”

孔子为什么如此激动，对曾皙大加赞赏呢？我们认为，这里有美学因素。

先从社会美学的角度看：春秋末期，礼崩乐坏，臣乱君昏，你攻我伐，尔虞我诈，沧海横流。孔子欲挽狂澜于既倒。他奔走呼号，然而统治者对他的主张却“敬而远之”。孔子半生奔波，到头来，不仅没有实现政治理想，反而受尽冷落。从君主不用到匡地被围，到陈蔡绝粮，到狂人接舆、丈人之讥，往事不堪回首。然而，孔子凭借着一种殉道精神，“明知不可而为之”，仍然在崎岖的宣教道路上跋涉。但是，“众里寻他千百度”，“乐土”在何处？随着年老体衰，孔子难免也有些茫然。因此，当曾皙把一幅春游图展现在他面前时,孔子兴奋了。这不是一幅太平世界太平图么?景物无限好,老少咸自由,这不是儒家的理想境界吗?后人陶渊明笔下的《桃花源记》只不过是在此基础上意境的拓宽。于是,孔子陶醉了,他情不自禁地说:"吾与点也。"

当然,孔子重视社会美,也重视自然美。而且,孔子在谈论社会美的时候,也结合着对自然美的探讨。例如,他说:"智者乐水,仁者乐山。智者动,仁者静。智者乐,仁者寿。"孔子原本是从人格修养方面说明"智"与"仁"各自所侧重的品质特征的。但是,这其中隐含着另一个命题是:人们的精神品质不同,其对自然山水喜欢、喜爱的倾向也就不同。或者进一步说,一定的自然对象之所以引起人们的喜爱,其实是因为它自身具有某种与人的精神品质相似的东西。具体地说,智者所以"乐水",是因为水具有"动"的特点;而"仁者"之所以"乐山",是因为山有"静"的特点。这就揭示了人与自然在"美"的方面的联系。从孔子的角度看,他是一个仁者,但更是一个智者。他的一生对人生从自然、人文、政治、历史等不同角度进行了不懈地探索。他对水情有独钟。他曾临水而叹:"逝者如斯夫。"他曾登山观海,羡慕海洋容纳百川的气度。此次,曾皙谈到春游愿望时,自然又拨动了他的情愫,所以他情不自禁地大加赞赏了。

我们应该学习孔子的美学观,向往政治清明的太平盛世,并为之不懈奋斗。向往自然之美,投身大自然的怀抱,去乐水,去乐山,去接受水的荡涤、山的陶冶。我们倘能达到孔子的这种境界,我们的身教作用将召唤着学生崇尚美、追求美、创造美!

三、关于"思考问题的广度和深度"问题

关注学生思考问题的广度和深度问题,培养学生的探索精神、创新能力,核心问题是创新能力。我们认为,这是新课改的主要目的。只有思考有广度、有深度,只有思想敏锐,勇于探索,才能有所创新。要做到这一点,就需要我们告别填鸭式,打破"分数"的桎梏,着眼于学生的终身发展与民族复兴的大局。当然,要做到这一点,需要党和政府、社会的共同关注与努力。仅靠我们语文教师的力量,是难以全面实现的。不过,身为教师,责无旁贷。我们应从我做起,从力所能及的事做起,着力把自己武装成为思考问题有广度和深度,敢于和善于创新的人。

首先,我们教师应该在语文教学中注重创新,敢于破除迷信,打破禁区。

迷信,是创新的最大敌人。人一旦陷入对权威的迷信,智商往往会下降到零状态。这样的人抱残守缺,人云亦云,会成为思想上的可怜虫。前苏联有一个掌故,最能说明问题。高尔基写了一本书,叫做《姑娘与爱情》。斯大林为该书作序,序的全文在《真理报》上刊载。遗憾的是,斯大林误把"爱情"一词少写了一个字母,《真理报》原封不动照登。文章发表后,关于"爱情"一词的写法引起了大讨论。莫斯科大学的语言学教授发表文章高度评价爱情一词的"新写法"。文章认为,"斯大林的写法具有创造性,无产阶级的爱情与资产阶级的爱情就是不一样!"这篇文章也发表在《真理报》上。凑巧,斯大林又看到了。斯大林很生气,在文章旁边批道:"放屁!我只是误写而已!"

我们从事语文教学,就应该彻底破除迷信。我们应该以挑剔的眼光看名人的文章,包括中学语文教材。其实,语文教材中可挑刺的很多。例如:《拿来主义》中就有病句:"还有几位'大师'们捧着几张古画和新画,在欧洲各国一路挂过去,叫做'发扬国光'。"这句话中的"几位"与"们"字表达重复。"几位"已表示多数,"们"字便成累赘,应该删去。一次教研活动上,有一位教师对《荷塘月色》的写作背景表示异议。他认为,作品中的"淡淡的哀愁"不一定与"四·一二"政变有联系,也许是家庭原因造成的。这个观点,当时同事们听了哄堂大笑,不以为意。但是,笔者则予以鼓励。事后不久,一家语文权威刊物上发表文章,考证《荷塘月色》写作背景时,其观点竟与这位教师的观点吻合。

我们教师对问题的思考，应该有广度和深度，即思想要深刻。唯其如此，才能对学生产生正面影响，形成“名师出高徒”的局面。如何才能做到思考问题有广度，有深度？定义不好下，然而，我们仍可以以孔子为标杆来衡量。

思想深刻的人，犹如显微镜操作人员，可以发现肉眼看不到的细菌。孔子在这方面有超人的功力，能够明察秋毫。春秋时期有个叫尾生高的人，是社会公认的正直人，而孔子却力排众议。理由是：一次，有人到尾生高家借醋。尾生高无醋可借，但却不直说，反而暗地里把邻家的醋借来给了借醋的人。孔子看出尾生高的伪善来。在孔子眼中，正直就是要实事求是。尾生高没有实事求是，尾生高算不得正直的人。

一个思想深刻的人，能够透过现象看本质。他注重调查研究，有时连自己的眼睛也不轻信。孔子在这方面堪称典范。孔子当年带领弟子周游列国，吃尽苦头，在陈蔡一带，曾经好几天连饭都吃不上。一天，颜回好不容易讨点米在厨房做饭，而孔子在堂屋休息。突然，孔子发现颜回从锅里抓了一个饭团塞进嘴里，当时孔子很伤心。他所教学生三千，算得上三好生的有七十二人，而七十二人中，他最器重的就是颜回，想不到颜回也经不住饥饿的考验！不过，孔子转念一想，是否别有原因？于是，他决定再调查一下。不一会，颜回把饭端了上来，孔子却不急于吃饭，他说要先祭祀一下祖先。颜回一听，马上说：“老师，不干净的饭是不能祭祀祖先的。刚才房顶的灰掉到锅里……”孔子一听恍然大悟，原来是灰掉进锅里，颜回舍不得扔掉被污染的饭粒而把饭吞到肚子里！孔子为此感慨万千。他对学生们说：“青年人要记住，了解一个人不容易啊！”

思想深刻的人，他能够超越集团、民族，乃至国家的界限，着眼于全人类去思考问题。孔子正具备这种品质。一次楚王打猎丢了一张弓，臣下要派人去找。楚王制止说：“一个楚人丢了弓，肯定另一个楚人会得到，不要去寻找了吧。”这个消息传到社会上，许多知名人士纷纷赞扬楚王仁厚爱人。而孔子则不以为意，他认为楚王胸怀仍不够宽广。孔子认为，楚王应该说：“一个人失掉一张弓，另外一个人会得到的，又何必去寻找呢？”

人之为人，应该有个起码的道德底线。古今中外，有不少人试图作一个准确的描述。然而，仔细研究发现，还是孔子对道德底线的界定最准确。他说：“己所不欲，勿施于人。”如果一个人达到这个标准，他也就无愧于人的称号了。孔子的这句话，几千年来，不仅被华夏民族奉为圭臬，就连西方人也佩服之至。他们把“己所不欲，勿施于人”这句话视为成功的“黄金法则”。他们认为，只要按照孔子说的去做，就能在人际交往中获得成功。

世界发展到今天，其复杂性远非孔子时代可比，许多问题需要我们沉下心来分析。进一步说，这个世界，又是浮躁的世界。人们熙熙攘攘，为利来往，又有几人愿意而且能够静下心来，认真思考呢？我们这个时代缺少思想家。令人遗憾的是，一个时代缺少了思想家，就如一辆机动车缺少了动力装置。语文新课标的制订者们正是关注这个问题，从而要求我们“关注学生思考问题的广度和深度”。然而，想在教学中实施这个理念，我们教师本身就需要“提高”。倘若我们的语文教师水平都能像孔子那样，我们何愁培养不出思想有广度、有深度的创新人才！

四、关于促进学生特长和个性发展问题

《普通高中语文课程标准》要求教师必须顾及学生的原有基础、自我发展方向和学习需要等方面的差异，激发学生的兴趣和潜能，增强课程的选择性，为每一个学生创设更好的学习条件和更广阔的成长空间，促进学生特长和个性的发展。在这方面，我们也应该从孔子那里汲取智慧。

我们认为，要想使学生的特长和个性得到发展，首先教师自身必须是具有特长和个性的人。在

这方面，教师的身教作用尤为重要。“名师出高徒”，名师之“名”，高徒之“高”，很大程度上就在于此。

孔子是一个有个性、有特长的“智者”“圣人”，他特立独行，执着追求理想，“明知不可为而为之”。为了追求理想，他周游列国，吃尽辛苦，饱尝白眼，吃不饱，穿不暖，甚至生命也遭到威胁。然而，他九死而未悔。他也渴望富贵，然而，视不义而富贵如浮云。他宁愿过着如丧家之狗的生活，也不媚俗而享受唾手可得的富贵。他不矫饰自己，“知之为知之，不知为不知”。他刚直不阿，当鲁君昏庸之际，决不曲从，能够毅然辞官而去父母之邦，去寻求理想之梦。孔子是一个复合型人才。他言行谨慎谦虚，然而，他却公开承认自己“多能”。他确实在多方面具备特长，能够为学生提供多种选择性课程。他道高德隆，其道德修养与造诣为时人公认，因而在德行方面受到他熏染而成为国际知名人才的有颜渊、闵子骞、冉伯牛、仲弓。孔子也是一个文学家、语言学家，对诗歌、语言都有独到研究，因而熏陶出宰予、子贡等辩才拔萃的人才，培养出子游、子夏等文学擅长之士。孔子对政事的研究达到了炉火纯青的地步。“夹谷之会”，他作为鲁国谈判代表，不仅维护了鲁君的尊严，而且迫使齐国归还鲁国失地，因而他门下出了冉有、季路等高级行政人员。此外，孔子在军事、商业方面也有研究，因而，他的门下也出了著名的军事家(子路)与商人(子贡)。

我们知道，“因材施教”是重要的教育原则。然而，要想施行这个原则，就需要教师具备灵活性与原则性相结合的能力，能够具有广泛的知识与高度的语言驾驭能力。孔子正是这样的人。

《论语》中孔子与子路、冉有、公西华的对话大家都熟悉，这里不多说。我们这里再举个例子：

叶公子高问政于孔子，孔子回答说：“政在悦近而来远。”哀公也问政，孔子回答说：“政在选贤。”齐景公向孔子问政，孔子说：“政在节财。”子贡听了，便请教孔子：“为什么三个人问同一个问题，而老师的回答却不一样?”孔子说：“叶都大而国小，老百姓有背叛之心，所以我说：‘政在悦近而来远。’鲁哀公的三个大臣专横跋扈，对外挑衅，对内愚弄君主，会使国家灭亡的，所以我说：‘政在选贤。’而齐景公大兴土木，挥金如土，一天就给予多人以‘三百乘’的重赏，所以我说：‘政在节财。’”

1988 年 1 月，全世界诺贝尔奖获得者聚会巴黎，向世界庄严宣告：“如果人类要在 21 世纪生存下去，必须回首 2 500 年，去吸取孔子的智慧。”惜乎，我们目前对孔子智慧的重大作用认识还不到位。或许有人认为孔子与新课程并提是牵强附会，那是极其有害的。事实上，孔子的智慧是超越时空，福泽人类的。曾任美国总统、《独立宣言》起草人之一的杰弗逊宣称，《独立宣言》中关于“人人获得天赋若干规定而不可移之权利”的条款，思想源头就来自孔子。孔子是无愧于万世师表称号的，我们不应该数典忘祖。

2000 年 1 月

试谈语文教学活动中成就动机感的培养

成就动机，是要求取得优秀成绩的动机。成就动机与事业的绩效成就相关。麦克莱兰指出，一个企业，乃至一个国家的兴旺发达，取决于具有成就动机的人数的多寡。因此，我们认为，学校的各科教育，都应该重视学生成就动机的养成和强化。语文教育，在培养和强化学生成就动机方面，具有得天独厚的条件，我们在语文教学活动中应该努力营造培养学生成就动机的环境。这里，我们不妨略加探讨。

语文教学活动中学生成就动机感的培养，应从以下几个方面着手。

一、充分发挥教师榜样的力量，增强学生的成就动机

教师的一言一行，往往成为学生的榜样。榜样的力量是无穷的。语文教师在语文教学活动中应该以强烈的成就动机感影响学生。

如果教师上课时精神饱满，执着认真，自豪而又自信，那么，学生休眠的成就感会被唤醒，从而走进教师的情感世界，分享教师成功的喜悦。反之，一个教师上课漫不经心，无精打采，马虎从事，当一天和尚撞一天钟，表现不出强烈的成就动机，学生就不可能从他（她）那里接受成就动机的熏陶。“名师出高徒”这句俗语，不仅说明名师知识渊博，教法高超，因而培养出高徒；还在于说明名师往往自我成就感强，学生受其感染，增强了成就动机，最终成就卓著。明代重臣左光斗与史可法的事例足以说明这个问题。左光斗作为一代名师，自信为国家柱石，与奸党斗争，不屈而死。他的精神深深感染了史可法，激发了史可法报效国家的强烈动机。后来，史可法于明朝大势已去之际，仍力图中兴，矢志不移，最后守扬州，抗清兵，以身殉国。著名文学家、教育家吴奔星教授讲课自豪而又自信。他讲文学课妙“口”生花，语惊四座。学生受到他的感染，自然也爱上这门课。不少学生因此钟情文学，成就斐然。

二、加强独立性训练，增强学生的成就动机

心理学研究表明：一个人的成就动机的强弱，与儿童时期所受的教育有关。较早受到独立训练或者迫于环境不得不早早自立的，成就动机就强；受到过分保护的，成就动机就弱。事实上，我们教学工作中也不难发现这个问题。我们发现过这种发人深省的现象：20 世纪 70 年代末，高考制度恢复不久，甲乙两位教师分别带平行班语文课。甲老师满腹才华，对课文分析透彻，每堂课洋洋洒洒，一讲到底，深受学生欢迎。乙老师虽然学问也不错，然而表达能力欠佳，讲课枯燥无味，学生不爱听。乙老师也自知弱点，上课并不多讲，更多的时间让学生来自学。结果每次考试，两个班学生成绩却是乙高甲低。当时，甲老师不服气，同事、学生也不理解。其实原因很简单，甲的学生没有受到独立的学习训练。俗话说“巧母拙女”，说的也是这个道理。母亲心灵手巧，包揽一切家务，女儿饭来张口，

衣来伸手，怎么能够不拙？现代教学理论提出“学生为主体”的思想，是符合心理学原理的。我们在教学活动中应该废除满堂灌的模式，给学生以自由，让学生在自我学习中体验成就感，从而增强成就动机。

三、激发兴趣，增强学生的成就动机

兴趣是最好的老师，激发兴趣是增强动机的有效方式。学生对某科学习或某项活动发生了兴趣，就能全身心投入。一个有经验的教师，上课伊始，往往会来一段新颖生动的导语。这段导语可以激发学生的兴趣，使学生处于教师精心设置的情景中。一位特级教师执教王之涣的《凉州词》是这样导入的：

唐朝开元年间的一个冬天，大雪纷飞，然而，王之焕、王昌龄、高适三位诗坛巨子却会聚旗亭，把酒论诗。说来真巧，这时几个乐工也怀抱乐器走来，身后跟着四个妙龄歌妓。乐工、歌妓坐定，便演唱起来。歌声悠扬舒展，似乎把寒气都驱散了。三位诗人约定：我们诗坛齐名，未见高低，今天就听歌妓演唱，谁的诗入曲最多，谁为优胜。

语音未了，只听一个歌女唱起了王昌龄的《芙蓉楼送辛渐》，王昌龄高兴地用手指甲在墙壁上划了一道痕，说道：“一绝句”。紧接着，歌女又唱起了高适的《哭单父梁少甫》，高适也如法炮制。一会儿，歌女又唱起了王昌龄的《长信秋词》。这下王之涣可急了，他说：“先前是潦倒的歌妓唱的，自然唱不出好东西。”他手指一个俏丽端庄、楚楚动人、妖媚中带着矜持的歌妓说：“她所唱的如果不是我的诗，我认输……”果然，那位歌妓未开口先动容，随之以凄怆、悲壮的声调唱起了今天我们要学习的《凉州词》来：“黄河远上白云间，一片孤城万仞山……”

学生听了这段故事，引起了极大的兴趣，自然会全身心地投入到这首诗的学习中去。更为重要的是，学生可能从此爱上了诗歌这一文学样式。

四、适时鼓励，激发学生的成就动机

对于学生，我们不仅要严格要求，对其错误给予批评，更重要的是对学生取得的成绩予以鼓励，强化其成功的体验，强化其成就动机。鼓励的力量有时候是神奇莫测的。“一个失败者的一次成功的经历，也可以使之从缺乏动机的状态转入动机状态，即从没有成就动机变为有成就动机。”（郭亨杰等《心理学教程》）一位知名的文学家在谈到他成功的经历时讲过这样一个故事：

初中时代的一次校级作文竞赛，他破天荒地得了个三等奖，心中本身就压抑不住高兴，恰巧上厕所出来遇到校长，校长对这个不相识的学生产生了兴趣，问他叫什么名字。当他说出名字时，校长十分惊喜地说：“小伙子不错，这次作文竞赛榜上有名嘛，说不准将来成为文学家。”校长的鼓励使这名中学生立下了成为文学家的壮志。强烈的动机促使他钟情文学，日后竟真的成了知名的文学家。

每一个学生，都会时有智慧的火花迸发，都会有成功的体验。关键是我们教师能否抓住机遇，及时鼓励。惜乎，我们许多教师，总是眼睛盯住优生，差生的成功体验被忽略，得不到及时鼓励。这也是优生越优、差生越差、两极分化的原因之一吧。

五、引导竞争，强化学生的成就动机

自然界物竞天择，人类也存在着竞争，特别是 21 世纪的今天，个人之间、集团之间、国家之间无不充满着竞争。语文教学，也应引进竞争机制。我们要引导学生竞争，从而使学生在竞争中强化动机。语文课引导学生竞争的条件得天独厚。听、说、读、写诸方面无不可以开展。

笔者上中学时就有这方面的深切体验。高一入学不久,语文老师宣布要搞一次正音比赛,从中选拔成绩优胜者作为课代表。我的语文成绩还算不错,可是方言太重,语音是我的弱项。然而,在竞争机制的激励下,我在短期内把《新华词典》翻阅了两遍。后来参加竞赛,竟然得了一等奖。

引导竞争中还有一种方法,即激将法。战国时期,苏秦与张仪同窗,后来苏秦游说六国,缔约合纵,成为风云人物。张仪穷困潦倒,投奔苏秦。苏秦却当众羞辱他,使他发愤前往秦国,得遇秦王,借兵雪耻。然而,他不知苏秦用的是激将法。苏秦认为,张仪学识能力比自己强,然而缺少成功动机。如果善待他,他会安于现状,不思进取,只有用激将法,才使他能成就一番事业。在张仪前往秦国路上,苏秦派人化名资助张仪,张仪后来果然得到秦王重用。张仪直到成功之后,才从苏秦派遣资助他的人那里知道事实真相,因而对苏秦由仇恨转为感激。

我们在教学中,也可以适当用这种方法。例如:一个学生想报名参加语文读写竞赛,鉴于这个学生有潜力,而动机不强,老师将他一军:“参赛要报名费的,你能行吗?”学生听了老师的话十分恼怒,并把愤怒化为力量,认真准备竞赛,结果却考出了好成绩。不过,激将法要慎用,要建立在对学生的充分了解的基础之上。

当然,语文教学活动中激发学生成就动机的方法不止上述几条。“运用之妙,存乎一心”。我们相信,广大语文教学工作者会在教学实践中灵活运用,不断创新的。

1998 年 5 月

由贾代儒谈语文教学……

长期以来，语文教学论的研究者对传统的语文教学指责太多，认为中国传统教学就是“灌输式”，除死记硬背外而别无可取。事实上，并非如此。关于传统的语文教学，远的不说，就说清代吧，究竟是怎么个教法我们知之甚少。那时的教学实况没有“教案”可考，没有录音、录像备查，一些名师的教法我们不得而知。倒是解放前乡间普通塾师的教法，有些人曾经耳闻目睹，便认为代表着古代传统的教学方法了。这岂不荒唐？“没有调查，就没有发言权。”语文教学在中国古代教坛上占据主流地位，其教学上有许多宝贵的经验有待于我们去探索、继承和发展。我们不应闭着眼睛去全盘否定。反之，我们应该用心寻觅、研究我国古代语文教学的资料，哪怕是只言片语也好。积累多了，研究多了，我们不仅会改变先前片面的结论，而且会发现精华、汲取精华，为新课改所用。举例说吧，《红楼梦》中记载了贾代儒教授贾宝玉语文的片断，虽然是小说家言，但必有所本，从中就能窥见古代语文教学之一斑。我们这里不妨摘出有关内容，并略作分析，以期引起语文教育界同仁对传统语文教学遗产的关注。

《红楼梦》第八十二回：

直到红日高升，方才起来。宝玉道：“不好了，晚了！”急忙梳洗毕，问了安，就往学里来了。代儒已经变着脸，说：“怪不得你老爷生气，说你没出息。第二天你就懒惰，这是什么时候才来！”宝玉把昨儿发烧的话说了一遍，方过去了，原旧念书。到了下晚，代儒道：“宝玉，有一章书你来讲讲。”宝玉过来一看，却是“后生可畏”章。宝玉心上说：“这还好，幸亏不是‘学’‘庸’。”问道：“怎么讲呢？”代儒道：“你把节旨句子细细儿讲来。”

宝玉把这章先朗朗地念了一遍，说：“这章书是圣人勉励后生，教他及时努力，不要弄到——”说到这里，抬头向代儒一瞧，代儒觉得了，笑了一笑道：“你只管说，讲书是没有什么避忌的。《礼记》上说‘临文不讳’，只管说，‘不要弄到’什么？”宝玉道，“不要弄到老大无成。先将‘可畏’二字激发后生的志气，后把‘不足畏’三字警惕后生的将来。”说罢，看着代儒。代儒道：“也还罢了。串讲呢？”宝玉道：“圣人说，人生少时，心思才力，样样聪明能干，实在是可怕的。哪里料得定他后来的日子不像我的今日。若是悠悠忽忽到了四十岁，又到五十岁，既不能够发达，这种虽是他后生时像个有用的，到了那个时候，这一辈子就没有人怕他了。”

代儒笑道：“你方才节旨讲的倒清楚，只是句子里有些孩子气。‘无闻’二字不是不能发达做官的话。‘闻’是实在自己能够明理见道，就不做官也是有‘闻’了。不然，古圣贤有遁世不见知的，岂不是不做官的人，难道也是‘无闻’么？‘不足畏’是使人料得定，方与‘焉知’的‘知’字对针，不是怕的字眼。要从这里看出，方能入细。你懂得不懂得？”宝玉道：“懂得了。”代儒道：“还有一章，你也讲一讲。”代儒往前揭了一篇，指给宝玉。宝玉看是“吾未见好德如好色者也。”

宝玉觉得这一章却有些刺心，便赔笑道：“这句话没有什么讲头。”代儒道：“胡说！譬如场中出了这个题目，也说没有做头么？”宝玉不得已，讲道：“是圣人看见人不肯好德，见了色便好的了不得。殊不想德是性中本有的东西，人偏都不肯好他。至于那个色呢，虽也是从先天中带来，无人不好的。但是德乃天理，色是人欲，人哪里肯把天理好的像人欲似的。孔子虽是叹息的话，又是望人回转来的意思。并且见得人就有好德的好得终是浮浅，直要像色一样的好起来，那才是真好呢。”

代儒道：“这也讲的罢了。我有句话问你：你既懂得圣人的话，为什么正犯着这件病？我虽不在家中，你们老爷也不曾告诉我，其实你的毛病我却尽知的。做一个人，怎么不望长进？你这会儿正是‘后生可畏’的时候，‘有闻’‘不足畏’全在你自己做去了。我如今限你一个月，把念过的旧书全要理清，再念一个月文章。以后我要出题目叫你作文章了。如若懈怠，我是断乎不依的。自古道：‘成人不自在，自在不成人。’你好生记着我的话。”宝玉答应了，也只得天天按着功课干去，不提。

《红楼梦》第八十四回：

一会儿焙茗拿了来递给宝玉，宝玉呈与贾政。贾政翻开看时，见头一篇写着题目是《吾十有五而志于学》。他原本破的是“圣人有志于学，幼而已然矣。”代儒却将幼字抹去，明用“十五”。贾政道：“你一‘幼’字便扣不清题目了。‘幼’字是从小起至十六以前都是‘幼’。这章书是圣人自言学问功夫与年俱进的话，所以十五、三十、四十、五十、六十、七十俱要明点出来，才见得到了几时有这么个光景，到了几时又有那么个光景。师父把你‘幼’字改了‘十五’，便明白了好些。”看到承题，那抹去的原本云：“夫不志于学，人之常也。”贾政摇头道：“不但是孩子气，可见你本性不是个学者的志气。”又看后句“圣人十五而志之，不亦难乎”，说道：“这更不成话了。”然后看代儒的改本云：“夫人孰不学，而志于学者卒鲜。此圣人所为自信于十五时欤。”便问：“改的懂得么？”宝玉答应道：“懂得。”

又看第二篇，题目是《人不知而不愠》，便先看代儒的改本云：“不以不知而愠者，终无改其说乐矣。”方觑着眼看那抹去的底本，说道：“你是什么？——‘能无愠人之心，纯乎学者也。’上一句似单做了‘而不愠’三个字的题目，下一句又犯了下文君子的分界。必如改笔才合题位呢。且下句找清上文，方是书理。须要细心领略。”宝玉答应着。贾政往下看，“夫不知，未有不愠者也；而竟不然，是非由说而乐者，曷克臻此。”原本末句“非纯学者乎”。贾政道：“这也与破题同病的。这改的也罢了，不过清楚，还说得去。”

以上两则资料，第一则是贾代儒讲课的情况，第二则是贾代儒作文批改的情况。根据这两则资料分析，即使从新课改角度看，也至少有以下几点可取之处：

一、循循诱导，积极鼓励

贾代儒叫贾宝玉讲解课文“后生可畏”章的大意，贾宝玉讲到有碍老师面子的话便戛然中止。“老大无成”四个字不适宜在贾代儒面前讲，因为贾代儒按封建时代人才观衡量，便是一个“老大无成”者。贾代儒也感觉到了这一点，但是，作为一个教师，他却不顾自己的尴尬，以《礼记》中“临文不讳”为训，诱导、鼓励宝玉放胆直言。贾代儒在课堂上不但没有满堂灌，反而让学生讲，让学生放胆讲，即使涉及教师本人也持宽容态度，这在今天看来也是难能可贵的。

二、师生互动，适当点拨

贾代儒上课，不是满堂灌，也不是满堂问，而是充分发挥学生的主体作用、教师的主导作用，形成师生互动的局面。贾代儒以参与者、合作者、引领者的身份出现，让学生主“讲”，自己参与讨论，教师则在学生发言的基础上适当点拨。当宝玉讲完“后生可畏”章节旨后，贾代儒便展开了讨论、点拨。

他很注重谈话策略，对学生是先肯定“节旨讲得倒清楚”，接着才中肯地指出不足：“有些孩子气”，并纠正了对“闻”字等词意义的理解。

三、坚持标准，严格要求

在教学活动中，学生难免对某些教学内容不感兴趣；然而，作为老师则应直言相劝，严格要求，纠正学生以个人好恶对待课程内容的倾向。一味迎合、迁就学生，降低授课标准，不应是教师的行为。“吾未见好德如好色者也”，是孔子反复论说的名言；然而，“好色”却是宝玉的性格倾向，因此看了“刺心”，不愿多讲。贾代儒忠于职守，直言批评说：“譬如场中出这个题目，也说没有做头么？”在贾代儒的严格要求下，宝玉讲得比较透彻，教学任务得以较好地完成。或许有人指责贾代儒讲的观点陈腐。我们说，那是历史的局限，账不应算在贾代儒头上。我们不能苛求一名普通塾师的言行超越其时代。仅从贾代儒的教学态度看，是无可非议的。

四、思想渗透，针对实际

语文学科教学在思想渗透方面具有得天独厚的条件。贾代儒结合学生行为实际，有针对性地进行思想教育，正是对语文“人文性”的重视。贾代儒在讲完两章内容后，便顺势指出贾宝玉有违圣人教训的毛病，激励宝玉发愤攻读，在学业上有所建树。当然，贾代儒的渗透教育的内容不足取，但是这种形式实在是值得我们借鉴。

五、精心批阅，一丝不苟

批改作业，是教学工作的重要环节。作业批改，可以窥见教师的工作态度以及业务功底。贾代儒批阅作文的态度与功底是令人羡慕和尊敬的。对贾宝玉的几篇作文，他或删或添或换，可谓字斟句酌，呕心沥血。例如：“幼而已然矣”中的“幼”字，他改为“十五”，是颇见匠心的。诚如贾政所说：“你原本‘幼’字便扣不清题目了。‘幼’字是从小起至十六以前都是‘幼’。这章书是圣人自言学问功夫与年俱进的话，所以十五、三十、四十、五十、六十、七十俱要明点出来……师父把你‘幼’字改了‘十五’，便明白了好些。”

我们想，曹雪芹时代的一个塾师能做到以上几点，确实是难能可贵的。我们何妨学学贾代儒？语文课改工作向来是教育界的热门话题。人们对语文教学现状、对语文高考试题颇多微词。然而，指责的多，提出建设性意见的少。笔者认为，我们如果沉下心来，下大力气对古代语文教学经验钩沉发微，说不定会于“山重水复”之中再现柳暗花明。

1999 年 2 月

正确看待高考作文的“真实”性

近年来，高考作文备受社会关注。固然有人为优秀的高考作文大唱赞歌，但更多的人是指责高考作文总体水平不高，尤其指责学生高考作文缺乏真实性，说套话、假话。更有人怪罪教师，认为这是“学生从小学开始屈从于教师判分的价值导向的暗示所致”。

这种观点，笔者难以苟同。我们应该正确地看待作文的“真实”性。

固然，作文提倡写真事，抒真情。然而，并非所有作文都必须拘泥于“真实”，对生活机械地照搬。目前高考的话题作文，本身对文章体裁、内容就要求宽泛，给考生以广阔的思维空间。如果考生写小说、寓言之类文体也在允许范围，我们怎能用“事实”的框子来套这些作文呢？今年江苏考生蒋昕捷的满分作文《赤兔之死》，就不是拘泥于“真实”之作。《赤兔之死》取材于“三分事实，七分虚构”的《三国演义》，而作者叙述的关于赤兔讲究诚信、为主人关羽殉身的故事纯属虚构，可是，阅卷专家不以为忤，反而“交口称赞，称为‘令人拍案惊奇之作’”（《我是个简单的人》）。

或许有人说，小说、寓言之类文体可以虚构，而一般的记叙文则不能虚构，其实也未必。当写一般记叙文时（只要不是新闻、通讯等真实性特别强的体裁），也不是不能合情合理地“编造”。学生自幼儿园开始，一直到高中毕业，基本过着“家庭—学校”两点一线式的生活，很少有机会体验丰富多彩的社会生活，很少有机会读大量的古今中外名著以至报刊时文，头脑中缺少写作素材。面对高考题目，他们记忆仓库中无现成的材料，如果凭借想象，合理编造一些故事情节，有何不可？我们认为，这种做法不仅无可非议，而且值得提倡。因为学生这样做，有利于培养自己的想象力！有些人担心学生编故事会导致人格出现缺陷，这是大可不必的。我们只要考察一下生活实际，便不难发现，那些惯于编造故事的文学家却大多具备完美人格，而那些临笔不知所云的政客们却多为说假话、做假事的能手。

反之，目前语文教学领域中对学生作文片面要求拘泥于事实的现象倒令人担忧。不少教师声色俱厉地要求学生写亲身所历，亲耳所闻；然而，学生却无亲历亲闻可写，只好作假编造乃至抄袭交差。这种做法，倒真能导致学生人格上的缺陷。这种方法，犹如鲧以“堵”的方法治水，结果水患连年。我们倒不如引导学生正确看待作文的真实性，在提倡真实的同时，允许学生在一定的文体写作中或特定的环境下来一点合理想象。这种方法犹如大禹“导”的治水方法，要比堵的方法好得多。再说我们对学生作文出现“编造”问题谈虎色变，实在是思想不解放的表现，我们远不如古人开明。当年苏轼参加进士考试，兴之所至，编造了一个“典故”。阅卷人欧阳修对苏轼文章“一见钟情”，但却不知典故的出处。成绩公布后，苏轼中榜。爱才且又虚心的欧阳修约苏轼见面，并请教文中典故的出处。苏轼怕作假挨批评，信口撒了个谎，声称出自《左传》。第二天，欧阳修又约见苏轼，不耻下问："我记忆力衰退，又老眼昏花，今夜查遍了《左传》，也没有发现出处，到底出自哪里?"苏轼这才不得不以实相告，说是自己编的。他想，一定挨老师批评了。殊不知欧阳修不但没有批评，反而赞赏苏轼知权达变，日后必成大器。惜乎，我们的认识水平还赶不上欧阳修。

因此，我们希望社会上的人士不要苛责学生。《祝福》中的柳妈责备祥林嫂不该屈从贺老六，祥林嫂的回答堪称名言："阿阿，你……你倒自己试试看。"我们也不妨请苛责考生的人们试试。置身考场，面对高考题目，在限定的短时间自己能写出自己要求的那样作文来？我们也希望广大语文教师不必自惭自愧，而应该在注重培养学生诚信品格的同时，引导学生正确理解作文真实性的含义，培养学生的想象力与灵活性，让学生在高考考场中"鸟飞鱼跃"，各显身手。我们还希望阅卷老师像对待《赤兔之死》作者的作文那样，对待有编造痕迹的作文，不要扮演审计、纪检人员的角色，要求每一句、每一字必有出处。倘能如此，当是广大高考学生之幸，也是作文教学之幸。

1995 年 2 月

语文高考命题、评分与中学语文教学、教材的困惑和尴尬

高考是选拔性考试，也是对中学教学质量的权威性检测手段。于是，高考自然成了中学教育的指挥棒。高考各科的出题倾向，就是中学各科教学的倾向，在高考面前，教科书的导向作用显得苍白无力。自1978年恢复全国高考以来，每年一度的高考，无不牵系着千百万个学生以及教师的心。说不清有多少中学生苦攻高考关，说不清有多少中学教师皓首研"考"。当然，也有一批命题专家，在那里与中学教师和学生玩"捉迷藏"。他们像孙悟空一样，使尽七十二般变化，然而，也常常捉襟见肘。笔者这里，仅就语文学科高考命题、评分与语文教学教材中的困惑和尴尬进行剖析。

一、语文考试命题、评分的困惑与尴尬

高考语文命题的"指挥棒"作用很大，因而，也就给高考命题人提出了较高要求。语文高考的命题人，首先要求是学科顶尖的专家，而且又熟悉中学语文教学以及相关教育教学等情况。这样，题目才能"对症下药"。其次，出题人还应有着高度负责的态度，精益求精的精神，才能确保试卷的质量以及发挥试卷的选拔人才和正确评估中学语文教学效果的作用。然而，事实上，这么多年下来，有些高考命题人并非如此，这便使语文高考生出许多尴尬来。

首先，不少专家对中学的语文教学，乃至教育等情况知之甚少，因而出题屡出漏洞，例如1989年高考题：

你的好朋友×××是某重点中学高三年级里中上水平的学生。他对历史特别感兴趣，从高一开始，就立志报考某重点大学历史系。现在毕业在即，班主任李老师动员他报考一般院校，认为这样录取的把握比较大。他父母认为学历史"出路"窄，由于他外语成绩好，所以坚决主张他去报考外经、外贸专业，将来容易找到工作，待遇也比较优厚。

他为此感到困惑和苦恼，给你写了一封信，想听听你的意见。请给他写一封回信。

这道题虚拟的情境就有常识性的错误。题目中说："×××立志报考某重点大学历史系，而班主任动员他报考一般院校，认为这样录取的把握较大。"其实，现实中是不会有这样的班主任的。众所周知，早于1989年，高校录取已经按重点院校、普通院校等梯次录取。学生的志愿表上，可以在重点院校栏填写重点院校历史系，也可以在普通院校栏内填写历史或其他学科，并不撞车，学生不至于因填写了重点大学历史系分数不够而影响普通院校的录取。进一步说，学生的愿望与教师的主张可以兼顾。因而，班主任不会劝阻学生报重点大学历史系的，充其量是建议他在报重点大学历史系的志愿时，报个一般院校以保底。

由于对中学语文教学的实际情况不了解，再加上思想不严谨，高考试题中出现知识性错误，或者答案有争议的现象也屡见不鲜，例如1994年全国高考题第7题：

下列句子在修辞运用上与其他三句不同的一句是： （ ）

A. 这几天跟过节一样热闹。

B. 那里的蔬菜跟水果一样贵。

C. 他的脸色跟纸一样白。

D. 这里的老鼠跟猫一样大。

命题者的初衷是要考生选出B项，理由是B项只是一般的比较，其他三句都是比喻。这道题一出，学术界议论哗然。因为其他项也难断定都是比喻。其实，这个问题应是修辞学专家们讨论的事情，拿来考中学生，未免太苛刻了。更何况出卷人尚且“昏昏”，怎么能指望考生“昭昭”呢？

又如1996年全国高考题：

我国农历采用“干支”纪年，1995年是农历________年，1996年是农历丙子年，1997年是农历________年。

答案规定第一道横线填乙亥，第二道横线填丁丑。而事实上，公历与农历是两个不同的历法范畴，并不完全吻合。以2003年为例，就不能说是癸未年，准确地说，2003年2月1日癸未年才开始，而之前仍是壬午年。因而，1996年这道高考题答案出现了科学性错误，毫无疑问这是出题人的疏忽所致。

再说“文学鉴赏”问题，近年尤为受高考命题人青睐。然而，实话实说，客观题对考生来说已经相当有难度了，而2002年全国卷兴起的主观表述题，使众多考生丈二和尚摸不着头脑。再说，命题者提供的答案大多是从前人的分析中照抄来的，又未必十分恰当。更何况“诗无达诂”，无论主观题还是客观题，它们的答案完全可能是丰富多彩的。命题人只认准一种答案，未免有主观武断之嫌。

事实上，语文教学与高考的尴尬还在于评分问题上。以作文为例，同一篇作文，不同的人改，给分高低差别可能很大。曾经有人试验过，把一篇学生作文让几个专家评分，结果高低相差竟达15分左右。而一个学生的命运，哪里需要15分，可能5分就定了！笔者从教近三十年，长期带高中毕业班，每年考下来，都发现有些平常语文成绩好的却考分不理想，反而成绩平平者考分却“鹤立鸡群”。

二、中学语文教学、教材的困惑与尴尬

首先，高考指挥棒飞来舞去，中学语文教育界便随之疲于奔命。如：上年语音不作考试重点，今年就不再教语音；上年名句不考，今年就不教名句。反之，考试中一旦恢复了语音、名句考试，语文教学中又拼命对学生加以这些方面内容的灌输。有位老教师这样形容，“高考是风，中学语文教学是草，风过草偃，其势必然。”

中国语文界不乏一些吃考试饭的人，对高考进行窥测分析，以至于捕风捉影，而中学语文教师又笃信其说，“思想”与“行动”都受其左右了。这样一来，中学语文教师很少独立思考，认真钻研，很少形成自己的风格。譬如说：高考出卷要求条分缕析，于是，中学语文教学也就照此办理。本来，好端端的一篇文章，教师授课时便肢解为若干个教学点，犹如一头完牛，被大卸八块，学生眼中自然目无全牛。整体感知是了解任何事物的必要途径，而学生对语文则如盲人摸象。因而，本当趣味横生的语文课，上成了解剖课。本来鲜活生动的课文，也在学生眼中变得索然无味了。

语文教育理当着眼于学生的终身发展，使学生终身受益。而在这种情况下，要达到这个目的，真是“难于上青天”。可以肯定地说，目前的语文教学是急功近利的。

其次，教材的编写与教师、学生的实际脱节，这也是造成中学语文教学尴尬的原因。现在的各种版本教材，以内容多而取胜。以人民教育出版社语文编辑室的教材为例，每学期两册，约70万字，三年下来，仅教材字数就超过400万字。而学生平常的教辅资料，又远远超过这个数字。另外，教材内

容选的都是名家名篇，思想与内容博大精深，以文言文内容为例，选文的分量与内容不亚于前些年的高等专科学校文学读本的内容。这些内容，学生得慢慢咀嚼才能消化吸收。而实际上每周语文课时有限，无论用于教师讲或学生读，都是捉襟见肘的。至于课外时间，对于语文而言，“敌占区”太多，学生很少有时间顾及语文。这样一来，语文教材内容虽多虽好，又有多少作用呢？反倒不如内容精炼浅近些为好。以饭菜为例：你上了满满一桌子菜，南北大菜兼有，东西佳肴兼陈，而就餐时间仅给五分钟，他眼花缭乱，无从下口，时间到了，却没吃下去东西。其实倒不如一人一份“肯德基”，三五分钟结束战斗，吃喝之后，倒也能提精神。

进一步说，语文教材的内容，目前无论对教师或者对学生，多有不易消化之处。还以文言文(含诗歌)为例，其中某些篇目不少教师也很难弄懂弄透，至少是难以高屋建瓴，难以谙熟地驾驭、处理，也就是说不能有效地“传道授业”。师傅不明徒弟拙，在这样的前提下，你又能指望学生学习会有多大效果呢？至于广大学生对现行教材的学习更有其自身的障碍。语文教学传授的不仅是知识，它本身也承担着对学生情感、道德、心理素质培养的任务。因而，对语文学习者而言，应该有一定的生活储备和道德情感的积淀。否则，师傅再明，也难免有混沌“凿窍”的遗憾。如让初中学生学《关雎》，让高中学生学《西厢记 · 长亭送别》，便是如此。别看孩子偶然从电视上看看男女恋爱的镜头，就认为孩子们对爱情题材有了生活积累了，其实，他们的心理、生理与经历对这方面都还缺乏体验，因而，也就很难体会到其中的韵味。江苏省去年举行语文教师基本功大赛，一位基本功不错的选手选上《长亭送别》。结果是他使尽浑身解数，学生也没有像预先设计的那样反应热烈。试想：“碧云天，黄叶地，西风紧，北雁南飞。晓来谁染霜林醉？总是离人泪。”这几句曲子，能是缺少生活底蕴的人所能理解的？难怪有位评委专家一听说选手选这个篇目，就吓了一跳。他说，敢选这篇课文的，要么确实是杏坛高手，要么是“初生牛犊”。

一门学科的教学水平高低，一个民族的素质的高低，并不与教科书的难易成正比。中国有个人到德国，孩子插班小学五年级，结果发现数学内容在国内小学二年级就学过了。于是乎，孩子家长找到老师提意见说：“你们德国的数学教材太浅了。”而德国的教师却回敬道：“你们中国人坐的汽车许多是我们国家制造的。”这件事情很能说明问题。我们中学的教科书普遍偏难，尽管有关部门一再说要降低难度，然而就是降不下来，甚至有的科目的教科书还在明降暗升，语文教材就是如此。

由于上述原因，语文教学便产生教师与学生互相埋怨的现象。有时，教师不愿布置作业，因为布置了学生不愿做；而学生反过来埋怨教师，即使做了教师也不改。特别是作文教学，这种现象尤为严重，就连 1984 年的高考材料作文的材料内容中也涉及了这种现象。

有鉴于此，我们呼吁有志有识之士关心语文高考和中学语文教育，设法让语文高考与中学语文教育及早走出尴尬境地。

2010 年 6 月

语文教育尴尬的社会原因及其对策探析

近年来,社会各界对语文教学的非难叠至,甚至有人断称“误尽苍生是语文”。作为语文界人士,面对责难,拒不认账者有之,诚惶诚恐者有之,怅然若失者有之。我认为,这都不妥当!我们应当正视现实,寻找解决问题的办法。

这里,我只想谈谈语文教育尴尬的社会原因及其对策。造成语文教育尴尬的社会原因大致有以下几点:

一、校园氛围不理想

语文是工具学科,其他学科任课教师也凭借它来与学生沟通思想,传授知识,培养能力。而这些学科教师语文能力的高低,也会对学生产生正面或负面的影响。可其他学科的教师,整体来看,语文水平堪忧。

二、家庭环境有缺憾

家庭教育对学生的语文能力提高是不可忽视的。可是,家庭教育环境又如何?不少家长,轻视语文,不能与教师默契配合,禁止学生进行正常的阅读、通信活动不说,有的家长甚至连电视也不让子女看。

三、社会传媒环境不佳

社会上的语言文字应用不规范,给学生的语文学习也带来了负面影响。譬如说繁体字的运用问题,我们要求学生不写繁体字,但传媒用字中的繁体字屡屡可见,这便削弱了教师讲话的力度。至于书刊、影视、广告中的错别字、语病很多,港台式似通非通的语句也不少,对学生危害甚烈。

四、语文实践机会少

语文的外延与生活的外延相等。语文能力的培养离不开生活,离不开实践。可是,学生被困于高墙深院之内,孤陋寡闻,难得与亲友交谈,难得赶集逛商店,听“市人之言语”。古人云:“读万卷书,行万里路。”如今的学生却“无路可走”了!作为人文学科的语文,需要学生在社会的环境中丰富生活底蕴,感受时代脉搏,接受情感、审美方面的熏陶。然而,他们却不能够。他们的生活贫乏苍白,如一潭死水,无风吹来,无波可兴,无大喜大悲可言。叫这样的学生去写作文,能写好吗?

五、高考与教育行政部门的导向不利于学生语文能力的培养

先说高考。无论怎么说,高考的指挥棒作用是客观存在的,不容我们忽视。而长期以来,语文高

考的指挥棒作用，实在令人难以恭维。大量的客观性试题，有利于判分，但是丢掉了语文作为人文学科的特点。再说教育行政部门：不少教育行政部门的领导，教育观念仍没有转变。尽管教育部提倡“减负”，并规定不能以学生考试成绩评定教师优劣，可是，教育部门却偏偏如此！

六、思想禁忌太多，学生难越雷池

语文教学应该让学生鼓起思想的风帆，培养学生的创新能力。然而，长期以来，社会上的思想禁忌很多，束缚着人们的思想，包括广大语文工作者。社会、家长、教师还都把“听话”作为“好孩子”“好学生”的标准。成人用带着千年思想重负的规范教育孩子，结果往往使学生丧失了天真，迷失了自我。有位专家说过，孩子的创造力是与生俱来的。然而，在出生的头几年就被成人磨灭了。此话不无道理。目前，语文教学思想观念上、教学形式上的套路很多，禁锢着学生思想的翅膀，使他们难以搏击长天。

有鉴于此，我们应该采取以下几种对策：

一、营造理想的校园氛围

首先，要更新全体教师的观念，让非语文学科的教师认识到语文学习的重要性，支持学生正常的语文实践活动。学校依据教学计划，切实开展语文实践活动课程，组织学生参加语文知识竞赛、演讲、辩论会，并支持学生自办广播台、电视台等；对于语文基础薄弱的教师，校方应认真做好补课工作。

二、营造理想的家庭语文学习环境

我们应该设法使家长认识到语文学科的基础性、人文性，认识到语文学习的多渠道性，鼓励学生在学有余力的情况下从事阅读、写作、观看电视等活动。有条件的家长，应该为孩子多买些有益的书刊以供孩子阅读。为了训练学生的写作能力，同远方亲友的联系，可以不光动用电话，应适当安排孩子给远方的亲友写信。这既达到了联系的目的，又锻炼了学生的语文学习能力，两全其美，何乐而不为？

三、营造理想的社会传媒语文环境

关于社会传媒语文规范化问题，有关部门已经有明确规定，比如用字的规范化、推广普通话等。但是，各地执行不力。我们建议，从中央到地方加大执法力度，为规范、净化民族语言切实地开展工作。要有奖惩措施，对置国家语言文字法令罔闻者要予以重罚；对自觉遵守或捍卫祖国语言文字的纯洁性的单位与个人予以适当的表彰奖励。

四、增加学生的语文实践机会

学校必须落实党和国家的教育方针、政策，切实地实施素质教育，让学生从各科的题海中解放出来，让学生有机会从事语文社会实践，诸如采访各界人士、宣传文字政策，检查社会规范用字情况，参与编辑、影视拍摄活动，参观人文景观、搞市场调查等，增加生活底蕴，增强语文的应用能力。

五、进行高考改革，转变教育行政领导的观念

语文高考内容的改革势在必行。教育部考试中心已就高考内容改革制定了有关文件。1999 年

5 月的一份“征求意见稿”中指出:语文学科的改革内容为“注重言语操作的实用性、扩充语言运用的考核项目,在材料选择方面,力求更能反映时代特点,适当减少题量,增加考生的思考时间,更好地进行思维能力和表达能力的考查。”应该说,教育部考试中心的设想是正确的,这种导向明确。考试可以顾及人文学科的特点,又注重考察学生的思维能力与表达能力。这将会引导中学语文教学走出原先的误区,“高分低能”的顽症将会得到根治。

六、创造和谐、民主的气氛,让学生的思想振翅高飞

应该给学生以想象、创新的空间,我们不能用成人的思想死死地约束他们。这项工作需要社会、家庭、学校联合作战。我们应该更新观念,不仅要保护学生的童真,保护学生的好奇心,鼓励学生去探索未知的领域,还应对学生的失误予以宽容。在动辄得咎的环境中,学生的创造力是难以不受损害的。

现在处于社会转型期,许多新旧观念在撞击,势必波及学生的大脑。有时,他们会发表些奇谈怪论。我们认为,只要不违背四项基本原则,我们就不必惊慌失措,横加指责,对其合理成分应该予以充分肯定,对偏激之处也要以理晓之、以情动之。总之,不能随意戴帽子、打棍子,使学生噤若寒蝉。

1997 年 4 月

语文教学面临的生活污染及其防治

“语文的外延与生活的外延相等”，这是一句老话，旨在说明语文学习要拓宽视野，注重生活，这诚然是不错的。然而，我们这里要说的是，由于语文的外延与生活相等，那么，也就意味着语文在生活中运用十分广泛。由于语文在生活中运用广泛，也就容易受到污染。目前，语文教学面临着严重污染，语文教学工作者和语文学习者都要提高警惕，弄清污染源，采取防治措施。稍有不慎，就会付出惨重代价。早在20世纪90年代，一家权威报纸就报道了一位江苏高考考生的不幸遭遇。那一年高考题有一题判断汉字字形的正误题，其中，有一个选项“家具”一词的写法是正确的，而考生常看电视广告，记得广告上写作“傢俱”，于是便判断“家具”为错误，结果因而失分。就因为这道题，他上不了统招生，只好上了代培生。当时，统招生不交培养费，而代培生则要交几千块钱培养费。有人调侃地说：这真是“一字千金”啊！

这里，我只就语言、文字教学方面分析一下来自生活方面的污染状况及其防治对策。

一、污染源探析

（一）言谈污染

言谈污染包含两个方面，一是“人祸”，二是“天灾”。“人祸”，是指说话者由于文化程度的局限，本身就读错了音，而听话人被动接受错误信息，以讹传讹。“天灾”，是指方言污染。我国推广普通话，是以北方方言为基础方言的，因而，其他方言的某些与普通话不吻合的文字读音就成了不规范读音，就会误导人们错读。

我们先看人祸方面的例子：酝酿，读 yùn niàng，而不少领导、学者作报告时读“yùn rǎng”，或者“wēn rǎng”，原因在于“酝酿”的繁体字写作“醞釀”，有些人便把“醞”读成“温”，而把“釀”读成“嚷”。日常生活中经常读错的字很多，例如把“莘莘(shēn shēn)学子”读作“xīn xīn 学子”，把“校(jiào)对”读作“xiào 对”，把“参差(cēn cī)”读作“cān chā”，把“扛(gàng)鼎”读作“káng 鼎”，把“粗犷(guǎng)”读作“粗 kuàng”，等等。

下面再看天灾方面的例子。这方面趣事颇多：

古代东瓯那个地方的人发音“火”与“虎”不分，把“火”读成“虎”。当地不烧砖瓦，所以多是茅草屋子，经常有火灾，人们为此很苦恼。有个商人到晋国去做生意，听说晋国有一个叫冯妇的人，能把“虎”治住。由于方言的关系，这个商人把“虎”听成了“火”，自然很高兴，赶快回来报告东瓯君。东瓯君听了也很高兴，就封这个商人为使臣，带去了马匹、珠宝、锦缎等多种礼物，从晋国把冯妇接来。冯妇到来时，东瓯君亲自出迎，共乘一辆车回宫，冯妇作为上宾受到了盛情款待。说来也巧，第二天街上又起火了，由于当地人把“火”说成“虎”，冯妇以为“虎”来了，卷起袖子，跟着人们出去，准备打虎，然而却找不到虎。火很快接近王宫，东瓯人急得推拥着冯妇往火里去，希望她能灭火。结果，冯妇被糊里糊涂地烧死了；而那个向东瓯君推荐冯妇的商人，也因报告失实而受到惩罚。

解放战争后期，解放军某部执行剿匪任务。有一个山东籍的侦察兵发现了一个匪军，马上通过报话机报告总部：“发现了一个人。”“人”，山东话读“yín”，收听人员听成了“营”，马上向首长报告：“发现了一个营。”首长一听，果断下令，命令一个团前往包抄歼敌，结果只抓住了一个“人”。

（二）印刷品污染

印刷品包括报纸、杂志、教科书、政府文件、各类宣传资料等，这方面的污染面广量大，浸润性很强，对学生的负面影响极大。我们这里不妨看几个例子：

2001年1月11日《团结报》载《少点浮躁 多点务实——质疑“世纪宝宝”电视直播等活动》一文中，有这样一段话：

“生孩子，本是十分隐秘的事，过去是连父亲也不允许在侧的，这回可好，不但父亲可以在侧，而且公开对公众直播，我不知外国有无这种情况，但我们的媒体敢想敢干连西方人也要望其项背。”

“望其项背”当为“望尘莫及”的误用。

《现代汉语词典》对“望其项背”的解释是：“能够望见别人的颈项和背脊，表示赶得上或比得上（多用于否定式）。”根据上面引文的文意，“望其项背”用在文中与作者要表达的意思正好相反。《现代汉语词典》对“望尘莫及”的解释是：只望见走在前面的人带起的尘土而赶不上，比喻远远落后。它如果用在上文中形容西方人与我们的媒体在“敢想敢干”上的差距，倒是恰当的。

《中国青年报》2002年9月7日刊登了一篇题为《文艺界不该成为事故多发地带》的文章，其中有这么一段话：

“‘权钱交易’‘权色交易’‘损公肥私’等堪称时下腐败的流行特征，此类现象在文艺界虽不能说一应俱全，但已遭受其‘病症’的感染却是不容置喙的事实。”

“不容置喙”一词用得不恰当。“喙”本指鸟的嘴，常借指人的嘴，如“百喙莫辩”，意思是即使有一百张嘴也难以说清。“不容置喙”的意思是不允许插嘴。文中作者鞭笞了文艺界的种种丑恶现象，明明是“插了嘴”，又怎能说“不容置喙”呢？难道只有作者才有权评论，其他人“不容置喙”吗？

“不容置喙”可以改为“不容置疑”。“不容置疑”意思是不容许有什么怀疑，一般用来强调事实清楚、道理正确，这符合作者所要表达的意思。

2005年1月16日《新民晚报》蒋巍的《缺少水分会怎样》一文写道：

“步出兰州机场更令人震惊的是，千山万岭栽种的难以数计的小树，因水分不足，雨量不够，长得纤小柔弱、楚楚可怜。稀稀落落那一点点绿色，根本无法遮蔽广袤无垠的黄土高坡。远远望去，如同巨大的黄色幕布上洒落了一排排小绿点，更衬托出荒芜、荒凉、沉郁、悲怆的意味。”

联系上下文，作者是把“楚楚可怜”理解为让人怜悯的意思了。其实，“可怜”除了今义“使人怜悯”外，还有“可爱”之意。“楚”有伤悲之意，如“苦楚”“凄楚”，但叠词“楚楚”却有姿态娇柔、纤弱、秀美之意，如：楚楚动人、楚楚可人。

引文若要强调缺少水分的后果，不该用“楚楚可怜”来形容小树，可以换用“可怜巴巴”之类的词。

著名作家丛维熙在2003年6月4日的《中华读书报》上撰文披露自己不久前亲历的一桩“文章奇案”,其中说道:

“闻此消息,我再次打电话垂询这位编辑,希望他能给我一个认真的回答。”

句中“垂询”之说,有失妥当。“垂询”是一个敬辞,“表示别人(多是长辈或上级)对自己的询问”。只有欢迎别人问自己时,才能用“垂询”,而自己问别人,问尊长,则不能用“垂询”。

看,以上所举,都是在著名的报纸上发表的文章中用错的词语,有些作者还是著名的文学家。至于一般的印刷品中的错误更多,特别是一些盗版书籍,错误连篇,简直令人忍无可忍。可是,由于盗版书便宜,中小学生看盗版书的人很多。在如此环境下,孩子在学语文的过程中不可能不受污染。

(三)影视广告、网络等污染

作为信息社会的标志之一,神州大地的视听广告、网络文字扑面而来,你想回避也回避不掉。当然,它给人们带来了生活的诸多方便。不过,这方面对语文教学的污染要比前两种更严重。因此,许多专家对此痛心疾首。

邹鑫华在《笔下留神》一文中说:从前广播电台、电视台的播音员讲究字正腔圆,因此,读错字的很少。现在渐渐不那么讲究正音,故常有失误之处。“与会代表”中的“与(yù)”误读为“yǔ”;“千乘之国”中的“乘(shèng)”误读为“chéng”;“颠倒黑白”中的“倒(dǎo)”误读为“dào”;“出头露面”中的“露(lòu)”误读“lù”;“咬文嚼字”中的“嚼(jiáo)”误读为“jué”;“博闻强识”中的“识(zhì)”误读为“shí”;“金蝉脱壳”中的“壳(qiào)”误读为“ké”;“供不应求”中的“供(gōng)”误读为“gòng”……

高更生在《电视字幕应重视汉字规范》一文中说:今年(注:指2006年)春节晚会电视字幕上出现“神舟”误为“神州”之类的错误,影响很坏,由此想到字幕的确应当特别重视运用规范汉字。

我国2001年1月1日正式实施的《中华人民共和国国家通用语言文字法》第一章第三条明确规定:“国家推广普通话,推行规范汉字。”电视机在全国绝大多数地区已经普及,是广大群众丰富业余文化生活的重要工具,因此运用电视字幕推行规范汉字是非常有利的。但不可否认,在电视字幕上却经常出现不规范汉字。如把“重叠、覆盖、啰嗦、瞭望”分别误作“重迭、复盖、罗嗦、了望”。至于街头广告和网络短信上的文字,由于缺少严格的编辑程序,错误不胜枚举,倘若读者特别是中小学生全盘接受,肯定会“受害匪浅”。我们这里不妨再看两个例子:

一个大商场总经理到外地开会,返回之前,发信息给司机,要求到机场接他。可是,信息内容却是:“3日下午2点,到鸡场接。”司机看后,便开车到附近一家最大的养鸡厂接人,结果可想而知。

又:

联想电脑曾在街头做暑假促销广告,内容为“联想署促特惠。”这则广告可谓“简而不明”,尤其把“暑”写成“署”,令人丈二和尚摸不着头脑。

二、防治策略

防治生活对语文的污染,需要运用行政手段、舆论力量才能解决,光靠语文教师是勉为其难的。然而,作为语文教师,不能以此为托辞,放任不管。我们应该“从我做起”,尽一个语文教师应尽的责任。

我们可以在加强字词教学的同时,讲清来自生活的语文污染的危害性和防治的必要性、迫切性,增强学生的防范意识和防治能力。有不少学校,定期或不定期开展纠正读音、纠正错别字、改正病句等比赛,都会增加学生的抗污染能力。《咬文嚼字》之类杂志,是我国语文刊物中捍卫语言纯洁性的排头兵。我们可以充分利用它,为学生提供防止语言文字病毒入侵的抗生素。有些语文教师组织学生办名为《啄木鸟》的小报,专门搜集影视、网络(也包括书刊)中的语言文字错误以"示众",收效明显。江苏省高考命题组明确规定:2007 年起,作文一个错别字扣一分。这个规定,对学生是清醒剂,对我们语文教师而言,则是加强语言文字规范教育的一大契机。

语文教师在平时教学工作中还应深入语言运用实际,如就方言问题、街头店面招牌用字等问题深入调查,掌握第一手资料,针对性地进行防污染教学。对于特殊问题,还应建议国家相应部门采取相应措施。这也不是没有先例的。如原来北方话中"炎""癌"都读作"yán",因而发生过吴越方言区的医生误把"胃癌"当做"胃炎"来开药的事故。于是,1962 年 12 月,普通话审音委员会发布的《普通话异读词审音表初稿》规定"癌"的读音由"yán"改读为"ái"。

总而言之,在语言文字教学中加强学生防范生活污染的意识与能力,是语文教学工作者的神圣职责。《中华人民共和国国家通用语言文字法》已颁布了六年,可是,我们的语言文字规范、纯洁问题依然严重。我们作为语文教师,不仅应该是语言文字规范的遵守者、教学者,还应该是一个引领者、捍卫者。我们要发扬"精卫填海"精神,为保护我们母语的纯洁性、促进汉字的健康发展,不懈地奋斗!

试谈语文试题的生动性

现代心理学认为:兴趣是一种特殊的意识倾向,是动机产生的重要的主观原因——任何有成就的人,他们都热衷于自己的事业或专业,甚至达到了入迷的程度。天才的秘密就在于强烈的兴趣和爱好,从而产生无限的热情,这是勤奋的重要动力(朱智贤、林崇德《思维发展心理学》)。我们在语文教学活动中,应该注重对学生语文学习兴趣的培养。但是,如何培养学生的语文学习兴趣呢?授课时注重生动性,是其中一条重要途径,这是大家公认的,并正在为广大教师实践着。然而,作为语文教学的一个重要环节——考试,能否讲究生动性,从而引发考生的兴趣?这个问题也许还没有广泛地进入人们的思维空间。不过,我们可以肯定地说,语文试题应该讲究生动性。其实,一些语文改革的先驱者的实践已经证明:语文试题能够讲究生动性。这里,我们不妨就语文试题的生动性问题略作阐述。

试题的生动性的具体要求是:试题材料生动有趣,试题形式新颖、富于变化,答案生动风趣。

先说试题材料的生动性。

毋庸讳言,有些命题人偏爱那些术语连篇,句法欧化,文白夹杂的文字材料。这些试题材料,学生一遍读过,味如嚼蜡,思维处于压抑状态,能力得不到充分发挥。其实,可以作为语文试题材料的资料如浩瀚烟海,只要我们肯下功夫,是不难选择的。1992 年普通高等学校全国统一考试“三南”语文试题就为我们做了有益的示范。其中一题阅读题,命题人选择了南宋刘过的《沁园春》:

斗酒彘肩,风雨渡江,岂不快哉!被香山居士,约林和靖,与坡仙老,驾勒吾回。坡谓西湖,正如西子,浓抹淡妆临镜台。二公者,皆掉头不顾,只管衔杯。白云天竺去来。图画里峥嵘楼阁开。爱东西双涧,纵横水绕;两峰南北,高下云堆。”逋曰不然,暗香浮动,争似孤山先访梅。须晴去,访稼轩未晚,且此徘徊!

刘过想象大胆,把自己置身于古代文坛领袖之中,更把辛弃疾也拉了进去。诗中古人今人打成一片,谈诗赏景,趣味盎然。当年辛弃疾“得之大喜,致馈数千百,竟邀之去,馆燕弥月”。命题人选该词为阅读材料,使应试者眼界大开,耳目一新,兴趣顿生。

此外,1993 年的全国高考作文题选的材料是父亲与儿女关于新老树皮的对话,1995 年全国高考作文题,选的材料是寓言诗《鸟的评说》,都是不可多得的生动有趣的材料。这些材料能够激活学生的思维,使学生的水平得到充分发挥。

其次,说说试题形式的生动性。

试题形式的生动性,主要表现在题型的新颖、富于变化方面。

1989年，全国高考题推出了一道新巧的试题：《九章算术》上有一道题："竹原高一丈，末节着地，去本三尺，问竹还高几何？"根据该题所作的图，找出正确的一幅(图见《语文学习》1989年7期P36)。

这道题妙就妙在语文与数学联姻。命题人精心策划，以数学题形式来考查学生文言文阅读理解能力。

背诵，是语文考试的保留节目。但是，一味留下一段空白让学生填空，形式太呆板。而20世纪末，全国高考试题就打破了这种形式。以1990年高考语文试题为例：

水天空阔，恨东风不惜世间英物。蜀鸟吴花残照里，忍见荒城颓壁！铜雀春情，金人秋泪，(甲)堂堂剑气，斗牛空认奇杰。

那信江海余生，南行万里，属扁舟齐发。正为鸥盟留醉眼，(乙)睨柱吞嬴，回旗走懿，千古冲冠发，伴人无寐，秦淮应是孤月。

甲、乙两处的文句依次是 (　　)

A. 此恨谁雪，细看涛生云灭　　B. 此恨凭谁雪，看涛生云灭

C. 此恨谁雪，看涛生云灭　　D. 此恨凭谁雪，细看涛生云灭

这一题实际上是对《念奴娇·赤壁怀古》背诵(记忆)情况的考察。学生根据同一词牌的词对应位置句子字数相等的常识，选取与《念奴娇·赤壁怀古》对应位置字数一样多的句子就可以了。正确的答案应是D。这种考察背诵(记忆)的方法，就显得新颖别致。此后，全国高考语文试题在背诵题型方面连出新招。例如：

1991年试题23题：有一句诗说："时人莫小池中水，浅处无妨有卧龙。"刘禹锡的《陋室铭》中，有一个与这句诗意思相近的句子，请把它写在下面的横线上。《陋室铭》______________________

1995年试题9题："一门三父子，都是大文豪，诗赋传千古，峨眉共比高。"这首诗中的"三父子"，指的是：A、曹操、曹丕、曹植 B、苏洵、苏轼、苏辙 C、班彪、班固、班超 D、杜甫、杜牧、杜荀鹤。

上述1991年试题要求考生在理解诗的前提下从记忆中检索出相近的内容，1995年试题考察记忆的精确程度，做这道题时，必须在记忆的基础上细加分析，排伪存真。首先，根据父子关系排除D，其后根据"文豪"的身份排除C，接着根据"峨眉"的地理环境排除A，从而得出结论为B。

像这样的考试题目，推陈出新，不仅避开了简单枯燥的背诵题形式，而且增加了考察的深度和广度。

最后谈谈试题答案的生动性。

命题人在设计题目时，可以预控学生的思维走向，使试题答案生动有趣，这样可以培养学生语文学习的趣味性。

《读写月报》1990年10期编发了《幽默语言运用技巧训练》，其中的试题就答案的生动性做了有益的尝试。这里不妨举一个例子。

阅读下面语段，按要求答题：

一条河边，两位钓者。

甲抬起渔竿，鱼钩上有一条挣扎着的鱼。

乙问："哎哟，你的钓鱼技术真棒！钓多少条啦！"

甲回答说：____。

选句填空:A. 刚钓这一条,被你看见了。B. 这条假如滑钩了,一条都没钓到。C. 哈,再钓两条就三条喽!

这道题答案应是C。C显得幽默风趣,闪烁着智慧的光芒。

全国高考语文试题在这方面也作出了有益的探索,就拿1990年全国高考语文试题的小作文题来说吧:

老师在黑板上画了一个圆,要求学生写成想象作文。老师举例说,比如,你可以把圆想象成一轮满月,然后以满月为重点,再用天幕、云彩、柳梢等作为陪衬,构成一个美丽的画面,再把这个画面用文字描述出来就是想象作文。

圆是可以想象成很多不同物体的。请你根据这位老师的启发,写一篇200字左右的作文。

这道作文题,要求学生通过文字构建一个美丽生动的画面。想象得越奇特,画面的构建越新奇、越生动越好。

从上面的论述看,试题的生动性问题,语文教育改革先驱者已作了成功的探索与实践。然而,仅仅如此是不够的。更重要的是,需要我们广大语文教育工作者充分运用语文试题生动性这根杠杆,扩大培养学生语文学习兴趣的领域,以争取语文教学更丰厚的收获!

2003年5月

把诗歌请回家

诗歌，是人类最早的文学形式。“诗言志，诗言情”，人们可以通过诗歌来反映生活，抒情言志，可以用诗歌来进行“人文”与“科学”方面的教育，培养立身处世，济时应变的能力。正因为如此，诗歌成为中国古代文学的主流，诗歌教学也成了中国传统语文教学的重点之一。孔子提倡诗教，唐宋时期以诗赋取士……诗歌教学向来深受国人重视。然而，曾几何时，诗歌教学被淡化了。尽管中小学语文课本上选了一些诗歌作为点缀，然而教师与学生都没有多大热情。至于作文练习，诗歌则与屈原同命，惨遭放逐。原因何在？因为高考不考！

高考不考诗歌，可能因为诗歌评分有难度。说起来，倒也情有可原。然而，写作教学因此把“诗歌”流放，实在是不明智之举。高考不考诗歌，平常作文训练中就可以不让学生写作诗歌吗？我们的答案是否定的。我们明确主张，诗歌写作训练不能废弃，我们要把放逐的诗歌教学请回家！其理由如下：

诗歌是人类心灵的泊地。

“诗言志”。诗歌是生活的产物，心声的流露，是人类精神的家园，心灵的泊地。

上古的某一天，有几个人抬木头，很吃力，很沉闷，有人喊了一声“吭唷”，别人也跟着喊。这样一来，压力舒缓了，诗歌也诞生了！鲁迅先生认为，这就是文学，这帮子人就可以被称为“吭唷吭唷”派。《古诗源》收罗中国古代诗歌较为完备，其中第一首诗只有三个字“俟人兮”。据说这首诗的作者为大禹的夫人。当年大禹治水，日夜操劳，公而忘家。夫人日夜思念，经常倚门而望。突然，她喊了一声“等人啊(俟人兮)”，于是这便成了《古诗源》收录的第一首诗歌。

有人认为，诗歌是文艺的昆仑山上的雪莲，良难采撷。其实不然。诗歌本身就是民众的“家常便饭”，抬木头的人、家庭妇女可以创作。一部《诗经》，作者不是大多为乡野小民吗？许多诗歌样式的创新者也是民众。诸多诗词圣手也每每因为汲取了民间的营养才成其大。如宋词元曲，即发轫于民间，最初是不登大雅之堂的。只不过是后来被有见识的文人们大胆“引荐”，才成为“文坛卿相”的。试看李白、白居易等人的诗歌之河，无不流淌着民歌的活水。

从某种意义上说，我们教学生创作诗歌，也是教学生创造生活，提高其生活品位。一个有诗歌素养、有诗歌创作能力的人，诗歌会成为他心灵的泊地。他“可以兴，可以怨，可以群……”很难想象，一个人的生活中能没有诗歌。一个人生活中没有诗歌，就像春天的田野中没有花朵！反之，一个人生活中有了诗歌，他的生活便可以充满诗意，他便可以诗意地生活，他的心灵就不会漂泊。一个人，在人世的时间有限，然而，他可以凭借其诗歌而永生。试想，楚汉之争的历史烟云早已消散，然而，我们却能从《大风歌》和《垓下歌》中感受到项羽、刘邦这对宿敌搏动的心！

（一）诗歌是人生交际的武器

马克思说：“外语是人生的武器。”我们也可以说，诗歌是人生的武器。一个人难免要与人交际。

在交际活动中，诗歌就可以帮你忙——无论你引用诗歌还是写作诗歌。诗歌的社会交际作用，春秋时代已经突显。因此，孔子说："诵诗三百，授之以政，不达；使于四方，不能专对。虽多，亦奚以为？"孔子认为，即使把《诗经》内容都背熟了，如果处理政事不通达，出使不能应对，也等于白学。放眼古今，诗歌用于社会交际的事例不难寻觅：

唐朝盛行投献诗文之风。士人把诗文呈献给知名的权要人物，如蒙赏识推荐，便会声名鹊起，将来考中进士的希望就大了。

白居易还没到二十岁，就告别故乡到长安应试。无法免俗，他把诗集呈送给著作郎顾况，顾况接过这个素不相识的年轻人的诗集，看封面上写着"太原白居易诗稿"几个字，便戏谑地说："方今长安米价昂贵，居大不易(非常不容易)啊。"白居易听了不置一词，只等顾况看诗。顾况打开诗稿，刚看一两首，便觉作者身手不凡，当他看到《赋得古原春草送别》时，不禁手舞足蹈地吟诵起来。此时，他一收傲气，和颜悦色地说："此诗得陶韦之气，吐李杜之峰，真佳作也……长安居也易也。"

白居易干谒成功，顾况的赞语不胫而走，白居易名满长安，后来中了进士，在长安轻易地住了许多岁月。

诗歌，有时甚至成为推动历史进程的武器。

民谣是诗歌的本源，是国情民意的载体，许多民谣本身就是对历史事件的预测。也有智者利用民谣为自己的政治团体服务，从而赢得民心，影响历史。纣王无道，人民悲愤，民谣曰："时日，曷丧，吾及汝偕亡。"结果，商的国运不久就衰微，周朝取而代之。黄巾军，就是用民谣动员人们起义的。黄巾军的歌谣是："苍天已死，黄天当立，岁在甲子，天下大吉。"这首歌谣短小精悍，生动形象，朗朗上口，通俗易懂，具有强烈的煽动性，很快在贫苦百姓中流传开来。"开门迎闯王，不当差，不纳粮。"这首明末民谣石破天惊，对缺衣少食的农民诱惑力极大。李闯王之所以能把明王朝掀翻在地，这首民谣的力量不容忽视。

再说现代吧，重庆谈判不久，国共分裂，内战重开。共产党深得民心，战事节节胜利，国民党由优势转为劣势，士气低落。这时，有人提出"划江而治"的主张，连"苏共"的领袖斯大林都赞成，并要求中国共产党及早同意。然而，以毛泽东为首的中国共产党却选择将革命进行到底，解放全中国的道路。毛泽东在《七律・中国人民解放军占领南京》一诗中表明了共产党人的主张：

宜将剩勇追穷寇，
不可沽名学霸王。
天若有情天亦老，
人间正道是沧桑。

这几句诗掷地有声，从历史的角度回绝了"划江而治"的主张，同时也鼓舞了广大共产党人以及军队的士气，使中国避免了又一次"南北朝"割据的灾难。可以毫不夸张地说，毛泽东的一首诗，影响了中国历史发展的进程。

万物如昙花，然而诗歌却长存！人生易老，然而诗歌却永远年轻。历史中有诗歌的点点印记，有孤烟落日，帆影鸥歌；有春花秋月，峻山险川；有金裘美酒，春闺夜梦……

不堪设想，我们不教学生写诗，我们民族的后代还会运用诗歌这个武器吗？

（二）诗歌是实施语文新课改的重要载体

《普通高中语文课程标准》在关于"课程的基本理念"中指出："高中语文课程必须充分发挥自身优势，弘扬和培育民族精神……献身人类进步事业的精神品格，形成健康美好的情感和奋发向上的人生态度。"其实,诗歌一直是中国文学的主流。诗歌写作,自古以来就是语文素养与民族精神、精神品格、情感、态度养成、表达的重要载体。古今多少人的情操品格通过诗歌写作来显示:屈原的《离骚》、杜甫的《春望》、李清照的《咏史》、李纲的《病牛》、岳飞的《满江红·怒发冲冠》、辛弃疾的《鹧鸪天·壮岁旌旗拥万夫》、陆游的《书愤》、文天祥的《过零丁洋》、于谦的《石灰吟》、秋瑾的《黄海舟中日人索句并见日俄战争地图》,无不是有力的佐证。

新课标的课程理念还要求,语文教学要注重"语文应用、审美与探究能力的培养,促进学生均衡而有个性地发展"。至于诗歌,是语言的艺术,体量短小而信息多多,是提高语文素养最好的载体。一个人写诗的过程,本身就是语文知识运用的过程!

一个人的诗歌创作水平,是语文知识与能力的综合实力的体现。诗歌写作,从语文的工具性讲,涉及语言、文字、修辞的全部知识。古人"宁安一个字,拧断数根须","两句三年得,一吟双泪流",都是语文活动实践的过程。杜甫"为人性僻耽佳句,语不惊人死不休"的创作过程,充分反映了语文应用的艰辛。

诗歌,是最美的文学样式。诗学,就是美学。诗歌创作活动本身就是创新性探究活动,一首好的诗歌就是探究的成果,创新的佳绩。诗歌创作更能激发人们对美的发现,美的创造,从而接受美的熏陶。诗歌创作是对学生创新能力最有力的支撑。例如,"想象力"是创新力的支撑,也是诗歌赖以生存的基础。写诗的人可以"心骛八极,心游万仞",世界上还有比诗歌再容易培养学生想象力的吗?李白的《梦游天姥吟留别》、白居易的《琵琶行》《长恨歌》,李商隐的诸多"无题诗"……无不是审美力的标本,想象力的结晶,语文素养的展示。

或许有人说,这些都是"玉泉山的水",虽然好喝,然而远水不解近渴。高考不考,我们就不能写!其实,让学生写写诗歌,对高考大有作用。高考考字词知识,高考考修辞能力,高考考阅读、欣赏能力,这些能力无一不可以通过诗歌写作教学来培养。就拿诗歌欣赏来说吧。光靠读一些诗歌,并做一些分析,对培养诗歌欣赏能力而言,难免"隔靴搔痒"。真正要提高诗歌欣赏能力,不进行诗歌写作训练是不行的!要识梨滋味,必须亲自尝!

总之,我们可以肯定地说,目前,学生的民族精神、情感表达、创新能力的缺失,语文教学的效率不高,国民语文素养的下降,乃至审美能力的低回,无不与忽视诗歌写作教学有关。因此,我们大声疾呼:作文教学,把诗歌请回家!

2011 年 6 月

与诗同行

——为诗意校园创建活动而作

“人猿相揖别”，当茫茫世界中有了人的活动，也就有了诗的声音。远古的森林里，几个人抬木头，喊出“吭唷吭唷”的声音，以舒缓压力，这便是诗(鲁迅先生如是说)。洪水泛滥的年代，大禹治水三过家门而不入，其妻日日倚门而望，偶然一次喊出“侯人兮”三个字，这便是诗(《古诗源》载就明白)。其实，孩子出生的第一声啼哭也是诗！它表达了对世界的恐惧与向往，它寄托着亲属的欣喜与希冀。至于人的一生，又何不是一首诗，或雄壮，或清新，或悲哀，或惊喜，在人类的诗集中留下一页或者数页……

当然，狭义的诗毕竟只能定格于一种凝练精致的语言艺术形式。它伴随了人类的过去现在，还将伴随着人类的未来。诗之于人类，不啻人之与水与空气。不敢想象，没有诗的国度与民族，没有诗的人生与集体，会是多么荒凉、寂寥……

中国，是诗的国度。先民们留下的丰厚的诗歌遗产足以令我们骄傲和自豪。《诗经》，这先秦的歌咏，古拙而又清新，高亢而又持续，千年不衰，历久弥新。楚辞乐府，穿越历史的千年长河，或追问苍天，或感叹世事，痛心彻腑，强劲而苍凉。唐代，诗才辈出，群星灿烂，诗人们用激情与智慧垒起了一座座诗歌的高峰，与那个朝代的繁荣光辉互映。宋词，长吟短叹，高讴低吟，演绎着爱与恨的真谛，诉说荣与辱的滋味，融入东去的大江浪涛与杨柳岸的晓风残月。元曲则是底层士子们胸臆块垒、歌哭泣诉，在老树枯藤昏鸦中间萦绕，在小桥流水中荡漾……

当然，诗歌，不是文人学士的专利。渔夫舟子，贩夫走卒，武人屠夫，情之所至，发而为诗，也每成佳作。请看，《诗经》，大多是无名氏之作！《大风歌》与《垓下歌》的作者虽然“原来不读书”，然而他们偶然为之的诗作却令无数读书人仰止。因此，我们说诗歌创作并非高不可攀，而是触手可及。诗如多情女，只要你愿意接近她，她就会张开欢迎的双臂！

毫无疑问，“诗言情，歌言志”(《尚书》)。诗歌固然是一门表达思想情感的艺术。多少如画美景，多少似水柔情，都凭借诗歌来表达！“静女其姝，俟我于城隅”，上古爱情的游戏绮丽风趣。“桃花潭水深千尺，不及汪伦送我情”“月上柳梢头，人约黄昏后”，唐人的友谊是如此醇厚，宋人的爱情是如此唯美。“把槛杆拍遍，无人会登临意”，报国无门的辛弃疾长恨绵绵，纵红巾翠袖，揾不尽英雄泪。“蜡烛有心还惜别，替人垂泪到天明”，烛尚如此，情以何堪？“生当作人杰，死亦为鬼雄。至今思项羽，不肯过江东。”巾帼英雄的英气豪气侠气，何曾让于须眉！

当然，诗歌也不只是情感的私房菜，它还有着极其重要的社会功用。

其实，诗在中国，其作用已超越艺术的本身，在社会交际活动中发挥重要的传媒作用。早在春秋时期,诗歌就广泛地用于外交应对。孔子曾说:"诵诗三百,授之以政,不达;使于四方,不能专对。虽多,亦奚以为?"孔子认为熟背诗经而不能在外交场合从容应对,也等于白学。浩瀚的诗海中,用于交际的诗歌不胜枚举,这里不妨列举一二:

古今请客,常用请柬。但文人雅士却能够别出心裁,以诗相邀。唐代元和年间,白居易谪居江州司马,心情忧愤,常借酒浇愁。他与酒友刘十九,时常聚首畅饮。一个冬天的晚上,云层灰暗,大有风雪欲来之势,白居易又来了酒瘾,便以诗相邀刘十九:"绿蚁新醅酒,红泥小火炉。晚来天欲雪,能饮一杯无?"诗开头两句写酒写炉,色彩鲜明,脍炙人口。刘十九接诗后,当然免不了又一场挑灯夜饮。

方勉的妻子许氏喜爱读书,擅长作诗。一次,方勉和老朋友在街市饮酒,酒醉后触犯了夜禁的条例,被捕入狱。当时地方官知府是郑毅夫,许氏便给郑毅夫写了一封营救丈夫的信,并附诗一首:"明时乐事输诗酒,帝里风光剩占春。况是白衣重得侣,不堪青旆自招人。早知玉漏催三鼓,不把金貂换百巡。大抵仁人怜气类,不教孤客作囚身。"郑毅夫见了信和诗,深受感动,便释放了方勉。

至于用诗来做广告,用诗来干谒,用诗来调笑,用诗来表白心迹,不一而足,如旧时金陵的秦淮的桨声灯影,岸上远近可见,耳畔隐约可闻。

作为中国青少年,我们有权利有义务读诗写诗,激发诗的热情,酿造诗的生活,创造诗的人生。从某种意义上讲,诗是属于青少年的,诗歌本身就具有青春的颜色。说不清古今多少青少年的生命与智慧之花在诗歌中绽放!夏完淳,这个明清之季的少年,他抗清殉国,年仅 17 岁,然而,他的诗篇却使他的人生在文坛上延伸,生命在历史中永恒。"三年羁旅客,今日又南冠。无限山河泪,谁言天地宽。已知泉路近,欲别故乡难。毅魄归来日,灵旗空际看。"每当我忆及他的这首《别云间》,敬意油然而生。一个少年,面对死亡如此坦然,对家乡如此眷恋,对反清复明的决心如此坚定,令天地泣,令鬼神惊!20 世纪初的一个湖南乡下的毛姓少年因土气而遭人白眼,他便写下一首《咏蛙》。"独坐池塘如虎踞,绿杨树下养精神。春来我不先开口,哪个虫儿敢作声?"正是这个少年日后于橘子洲头问苍茫大地谁主沉浮,于天安门城楼上宣布"中国人民从此站起来了"。他当然是一个政治家、军事家,但我最崇敬的是,他是一位卓越的诗人。他的诗词,足以让他在文学史独树一帜。

我们遗传基因中有诗,我们生活的土地上有诗,我们的生活色彩中有诗。

有鉴于此,我们有必要打造诗意校园。我们衷心希望广大师生们与诗为伴,用诗歌滋润心灵,用诗歌抒写情性,用诗的眼光看世界,用诗的色彩绘人生。我们衷心希望校园雨后春笋般涌现出诗歌的爱好者,诗歌的创作者,诗意的栖居者……

同学们,诗已向我们走来,让我们伸出友好的手吧,与诗歌同行,与诗歌同栖,让诗为我们壮行色,让我们为诗添光辉。我们的民族是诗的民族,而民族与诗都属于我们!

2014 年 3 月

诗歌素养·社会·人生

中国是诗的国度,诗歌一直是文学长河的主流。千百年来的诗歌菁华,融为中华民族的文化乳汁,哺育着一代又一代中华儿女。诗歌素养的高低,在一个中国人的文化修养水平因素中占有相当的权重。正因为如此,习近平书记非常重视古代经典诗词的教学工作,对有些地区小学教材中删掉古代诗词的做法予以严肃批评。他说,"我很不赞成把古代经典诗词和散文从课本中去掉,'去中国化'是很悲哀的。应该把这些经典嵌在学生脑子里,成为中华民族文化的基因。"

毋庸讳言,就诗歌素养对社会和个人的功用而言,不少人的认识未必清楚,至少是有欠深刻的。我们在这里不妨加以阐述。

一、就社会风化角度而言,诗歌是中华民族优秀传统文化教育的有效载体

诗经、楚辞、唐诗、宋词,铸成了中华民族文化的桂冠,诗歌教育则是中华民族文化传承的利器。有据可考的是,孔子非常注重诗歌教育。他不仅鼓励儿子和学生学习诗歌,还亲自整理经典教材——《诗经》。唐朝,诗歌教育犹受重视,诗歌成为科举考试的合法体裁。唐诗之所以成为中国文学史的巅峰,与唐人以诗取士的制度有很大关系。虽然后世朝代更迭,政权交替,但诗歌教育之风仍绵延不绝。

由于历代重视诗歌教育,中华民族的文化得到了很好的传承。几千年来,社会沧海桑田,众多古老的文明被历史湮没,许多民族也濒临消亡。然而中华民族却风雨前行,文化昌盛,其中不无诗歌的力量。

诗歌,不独使人们诗意地栖居,心中保持着一分希望;诗歌,有时还会成为宣传的武器,唤醒人们沉睡的意识,鼓舞人们的斗志,推动历史的车轮。

当然,古代诗歌用于学校教育,有助于学校的德育教育,事关一个民族与国家的未来。例如借助《离骚》《涉江》,可以进行节操教育;借助《陌上桑》《孔雀东南飞》,可以进行情感教育;借助《书愤》(陆游)《别云间》,可以进行爱国主义教育;借助《锄禾》《淘者》,可以进行劳动教育;借助《秦风·无衣》,可以进行友谊教育;借助《茅屋为秋风所破歌》《兵车行》,可以进行人道主义教育。

二、就表达思想、沟通交流而言,诗歌是艺术样式的极佳选择

现代人喜欢谈自由,但人们喜欢谈的大多是人身自由,其实表达自由也很重要。一个缺少表达能力的人,就无法充分享受自由。因此,著名作家毕飞宇说:"人文主义就是可以并有能力充分地表

达。”诗歌本身就是表达的艺术。人们常说“诗言志”,其实,诗也言情。一个人能用诗歌来表情达意,其实就会渐入自由表达的佳境。你在创作诗歌,也就是在创造美、表现美,而你的受众则会欣赏美、享受美。许多古人的诗歌,穿越千年仍然打动我们的心灵,这就充分展示了诗歌表达的力量。

至于诗歌作为交流的载体的重要性,孔子两千五百年前就有论说:“不学诗,无以言。”听,孔子说不学诗,就连话也说不好,就不能有效地与人沟通交流。在中华民族的人际交流中,诗歌犹如春日的花朵,烹饪的佐料,大海的浪花,天空的白云。我们难以想象,春天没有花朵,烹饪没有佐料,大海没有浪花,蓝天没有白云——那样的世界该是多么荒凉,那样的生活该是多么乏味!只要留心,我们便会发现,名家的演讲中,因诗歌而增色的例子俯拾皆是!

诗还可以用以辩解。公元965年,宋朝大军压境,后蜀君臣闻风丧胆,屈膝投降。蜀主的贵妃花蕊夫人也成了俘虏,被押往宋朝京城。花蕊夫人不仅人美貌如花,而且诗才出众,宋太祖赵匡胤慕名召见,并命她当场作诗。花蕊夫人闻声吟道:“君王城上竖降旗,妾在深宫哪得知?十四万人齐解甲,更无一人是男儿!”

中国封建时代,世俗对女人偏见很深,就连严谨的史学家们也认为女人是祸水,往往把亡国的责任推到女人身上。花蕊夫人的诗针对世俗的偏见,指出蜀国君臣在拥有十四万兵力的情况下,不战而降,以至亡国,责任不在她。花蕊夫人是在为自己辩白,也是为古代所有的亡国的嫔妃辩白!赵匡胤听了花蕊夫人的诗后,赞同她的观点,佩服她的才识,收入后宫,宠幸有加。

三、就个人修身养性、陶冶情操、人生品位的提升而言,诗歌功效独具

我们说,诗歌是心灵的泊地。

一个人可以有所见,有所思,有所闻,付之于诗,它就可以升华为艺术。也许,心会形成堰塞湖,而诗会成为一个宣泄大闸。古人不乏书愤诗作,其原因盖出于此。在诗歌的小径上徜徉,那名、那利、那人、那哀怨,可能都化为烟云。一个作者与一首诗的关系,犹如宙斯之于雅典娜!有些人把诗歌说得高不可攀,其实诗歌就是心声的表达。楚汉之争的刘邦与项羽,虽然都是粗人,但是,他们不失为诗人。他们的《大风歌》和《垓下歌》都脍炙人口,千古传诵。当然,这些对他们并不重要。重要的是他们分别宣泄了自己的心绪,尽管前者是成功者的寂寞担忧,后者是失败者的悲愤哀伤。但是无论成功者还是失败者,他们的灵魂都是焦虑的,而能起到慰藉作用的则是诗歌!有些人认为,中国古代诗歌感情中最能感动人的是悼亡诗。因为,人到如此,其情难堪,足以表达的,唯诗而已!诗歌是艺术,人与诗歌为伴,就会由俗变雅,从而提高其自身品位。一个人长期读诗写诗,他的生命的土地上便会开出绚丽的花朵。唐代的艺妓,有的人仅仅因为能唱白居易的《长恨歌》,就觉得与众不同。当时不唯不遭人指责,而被传为佳话,原因就在于此!近日有一个老者,年近百岁,人们问他长寿秘诀,他的回答是“与诗做伴”。是的,以诗为伴,他的精神有了寄托,他的生命之路也在脚下延长!

四、就语文能力锻炼而言,诗歌是最佳平台

学习语文,诚然渠道很多。然而,从诗歌学习入手,无疑是一条通途。诗歌是语言的艺术。读诗写诗,且不说受到文化熏陶,单就语言知识、语言表达技巧而言,已自使人受益良多。诗歌,特别是古典诗歌,讲究语言简洁,讲究语言生动,讲究押韵,讲究意境,讲究用典,讲究炼字。学习诗歌,我们的

修辞能力会在无形中提高。诗歌，是对语文素养的积累，而写诗，则是对综合语文素养的运用。那些绝妙好诗，往往显示诗人的语文功底。一个人把诗学好，自然会写诗。“熟读唐诗三百首，不会写来也会诌。”而一个人能写一手好诗，语文能力自然会登堂入室。譬如说吧，一个会写诗的人，也会写文章，他的文章就不会语言啰嗦，内容冗长，枯燥无味。如陶渊明、李白、杜甫、白居易、欧阳修、苏轼、王安石等诗词大家，哪一个不是文章圣手！

五、就创新能力培养而言，读诗写诗，密切相关

读诗写诗，是与创新能力培养密切相关，创新能力的核心能力是想象力。而诗歌之美，离不开想象，无论现实意义的力作抑或浪漫主义的佳构概莫能外，且不说李白梦游天姥，杜甫的长安望月，白居易的蓬莱贵妃，就是今人毛泽东的诗词，其想象力也惊天地而泣鬼神。毛泽东当年的想象，竟于后来变为现实。如“高峡出平湖”的愿景，“长缨缚龙”的期待。捧读毛泽东的《蝶恋花 · 答李淑一》，更令人拍案叫绝。“我失骄杨君失柳，杨柳轻飏直上重霄九。问讯吴刚何所有，吴刚捧出桂花酒。寂寞嫦娥舒广袖，万里长空且为忠魂舞。忽报人间曾伏虎，泪飞顿作倾盆雨。”读罢这首诗，我们不能不为毛泽东的想象力所折服。古人的游仙诗、悼亡诗都无过其右。诗中既寄托了诗人对已故妻、友的悼念之情，又不失浪漫主义的英气：烈士英魂升入月宫，令吴刚钦佩敬酒，令嫦娥敬仰献舞。这是何等浪漫！而烈士革命之情“死而后已”，听到革命成功的消息而洒泪化雨，这又是多么超越！可以肯定地说，诗锻炼了毛泽东的想象力，从而提升了他的创新力。毛泽东用他诗人的气度与情怀，立身处世治国，令无数人难以望其项背。也正是想象力，使他成为哲学家。他的“物质无限可分性”的富有想象力的哲学论断，指导着西方哲学家发现了微粒子。为了纪念他的哲学成就，这种粒子被称为毛粒子。有些人误解，搞文学需要想象，其实科学也需要想象。因此，早在20世纪70年代的全国科技大会上，郭沫若就呼吁科学家，不要让想象为文学家们独占。如果我们深入研究，不难发现，不少卓有成效的科学家，都受到诗歌的滋养，具有深厚的诗词修养。钱学森、华罗庚、苏步青，他们不仅在科学领域天马行空，在诗歌领域也卓有建树。

遗憾的是，诗歌教育在学校的学科教学中早就被削弱了。因为高考作文把诗歌打入“冷宫”，诗歌教育在中学就被边缘化了。尽管课本上也选了几首诗词佳作，高考考题也有点缀性的鉴赏题。但教师只教学生欣赏诗作而不要求学生创作诗歌。其实，学习诗歌只读不写，终究是隔靴搔痒。我们希望中学语文教学工作者充分认识到诗歌的功用，不但教学生读，也教学生写，真正地让诗歌在我们的语文教学中占有一席之地，让语文为社会文明与人生发展助力！

2015年2月

诗歌在交际中的传媒作用

中国,是诗的国度。诗歌,一直是中国文学长河的主流。千百年来,人们不仅把诗歌作为艺术来欣赏,而且把它作为社会交际的传媒。春秋战国时期,人们就广泛地运用诗歌于外交应对。放眼古今,诗歌用于社会交际的例子不难寻觅。我们这里不妨分类撷取一二精华,以飨读者。

一、以诗请客

古今请客,常用请柬。但文人雅士却能够别出心裁,以诗相邀。

唐代元和年间,白居易谪居江州司马,心情忧愤,常借酒浇愁。他与酒友刘十九,时常聚首畅饮。一个冬天的晚上,云层灰暗,大有风雪欲来之势,白居易又来了酒瘾,便以诗相邀刘十九:

绿蚁新醅酒,红泥小火炉。

晚来天欲雪,能饮一杯无?

诗开头两句写酒写炉,色彩鲜明,脍炙人口。刘十九接诗后,当然免不了又一场挑灯夜饮。

二、以诗谢客

1942年春天,作家端木蕻良居住桂林,每天都有许多文学青年慕名来访,为了潜心创作,谢绝打扰,他在居室门口贴了一首诗:

女儿心上想情郎,日写花笺十万行。

月上枝头方得息,梦魂却又到西厢。

诗中以多情女自比,既显示了自己对文学创作的多情,又委婉道出无暇待客的信息,真是巧绝妙绝。

三、以诗说情

杭州有一妇女,丈夫死后还没有终七(终七,即过七七四十九天),就另嫁他人。丈夫的父母不让,向官府提出诉讼。按当时惯例,丈夫死了应守孝三年,而这个妇女没“终七”而嫁,是违法的,应从重处罚。这个妇女辗转委托翰林院编修金某到官府为她说情。

县令接到案子后,决定开堂审问。临审时,金编修也赶了去。他假装不知道底细,问县令:“你要审的是什么案子?”县令说:“丈夫身死未终七,嫁与对门王卖笔。”金编修一听县令以诗相答,便心生一计，引古诗两句说："月移花影上阑干，春色恼人眠不得。"

金编修引用古诗，意在说明少妇闺中寂寞，改嫁是人性所致，无可厚非。县令一听，不禁大笑，同时只给了寡妇最轻的处罚。

四、因诗得夫

赵令畤是宋朝宗室，袭封安定郡王。然而，这样一个帝室显贵却因一首诗而娶了一位平民女子王氏。王氏当年作了一首诗：

白藕作花风已秋，不堪残睡更回头。
晚去带雨归飞急，去作西窗一夜愁。

赵令畤当时鳏居，见了这首诗，既爱作者之才，又动思偶之情，便与王氏结为夫妻。同代人吴开听了这个消息深有感慨，在《优古堂诗话》中记载了此事，并称之为"二十八字媒"。

五、以诗调笑

郭晖在京城做官，写了封信寄给妻子。但是，装信时误把白纸装入信封。妻子一看信中是张白纸，想必丈夫粗心，便写诗调笑说：

碧纱窗下启缄封，尺纸从头彻尾空。
应是仙郎怀别恨，忆人全在不言中。

诗写得幽默风趣，调笑中反映出夫妻感情的深厚。郭晖读诗后自然会增加对妻子的爱怜之情。

六、以诗救夫

方勉的妻子许氏喜爱读书，擅长作诗。一次，方勉和老朋友在街市饮酒，酒醉后触犯了夜禁的条例，被捕入狱。当时地方官知府是郑毅夫，许氏便给郑毅夫写了一封营救丈夫的信，并附诗一首。诗的内容是：

明时乐事输诗酒，帝里风光剩占春。
况是白衣重得侣，不堪青旆自招人。
早知玉漏催三鼓，不把金貂换百巡。
大抵仁人怜气类，不教孤客作囚身。

郑毅夫见了信和诗，便释放了方勉。

七、赠诗得妻

宋朝治平年间，钱忠取道吴江，由于喜爱当地风物，流连吟咏，久久不能离去。一天，他在湖上游览，与一位少女邂逅。这位少女驾一叶扁舟，出入于风波之中，若神若仙。钱忠一见钟情，便作诗相赠。其中一联为：

满目生涯千顷浪，全家衣食一纶竿。

少女携诗回家，交给父亲看。她父亲是隐居高士，爱诗及人，便把女儿嫁给钱忠。后来，钱忠偕妻泛舟于江湖，人们莫知去向。

八、以诗自救

曹丕和曹植都是曹操的儿子，他们为了夺得王位继承权，曹操在世时就钩心斗角。曹操死后，曹丕继承了王位，成了胜利者。但是，他对曹植仍然耿耿于怀，生怕曹植夺去了他的王位。于是，便罗织了曹植许多罪名，派人把曹植软禁起来，准备杀掉。但由于其母阻拦，他迟迟未能下手。

一天，曹丕叫人带来曹植，对他说："从前你常以诗文向别人夸耀，但是真是假，却无从考察。现在我要试试你的才华，我命令你走十步路的时间内作诗一首，如作不出来，休怪我手下无情，送你上西天。"

曹植听了，并无难色，笑着请曹丕出题目。曹丕便指着墙上的一幅画，要他以画为题。画的内容是二牛相斗，一牛坠井而死。但曹丕却规定不许有"二牛斗墙下，一牛坠井死"的字样。曹植听了，立刻边走边吟道：

两肉齐道行，头上带凸骨。
相遇块山下，欻起相搪突。
二敌不俱刚，一肉卧土窟。
非是力不如，盛气不泄毕。

曹植走了还不到十步，诗竟吟成，曹丕大惊。不过，他仍不死心，又命令曹植以彼此兄弟之间关系为内容(但不准犯"兄弟"二字)，七步之内吟诗一首。曹植心中愤慨不已，但觉得正好就此发泄一下心中的愤懑，于是又吟道：

煮豆燃豆萁，豆在釜中泣。
本是同根生，相煎何太急？

这次果然只用了走七步的时间！

诗的大意是：煮豆子烧的是豆萁，豆子在锅里哭泣；我们既然是同根所生，你煎熬我为什么这样猛烈呢？曹植在诗中以豆萁与豆子比曹丕与自己，谴责曹丕不顾手足之情，不断迫害他的行径。曹丕也明知诗中的内涵，先自有几分惭愧，再加上曹植作诗符合要求，也就放弃了迫害曹植的念头。

九、以诗退盗

唐代诗人李涉乘船旅行，夜宿江边，强盗上船抢劫。可是，当强盗弄清船上主人是李涉时，非但放弃抢劫，反而连忙赔罪行礼，仰若神明，并且以礼物相赠，为首的强盗还恳求李涉赠诗留念。李涉因而十分得意，也不推辞，挥笔写了《井栏砂宿遇夜客》一诗奉赠。诗的内容是：

春雨萧萧江上村，绿林豪客夜知闻。
他时不用逃名姓，世上如今半是君。

诗中用语委婉，感慨良深，不仅满足了强盗的要求，也脍炙着后人之口。

十、以诗自辩

公元965年，宋朝大军压境，后蜀君臣闻风丧胆，屈膝投降。蜀主的贵妃花蕊夫人也成了俘虏，被押往宋朝京城。

花蕊夫人不仅人美貌如花，而且诗才出众，宋太祖赵匡胤慕名召见，并命她当堂作诗。花蕊夫人闻声吟道：

君王城上竖降旗，妾在深宫哪得知？
十四万人齐解甲，更无一人是男儿！

中国封建时代，世俗对女人偏见很深，就连严谨的史学家们也认为女人是祸水，往往把亡国的责任推到女人身上。花蕊夫人的诗针对世俗的偏见，指出蜀国君臣在拥有十四万兵力的情况下，不战而降，以至亡国，责任不在她。花蕊夫人是在为自己辩白，也是为古代所有的亡国的嫔妃辩白！赵匡胤听了花蕊夫人的诗后，赞同她的观点，佩服她的才识，收入后宫，宠幸有加。

十一、以诗干谒

唐朝盛行投献诗文之风。士人把诗文呈献给知名的权要人物，如蒙赏识推荐，便会声名鹊起，将来考中科举的希望就大了。

白居易还没到二十岁，就告别故乡到长安应试。无法免俗，他把诗集呈送给著作郎顾况。顾况接过这个素不相识的年轻人的诗集，看封面上写着“太原白居易诗稿”几个字，便戏谑地说：“方今长安米价昂贵，居大不易(非常不容易)啊。”白居易听了不置一词，只等顾况看诗。顾况打开诗稿，刚看一两首，便觉来者身手不凡。当他看到《赋得古原春草送别》时，不禁手舞足蹈地吟诵起来。此时，他一收傲气，和颜悦色地说：“此诗得陶韦之气，吐李杜之锋，真佳作也……长安居也易也。”

白居易干谒成功，顾况的赞语不胫而走，白居易名满长安，后来中了进士，在长安轻易地住了许多年。

十二、以诗褒奖

唐朝诗人项斯心胸宽阔，品格清高，远离世俗，曾于朝阳峰脚下隐居三十多年。朝廷官员杨敬之非常喜欢项斯的诗，诵读不厌。一天他路过朝阳峰，特地访问项斯，座谈间，项斯言行清逸脱俗，杨敬之非常看重他，便赠诗一首，以示褒扬：

几度见诗诗总好，及观标格过于诗。
平生不解藏人善，到处逢人说项斯。

杨敬之的诗一传开，项斯从此更身价百倍。

十三、以诗荐人

汉武帝时代，有一个艺人李延年能歌善舞，经常在皇帝左右献艺。李延年有个妹妹天香国色，李延年便设计向汉武帝推荐，一则使妹妹青春不负，一则也改变自己的身价。一次，他在汉武帝面前唱道：

北方有佳人，绝世而独立。
一顾倾人城，再顾倾人国。
宁不知倾城与倾国，从此难再得。

一曲歌罢，汉武帝被深深打动，召李延年上前，打听世上是否真有这样的美人。李延年借机推荐了妹妹。于是，汉武帝召见李延年的妹妹。结果汉武帝一见倾心，倍加宠幸。她就是历史上著名的李夫人。李延年的推荐成功了，他自己后来也加官晋爵，荣耀一时。

十四、以诗赠别

临别赠诗，这是古代文人学士的常用方式。唐代诗人李白的《赠汪伦》一诗，便是此类诗歌的代表作：

李白乘舟将欲行，忽闻岸上踏歌声。
桃花潭水深千尺，不及汪伦送我情。

李白应汪伦之邀到泾县作客，在那里受到了盛情款待。流连日久，不得不别。临别之时，两情依依，李白便以此诗相赠。"桃花潭水深千尺，不及汪伦送我情。"这种差比手法，充分反映出二人感情之深。

十五、以诗和解

春秋时郑庄公出生时，由于倒生(脚先出来)，母亲武姜受惊，因而不喜欢他。后来，即使他当了国王，母亲仍纵容小儿子共叔段谋反。郑庄公非常气愤，出兵平定了共叔段的叛乱，并把武姜软禁起来，安置在城颍居住。郑庄公还当面发誓说："不及黄泉，无相见也。"意思是说："不等死后到阴间地下，我们不再见面了。"但是，毕竟母子血肉相连，事过不久，郑庄公就后悔把话说得太绝了。但是，由于发了誓，不好更改。后来，有个叫颍叔考的在"黄泉"一词多义方面做文章，策划挖地到黄泉，筑成隧道，让郑庄公母子在隧道中相见。这样就等于在"黄泉"相见了。见面之时，郑庄公赋诗说："大隧之中，其乐也融融。"武姜也赋诗说："大隧之外，其乐也泄泄。"

十六、以诗斥责

1941 年 1 月 7 日，奉命北移的新四军九千余人在皖南泾县遭到国民党优势兵力的伏击，除千余人突围外，其余壮烈牺牲。国民党这种背信弃义的行为，令亲者痛，仇者快。事发后，国民党封锁消息，但《新华日报》却冲破重重阻力，刊登了周恩来的一首诗：

千古奇冤，江南一叶。
同室操戈，相煎何急。

全诗仅十六个字，但是向社会披露了皖南事变的信息，表达了对国民党顽固派最强烈的抗议，在社会上引起了强烈的反响。

十七、以诗规劝

王孟端的朋友在京都娶妾，把家乡的糟糠之妻抛于脑后。王孟端同情朋友的妻子，便写了一首诗规劝朋友。诗云：

新花枝胜旧花枝，从此无心念别离。
知否秦淮今夜月，有人相对数归期。

朋友接到王孟端的诗，读完潸然泪下，马上回家与妻子团聚。

十八、以诗嘱托(遗嘱)

陆游是一个爱国诗人，平生念念不忘抗击金兵，收获失地。但南宋君臣昏庸无能，直到诗人八十五岁高龄、生命垂危时，仍不见抗金成功。生命之火即将熄灭的陆游，感慨唏嘘，希望收复中原之日，儿孙在家祭的时候不要忘记告诉他。他艰难地握着笔写道：

死去元知万事空，但悲不见九州同。
王师北定中原日，家祭无忘告乃翁。

抗金之志，死而不已。从诗中我们可以窥见诗人一颗赤子之心。

以上所举，足以说明诗歌在社会交际中的作用。现代生活的节奏在加快，文明程度也应不断加深。诗歌，应该在美化语言、促进交际方面发挥应有的作用。

2000 年 3 月

诗歌散论

诗歌，是人类表情言志的重要文学体裁。在中国的文学史上，几千年来，它犹如黄河、长江，始终是主流，它记录过上古先民的喜怒哀乐，辉映过唐王朝政治、经济、文化的辉煌，即使宋、元、明、清，虽少一点盛唐的气势，然而诗歌仍然创新发展，短讴长吟，低吟浅唱。近现代的华夏虽然沉疴积弱，但不乏新诗诞生，旧诗绕梁。中国是诗的国度，我们是诗的传人！然而，处在变革时代的我们，却与诗渐行渐远，比历史上多了几分陌生、凄迷、怅惘……

又是一年春风来，草绿天涯百花开。笔者在融融春风中感受到诗意，心中也萌动了就现实而论诗的念头，于是疾书于上，献曝献芹，不怕贻笑于大方。

一、平视诗歌

在文坛，诗歌向来被人们奉为瑰宝，视为奇葩。许多人对诗歌敬畏有加，视如莲花，只敢“远观”，不敢“亵玩”；视如公主，只敢“偷觑”，不敢亲近。这种仰视心态对诗歌而言不是幸事。如果把诗歌比做公主的话，那么男子们会因高不可攀而不敢求婚，公主只好待字闺中了。其实，诗歌只是一个怀春的平常女子，只要心仪的男子主动示爱，这个“美丽的姑娘就会跑过来”。

我们不妨进一步说，诗歌本来就是普通人普通生活中创造的文学样式，没有那么神奇。鲁迅先生说过：远古的森林里有几个人抬木头，为了减轻压力，便喊出“吭唷吭唷”的声音。鲁迅说，这就是诗歌，这群人就是“吭唷吭唷”派。著名的诗歌总集《古诗源》中记载的第一首诗只有三个字：“候人兮。”据说，大禹治水，三过家门而不入，妻子日日倚门等待，有一天叹息着喊出了这三个字(其实只有两个实词)，这便是诗。其实，中国流传下来的古代优秀作品，很多出自下层人民之口。《诗经》、汉乐府、南北朝民歌中处处可觅其踪迹。千万不要误解诗歌为文人的专利，其实恰恰相反，诗歌来自民间！甚至，民间创作的文学样式被文人搞得脸谱化、程式化，失去了生命力的时候，民间又创新声，拯救诗歌于“涂炭”之中。宋词、元曲、明清民歌，都是来自民间的阵阵清风。诗歌也怪，许多饱读诗书者刻意为之，却平庸无奇，而有些被讥为不读书的人，由于有着深厚的生活积淀，真实的内心感受，偶然为之，却能惊天地而泣鬼神。项羽的《垓下歌》、刘邦的《大风歌》就是有力的证明。

有鉴于此，我主张来一场诗歌普及运动，让人们都大胆地到诗歌的田野上耕耘。只有这样，诗歌创作才能结出希望的硕果。我们大声呼吁，我们要平视诗歌，把诗歌作为生活的必需品，用它来记录生活，抒写情志，沟通思想，升华精神，提高品位。

任何一种文化的辉煌，都不是靠几个精英创造的。文化如塔，只有塔底塔腰的支撑，才有塔尖的夺目辉煌。唐诗之兴盛，正是如此。由于诗歌不仅作为科举考试的文学体裁，还可以作为考前投献自荐的筹码，所以在民间火了起来，至少在读书人中火了起来，于是火出了唐诗的辉煌。而我国目前的高考，诗歌写作被放逐，只考一两道被阉割了诗歌精神的鉴赏题，诗歌创作岂能出现繁荣昌盛的局面？高考不考，教学拉倒。长此以往，如何是好？

二、“包容”诗歌

大千世界，众生芸芸，气象万千。自然现象是多元的，社会制度是多元的，文学样式是多元的，诗歌也是多元的。笔者认为，你可以写旧体诗，也可以写新体诗；你可以写讲究韵律的诗，也可以写不拘韵律的诗；你可以写明白如话的诗，也可以写意象晦涩的诗；你可以写表现手法传统一些的诗，也可以写表现手法新潮的诗。然而，现实中却并非如此。好长一段时间，因为领袖人物自己一边写旧体诗，却又不主张年轻人“受旧诗毒害”，不提倡写旧体诗，于是，诗坛上旧体诗一度被放逐。近年来，这种情况才稍有改变，但也止于一些类似“遗老”们。至于不少编辑，偏爱表现手法新潮、多数人读不懂或不愿读的诗歌，而表现手法传统一点、诗意明白浅显一点的诗作往往被弃置。有人俏皮地说：现在走俏的是李贺、李商隐，倒霉的是元稹、白居易，而王梵志，又被尘封于敦煌石窟了。

“百花齐放，百家争鸣”，是我国文艺的既定方针，我们没有理由违背。我们希望左右诗歌发表、发展的人们多点包容之心，宽容之态，让各类诗歌千帆竞发，百舸争流。只有这样，诗歌园地中才能“万紫千红总是春”，诗歌队伍才能“百万雄师渡大江”。

三、重视诗歌

诗言志，诗也言情，它是中国人传统的情感言志的表达形式。自古以来，它在生活中几乎无处不在，涉及经济、政治、军事、艺术、风物、习俗……正因为如此，以孔子为代表的儒家学派十分注重诗教。他教育儿子说：“小子何莫学夫《诗》？《诗》可以兴，可以观，可以群，可以怨。迩之事父，远之事君，多识于鸟兽草木之名。”孔子还说：“不学诗，无以言。”他平时经常引用诗经来印证、说理，晚年还不厌不倦地整理古代诗歌。孔子的后学还把《诗经》列为儒学经典之一。总之，诗歌与个人素养的培育与提升，与社会风俗的淳厚净化，乃至于历史的进程都有密切关系。说到前两句，读者易于认同，说到最后这句，也许有人认为是危言耸听。其实不然。就说民谣吧，当年的黄巾军就是利用民谣造舆论的。“苍天已死，黄天当立，岁在甲子，天下大吉。”这首民谣像干柴烈火燃烧一样，在民间传播，煽动性极强。“开门迎闯王，不当差，不纳粮。”这首明末的民谣也为李自成推翻明王朝推波助澜。

至于说到创新能力的培养，诗歌是极好的助推器。且不说诗歌写作本身就是创新活动，就说想象力培养吧，诗歌是极佳形式。举世公认，创新能力的核心是想象力。那么，我们就重视诗歌吧，让它来培养我们的想象力。我们的民族成为想象力最强的民族之日，也就是我们民族复兴成功之时。我们建议中小学语文教学打破功利主义的桎梏，不要因为高考、中考不考诗歌写作，就取消了诗歌写作教学。近几年，国家提倡经典诵读固然重要，但是，我们还应提倡诗歌创作，让孩子的诗情画意伴着想象的翅膀飞翔。倘能如此，我们的国家与民族将成为富有诗情画意的国家与民族，而我们的国家与民族还可以成为一个具有创新能力的国家与民族。

我们期待着民族复兴，我们也期待着诗歌复兴！

2015 年 8 月

让比喻之花盛开

一、比喻不仅仅是修辞方法

比喻,作为一种修辞方法,从小学到中学的语文教学活动中都会涉及。在常人眼中,它也仅仅是修辞方法而已,它的作用只在于使语言由抽象变得形象,由枯燥变得生动,由深奥变得浅近而已。其实,这是一种严重的误解。在人类的交际活动中,比喻不仅仅是一种修辞方法,它更是一种思维的方法,它要求人们思考时由此及彼,连类而及,着力发现不同事物的相似点。毫不夸张地说,没有比喻作为载体,人类的思维会变得艰涩。通常情况下,比喻显示了一个思维能力的高低。如果一个人比喻能力特别强,他就具备了成为天才的基本条件。亚里士多德早在两千多年前就深谙此中道理,因而斩钉截铁地断言:“比喻是天才的标志。”

事实上,一个新鲜而又巧妙的比喻,无不凝聚着创新思维的花果。比喻形成的过程,饱含着创新能力的核心——想象。日常生活中,有许多难以描述的事物形状或情景,一个简单的比喻就解决了问题。例如:

东汉桓帝在位时期,有一年正月初一京城洛阳发生了日食。

日食就是月亮走到地球和太阳的中间,遮住了太阳照到地球上的光线而出现的自然现象。那次日食很厉害,大白天,眼看着天就要黑下来了。那时,汉桓帝还小,由皇太后听政。日食过后,皇太后叫大臣黄琼抓紧把这次日食情况记下来。黄琼于是写道:“京城洛阳一带,日食很厉害……”

皇太后看了这个记录很生气,骂道:“黄琼真是越老越糊涂了,光说日食厉害,究竟厉害到什么程度呢?是食了一半,还是都食了?怎么不写明白呀?”她叫人把记录退给黄琼,责成他重写。

黄琼听说皇太后发火,吓得出了一身冷汗,赶紧重写。可是,那时还没有偏食、环食、全食等记录日食的科学用语,怎样才能把日食的厉害程度写清楚呢?黄琼急得在屋子里打转转。

小孙子黄琬看见爷爷急得满头大汗,就对他说:“爷爷,您别急。我记得那天日食最厉害的时候,剩下的日头像初三初四的月牙儿。您这样写,不就明白了吗?”

黄琼一听高兴极了,他顾不得夸奖自己的小孙子,就赶忙用小孙子黄琬的这个比喻,重新写了份日食记录送给皇太后。皇太后一看,果然满意了。

看,一个孩子能用一个比喻就把原本爷爷绞尽脑汁而难以名状的日食问题说得清清楚楚!

思维品质是衡量人才质量的重要指标。一个人思维品质的优劣,往往会通过比喻的运用折射出来。再如:

东晋的某一天,正是隆冬季节,风雪漫天,金陵望族谢家欢宴。

酒过三巡,著名文学家谢安让孩子们以雪为题吟诗联句,一则以助酒兴,二则借此试试子弟们的才情。谢安先吟了一句:

“大雪纷纷何所似?”

侄儿谢朗自恃才高,抢先应和:“撒盐空中差可拟。”

侄女谢道蕴听了微微一笑,不慌不忙地接上一句:“未若柳絮因风起。”

谢朗这句诗把雪花比作盐,作为比喻,不能说不及格。但是,论颜色,盐白不及雪花,论模样,二者也不大相似,论质量则一轻一重。雪花降落,随风飘落,而空中撒盐却会直线下降;雪花落襟颇富有诗意,盐落进衣领,却使人浑身难受。谢安听了只是默默不语,但是,到了谢道蕴吟出诗来,谢安则拍案叫绝,他夸赞这个侄女才华过人。谢道蕴这句诗好在何处呢?好在形神兼似。柳絮与雪颜色可相媲美,质轻似雪,柳絮飘飞与大雪飞降的场面都富有诗情画意,能够引起人们的美感。再说,柳絮为春天之物,这里用以比喻雪,似乎暗示着哲理:冬天来了,春天还会远吗?

从思维角度看,谢道蕴的比喻的严密性、创造性都比谢朗高出一筹。

有人做过统计,英语中大约有70%的表达方式是依赖于比喻的,估计汉语中也差不多。很难想象,离开比喻,思维的翅膀还能够在人类活动的天空自由翱翔!

二、生活拗口

比喻,已像血液一样流淌在社会生活的血管中。人们的日常生活,不可一日无此君。正如上文所说,只要你思考、说话、写作,比喻都会随之而来。或许有些人认为你不会用比喻,其实你正在运用着比喻。

山东人民出版社出版的中学语文选修教材《比喻与创新思维》中有一段话,说得很经典:“只要你在思维,只要你在说话,你就落在比喻的影子中,你稍不留神,脑海里就会闪过一个比喻,嘴里又会漏出一个比喻。正如春城无处不飞花,思维和语言中比喻也是无处不在。”

且不说运用比喻的句子、通篇运用比喻的语段、乃至整篇运用比喻的诗文,就是我们日常生活运用的词或短语也存在着大量的比喻,你就是不想用也不可能。就拿“风”为语素的词或短语来说吧,具有比喻因素的就有风波、风浪、风暴、风潮、风尘、风传、风发、风骨、风口浪尖、风雷、风流云散、风靡、风平浪静、风声、风势、风头、风闻、风向、风云等,你一不小心就用上了。

我们与人谈话,缺乏比喻,就难以取得生动、有趣的表达效果。因而,古人非常重视比喻的运用。可以说,比喻是最古老的修辞方法。无论中国的四书五经,还是外国的圣经、佛典,比喻都是可以信手拈来的。

就说《论语》吧,其中比喻句就很多。例如:“逝者如斯夫”“不义而富且贵,于我如浮云”“为政以德,譬如北辰,居其所,而众星共之”“鲁卫之政,兄弟也”“君子之德风,小人之德草”“杀鸡焉用牛刀”“岁寒然后知松柏之后凋也”。

“博喻,然后能为人师”,这句话精辟地说明比喻对教师的重要性。凡是上过学的人都知道,一个教师只有善用比喻,课才会上得生动有趣,令人听而不厌。反之,课就会上得枯燥无味,令人昏昏欲睡。推而广之,我们这里不妨说,能譬喻,然后方能为人父母;能譬喻,方能为人朋友;能譬喻,方能为人“领导”。孔子云:“人而无信,不知其可。”我们说:“人而无喻,不知其可。”

或许有人认为,比喻只适合运用于口头交谈、文艺作品,而在科学领域、法律领域或特别庄重的场合是“闲人免进”的,其实不然。

为了叙述方便,我们就拿现代一些流行科技、经济、法律方面的专用名词来说吧,坚挺、萎缩、泡沫、套餐、跳水、飙升、瓶颈、包装、造型、打造、充电、腐败、上台、下台、防守、孵化器、熊市、牛市、分裂、孕育、树立、解放、松绑、铁饭碗、大锅饭等,无一例外都是运用比喻方法构成的。词尚如此,何况句乎？

比喻取材的广泛也是惊人的，不仅普通的事物可以作喻体，连文字（含字母）都可以作喻体。这种比喻简洁形象到令人叹为观止的地步。记得，20 世纪中期，毛泽东曾垂询李四光关于新华夏构造体系问题。新华夏构造体系很复杂，有三条隆起带和三条沉降带隔着，平常人表述是“一言难尽”的。然而，李四光却只用了一个“多”字作喻体，便使毛泽东听得明明白白。文学作品中运用这种比喻比较多。例如，威尼斯的大运河是个“Ƨ”形，很难描述；但是，朱自清在散文《威尼斯》中用一个反写的 S 作喻体，便穷形极相。生活中这类比喻也不罕见，就说人的长相吧，有“国”字脸，“八”字胡，等等。

三、比喻，比原子弹更有威力

比喻，作为修辞方法，本身也许没有什么威力，但是，当比喻作为思维的载体，便“力大无比”。它在人类活动中，有时比原子弹更有威力。

纣王无道，民不聊生。老百姓便用诗歌诅咒他：“时日曷丧，吾及汝偕亡。”诗中的“日”即是喻体，喻指无道的纣王。翻译成现代汉语，这句话意思为：“太阳啊，你为什么还不死亡呢？我愿与你同归于尽。”人民的诅咒对统治者无异于丧钟。果然，殷纣政权不久就分崩离析，被周朝取而代之。

黄巢起义之前写过一首诗，诗云：

待到秋来九月八，
我花开后百花杀。
冲天香阵透长安，
满城尽带黄金甲。

这是一首励志诗，可以视为黄巢的奋斗宣言。黄巢日后起义，席卷唐朝势力，差一点留下一个朝代。若论这首诗的作用，比喻功不可没。“我花”比喻起义的势力，而“他花”则比喻唐朝统治的旧势力。

“卧榻之侧，岂容他人酣睡”，这是中国历史上一个著名的比喻，但却关系着两个朝代的兴衰。宋朝建立初期，南唐政权还在苟延残喘。赵匡胤准备起兵攻打南唐，有人却为南唐说情，认为南唐已上表称臣，不会给宋朝政权构成威胁，不必兴师动众，劳民伤财。赵匡胤面对“说客”，只用了上面这个比喻便作了有力的回答。是的，有谁还愿意自己的床边再躺着一个外人在打呼噜呢？于是，赵匡胤毅然下令出兵讨伐南唐，大兵到处，李煜只好奉表请降。解放战争后期，国内外有一批人主张国共两党划江而治；然而，毛泽东洞察时势，力排众议，引用了当年赵匡胤的比喻，回击了居心“友好”或“不友好”的建议。于是，“百万雄师过大江”，避免了中国重蹈历史上南北朝割据局面的覆辙。

楚汉之争期间，刘邦赴鸿门宴，生命安全受到严重威胁。“项庄舞剑，意在沛公”，如果不是项梁掩护，刘邦肯定成了剑下之鬼。后来，刘邦好不容易以解手的名义溜了出来，随行人员劝他立即逃离，刘邦却还有点犹豫，认为不辞而别有失礼仪。此时倒是早年以杀狗为生的樊哙十分清醒，一个比喻坚定了刘邦逃离的信心。他说，“人为刀俎，我为鱼肉，何辞为？”这个比喻，形象地说明形势严峻，使刘邦头脑变得清醒。如果不是这个比喻，刘邦说不定魂丧鸿门，还谈什么建立汉朝？

有时，比喻用于说理，效果远非冗长的论说可比。

1947 年 3 月，胡宗南军队气势汹汹地进攻陕北。广大军民面对敌人的进攻毫不示弱，纷纷要求全力保卫陕甘宁边区，保卫延安。而以毛泽东为首的中共中央却决定撤离延安。毛泽东为了说服广大军民，顺利实施自己的决策，在一个会议上打了一个比方：

"譬如有一个人，武艺较高，他背了一个很重的包袱，包袱里面尽是金银财宝，碰见拦路打劫的强盗，要抢财宝。这个人怎么办？如果他舍不得暂时扔下包袱，他的手脚就很不灵便，跟强盗对打起来，就会打不赢，要被强盗打死，金银财宝也丢了。如果他把包袱一扔，轻装上阵，那就动作灵活，能使出全身武艺，不但能把强盗打退，还能把强盗打死，最后也就保住了金银财宝。我们暂时放弃延安，就是把包袱让敌人背上，使自己打起仗来更主动更灵活，而敌人包袱背得越来越走不动，到那时，我们就能大量消灭敌人。存人失地，人地皆存；存地失人，人地皆失，这是显而易见的……"

毛泽东的一席话，形象生动，轻易地说服了延安广大军民，使自己的计划得以顺利实施。

中国之大，政权之争，远非一两个原子弹能解决问题的。然而，比喻却一言搞定！

四、比喻，让生活更美好

我们说，春天之美，美在有百花盛开。我们还可以说，比喻之于生活，就像花朵之于春天。

比喻，在政治方面，比原子弹更有威力。但是，比喻毕竟不是原子弹。比喻用于生活，它便会成为美化自然的摄影师，优化生活的美容剂。说不清多少自然景观因为比喻而增色，说不清有多少人的生命因为比喻而更精彩，说不清多少苦闷、烦恼和尴尬因比喻而化解，说不清多少心灵、地位、隔阂的坚冰因比喻而打破。把话说得时髦一点：比喻有利于和谐社会的营造。谓予不信，请看实例：

比喻给我们构造了一个自然美、社会美的文学艺术世界。"日出江花红胜火，春来江水绿如蓝"——多么迷人的南国画图！"余霞散成绮，澄江静如练"——多么令人心驰神往的长江油画！"桃花潭水深千尺，不及汪伦送我情"——多么深厚的素描！"爱他时似爱初生月，喜他时似喜梅梢月，想他时道几首西江月，盼他时似盼辰钩月。当初意儿别，今日相抛撇，要相逢似水底捞明月。"（无名氏《塞鸿秋》）——多么炽烈的爱情！"谁言寸草心，报得三春晖"——多么纯真的赤子之情！"问君能有几多愁，恰似一江春水向东流。"——多么深长的幽恨！

夫妻之间难免龃龉，而这种情况让朋友见了，更令人尴尬。遇到这种情况怎么办？比喻可以化解。

苏格拉底是个著名的哲学家。然而，他的妻子却是个泼妇，经常无事生非，闹得家里鸡犬不宁。一次，苏格拉底和来客正探讨哲学问题，老婆又大发脾气，高声叫骂。苏格拉底装着没听见，仍然和朋友交谈。妻子见丈夫不理他，怒火中烧，忍不住顺手端起一盆冷水，劈面浇向苏格拉底，苏格拉底顿时变成了落汤鸡。这时，苏格拉底不仅不愠不怒，反而幽默地说："我早就知道，雷声过后必有倾盆大雨。"

苏格拉底把妻子的骂声比喻成雷，把泼下的水比喻成雨，来访的朋友笑了，连发泼的妻子听了也忍俊不禁。一场风波就此平息。

把锅巴放在盘子中，然后浇上调好佐料的热汤，这该是我们常吃的一道菜吧？当热汤浇在锅巴上时，会发出嗞嗞的响声，因而起初人们命名为"平地一声雷"。这个名称就用了比喻，给菜笼上了几多诗意。说来有趣，这道菜名称还随着时代、形势的变化而衍化——20 世纪 40 年代抗日战争时期，重庆人称之为"轰炸东京"；而到了 90 年代，美伊战争爆发，某些饭店便名之为"轰炸伊拉克"。这两个名称，都用了具有时代色彩的比喻。

家中来客，没有好的饭菜款待，也是件恼人的问题。然而，运用比喻，却会使粗菜淡饭胜似美味佳馐：

从前有一个穷书生，家境贫寒，然而节操自守，安贫乐道。一次，远客人来访，便邀请留下用餐。可是，他翻遍口袋，只掏出几文小钱，办不成像样的饭菜，十分尴尬。然而，"君子一言，驷马难追"，只好把钱交给老仆人去办菜。

老仆人用这几文钱买了两个鸡蛋,一斤豆腐和一捆韭菜。这个老仆人平常受到书生熏染,颇有几分文学功底。饭菜做好,老仆人便上菜。第一道菜是几根韭菜中间放两个鸡蛋黄。老仆人说:“这道菜叫做‘两个黄鹂鸣翠柳’。”

第二道菜是韭菜上排列用蛋白切成的小块,老仆人说:“这道菜叫做‘一行白鹭上青天’。”

第三道菜是炒豆腐。老仆上报的菜名是:“窗含西岭千秋雪。”

第四道菜是清水汤上漂两个蛋壳。老仆人美其名曰:“门泊东吴万里船。”

四道菜分别取自杜甫一首有名的绝句,这里用作喻体而成为菜名,文化色彩浓郁。因而,来客拍案叫好,不因菜食简单而怪罪主人,反而胸中平添了诗情画意。

从某种程度上讲,比喻可以在人与人心灵间架起沟通的桥梁。唐代诗人中流传的一段佳话颇能说明问题:

朱庆余到京城参加进士考试,献诗给张籍,希望得到奖掖:

洞房昨夜停红烛,待晓堂前拜舅姑。
妆罢低声问夫婿,画眉深浅入时无?

这首诗,乍看,是一首写新婚生活的艳诗。这里有“洞房红烛”的典型环境描写,也有“低声问夫婿”“画眉深浅”的细节描写。但事实上并非如此。这是一首用以干谒的诗,诗中,作者以新娘自喻,而把张水部(即张籍)比喻为新郎,把主考大人比喻成舅姑(公婆)。意思是:考期临近,我像一个即将拜见舅姑的新娘忐忑不安。请你替我看看,我的诗文是否合乎主考官们的要求。据说,这首诗帮了朱庆余的大忙,张籍得诗后酬诗一首:

越女新妆出镜心,自知明艳更沉吟。
齐纨未足时人贵,一曲菱歌敌万金。

这样一来,朱庆余名声大噪,饮誉海内外,不久即登科及第。

两首比喻诗,沟通了一个普通士子与朝廷官员且是著名诗人的心灵!

五、结语

“人世难逢开口笑”,人类的历程中充满了艰难险阻,不过,我们人类不会在困难面前倒下,因为我们有力气,有勇气,有智慧,还有比喻之花万古常开!

2012 年 2 月

不必苛求学生

1998年高考阅卷结束不久，语文界便掀起了一股批评考生文风不正的热浪，并经久不息。直至1998年11月10日，中国教育学会中学语文教学专业委员会会报《语文报》，仍发表署名顾图钧题为《试谈高考作文的素质化倾向》的文章，对学生予以指责。顾图钧说："没有生活的体验与积累，作文只能是胡编乱造。例如今年高考作文，有一个考场不少学生写《战胜脆弱》，竟然有十来位学生均写到父母双亡，或父母一方亡故，阅卷老师惊得目瞪口呆，哪儿一下冒出这么多孤儿？除了造假，还能有什么答案呢？那些混日子、没有太多生活的人，很难把作文写得真切动人，内容充实，正如毛泽东同志批评的'上海小瘪三'式的文章，干瘪、难懂。文章的源头活水是生活，假如平常热情参与学校、社区组织的各项活动，注意体验生活中的酸甜苦辣，敢说、敢闯、敢怒、敢笑，同时又经常动笔，积累生活，就能写出好文章来。例如有个学生写了《向脆弱说再见》，记叙的就是自己当学生会主席过程中遇到的种种不如意的事；还有个学生写《坚韧——我追求的品格》，记述的是参加'中国首届服装设计博览会——新人类'大赛的经历。他们作文成功的秘诀，就是自己有真切的生活体验。即使像小作文《妈妈只洗了一只鞋》，如果生活中没有洗衣服、洗鞋子等生活实践，也是很难写好的。生活是一本活的教科书，认真读读，努力实践，仔细体会，才能了解其中的真意。"

我们认为大可不必苛求学生。诚然，学生作文中出现了编造的故事，但这不是学生的过错。目前的学生被功课束缚得死死的，早上眼一睁到晚上躺到床上，无不淹没于文化课的海洋之中，就连双休日，也要补课。不久前，《江苏教育报》刊载的"素质教育千里行"调查报告中指出，现在找不到没有补课的学校了。在这种情况下，学生哪来的"源头活水——生活"？作者指责学生"不热情参加学校、社区组织的各项活动"，其实，许多学生"热情"是有的，但学校的这种活动却少得可怜，甚至没有，这能怪学生吗？君不见许多学校的学生连图书馆、阅览室都无暇问津！作者在文中推崇的两位学生作文，一是记述当学生会主席的情况，一是参加"中国首届服装设计博览会——新人类"的经历。但是，中华亿万学子中有这等机会的幸运儿有几人？千分之一欤？万分之一欤？至于社区组织活动问题，莫说许多地区这样的活动少得可怜，即使有，学生会有时间去参加吗？

许多事情，我们应该设身处地为学生多想想。祥林嫂反驳柳妈的话，我们不应忘记："阿阿，你……你倒自己试试看。"

从某种意义上讲，我们反过来应赞扬学生，应剖析造成这种现象的根源！

可怜学生缺乏生活，在考场上又不能不写，倘能随机应变编造一通，这不仅不该非议，反而应加以赞扬：我们不是讲原则性与灵活性相结合吗？那么，学生还不失灵活性，我们就该赞扬！否则，学生因为不熟悉生活就搁笔不写,我不知道1998年语文高考的结果是什么样子。其实,临场编造的事,唐宋八大家之一的苏轼也这样做过。他参加科举考试,文章写得妙趣横生,令主考官欧阳修拍案叫绝。其中一处典故欧阳修却不知出处,后来欧阳修便不耻下问,结果知道这是苏轼临时编造的。苏轼自觉难堪,认为肯定要挨批评,谁知欧阳修却把苏轼赞扬了一番,认为他知权善变,必成大器。日后事实证明了这一点。我们当教师的应有欧阳修的肚量,应对这些考场无奈的学生多给予赞扬,至少是给予同情才是。

再说,今年的作文题,多数评论者包括顾图钧先生,认为很好。这点我们也不敢苟同。我们教师平日备课,要求吃透两头,其中一头就是"学生"。我们出考题,同样应遵循这个原则。具体地说,出作文题,要让多数学生熟悉其内容,有话可写。可是,1998年高考试题的大作文题目如何?用顾文中的话说:"不少考生没有生活体验与积累,只好胡编乱造。"这怪谁呢?首先应怪的是命题者!顾先生一面对命题者大加赞扬,一边指责做题者,令人觉得蹊跷!

当然,话要说回来,我们对出卷者或者是语文老师,乃至学校校长也不应多责备。学生生活的贫乏,是一种社会现象,是多方面因素造成的。例如,"应试教育"虽然声名狼藉,但仍然根深蒂固;办学规模适应不了求学者的需要——僧多粥少;"一张试卷定终生"不合理却又无良方代替;传统的人才观问题;教育官员们的认识水平问题等,这些问题不解决,学生生活贫乏的现象,便难以解决!

1998年3月

论语文教学中学生创新思维能力的培养

现代心理学认为:"思维能力是智力的核心"(朱智贤、林崇德《思维发展心理学》),而创新思维能力(即创造性思维能力),又是思维的重要因素。从某种意义上讲,人才素质的优劣,取决于创新思维能力的高低。一个人,只有具备较强的创新思维能力,进而在实践中取得创造性成就,才能被社会认可为优秀人才。

从全球局势来看,未来的世纪将是人才优势竞争的世纪。培养受教育者的创新思维能力,使他们在未来的工作实践中不断创新,已成为我国教育界面临的刻不容缓的任务。江泽民同志 1995 年全国科学技术大会上的讲话指出:"创新是一个民族进步的灵魂,是国家兴旺发达的不竭动力。"语文作为基础学科,应该义不容辞地担当起培养学生创新思维能力的任务。

如何在语文教学中培养学生的创新思维能力呢? 我们有必要从以下几个方面着手:

一、培育再现性思维的沃土

"万物土中生",没有土壤,就不会有参天大树,也不会有五谷丰登。创新性思维是相对再现性思维而言的。创新性思维是"人类心理非常复杂的高级思维过程,是一切创造性活动的主要精神支柱"(朱智贤、林崇德《思维发展心理学》)。但是,再现性思维是创新性思维的基础,换言之,再现性思维是创新性思维的土壤,我们应该重视培育再现性思维的沃土。再现性思维是一般性思维活动,我们在教学中首先要注重再现性思维的训练,使学生掌握一般性的思维方式,养成正确的思维习惯;在此基础上,才能进而培养学生的创新性思维。我们的语文教学,应该注重字词句章方面的基础训练,让学生掌握一定的听说读写技能,使其再现性思维能力得到长足的发展。离开这一点而大谈创新性思维能力的培养无异于痴人说梦。

二、冲破迷信的樊篱

人类在长期的实践活动中形成了许多阶段性的结论(成果),也产生了人们景仰的精英分子(名人)。这些精英分子(名人)的实践结论往往为人们所迷信,成为禁锢人们思想的框框。如果人们的思维为这些框框所约束,就会导致思想僵化,泯灭创新意识。

我们在语文教学中,要善于引导学生破除迷信,具体地说,要引导学生敢于怀疑,疑书疑人(包括名人与老师)。

事实上,无论名人的言论还是书(包括教材)上的内容,都有许多可疑之处,以供我们引导学生怀疑。例如:人民教育出版社语文二室编写的高中语文教材第一册《雨中登泰山》中的注释就有科学性错误:"摩崖",被误注为"磨崖"。而《拿来主义》一文,虽然是鲁迅先生杂文的名作,是白璧,但也有微瑕。其文有句云:"还有几位'大师'们捧着几张古画和新画,在欧洲各国一路的挂过去,叫做'发扬国光'。"文中"几位"与"们"表达重复。"几位"已表示复数,"们"字便成累赘,应该删去。

三、鼓起想象的翅膀

想象，是创新性思维非常要好的伙伴。创新性思维的过程，有时就是在现成的材料基础上进行想象，加以构思，从而解决别人所未能解决的问题的过程。格林·克拉克说："人类所有才能之中，与神灵相近的就是想象力。"因而，90 年代以来语文高考特别重视想象力的考察。例如某一年关于"圆"的想象作文，1995 年关于"鸟的对话"的作文等。

我们在平常的语文教学(包括作文教学)中，应该充分挖掘教材内容，引导学生的思想展翅翱翔。例如：教完《我的叔叔于勒》，我们可以以《于勒的结局》为题让学生作文。教完《项链》，可以让学生续写路瓦栽夫人后半生的境况。教完《雨霖铃》，可以让学生想象情人别后各自的生活……

再如：教材中的名家散文，不乏充满想象的精品。如朱自清的散文，有许多充满想象的比喻。《春》中把春天比喻为"刚落地的娃娃""花枝招展的小姑娘""健壮的青年"。《荷塘月色》中把出水的荷叶比喻为"亭亭的舞女的裙"；把零星点缀着的荷花比喻为"一粒粒明珠""碧天里的星星"；把荷香比喻为"远处高楼上的渺茫的歌声"。我们可以利用这些典型的范例，开启学生想象的闸门。

我们在语文教学中，对学生的想象力要尽力予以保护。学生意见中的合理成分应该充分予以肯定，切不可轻率地否定，挫伤学生想象的翅膀。郑文成、唐恒的《课文"误读"与学生创造力培养》(《中学语文教学》1988 年 9 期)一文载：

有位教师教《陌上桑》，有好几位学生对罗敷有没有丈夫的问题产生了浓厚的兴趣，他们在课后商讨一通后，竟在课堂上集体发言，一反老师的观点。学生们说："罗敷没有丈夫。'二十尚不足，十五颇有余'，大概只有十六七岁，怎么会有四十多岁的丈夫？再说她的丈夫既然当了大夫怎么还会让年轻美丽的夫人在乡下采桑养蚕艰苦劳动呢？罗敷所说的'夫婿'指的是蚕，想的是蚕，说的也自然离不开蚕。面对'使君'的无礼纠缠，她灵机一动，借对'洁白'的蚕的形象描绘来打消'使君'的不良念头。'十五府小吏'，是说蚕长到半个月时，还是小虫子。'二十朝大夫'，是说蚕养到二十余天，把头抬起来睡眠，像跪拜皇帝的朝中大夫。'三十侍中郎'，是说一个月后的蚕经过几次睡眠，成了一条胖乎乎的大虫。'四十专城居'，说的是四十余天后，蚕就要做茧，独个儿住在城(茧)里。当官的谁不穿绸缎，有哪个不夸蚕呢？所以'皆言夫婿殊'了。"

几个学生的这番意见自然难为定论，但是，他们想象新颖、奇特，并能自圆其说，我们就应该予以充分肯定。如果我们老师死抓住教参上的结论不放，那么势必会摧残学生想象力的花朵。

四、广开思维的通道

思维定势往往阻碍人们的思维创新。它就如一条狭窄的独木桥，阻塞交通。我们应该敢于打破思维定势，广开思维通道，增加思维创新的几率。

在广开思维通道方面，我们要做好如下几个方面的工作：

(一) 注重发散性思维的培养

发散性思维，是一种从不同角度，不同方面去思考问题，以期寻求众多解决问题的方法或答案的思维方式。人民教育出版社高中语文第一册议论文单元知识训练中《第三只小板凳》这则材料，就可供我们对学生进行发散性思维训练。我们可以引导学生从如下几个方面立论：(1) 成功往往不是一次性的，挫折和失败是成功之母。(2) 只要锲而不舍，持之以恒，终会获得成功。(3) 不要光看"做得怎样"，更要看"怎样去做"，以成败论人是不足取的。(4) 不要轻易否定自己，要相信自己的力量，敢于发表独立的见解。

（二）注重培养学生的求异思维能力

求异思维要求我们同中求异。语文教学中的“同义词辨析”“对比阅读”都是训练求异思维的好形式。求异思维还要求我们打破常规，从另外的角度，甚至从相反的角度去思考问题，从而寻找出与原来截然不同的结论和方法。田忌赛马开始败于对手，因为他按照常规方法，以上等马敌上等马，以中等马敌中等马，以下等马敌下等马。后来孙膑帮助田忌转换思维角度，以下等马敌上等马，以上等马敌中等马，以中等马敌下等马，结果转输为赢。我们在语文教学中也应该转换思维角度而另辟蹊径。古人云“近朱者赤，近墨者黑”，我们可以说“近朱者未必赤，近墨者未必黑”。人们常以“梅花香自苦寒来”为喻说明“逆境成才”的道理，我们可以引导学生从生物学的角度看问题，指出“苦寒”对梅花来讲并非逆境，从而指出这个比喻不妥当。

（三）注重培养学生的综合、归纳能力

大千世界，事物现象纷繁复杂，貌似无序，其实，我们可以通过综合归纳使其有序，这本身就具有创新意义。

我们在语文教学过程中，有条件对学生进行综合、归纳能力的培养。例如，在高三复习阶段，我们可以引导学生对朱自清的散文进行归纳：朱自清的《春》《绿》《荷塘月色》《威尼斯》，从选材、意境到语言（特别是语言，多用女性为喻），体现出了女性美。又如：由鲁迅的《从百草园到三味书屋》和朱自清的《背影》，可以归纳出民间注重谐音手法的运用：《从百草园到三味书屋》中的“鹿”谐音“禄”，要求学生对着鹿行礼，寄寓了先生希望学生学而有成，享受俸禄之意；《背影》中的“橘”谐音“局”，扬州人称“走运”为“走局”，旧俗买橘赠送行人，有祝“走局”之意。

（四）引导学生注意事物的特殊性

矛盾的特殊性客观存在，但却容易被人们所忽视。从某种意义上讲，思维的触角及矛盾的特殊性，本身就具有创新性质。鱼不能上树，这是事物矛盾的一般性。中国有“缘木求鱼”的成语，比喻方法不对，一定达不到目的。但是，有人注意到热带雨林地区有一种鱼确实能够爬到树上。这是事物矛盾的特殊性，发现了它，就具有创新意味。语文知识中有许多特殊现象，可以培养学生对矛盾特殊性的注意能力。如“寡妇”，一般指“死了丈夫的妇女”，而古代在特殊情况下也指“丈夫外出的女子”。文言文中否定句代词宾语前置，这是一般性规律，但是，有时却未必如此。干宝《搜神记》中的否定句中代词宾语却往往不前置。

（五）多供给课本之外的“杂粮”

从营养学的角度讲，人们应多吃一些杂粮，不妨以之为喻，语文教学中也应多供一些课本之外的“杂粮”。历史资料表明，许多人的创新灵感是“杂粮”滋养的结果。唐代书法家张旭看公孙大娘舞剑而产生灵感，使书法大有建树便是明证。沈元在中学课堂上顺便谈及“哥德巴赫猜想”，却吸引了陈景润，使他日后刻苦攻关，在这方面取得了重大成果。青年教育家魏书生深谙此道，他不仅为学生提供语文学科的课外“杂粮”，有时还跨越学科，为学生提供历史、地理、生物、物理等方面的“杂粮”。

许多语文教育工作者利用课外时间组织故事会、演讲比赛、辩论会、读书系列活动，这些活动，都为学生提供了“杂粮”，都是滋养学生创新性的营养。《语文学习》1992 年第 7 期刊载了程海林创办班级争鸣园地的成功经验。他开辟“争鸣园地”专栏，给出一些具有发散性的话题，让学生多侧面、多角度、多层次地去思考，并要求学生“崇尚新思想”，畅所欲言，避免雷同。活动的结果是：学生思维的火花在撞击中迸发（具体事例，请参看原文）。

总之，创新思维的培养途径很多，这里只是举其大概。我们语文教育工作者应该在实践中不断地探索、总结、创新。

2000 年 6 月

语文基本篇目复习提要

基本篇目，是语文高考出题的重要范畴。每年高考试题，涉及基本篇目的内容都占一定比例。因此必须针对语文复习大纲的要求和历年高考试题的特点，认真复习基本篇目。

一、注重所学知识的归纳总结

近年高考试题，往往在一道题中，就综合了多篇课文的知识，复习时必须注重有关知识的归纳、总结。例如，把所学课文按体裁、时代、国度归类，把课文中涉及的音韵、诗歌、典章制度等知识进行分类整理，这都是复习过程中必不可少的环节。有一年高考，就考了《〈指南录〉后序》《扬州慢》中有关年号等知识。还有一年的一道高考试题要求学生写出《琵琶行》《雨霖铃》《扬州慢》等三篇诗歌中描写月色的诗句。倘若同学们平时注意归纳总结，考试时遇到这类题目就胸有成竹了。

二、注重对所学知识的分析、比较

同一作者的不同作品和不同作者的作品，在诸多方面往往有异有同。有些知识既有联系又有区别，都要仔仔细细地进行分析和比较，因为高考出题往往在这微妙的地方做文章，以考查你的语文基础知识掌握得是否牢固。例如，一字多音、一词多形、一词多义现象，就是历年高考的知识密集点。有一年考了“拗”字的读音，有一年考了“省”字的读音，都是多音字。倘若平时不注意比较其在具体词语中的读音，就难以判断正误。又如一词多形现象，有一年高考试卷上出现了“蹒跚”和“盘跚”，不少考生认为“蹒跚”正确，而认为“盘跚”错了。其实这两个词都正确，属一词多形。还有一些问题，倘若不细心比较，也容易进入误区。例如：有这样一道高考语文题“《记念刘和珍君》和《为了忘却的记念》都是鲁迅的作品，有着一个共同的主题，就是悼念死难烈士，揭露和控诉国民党反动派的罪行。”你说这种说法对不对？乍一看，你也许认为是对的，但仔细分析一下，就能发现其错误：刘和珍是被北洋军阀政府杀害的，当时的国民党还是革命的，谈何揭露与控诉呢！我们学过的苏轼的《念奴娇·赤壁怀古》、辛弃疾的《永遇乐·京口北固亭怀古》，在复习的时候，就应该就取材、风格、手法、情调等方面进行分析、比较。

三、注重知识迁移

现在各种考试，无不重视知识迁移能力的考查。就拿有关“背诵”的内容来说吧，目前也避开了死板的填充模式，而注重了知识迁移。有一年高考把文天祥的《念奴娇·水天空阔》空了两句，叫你选择下面提供的几组语句填空。这题考的就是知识迁移。你如果懂得词牌知识，而又会背诵苏轼的《念奴娇·赤壁怀古》，根据词牌相同的词在相应位置的句子字数相等的规律便可以选出正确答案来。

四、注重语境因素

语文课本上的《语言和语境》一文指出："提高读写能力，要提高体察语境的能力，提高在语境中理解语言的能力。"这一点相当重要。要想正确地理解语句的含义，往往要认真体察语境。语言的高下优劣之分其中重要的一条就是看是否符合语言环境。同学们在复习时，要着重于这方面的训练。例如：《祝福》中的几句对话，就和特定的语言环境相吻合：

"祥林嫂？怎么了？"我又赶紧地问。

"老了。"

"死了？"我的心突然紧缩，几乎跳起来，脸上大约也变了色。

这个答话的女工对祥林嫂的态度本是冷漠，但是，却用了讳饰语，把"死了"说成了"老了"，这并非出于对祥林嫂的尊敬或同情，而是由于愚昧或迷信，怕过年说"死"不吉利。"我"则是同情祥林嫂的，但我并不迷信，加上突然听到祥林嫂的死讯，情急之中，就直说"死了"。由此可见，语言离不开语言环境。

（基本篇目中的语文知识涉及各个方面，以上提到的只是几个要点。）

1998年2月

试谈在诗文中引用神话传说的作用

神话传说，是古代文学艺术中的瑰宝，在诗文中有机地引用它，能收到非同凡响的表达效果。这里，我们不妨就这个问题，以中学语文课本中的内容为例稍加分析。

中学语文课本中引用了不少神话传说，其作用大致可以分为以下五种：

一、丰富文章内容

游记之类的记叙文，有时单记眼前所见，内容会失之单薄。如何才能使内容丰富起来呢？引用神话传说，便是一条重要途径。例如，高中语文第一册《长江三峡》中，就有两段传说的文字：

八点五十分，满船人都在仰头观望。跑到甲板上，看到万仞高峰之巅，有一细石耸立，如一人对江而望，那就是充满神奇色彩的传说的美女峰了。据说一个渔人在江中打鱼，突遇狂风暴雨，船翻了，他的妻子抱着小孩从峰顶眺望，盼他回来，而一天一天，一月一月，他终未回来，而她却依然不顾晨昏，不顾风雨，站在那儿等候着他——至今还在那儿等着他呢。

又如：

秭归是楚先王熊绎始封之地，也是屈原的故乡……民间流传着：屈大夫死日，有人在汨罗江畔看见他峨冠博带，骑一匹白马飘然而去。又传说：屈原死后，被一条大鱼驮回秭归，终于从流放之地回到故乡……

由一块耸立的细石，写到一个美丽而凄婉的爱情故事；由秭归这个地名，写到伟大的诗人屈原的传闻。内容被拓宽了，增强了文章的知识性和可读性。以人为喻，有了这些传说，文章好似肌肉丰满、体格强壮的健美运动员；如抽掉这些传说，文章就会成为《包身工》中的“芦柴棒”！

二、引发抒情、议论

抒情和议论，也是诗文中不可或缺的表达方式。但抒情和议论往往要在一定的基础上才能进行。引用神话传说，可以引发抒情或议论。例如，高中语文第二册《天山景物记》中有：

传说中有这么一个湖，湖水是古代一个不幸的哈萨克少女滴下的眼泪，湖色多变正象征着那个古代少女的万种哀愁。

就在这个湖边，传说中的少女的后代子孙们现在放着牧羊群。湖水滋润着湖边的青草，青草喂养了羊群，羊奶哺育着少女的子孙后代。这象征着哈萨克族不幸的湖，今天已经变为实际的幸福湖。

又如，初中语文第四册《论雷峰塔的倒掉》中有：

我的祖母曾经常常对我说，白蛇娘娘就被压在这塔底下。有个叫做许仙的人救了两条蛇，一青一白，后来白蛇化作了女人来报恩，嫁给了许仙；青蛇化作了丫鬟，也跟着。一个和尚，法海禅师，得道的禅师，看见许仙脸上有妖气……便将他藏在金山寺的法座后，白蛇娘娘来寻夫，于是就“水漫金山”……

和尚本应该只管自己念经。白蛇自迷许仙，许仙自迷妖怪，和别人有什么相干呢？他偏要放下经卷，横来招是搬非，大约是怀着嫉妒罢，——那简直是一定的。

《天山景物记》在引用传说的基础上，抒发了对社会主义制度优越性的赞美之情。《论雷峰塔的倒掉》中关于白蛇娘娘报恩的传说，为下文的议论作了有力的铺垫。否则，“和尚本应该只管念经”一段风趣的议论就失去了着落。

三、突出主题思想

主题思想，是诗文的灵魂。从某种意义上说，我们写作的过程，就是组织材料，表达主题思想的过程。如果恰当地引用神话传说，就可以使主题思想得以突出。例如：

高中语文第二册《水调歌头·游泳》：

更立西江石壁，截断巫山云雨，高峡出平湖。神女应无恙，当惊世界殊。

又如，初中语文第一册《红军鞋》：

我们来到大雪山下。当地老百姓把雪山叫做“神山”，意思是说除了“神仙”，就连鸟也飞不过去。还有的说，有一年天旱，人们抬着菩萨上山求雨，事先没有吃斋，“神仙”一怒，把人都扣留下了，一个也没有下来……

《水调歌头·游泳》中写到的神女，传说曾帮助大禹治水有功。词中写神女也为之惊讶，就有力地烘托了社会主义建设的成就之大！《红军鞋》中开篇引用传说，写雪山除非神仙才能过去，但是，穿着“量天尺”的红军战士却过去了！这就反映出了人民的情谊给战士带来的巨大的精神力量。

四、增强文章的生动性

如果把整篇诗文比作一味菜肴，那么，引用的神话传说便是味精。味精可以使菜肴的味道更加鲜美，神话传说可以使文章更加生动。例如，初中语文第一册《香山红叶》：

这当儿，老向导早带我们走进一座挺幽雅的院子，里边有两眼泉水。石壁上刻“双清”两个字。老人围着泉水转着说：“我有十年不上山了，怎么有块碑不见了？我记得碑上刻的是‘梦赶泉’”。接着又告诉我们一个故事，说是元朝有个皇帝来游山，倦了，睡在这儿，梦见身子坐在船上，脚下翻着波浪，醒来叫人一挖脚下，果然冒出股泉水，这就是“梦赶泉”的来历。

又如，初中语文第四册《死海不死》：

死海是怎样形成的呢？请听一个古老的传说吧。远古时候，这儿原来是一片大陆。村里的男子们有一种恶习，先知鲁特劝他们改邪归正，但他们拒绝悔改。上帝决定惩罚他们，便暗中谕告鲁特，叫他携着家眷在某年某月某日离开村庄，并且告诉他离开村庄以后，不管身后发生多么重大的事故，都不准回头去看。鲁特按照规定的时间离开了村庄，走了没多远，他的妻子因为好奇，偷偷地回过头去望了一眼。哎哟，转瞬之间，好端端的村庄已经塌陷了，出现在她眼前的是一片汪洋大海，这就是死海……

这当然是神话，是人们无法认识死海形成过程的一种猜测。其实，死海是一个咸水湖，它的形成是自然界变化的结果。

一篇散文，只停留在山水景致的描写上，难免单调了些。插入一段“梦赶泉”的传说，陡然改变了这种状况。美丽的传说使景物平添了诗情画意，读来趣味横生。

一篇说明文，最容易流于枯燥乏味。但《死海不死》中引用关于死海形成的传说，顿使读者耳目一新。神奇的传说,先是引起了人们极大的兴趣,然后再讲死海形成的真正原因,这就明显地增强了说明效果。

五、印证、说明事理

作者要说明某个问题,表达某种思想,固然可以印证于现实生活中的事例,但也可以引用神话传说。例如:

初中语文第四册《死海不死》:

然而,令人惊叹的是,人们在这无鱼无草的海水里,竟能自由游弋;即使不会游泳的人,也总是浮在水面上,不用担心会淹死。真是“死海不死”!

传说大约两千年前,罗马统帅狄杜进兵耶路撒冷,攻到死海岸边,下令处决俘虏来的奴隶。奴隶们被投入死海,并没有沉到水里淹死,却被波浪送回岸边。狄杜勃然大怒,再次下令将俘虏扔进海里,但是奴隶们依旧安然无恙。狄杜大惊失色,以为奴隶们受神灵保佑,屡淹不死,只好下令将他们全部释放。

又如,高中语文第一册《灯》:

孤寂的海上的灯塔挽救了许多船只的沉没,任何航行的船只都可以得到那灯光的指引。哈里希岛上的姐姐为着弟弟点在窗前的长夜孤灯,虽然不曾唤回那个航海远去的弟弟,可是不少捕鱼归来的邻人都得到了它的帮助。

再回溯到远古的年代去,古希腊教士希洛点燃的火炬照亮了每夜泅过海峡来的利安得尔的眼睛。有一个夜晚暴风雨把火炬弄灭了,让那个勇敢的情人溺死在海里。但是熊熊的火光至今还隐约地亮在我们眼前,似乎那火炬并没有跟着殉情的古美人永沉海底。

《死海不死》中的传说,印证了海水浮力很大,不会游泳的人也不会被淹死的说明。《灯》中的两则传说,印证了灯光的非凡作用。两个例子一正一反,具有毋庸反驳的雄辩力。不难看出,引用传说印证、说明事例,较之引证现实生活里的事例,更加形象、生动。

以上我们从五个方面说明了引用神话传说的作用。但是,还要说明的一点是:一个神话传说的作用往往并非一种,而我们上文中的每一个例子只分析了某一种作用,是为了行文方便而已。

1995 年 3 月

课堂教学“强调”的方法

潘肖珏在《公关语言艺术》一书中记载了上海20路车一位售票员的独白：

“亲爱的乘客，下一站是‘大光明电影院’，‘大光明电影院’要到了。要在‘大光明电影院’下车的乘客，请准备下车。”

售票员在这短短的几句话中，重复了三遍“大光明电影院”这一短语，这是售票员的职业特点决定的。唯其如此，才能使乘客们“心中有数”，不至于坐过了站头。这种重复是必要的，它起到了强调的作用。由此，我想到了教师的语言。教师的语言与售票员的语言有一定的相似之处。教师上课时为了使学生不错过知识点的“站头”，也需要强调。当然，教师的强调方法并非只有重复一种。教师在课堂上需要调动多种强调方法，既达到强调的目的，又避免单调、枯燥感。这里，介绍几种课堂教学中“强调”的方法。

一、讲、问、答三结合法

老师对某个问题作了必要的讲述以后，马上就其重点设计问题提问，要求学生回答。这样，在一讲一问一答之中，强调了重点，学生的印象得以加深。

二、说、写、抄三结合法

教师在口头上讲述某个知识点的同时，把要点板书出来，让学生抄写下来，这样，通过听、看、写三个环节的“强调”学生就会记得牢靠。

三、联系比较法

教师在课堂上，就某一个知识点进行广泛的联系或比较，也不失为“强调”的好方法。因为由此及彼的联系，可以使学生把握规律；而异中求同、同中求异的比较，有助于学生掌握有关知识的共性与个性，使新授的知识得以巩固。换言之，联系比较法，是以讲授的知识点为中心编织记忆网，环环扣紧，形成一体，中心点就不会脱漏。

四、故错法

唐人李端有一首题为《听筝》的诗：

鸣筝金粟柱，素手玉房前。
欲得周郎顾，时时误拂弦。

这首诗活用了三国名将周瑜的典故。相传周瑜精通音乐，即使在醉酒的情况下，座中奏曲有误，他也能敏锐地听出来，并朝奏曲人投去一瞥。因此，当时流传着两句话："曲有误，周郎顾。"李端诗中写的是一个弹筝的女子，为了博得意中人的眷顾，故意频频弹错音调的故事，颇有生活情趣。这种故意搞错而另有他图的方法，课堂教学中也是可以借用的。我们不妨把课堂上需要强调的重点或容易搞错的内容故意讲错，然后再引导学生辨析、更正，这样，学生就不会再走弯路。

五、停顿法

白居易《琵琶行》中的琵琶女弹奏琵琶时曾中途作过短暂的停顿："凝绝不通声暂歇"，然而，这种停顿不但无害，反而收到"此时无声胜有声"的效果。课堂教学也可以借鉴这种停顿手法。如我们在将要讲到重点时，不妨戛然而止。这一停顿学生肯定为之一怔，这一怔便使注意力相对集中起来。接着再讲需要强调的内容，效果会好得多。

六、变异法

每个人讲话的声值、速度都有一个常态。我们讲课时，如果陡然改变常态，肯定会引起学生的注意。我们可以利用这个特点，在某些情况下，使声值提高或降低，声速减慢或加快，以达到强调的效果。

2000 年 2 月

语文教学与德育渗透

“任何真正的教学，不仅是提供知识，而且是给予学生以教育(第斯多惠《德国教育指南》)。”语文学科教学首当如此。我国现行中学语文教材绝大多数作品完美地体现了思想性和艺术性的统一，可以说，它的每一篇课文都是闪光的人伦、道德、情操的寄托；它的字字句句都饱含着爱与恨，都燃烧着心与火，它给我们在课堂教学中进行德育渗透教育提供了理想的条件。我们每个语文教师都有责任在课堂教学中搞好德育渗透教育，使教育对象品学兼优，成人成才。

如何有效地在语文课堂教学中进行德育渗透教育呢？这是一个复杂的问题。我们认为，如果执教者在教学中能够做到如下几点，庶几可以使问题得到解决。

一、计划性

“‘凡事预则立，不预则废’，没有事先的计划和准备，就不能获得战争的胜利(毛泽东《论持久战》)。”语文教师不仅应该对所任学科的知识传授、能力培养问题有一个系统的计划，对所任学科德育渗透教育问题也应该有一个相应的计划。譬如一学期内，要教完一册书，那么，就要根据这册书的内容确定德育渗透教育的总体规划，以免课堂渗透时发生松散零碎、不深不透或互相撞车的现象，而在平时教育中，则要求备课时对每一节课如何进行德育渗透教育也有计划。在课堂教学中增强德育教育的目标性，才能克服盲目性、随意性，从而提高教育效果。

二、贴近性

所谓贴近性，首先要求我们发挥的内容要与课文内容有密切联系，切忌牵强附会、生拉硬扯，致使讲的人心虚，听的人不服气。例如，我们在进行《改造我们的学习》教学时，如果抓住了“一百年来，其优秀人物奋斗牺牲，前仆后继，探索救国救民真理，是可歌可泣的”这段话，就可以列举林则徐、孙中山、秋瑾、李大钊、陈独秀等人加以说明，既有利于学生理解，又对学生进行了一次爱国主义教育。一举两得，贴切自然，达到了知识教育与思想教育的有机统一。如果我们扯得太远，诸如李白、杜甫、岳飞、文天祥，罗列许多，就离谱儿了。

贴近性还要求德育渗透教育要受语文学科特点的制约，不能不加节制，尽情发挥，喧宾夺主，把语文课上成政治课。诚然，有时一篇文章可资我们引申发挥、进行德育渗透教育的地方很多，但我们只能比较选择，就其重点处加以挖掘、生发，切不可像小贩卖菜，全都摆将出来，那样不唯会有损语文课的特点，而且会把学生的头脑搅乱。

三、融会性

融会性要求教师在语文课堂教学中把知识与德育渗透教育水乳交融到一起。也就是说，我们在课堂教学中，不必一定亮出德育渗透教育的标签，而是融德育教育于知识教育之中，也许有的老师对这一条望而生畏。其实，要做到这一点并不难，比方说我们教《雨中登泰山》《长江三峡》《晋祠》等文章时，如果能够充分分析其意蕴，便既可以使学生掌握作者的写作技巧，又可以使学生领略祖国山河之美，从而激起对祖国的热爱之情。再如我们教文天祥的《〈指南录〉后序》，在介绍文天祥诗集命名由来的同时，也自然展示了文天祥的爱国丹心，学生在学到知识的同时，又受到了爱国主义思想的熏陶。

四、灵活性

灵活性是要求我们上课时，可根据学生的实际情况，灵活地决定渗透教育的内容。比如，班级总体情况不同，我们渗透教育所举内容就应该有所不同，在高中文科班上课，我们可以举一些有关文科内容的例子，在理科班上课，我们可以举一些有关理科的例子，这样学生会倍感亲切，容易接受的。另外，地域、民族、年龄等因素，都决定我们进行渗透教育要采取灵活的原则，不能千篇一律，千曲一调。

灵活性还要求执教者配合当时形势对确定的内容进行灵活的引申、发挥，或许有人会认为这很难做到。我们说，大凡事物，往往有多个侧面，“横看成岭侧成峰，远近高低各不同”，我们是可以从不同角度观察它的。相当一部分材料，我们可以作不同角度或程度的引申发挥。例如李绅的《悯农》诗，我们平常教它，往往只止于教育学生要懂得粮食来之不易，要爱惜粮食。而现在，我们就可以把它提到“国情教育”的高度来分析：我国人口众多，但可耕土地面积却不多，并逐年减少，因而粮食问题是关系到国计民生的大问题，我们要特别注重节约粮食，以备不测。再如，我们教《人民英雄永垂不朽》时，以前进行的往往是革命英雄主义教育，其实，现在我们又何妨进行爱国主义教育？我们可以讲：纪念碑是我国革命胜利的象征，我们应该用自己的才智乃至鲜血去捍卫她，防止异国入侵、占领她。

岳飞说过“运用之妙，存乎一心”，我们不妨说“渗透教育之妙，存乎一心”！

五、生动性

从心理学的角度看问题，如果人们对某些知识或道理感兴趣，大脑就处于兴奋状态，就容易接受和掌握。我们在语文课堂教学中进行渗透教育时，一定要注意生动性，唯其生动，才能引起学生的兴趣，唯其引起学生兴趣，才能收效。倘若你进行渗透教育时，讲课枯燥无味，学生昏昏欲睡，不是瞎子点灯白费蜡？笔者听过一个中年教师的课，他在讲解修辞时进行了渗透教育，举了一个很有趣味的例子：

一次，周恩来接见美国记者，有个不怀好意的记者挑衅地问：“总理阁下，你们中国人为什么把人走的路叫马路呢？”周总理机智而且自豪地回答：“我们走的是马克思主义的路，简称叫马路。”

这个例子，选自《支部生活》杂志，周总理幽默的语言充分显示了无产阶级革命家的超人机智。

学生看了,会于笑声中增强对周总理的敬仰,对马克思主义的信仰。

我们看过或听过不少名言警句,这是智慧的结晶,虽只言片语,但却发人深省。我们在进行渗透教育时,倘适当加以引用,也可以增加生动性,倘若你自己能揣摩出精辟的句子,那更具有说服力。一次,我分析李白的《行路难》时,指出"人间行乐亦如此,古来万事东流水"有消极悲观的情绪,我们不应该消极接受。有的同学当即提出不同意见,他说现在社会上花天酒地、及时行乐的人很多,老师何必要求我们"独醒"呢?我笑了笑说:"我有一句话说出来与你共勉,我也许无力改变世俗的风气,但我也不应该轻易地被世俗的风气改变。"这句话是我自己说的,但自觉颇精辟。课后,这个学生对我讲:"老师,你这句话我要记在心中,当作座右铭!"

六、准确性

准确性要求我们在进行德育渗透教育时举例要准确无误,如果我们所举事例谬误百出,那么就失去了说服力。记得有一位老师在语文教学中讲"有志者事竟成"时,举了陈景润的例子,他说陈景润只上过中学,后来全凭自学,成为世界知名的数学家。这下子引得学生哄堂大笑,因为学生都知道陈景润是厦门大学的毕业生。

1996 年 3 月

试谈语文课堂教学中的活水引进

半亩方塘一鉴开,天光云影共徘徊。
问渠哪得清如许,为有源头活水来。

这首题为《观书有感》的绝句,出自南宋理学宗师朱熹之手。这首颇富哲理性的小诗,在语文教学方面,对我们也不无启示:一方池塘,水清如许,原因何在?是因为有活水不断注入。如果我们把教材内容比作池塘,把与教材有关的内容比作活水,那么,这教学的池塘中不也是需要引进"活水"吗?

下面,我们不妨就语文课堂教学中的活水引进问题作一番探讨:

一、活水在课堂教学中的作用

课本,课本,上课之本。语文课堂教学应该围绕课本,这是毋庸置疑的。但是,这并不意味着教师只能照本宣科,不能越雷池一步。凡懂得教学常规的人都知道,照本宣科是授课大忌,它势必导致课讲得单薄、枯燥、呆板。相反,我们不难发现,那些教学成就斐然的语文教师,无不是引进"活水"的高手。单从施教对象的角度探讨,在语文课堂教学中引进活水的作用至少有四点:

(一)激发学生学习兴趣

兴趣,是提高学习效益的重要心理机制。而"活水"引进,则是激发学生兴趣的重要手段。这里,我们不妨举例说明:

王之涣的《凉州词》,现选入中学语文课本第一册。我们教这首诗时,如果直接对词句进行分析,初一学生很难产生多大兴趣,因而也很难领略意境。其实,我们不妨来一段导语:

我们今天要学习的《凉州词》,是唐诗佳品,有人誉称它为"唐诗绝句压卷之作"。关于这首诗,还有一个有趣的故事:

一天,王昌龄、高适和王之涣三人在旗亭旁饮酒。恰巧旁边另有十几个女艺人也在喝酒,三位诗人约定说:"我们都诗名在外,平时高下难分。今天,我们听这帮艺人演唱,唱到谁的诗最多,就算谁的诗最好。"三人刚刚约定,只见一个艺人唱道:"寒雨连江夜入吴……",王昌龄高兴地用手在墙壁上画道:"一绝句。"接着又一个艺人唱道:"开箧泪沾臆……",高适也用手在墙上画道:"一绝句。"一会儿,又见一个艺人唱道:"奉帚平明金殿开……",王昌龄又在墙上画道:"二绝句。"王之涣有些沉不住气了,他指着女艺人中最漂亮的一个说:"这个人唱的如果不是我的诗,我这辈子也不跟你们争高下了。"一会儿,那位绝妙女子果真轻启歌喉,唱道:"黄河远上白云间……"。三人听了,都大笑不已。

如果我们这样一讲,学生肯定会被深深吸引,从而急于听老师讲解课文。我们在学生的这种心理期待下进行教学,岂有不奏效之理?

（二）开阔学生的知识视野

现代社会，要求建设人才具有广博的知识。但是，一个中学生，特别是农村中学生，与课本打交道多，课外阅读、接触社会的机会很少，知识面相当狭窄。如何解决这个矛盾？我们在课堂教学中结合课文，适当引进"活水"，不失为一剂良方。

语文教材中有许多内容可供我们联系、发挥，扩大知识视野。只要我们愿意花工夫，是大有文章可做的。就拿郭预衡《鲁迅的治学方法》一文来说吧，其中至少有如下几点可资发挥：

① 但是，到了雍正、乾隆以后，情况变了，有些学者，慑于文字狱的淫威，不敢再治史了。

② 鲁迅还从《无双谱》一书联想到编写一部中国的"人史"，他说："此书记载人物要好坏都有：有啮雪苦节的苏武，有舍身求法的玄奘，有'鞠躬尽瘁，死而后已'的孔明……"

③ 古人告诉我们唐如何盛，明如何佳，其实唐室大有胡气，明则无赖儿郎，此种物件，都需褫其华衮，示人本相，庶青年不再乌烟瘴气，莫名其妙。

针对例①，我们可以讲清人徐骏因为诗中有"明月有情还顾我，清风无意不留人"句而被杀的公案。针对例②，我们可以讲苏武威武不屈，杖节牧羊十九载的动人事迹；诸葛亮竭力辅佐刘备，力图恢复汉室的苦心。针对例③，我们可以谈唐室的种族问题，明朝开国皇帝的出身问题。这样一来，学生就能学到了不少历史知识。当然，我们教学时不一定把它们全部罗列出来。

（三）增进对课文内容的理解

课文中的有些内容，虽然我们作了一番分析，但学生未必明了。这时，如果适当补充一些有关知识，则会增进学生对内容的理解。例如：鲁迅在《为了忘却的记念》中写道：

"他（指柔石——笔者注）的家乡，是台州的宁海，这只要看一看他那台州式的硬气就知道，而且颇有点迂，有时会令我忽然想到方孝孺，觉得好像也有些这模样的。"

文中提到的方孝孺，课文注释语焉不详，我们不妨作些补充介绍：方孝孺和柔石都是宁海人，柔石的家就在方孝孺祠的前面。方孝孺为人正直，博学多才，曾被明太祖征为太傅，助读皇太孙允炆。允炆（惠帝）即位，加封方孝孺为侍讲学士，深受倚重。后来允炆叔父燕王朱棣攻陷南京，惠帝自焚，方孝孺被捕。朱棣想到方孝孺的声望，让他为自己起草即位诏书。方孝孺非但宁死不为朱棣起草即位诏书，而且责骂朱棣的行为不义。朱棣一气之下，处方孝孺以磔刑（古代分裂肢体的酷刑）。方孝孺慷慨就死……宗族、亲友受株连被杀者数百人。

鲁迅运用这个典故有两层意思：一是为了更形象地突出柔石性格中"硬气"和"迂"的特征；二是用朱棣残杀无辜的暴行来衬托国民党反动派杀害革命青年的罪行。不作如上补充的话，教师纵使精心地分析，学生也难以领会深透。我们作了如上补充后，学生就不难深刻理解了。

（四）有利于学生能力的培养

教学效果的巩固，学生能力的提高，离不开"活水"的引进。如果我们在课堂上引进一些必要的内容，引导学生运用所学理论进行分析、评价，学生能力就会得到提高。这一点，我们深有体会。譬如："对偶"涉及音韵、语法和字词锤炼能力，是近年高考试题考察的一个重要知识点。我们每年在复习这个问题时，都注重把学生的触角伸向课外。我们有时候出名联的上联，让学生试对下联，然后再公布原联的下联，让学生与自己所作的比较优劣；有时候，我们着重引导学生对名诗中的对仗句式或名联进行分析鉴赏，领会其奥妙；有时候，我们把名诗、名联的一些关键词语空出来，让学生填空。因此，我们的学生在这方面的能力得到了长足的发展，不少同学能自拟出符合要求的对联。几年来，参加高考的同学在这方面试题的得分率都很高。

二、活水引进的原则

“活水”的引进，在语文教学中是必要的。但是，这并不意味着可以毫无节制。“活水”的引进，如何才能恰到好处？这个问题值得研究。我认为，“活水”引进必须遵循“五有”原则，即“有益、有机、有节、有趣、有序”。

（一）有益，这是“活水”引进中的根本原则

我们所说的“活水”，不同于旧戏中的插科打诨。我们引进“活水”的原则，不是为了哗众取宠，而是为了提高教学质量。那种抛开书本，大讲“山海经”的现象，是首当杜绝的。比如我们教《赤壁之战》，有些学生对文中称刘备为“刘豫州”不解，而书中注解又不能使他们明白时，我们不妨在向学生讲清楚这是古代汉语中常见的借代辞格中一种——以官名、地名代人的同时，再举一些课外例子：如杜甫当过工部员外郎，人称杜工部；韦应物当过苏州刺史，人称韦苏州；韩愈自称祖籍昌黎，人称韩昌黎；柳宗元家乡河东，人称柳河东。至于刘备的出身、家庭成员情况，大可不必谈。

（二）有机，要求联系发挥要贴切、自然，不能牵强附会

比如我们教《惯于长夜》一诗，在分析鲁迅先生改“眼”字为“忍”字，改“边”字为“丛”字时，同时再讲“一字之师”的掌故，这有助于学生理解，是有机的。但是，如果我们大讲齐已和郑谷的家世、交往轶事，就显得牵强附会了。

（三）有节，是说语文教学中引进“活水”要简约精当

诚然，一方池塘，水清如许，是由于有活水流进，但是，如果洪峰直泻，毫无节制，则会把池塘毁坏。课堂教学的时间是一定的，如果我们只就某一点恣意发挥，则往往会冲淡课本该讲的内容，这是得不偿失的。

引进“活水”要做到有节，必须下一番剔抉比较的功夫。例如在讲授《义理、考据和辞章》中有关风格问题时，我们可以就书中提到的鲁迅与闻一多的风格加以比较，也可拿茹志鹃与王愿坚的风格加以比较；但是这些比较非三言两语所能说清楚的，我们费时费力，效果还未必好。其实，我们倒不如打个比方：文章风格譬若美的形式多样。以女子为喻，玲珑娇小为美、娉婷秀颀为美；浣纱嬉笑的西施美，捧心蹒行的西施何尝不美？这几句话尽管不是出自名人之口，但以人喻文，简洁、生动，很能说明问题。

（四）有趣，是说课堂上的“活水”引进，必须从趣味着眼

试想，如果我们在课堂上引进的课外知识，让人听了昏昏欲睡，那岂不是偷鸡不成蚀把米？如果有几个例子同时可以说明问题，我们应该选择有趣的。又如讲授《义理、考据和辞章》中“要有好的形式”时，我们可以引用前人的修辞实例加以说明：杜甫“语不惊人死不休”的写作态度，贾岛“推敲”诗句的故事，鲁迅修改诗文的例证……如果只让选其中一个的话，我们认为还是选贾岛“推敲”的故事为宜，因为它故事性强，更能引起学生的兴趣。

（五）有序，要求在教学的某一阶段，应纵观知识体系，做到由浅入深，由近及远，使“活水”引进层次化、系列化

只有这样才能避免教学中发生重复现象，做无用功。例如中学语文课本选入鲁迅的作品很多。我们在教学中，可以介绍一些鲁迅的出生、为人，以及作品情况。但哪篇文章，介绍什么情况，这里有个顺序问题。例如教杂文时，就不适宜介绍鲁迅的小说情况。而介绍小说知识时，最好在初次教鲁迅小说时介绍。

总之，我们只有遵循以上原则，才能做好“活水”引进工作，才能使教学池塘中活水常清……

1995 年 2 月

古代诗歌与德育教育

中学语文课本中古代诗歌占有相当大的比重，是向学生进行德育教育的极好教材。我们认为，在引导学生赏读这些优秀诗篇、吸取语言文学精华的同时，还必须从以下几方面进行德育渗透教育。

一、节操教育

这里所说的节操是狭义的，也可以说骨气。用孟子的话说，即“富贵不能淫，贫贱不能移，威武不能屈”的精神，这是中华民族的传统美德。《离骚》《涉江》中的屈原，坚持真理，不因流放而改变初衷，并决心以生命向黑暗势力抗争，虽九死而不悔。李白的《梦游天姥吟留别》、陶渊明的《归园田居》都表现出不事权贵的超凡脱俗的性情。《陌上桑》中的罗敷，面对为之倾倒的使君，不为富贵迷惑，机智对答，捍卫了农家女的尊严。《孔雀东南飞》中双双殉情的刘兰芝、焦仲卿不为封建礼教所屈服，以死捍卫了爱情的纯洁坚贞。在讲这些作品的时候，应该突出节操教育。

二、爱国主义教育

爱国主义，始终是中华民族美德的主旋律。且不说“臣心一片磁针石，不指南方誓不休”的文天祥的诗作，单说陆游的诗歌，便能使你听得出古代诗歌中爱国主义的强音！陆游有“楼船夜雪瓜州渡，铁马秋风大散关”的经历，年老体衰时仍无时不思恢复中原。他秋夜出门乘凉，心有所感，吟道：“三万里河东入海，五千仞岳上摩天。遗民泪尽胡尘里，南望王师又一年。”六十八岁的陆游，可谓老矣，但他仍然“僵卧孤村不自哀，尚思为国戍轮台。夜阑卧听风吹雨，铁马冰河入梦来。”陆游的爱国之心，至死不改，他的绝笔《示儿》便是明证：“死去元知万事空，但悲不见九州同。王师北定中原日，家祭无忘告乃翁。”看，一位行将弃世的老诗人，对统治者偏安江左、屈辱求和的悲愤，对收复中原、统一中国的必胜信念，足以惊天地，足以泣鬼神。

明末抗清英雄夏完淳十四岁举义抗清，兵败被俘，英勇不屈，牺牲时仅十七岁。他的一首《别云间》言志抒情，催人泪下。“毅魄归来日，灵旗空际看。”他相信魂魄返故乡之日，将看到抗清义旗空中飘扬。真是抗清信念，临死不泯；爱国之心，死而不已！

此外，古代诗歌中那些表现祖国山川美丽的篇章，也能激起学生的爱国主义热情。古代诗人们笔下“飞流直下三千尺”的瀑布，“齐鲁情未了”的泰山，“桃花流水鳜鱼肥”的西塞山，无不流露出爱国主义的感情。

通过这类诗歌的教学，可以点燃学生爱国主义的思想火花。

三、劳动教育

劳动，创造了人类。劳动光荣，不劳而获可耻。古代的大量优秀诗歌，或告诉我们稼穑之艰难，或抒发出收获的愉悦，或斥责不劳而获者的贪婪，或赞美劳动者辛勤俭朴的美德，都是我们借以进行劳动教育的好教材。“锄禾日当午，汗滴禾下土。谁知盘中餐，粒粒皆辛苦。”李绅的这首锄禾诗，通俗而又深刻地说明粮食来之不易的道理，教育人们要爱惜粮食，珍惜劳动果实。“淘尽门前土，屋上无片瓦。十指不沾泥，鳞鳞居大厦。”梅尧臣的《淘者》反映了瓦匠工作的艰辛，揭示了劳者无获的不合理的社会现象。《伐檀》《硕鼠》，对剥削阶级给予了辛辣讽刺与指责。通过这些诗歌的教学，可以培养学生热爱劳动、热爱劳动人民的感情，帮助学生建立正确的劳动观念。

四、情谊教育

人类不能没有太阳，人类也不能没有爱。有爱心，重情谊，也是中华民族的传统美德，古代诗歌中不乏这方面的内容。

《诗经·秦风·无衣》中的“与子同袍”“与子同泽”“与子同裳”，反映了上古士兵间的友爱之情。孟郊的《游子吟》抒发了儿子对母亲的感激之情。“谁言寸草心，报得三春晖”，已成为千古名句。岑参《逢入京使》“凭君传语报平安”的举动，表达了对亲人的无限眷念。杜甫《月夜》中“今夜鄜州月，闺中只独看。遥怜小儿女，未解忆长安”的诗句，表现了诗人思乡思家思亲人的拳拳之心。从“桃花潭水深千尺，不及汪伦送我情”中我们可以窥见李白对友情的珍惜。王维《相思》中的“红豆”象征友情，象征爱情！

长期以来，受极“左”思潮的影响，人们讳谈亲情友谊。其实，亲情友情乃是人类崇高感情的组成部分。“无情未必真豪杰”，一个人不爱亲友、不爱家庭而奢谈爱国，那是虚伪的。我们有责任通过古代诗歌教学对学生进行亲情教育，使学生的人格健全发展。

五、人道主义教育

中华民族是一个富于人道主义精神的民族。古代诗歌的许多作品中闪烁着人道主义的光辉。杜甫“堂前扑枣任西邻，只因贫困转须亲”中没有对偷枣者的指责，有的只是同情。《茅屋为秋风所破歌》中的诗人穷病交加，屋漏无干处，然而，他想到的不是自己，而是“安得广厦千万间，大庇天下寒士俱欢颜。何时眼前突兀见此屋，吾庐独破受冻死亦足”。这是何等崇高的襟怀！白居易《卖炭翁》的矛头直指最高封建统治者，对劳动人民表现了深切的同情。战争是灾难之源，《石壕吏》《兵车行》都替人民发出了反战的呼喊。中国的古代诗歌中充满了孔子“仁者爱人”的思想，我们以此教育学生，有助于未来“环球同此凉热”世界的建构。

只要我们不懈努力，德育教育之花会在古代诗歌教学的园地中盛开。

1996 年 2 月

加强中学修辞教学的措施初探

加强中学的修辞教学是广大中学师生和修辞研究人员的共同呼声。然而,究竟如何加强?至今还没有一套成熟的经验。我们在平时的教学实践中,就这个问题作了一些探索。这里,不妨一抒己见。

我们认为,加强中学的修辞教学,着重应从下列五个方面抓起:

一、复习巩固,查漏补缺

任何一门科学,从理论上了解容易,而运用理论解决实际问题难。修辞教学也不例外。就拿辞格教学来说吧,要学生背熟定义并不难,但叫他们根据定义去识别辞格,并在说话、写作中有效地运用,这就相当难了。据我们了解,语文课本中的修辞内容尽管不多,但学生掌握的程度却普遍不深。我们必须做好复习巩固、查漏补缺工作。

这项工作是大有文章可做的。例如:

比喻,可谓最常见的辞格了,学生在小学就接触过。但是下面几个问题,即使是一个高中生也未必能娴熟地掌握:

① 如何准确地辨别带"像"字的句子是否是比喻句?

② 如何弄清比喻与象征、借喻与借代的区别?

③ 如何使作文中的比喻新颖、贴切、生动?

这些问题,不是几句话就可以解决的。我们只有结合课文中的有关材料,让学生反复练习,才能使学生真正掌握。

至于句式调整、词语锤炼等问题,在教材中竟然被忽略了,我们更应该做好这方面的查漏补缺工作。这方面的材料,中学课本中俯拾皆是,我们可以信手拈取,用于教学。例如《为了忘却的记念》中,鲁迅先生《惯于长夜》一诗里的"刀丛"原作"刀边"。"刀丛"与"刀边",仅一字之易,但表达效果大不一样。"丛"字形象地写出了环境的险恶,白色恐怖的严重;同时,也表现出作者勇于战斗,不怕牺牲的精神。又如《雷雨》中当周朴园获悉带头罢工的竟是自已的亲骨肉时说道:"什么?鲁大海?他!我的儿子?"这个善于伪装的资本家,此时也失去了常态!四个独词句连用,把周朴园惊诧、惶恐的心理状态暴露无遗。假如换成:"什么?鲁大海是我的儿子?"那读起来便索然无味,底气不足了。

上述这些内容,我们完全可以在课堂教学中完成。这非但不冲击正常的教学计划,反而使之更丰富、充实。

二、结合课文,增补新内容

目前的中学语文课本,修辞内容太少,远远满足不了教学的需要,这是人们的一致看法。针对这个问题,我们语文教师有责任、有必要在教学中增补新的内容。

当然,“课本课本,上课之本”,我们补充新内容时,不应游离课本。其实,中学语文课本入选的大多是名家名篇,修辞奇葩纷呈,可以供我们任意采撷。还拿辞格教学来说吧,中学语文课本中只讲了十二种,而教材中实际涉及的却不下二十余种。我们完全可以结合有关内容,多教学生一些辞格。例如中学语文课本中有这样几段话:

① 竹叶烧了,还有竹枝;竹枝断了,还有竹鞭;竹鞭砍了,还有深藏在地下的竹根。(初中语文第四册《井冈翠竹》)

② 他……一见面就寒暄,寒暄之后说我“胖了”,说我“胖了”之后即大骂新党。(高中语文第二册《祝福》)

③ 丈夫处世兮立功名,立功名兮慰平生。慰平生兮吾将醉,吾将醉兮发狂吟。(高中语文第四册《群英会蒋干中计》)

以上三段话都有一个共同的特点,上句尾的词语作了下句的开头。其实,这就是顶真格。我们只需联系这些例子讲一讲,学生就能初步掌握。

另外,课本中介绍过的修辞知识,都属于基本常识。我们还可以引导学生做更深层次的探讨。例如比喻,课本上只介绍了明喻、借喻、暗喻等三种基本格式。实际上,除此以外还有一些变式,我们也不妨向学生做适当的介绍。例如课本中就有这样一些内容:

① 远远的街灯明了,好像闪着无数的明星。天上的明星现了,好像点着无数的街灯。(初中语文第二册《天上的街市》)

② 层层叶子中间,零星地点缀着些白花,有袅娜地开着的,有羞涩地打着朵儿的;正如一粒粒的明珠,又如碧天里的星星。(高中语文第一册《荷塘月色》)

③ 可是在中国,那时是确无写处的,禁锢得比罐头还严密。(高中语文第三册《为了忘却的记念》)

④ 在朝鲜的每一天,我都被一些东西感动着,我思想感情的潮水在放纵奔流着。(初中第四册《谁是最可爱的人》)

结合例①,可以讲互喻;结合例②,可以讲博喻;结合例③,可以讲较喻;结合例④,可以讲修饰喻。

三、在作文教学中加强修辞指导

写作与修辞,关系最为切近。起草时斟词酌句,写成后加工修改,都是重要的修辞过程。我们教师应充分利用这个机会,培养学生的修辞运用能力。我们可以采取下列方法:

(一) 从修辞角度剖析范文,让学生掌握范例。范文,可以是课本中的内容,也可以另选。比如我们打算教完《荷塘月色》后,要求学生以《××月色》为题写一篇作文,那么,我们就可以就比喻、通感、拟人等辞格多作分析,然后要求学生加以仿效。

(二) 作文辅导时,我们不仅应该在立意、书写等方面提出要求,也应该在修辞方面提出目标。如写记叙文,我们可以要求学生运用比喻、借代、对比、摹状等方法来增强感染力;写议论文,可以要求学生运用比喻、对比以加强论证效果,运用排比以加强论辩气势,从而增强文章的说服力。

(三) 指导学生自改和互改作文。在作文的修改过程中,更换词语,变换句式,调整语序,都属于修辞范畴,这是学生实战演习的良机,我们应该高度重视。

(四) 作文评讲时注重修辞因素。作文评讲,是作文教学的重要环节。利用评讲的机会,对学生作文中的修辞得失加以品评,学生有一种切近感,从而容易接受、掌握。

四、平常言谈注重输送修辞知识信息

教师平日的言谈举止,对学生耳濡目染,有着不可忽视的影响。因而,我们也应充分利用这个机会,有意识地给学生输送修辞知识信息。

为此,我们应该做到——

(一)要使自己的语言艺术化。一个理想的中学语文教师,语言应该生动、幽默、风趣。其实,作为中学语文教师,大多有较深厚的修辞功底。做到这点,并非难事。例如:

前年,我们学校举行演讲比赛,某班派了一个叫王必胜的同学参加。参赛之前,担任班主任的语文老师在班上作了简短的鼓动演说。他最后一句话是:“我们相信王必胜必胜!”这句话博得了全班同学的掌声和笑声,参赛者的情绪受到了极大的鼓动。原因何在?其实,班主任只不过运用了拈连修辞格而已。

(二)对媒体上的修辞信息,可以随时向学生传递。例如:“外国的月亮比中国的圆。”这是人们用以讽刺“崇洋媚外”思想的名句。可是万口相传,至今已经不新鲜了。前几年,报刊上又有人换了一个说法:“外国的秃头也比中国的电灯亮。”这句话虽然仿自前句,但语言更生动,讽刺程度更深刻。我们只需花极短的时间,就可以把这个信息传递给学生。

五、让修辞进入课外活动阵地

课外活动,是学校教育的有机组成部分。目前,许多学科都把课外活动作为课堂教学的延伸。修辞教学也应该进入这个阵地。我们可以开修辞讲座,也可以成立修辞兴趣小组,以此向学生灌输修辞知识,培养学生对修辞的兴趣。我们曾做过这方面的尝试,效果令人满意。尝试的结果,许多学生对修辞产生了浓厚的兴趣,修辞能力明显提高,有些同学还写出了修辞小论文。

以上是我们对加强中学修辞教学具体措施的粗浅看法,冒昧写出来,旨在就教于行家。

1997年1月

注重生活之“米”的积累

如何才能写好高考作文？我们不妨改用一句俗语回答：“巧媳妇为有米之炊！”这句话是一个系统的比喻：“媳妇”喻学生，“炊”喻文章，“米”喻生活积累，“巧”喻写作技巧，“为”喻写作实践。我们这里仅着重谈谈生活之米的积累问题。

要想写出优秀诗文，必须备好生活之米。历史上，大凡能为诗文美食的巧媳妇，都是生活之米的富有者。安史之乱使得杜甫颠沛流离，却写出了“三吏”“三别”等千秋史诗。李白被唐玄宗“赐金还山”，浪迹江湖，却写出了《梦游天姥吟留别》等一系列卓尔不凡的诗篇。曹雪芹遭受家庭败落的不幸，贫穷到“举家食粥酒常赊”的地步，却创作了文坛奇葩《红楼梦》。蒲松龄在科举考试之路上跋涉艰难，屡试屡败，却为后人留下了文学瑰宝《聊斋志异》。以上诸公的成功秘诀就在于身遭不幸而流落社会底层，因而占有了大量生活之米。拷问那些几千年来的状元宰相们，并非缺少杜、李、曹、蒲之才，而是缺少生活积累，所以在文学上的成就就无法和他们媲美。

从某种意义上讲，生活积累比写作技巧更重要。历史上不少人，文学功底并不深厚，但生活底蕴深厚，偶然为之，便成佳作。刘邦、项羽，都非读书人出身，然而，世事沧桑，酝酿于胸，一朝流露于口，便成精品，他们的《大风歌》《垓下歌》，几千年来传诵不衰便是明证。陆游教育儿子说：“汝果欲学诗，功夫在诗外。”陆游这里强调的“功夫”就是生活积累！

作为一名中学生，要想在高考考场上一展身手，就应该在平日里注重生活积累。或许有的同学认为，我们整日生活在校园中，缺少接触社会的机会，生活积累是一句空话。我们认为，这是懒惰的借口。诚然，学生生活圈子小一些，但接触社会的机会不是没有。现在信息渠道多元化，电视、广播、网络、报纸杂志，都是我们了解生活的窗口。其次，双休日便是我们可资利用的绝好时间。我们可以走向公园、走向街市、走向田野，倾听大自然的鸣奏，把握社会脉搏。其实，家庭、学校，何尝不是我们体会生活的好场所！学校是个小社区，这里有老师、同学可以交流，有各种丰富多彩的课外活动，都蕴含着丰厚的生活底蕴。就说家庭吧，也是社会的细胞，那里有亲情的温馨，也会有烦恼与忧愁，只要我们细心体验，也会品出生活的滋味，就能增加生活积淀。俄国有一位作家，小时候经常挨刻薄的后娘骂，他便把后娘骂他的话记下来，编成了一本《后母娘词典》。后来，他成了著名文学家，他的代表作品中塑造了一个泼妇形象，其骂人的话都取自《后母娘词典》。

当然，生活积累需要耐心与细心。缺少耐心，生活素材会与你擦肩而过；缺少细心，会“身在宝山不识宝”。列夫·托尔斯泰平时总要带着笔记本，不论是散步、出游，还是与客人喝茶，甚至在球场孩子们中间，都不时拿出本子来，记下点什么。托尔斯泰正是凭着这种积累生活的耐心，在文学创作上举重若轻，写出《战争与和平》等传世之作。细心观察事物，是积累生活的基本功。莫泊桑小时候喜欢写作。一次，他把自己写的短篇小说讲给母亲的朋友、文学大师福楼拜听，福楼拜听了以后说："我劝你不要忙于写这些虚拟的东西，你每天骑马到外面转一圈，把路上看到的一切准确、细致地记录下来。"莫泊桑听从了福楼拜的劝告，开始天天外出细心地观察事物，积累生活，后来终于成为文学大师。

我想，同学们只要注重生活积累，不仅作文水平会提高，说不定还会成为未来的托尔斯泰、莫泊桑……

让孩子练硬创造想象的翅膀

想象，是思维的基础，是构成人的认知能力的重要因素。想象可以分为再生想象和创造想象。它们都是创造的基础，特别是创造想象，是一切创造活动的必要条件，是创造活动的核心。科学技术的创造发明，文学艺术的新作品、新形象，社会发展的新理论、新观点，无不是创造想象的产物。因此，创造想象对于人类的发展、社会的进步和生产力的提高有着极其重要的作用。目前，创造想象能力的高低已成为国际上衡量人才质量高低的一个重要指标。作为家长，要想孩子成为高质量的人才，就必须注重孩子创造想象能力的培养，让孩子练硬创造想象的翅膀，在思维的天宇中自由翱翔。

就作文考试而言，是一种创造性的劳动，需要学生充分发挥想象能力。其实，高考作文考查的不仅仅是文字运用能力、写作技巧，还考察想象能力！目前，考试作文体裁不限(诗歌除外)，许多考生写作寓言、童话、微型小说，这就需要高度的想象能力作支撑。当然，也有些学生写议论文。其实，议论文的谋篇布局，论点、论据的设定，又何尝离得开想象？事实证明，许多高分作文，正是以其构思新颖、立意高远见长。许多孩子怕作文，面对作文题无从下笔，原因何在？孩子想象力没有得到开发是重要因素。

对于子女想象力的培养，从写作、说话的角度看，应从以下几方面入手。

一、夯实再现想象的基础

“万物土中生”，没有土壤，就不会有参天大树，也不会有五谷丰登。创造想象是相对再生想象而言的。创造想象是“人类心理非常复杂的高级思维过程，是一切创造性活动的主要精神支柱”。但是，再生想象是创造想象的基础，换言之，再生想象是创造想象的土壤。我们应该重视优化再生想象的土壤。我们在生活中首先要注重孩子再生想象的训练，使学生掌握一般性的思维方式，养成正确的思维习惯；在此基础上，进而培养学生的创造性想象。孩子刚会说话时，让孩子复述大人讲过的故事，自己做过的事等，借此对孩子进行思维表达的准确性、条理性训练，都有益于再生想象能力的增强。对于面临中、高考的孩子，督促他们背诵语文的名篇名句，记忆一些相关的论点、论据，不仅有利于再现性思维的培养，而且直接有益于写作能力的培养。

二、利用文娱活动培养孩子的创造想象力

孩子虽然赤条条来到这个世界，但他却具备了一个了解世界的大脑。一个人的童年时期，每天都要接受大量的信息。在这个时期利用文娱活动对他们进行创造想象的启蒙教育，能收到事半功倍

的效果。神话故事,是对孩子进行想象启蒙教育的好教材。在没有电视、广播的年代,说不清多少乡村的孩子夏夜依偎在祖父母或父母身旁,望着神秘的星空,听牛郎织女、嫦娥奔月、吴刚伐桂的故事。这些孩子的创造想象力正是从中得到滋润。游戏,有利于孩子创造想象力的开发。至于现代的电子游戏,对学生创造想象能力的开发,效果更好。有些家长,因为孩子面临中高考,连一点文娱活动时间都不给孩子,这不利于孩子创造想象力的发展。其实,让孩子在紧张的作业间歇欣赏一下富有想象力的短篇小说、诗歌、电视剧,对孩子作文的创造想象力培养有利,对调整心理,放松思想也有好处。

三、鼓励孩子打破思维的框子,放飞孩子创造性想象的风筝

在这方面,不少中小学教师的经验可资借鉴。

有位教师教汉乐府诗《陌上桑》时,有好几位学生对罗敷有没有丈夫的问题产生浓厚的兴趣,他们在课后商讨一通后,竟在课堂上集体发言,一反教参的观点。学生们说:"罗敷没有丈夫。'二十尚不足,十五颇有余',大概只有十六七岁,怎么会有四十多岁的丈夫?再说她的丈夫既然当了大官,怎么还会让年轻美丽的夫人在乡下采桑养蚕艰苦劳作呢?罗敷所说的'夫婿'指的是蚕,想的是蚕,说的也自然离不开蚕。面对'使君'的无礼纠缠,她灵机一动,借对'洁白'的蚕的形象描绘来打消'使君'的不良念头。'十五府小吏',是说蚕长到半个月时,还是小虫子。'二十朝大夫',是说蚕养到二十余天,把头抬起来眠,似跪拜皇帝的朝中大夫。'三十侍中郎',是说一个月后的蚕经过几次睡眠,成了一条胖乎乎的大虫。'四十专城居',说的是四十余天后,蚕就要做茧,独个儿住在城(茧)里。当官的谁不穿绸缎,有哪个不夸蚕呢?所以'皆言夫婿殊'了。"

《陌上桑》是古诗名篇,千百年来传诵不绝。说不清有多少学者对这首诗做过解释。然而,像这样的解释却从未有过。如果教师死搬前人或教参的结论,把学生批评一通,势必会摧残学生想象的花朵。而这位老师,发现孩子的想象新颖、独特,便予以充分肯定。这样一来,学生受到激励,创造性想象力得到了培养。

值得提醒的是,我们家长往往会在这方面失误。许多家长都以成人的规范来教育孩子、要求孩子,这往往禁锢、摧残了学生的创造性想象力。譬如说吧:孩子喜欢拿画笔信笔涂鸦。这是他从事创造想象活动的外现形式。而我们家长或怕他弄脏环境,或认为画得不好而制止他。殊不知这一制止,折断的是孩子想象的翅膀。有一个孩子刚上幼儿园,教师给孩子讲对称的知识,举了眼睛、耳朵、手、腿等例子,然后启发学生再举出对称的事物。其中一个小男孩受到启发举手说:"还有我小鸡鸡的两个小蛋蛋。"这一来,幼儿园阿姨认为孩子思想不纯洁,便告诉他母亲;母亲一听,顿觉无脸见人。这位母亲不仅把孩子训斥了一顿,还忧心忡忡,生怕孩子学坏,长大了变成流氓。其实,刚上幼儿园的孩子还没有性别意识,谈不上学好学坏。这个孩子的语言充满了想象力,应该予以鼓励。有些家长觉得自己的孩子已经面临中考和高考,在想象力培养方面已经来不及了。其实不然。有意识地与孩子谈一些具有想象力,能够打破思维禁区的话题,都可以达到放飞思想的目的。孩子大了,社会知识、思维能力都有所增长,更利于家长引导他们破除思想上的迷信,越过思想的高地,去探索人生的真谛、世界的奥秘。

四、注重培养积极的思维情绪

心理学家认为，创造想象是在积极情绪伴随下产生的。一个人情绪乐观，创造性想象才会飘然而至。牛顿看到苹果落地而想到万有引力，瓦特看茶壶开水冲动壶盖而想到发明蒸汽机，无一不是在这种情境下产生的。

孩子面临中考、高考，家长与子女可能都处于高度紧张状态，这样不利于创造性想象力的发挥。我们应设法改变这种状况。家长要注意培养孩子乐观镇定的心理品质，遇事拿得起，放得下，只有进入这种境界，创造想象力才会在写作实践中开花、结果。试想，当年的李白为什么被流放夜郎，中途刚遇赦便写出了“朝辞白帝彩云间”的美妙诗章？因为他没有在逆境中沮丧！艾青在铁窗里为什么写出了《大堰河，我的保姆》这个不朽诗篇，因为他没有因为身陷囹圄而颓废！我们的家长有义务、有能力引导孩子笑对中、高考，保持积极的思维情绪，为想象力铺设产床！

创造性想象力的培养，不仅有利于作文的中高考，也有利于各学科的学习。年龄尚小的孩子父母，请及早从现在做起；面临中、高考的学生父母，请立刻做起！请相信，种下想象力的种子，会获得创造性的硕果！

1998 年 2 月

走出考试作文的误区

伴随着21世纪的来临，作文考试的命题改革工作面目一新。前些年的话题作文风靡全国，独领风骚，近年来虽然命题作文、材料作文又“卷土重来”，然而，话题作文并没有黯然退出。纵观全国各省市的高考、中考试卷，各种形式的作文试题一如名苑百花，争奇斗艳。从高考趋势看，目前无论哪一种形式的作文试题，都注重为学生提供一个相对宽泛的选材、立意空间，注重学生创新思维的培养。正因为如此，有人认为作文应试已经打破禁区，“天高任鸟飞”了。其实，作文的选材、立意都有其客观规律，我们必须遵循。我们应该防止陷入误区。这里，我们拟就以下方面加以阐述，以免考生重蹈覆辙。

一、不可忽视审题

不少人误以为21世纪的应试作文，特别是话题作文，打破了审题方面对学生思想的禁锢，学生不会再发生因为走题而失分的现象，从而解放思想，自由挥洒。事实并非如此。江苏等省已悄然实现由话题作文向材料作文的转变，审题要求明显提高。退一步，就以话题作文为例说吧：诚然，话题作文较传统的材料作文，扩大了学生立意取材的范围，给学生在体裁的选择等方面以更多的自由；然而，这并非说不需要审题。这里只需分析一下有关作文试题便可说明问题。2001年以“诚信”为话题的作文，审题方面就限制较严。“诚信”是公民道德的重要内容。材料中的主人公丢掉了诚信是错误的。无论你写什么文体，都要贯彻“诚信不可丢”的中心思想。如果对丢掉诚信的言行予以肯定，那么文章就走题了，肯定与高分无缘了。再说《心灵的选择》(2002年高考作文题)与《选择》不同。“心灵”作为限制词，制约考生必须涉及有关心灵深处的矛盾斗争内容的叙述或描写。惜乎不少考生忽视了“心灵”这个限制词，致使作文“不符合原意”而失分惨重。2006年，浙江省的高考试题为：

阅读下面的文字，根据要求作文。

据《列子》记载：子贡倦于学，告仲尼曰：“愿有所息。”仲尼曰：“生无所息。”

古今中外，还有诸多相关的论述，例如：

人就是不断地进行创造性的工作，工作是使人得到快乐的最好办法。(康德)

我这一生基本上只是辛苦地工作。(歌德)

天子乃祈来年于天宗……劳农夫以休息之。(《吕氏春秋》)

休闲不是偶尔玩一次，而应是人们三分之一的生活。(旅游学专家)

人们应该学会超前休息，也就是说在疲劳到来之前，适当休息效果会更佳。(医学专家)

读了上述文字，你有何感想，请以“生无所息/生有所息”为话题写一篇文章。可讲述你自己或身边的故事，抒发你的真情实感，也可阐明你的思想观点。

注意：① 所写内容必须在话题范围之内，可任写一个方面，也可兼写两个方面。② 立意自定，角度自选，题目自拟。③ 除诗歌外，文体不限。④ 不少于 800 字。⑤ 不得抄袭。

看，这篇文章提醒注意的文字①③④⑤条都是明白的限制性文字。就是第②条，看似无限制，仔细思考，也有限制。从反面看，它要求考生要有自己的立意，选择好角度，拟好题。无视这条规定，也得不到高分。

二、不要忽视生活中的真实

考生作文时可以充分发挥想象，编一些故事、寓言等。也就是说，考生不必拘泥于生活的真实，这是可喜的现象。然而，这并不意味着作文可以完全脱离生活的真实，肆意编造出一些荒诞不经的东西。即使是考生写小说，也不应该脱离生活的真实。文学作品源于生活而高于生活。用专家的话说，“小说中的内容不一定是现实中一定有的，但是从理论上是可能有的。”再说神话故事的写作吧，也不可能脱离生活而胡编乱造，它是对现实的曲折的反映，或多或少仍有生活的影子。试看蒲松龄笔下的狐仙，不也是具有人性吗？《西游记》中的神魔，又何尝没有人类的原形依据？可惜的是，我们有些考生没认识到这一点，写作文务求离奇，使评卷老师看来咂舌。就拿《坚韧——我追求的品格/战胜脆弱》(1998 年高考作文题)来说吧，很多考生都狠心编造出父母或病或伤或死，自己因此而战胜脆弱、挺过难关的情节来。让人看了，中国仿佛成了孤儿之国。阅卷教师满眼都是这些编造的残忍的作文，能够在评分时“高抬贵手”吗？

三、不要忽视思想内容的正确导向

应试作文不必图解政治口号，然而，话题作文思想内容的正确导向却不可忽视。《语文考试说明》中明确规定作文要做到内容健康。换言之，就是要求考生作文要符合社会主义主流意识形态的要求，有利于提高公民道德水准。可是，有些考生误把离经叛道视为创新，思想内容出了问题，与“考试说明”要求南辕北辙。例如《心灵的选择》(2002 年高考作文题)，这篇作文涉及人们的思想、道德、情感，事关人生观、价值观。考生在这篇文章中应该明确反映或提倡真善美，否定、鞭挞假恶丑。然而，有些考生无视这个常识性问题，结果是自找苦头。如有一位南方某省考生，写潘金莲为了能与西门庆长相厮守而杀夫的心灵选择。选这个题材，本来无可非议，然而，他却对潘金莲大加赞赏，认为潘金莲是中国古代妇女中敢于冲破封建礼教的樊篱、追求个性解放的典型。潘金莲这种以别人的生命为代价来追求“幸福”的方式，是违反人类的共同道德的，是古今中外的法律所不容的。这位考生的看法自然让评卷老师无法接受，只好得“低分”了。

四、取材不可忽视“近”而重视“远”

提起应试作文，许多学生往往会舍近求远，追求一些人们不常见的古代或异国、异地的新鲜材料，以求吸引阅卷人的眼球。我们说，能做到这样固然不错。可惜的是，有些考生远的够不着，近的又忽视了。其实，我们还应该清醒地认识到，就近也可取材。我们身边的人和事，我们常读的文学作品(包括教材)，都是我们高考写作取材的宝库。事实上，也有不少聪明的考生，“就近取材”写出的文章获得高分。就以关于“诚信”问题的话题作文而言，轰动全国的南京考生的《赤兔之死》就取材于人们耳熟能详的《三国演义》，至于有的考生写的《阿 Q 从商》《别后》等作文，则直接取材于教材的《阿 Q 正传》《雨霖铃》等名篇佳作。毋庸讳言，考生作文取材舍近求远的现象很普遍，我们有责任引导他们就近取材！

五、不可忽视基础等级

高考作文分基础等级与发展等级两个层次评分。一篇作文要想得高分，必须做到基础等级与发展等级内容俱佳。可是，有不少考生却忽视基础等级，认为基础等级分数易得，于是便片面地追求发展等级要求的“深刻”“丰富”“有文采”“有创新”等，结果，往往丢了西瓜，也没捡到芝麻。基础等级是对作文的“规范性”要求。失去了基础谈“发展”，犹如沙上建塔。比如作文基础等级的第一条要求，就是“符合题意”，你的作文不符合题意，即使妙笔生花也徒劳。另外，文章的体裁、内容、结构，以至于标题、标点、书写、字数等基础等级的内容，都不可忽视。令人痛心的是，不少考生忽视基础，有的人连对“体裁不限”四个字都不能正确理解。命题人“体裁不限”的意思是考生有自由选择某种文体写作的自由，命题人不予限制。而有些考生误认为写作可以不符合任何一种文体，可以写成“四不像”的文章。这种文章也只好“叨陪末座”了。

其实，上面几条已谈及基础等级问题，这里单列了一条加以强调，也算是作者对基础等级的重视吧。

1998 年 3 月

谈考试作文应变能力的培养

考场如战场。年复一年,语文教师和家长为了指导学生的作文备考绞尽脑汁,而命题专家们则为了保持试题的公平性,千方百计地避免命题形式、内容被猜中。因而,中高考作文命题的形式、内容经常翻新。这样一来,考生要想中、高考作文得高分,就必须具备一定的应变能力。而应变能力的培养,则重在平时。要想学生在考场上游刃有余,我们大致应该在以下几个方面下功夫。

一、掌握基本功,不变应万变

任何一门学科,基本功十分重要。基本功扎实,就能够把握事物的主要矛盾,以不变应万变,写作也是如此。掌握作文的基本知识和技能,并且有一定的生活(材料)积累,在考场上才能应变自如。例如,无论是命题作文、半命题作文,还是自命题作文,无论是材料作文,还是想象作文、话题作文,只是微观上的变化。学生如果体裁、结构、语言等方面的基本功扎实,就会临场不慌。因为上述这些作文只是形式上的变化而已。犹如一个人,本身没变,只是穿着不同罢了。我们不主张作文练习一味跟着上年高考作文的形式后面跑。如前些年,考话题作文,就一味写话题作文。一旦高考题变为材料作文,许多学生反而手足无措。其实,在练话题作文时,不妨也练一练材料作文。实事求是地说,二者不仅无夷夏之别,反而是近亲。话题作文可以说是宽泛的材料作文。只是材料作文在审题、体裁、取材等方面限制可能要严一些罢了。

二、变换立足点,成岭或成峰

苏轼诗云:“横看成岭侧成峰,远近高低各不同。”这两句诗颇有哲理性,不仅适用于对自然景物的观察描述,也适用于对其他事物的分析。考生平时应该学会从不同角度分析问题,解决问题。仅就写作而言,同一则材料,我们可以随机应变,从不同角度分析,用来证明不同的观点。例如“滥竽充数”这个故事,可以用来证明“不学无术有可能混一时,但不可能混一世”的观点,也可以用来证明“‘大锅饭’要不得,大锅饭会给没有本领的人以可乘之机”的观点。有些材料被人们视为“报废材料”,然而,我们只要转换一下角度,便会使材料“旧貌换新颜”,证明新观点。就拿“孟母三迁”的故事来说吧,古往今来,不知多少人用以说明“环境影响人成长”的观点。在人们眼中,可以算是老掉牙的材料了;但是,前几年《光明日报》上的一篇文章活用了这则材料,令人耳目一新。作者用孟母三迁的故事说明:对问题孩子(差生),只要耐心教育,最终也会转化成好孩子(优生),甚至成就大才。如果考生都能灵活地从不同角度利用同一材料,还愁考场上“无米下锅”吗?

三、根扎泥土中,花开云天外

创新能力是中高考作文检测的重要内容。一篇文章,能否体现出较强的创新能力,是作文能否得高分的关键；而能否在中高考作文中有所创新，则是应变能力强弱的重要反映。我们提倡中高考作文“扎根泥土中，花开云天外”，就是要在确保符合写作要求（在主题、思想内容等方面不出问题）的前提下锐意创新。作文创新包括内容创新、体裁创新、主题创新等。平时训练，可以面面俱到，然而，高考时，倘能拈取一点也就难能可贵了。前些年的话题作文，为考生创新提供了广阔的空间。众所周知的《赤兔之死》一文，就是内容创新的范例。它借《三国演义》的基础材料想象出一段人与马的故事来，令人拍案叫绝，尽管故事是子虚乌有的，但却有力地表现了主题。传统的高考作文，主要是典型的记叙文或议论文，而近年的考试作文，往往体裁不限，考生的作文中故事、寓言、微型小说、短剧等应有尽有，异彩纷呈，令人目不暇接。至于主题创新，反弹琵琶的创新文章，只要言之成理，持之有故，尤其受阅卷教师欢迎。如有的学生在题为《人走茶凉，无碍诚信》文章中指出：不少干部离开原来岗位，很快觉得说话不再算数，甚至原先许多待遇也难以再充分享受，便感叹人走茶凉，诚信扫地。而作者却认为，人走就该茶凉。一个人在一定的领导岗位上，负有某些责任，理当说话算数，享受某种待遇，而一旦不在其位，已不谋其政，凭什么再享受原来的待遇？这个观点，阅卷老师读来，如清风扑面，自然可得高分。

四、方法贵渗透，互补方出彩

不同的文章，组织结构、表达方式固然有不同之处，然而，也有相通之处。有时，对其他文体的表达方法进行渗透，也可能产生奇妙的效果。考生应该“不拘一格”，灵活运用，例如议论是议论文的主要表达方式，然而记叙文中适当运用它，却往往起到画龙点睛、深化主题的作用。《风景谈》《白杨礼赞》等文章中的议论便是有力证据。而议论文中如恰当运用记叙、描写，也可以使文章生动形象。毛泽东的《别了，司徒雷登》、苏洵的《六国论》中也不乏这样的例子。再说“点面结合”手法，在记叙文中常用（如《包身工》），然而，在议论文中也可“引进”。不少学生在举例议论时，有时举两三个事例，都是个别具体的材料，既缺少典型性，又不能突出重点，更令人遗憾的是，两三个论据成了两三段微型记叙文的堆砌物。如果我们借鉴“点面结合”的写法，既举一下具体事例，又概括地写一些整体的情况，就可以避免上文所说的弊端。表达方式渗透，这是写作应变的有效方法，但也是许多考生容易忽视的方法。

五、亡羊犹补牢，化险而为夷

考生作文，一挥而就，字字珠玑的现象毕竟少。大多时候，特别是高考作文，受到时间限制，难以深思熟虑再下笔，难免产生小的失误。这时候，我们就要亡羊补牢。这就像演员演戏失误后需要补台一样。曾有一个剧团上演三国戏，刘备召集关公商议国事。演关公的演员忘了带胡子就上场了。这时候，演刘备的演员厉声喝道：“是谁传错了旨令，我是叫你父亲来，你怎么来了，快下去叫你父亲上来！”这样一来，便把失误掩盖住了。有些老戏友明知有错，但仍为演员的机智喝彩。我们的作文为何不能如此？江苏一位考生写了一篇议论文，某一段论述内容有些重复，怎么办？作者心生一计，紧接着写道：“这个内容实在太重要了，所以我们反复强调！”这样一来，阅卷老师的感觉就不大一样了。

当然，作为考生，拿到题目，最好写个简要的提纲，以免走题。至少心中要想一下内容与结构问题，做到心中有数。至于亡羊补牢，是万不得已的事。只是补得及时，补得巧妙，就会少失分，乃至不失分而已。

1996年7月

高考作文考什么？

——高考作文命题范围概述

作文，是语文高考的半壁江山，也是语文教学的难点。特别是在高考复习教学中，学生无所适从不说，连不少教师也茫然无措。至于家长，即使是高级知识分子也往往心有余而力不足。其实，世界万事万物，看似复杂无序，但深入探究，自有其规律可循。语文高考作文命题也不例外。我们这里拟就高考作文命题考查范围的规律进行探讨，以便使师生、家长“心中有数”，在高考复习的教学活动中有的放矢。

纵观高考制度改革以来的全国及各省市、自治区的高考试题，我们不难得出结论，作文内容命题范围无外乎以下几个方面：

一、与哲学联姻

哲学是关于世界观的学说，是自然知识与社会知识的概括和总结。能运用正确的哲学观点来分析问题、解决问题，向来是高考作文的一个重要内容。1986 年《树木·森林·气候——谈……》一文，考生就可以从个体与整体的关系，量变与质变的关系等哲学角度立论。1999 年关于“玫瑰花”的材料作文，考生可以从“一分为二”“主要矛盾与次要矛盾关系”等哲学角度立论。又如 2005 年高考山东卷作文题：

皇帝造屋，百工齐集。木匠、石匠暗暗竞赛。一天，木工师傅求胜心切，重责小徒弟。徒弟为了泄愤，把师傅的木尺偷偷锉短了一分。结果，根据木尺做成的木柱都短了一分。而那些稀有木材是远方进贡来的，无法在当地补充，皇帝必然为此震怒。木工师傅知道自己死到临头而大哭，这时，石匠想出了一个办法，他把承托长柱的石礅的平整墩面改为微微隆起，补足了木柱短缺的部分。这样，不但宫室如期落成，木工全家得救，也发明了石墩设计，为中国建筑多增一份姿彩。

这则故事寓有中国人处世的哲理：别人的短处可以彰显我们的长处，我们的长处可以“承托”别人的短处，这样彼此都有好处。推而广之，这是一种竞争中“双赢”的智慧，这在现代社会中尤为重要。

请以“双赢的智慧”为话题，自定立意，自选文体，自拟题目，写一篇不少于 800 字的文章。所写内容必须在话题范围之内。

这则材料就含有哲理性，告诉我们“竞争”不一定是你死我活，有时可以“双赢”。双赢是一种哲学的智慧。

2006 年高考浙江卷作文题：

据《列子》记载：子贡倦于学，告仲尼曰："愿有所息。"仲尼曰："生无所息。"古今中外，还有诸多相关的论述，例如：

人就是不断地进行创造性的工作，工作是使人得到快乐的最好办法。（康德）

我这一生基本上只是辛苦地工作。（歌德）

天子乃祈来年于天宗——劳农夫以休息之。（《吕氏春秋》）

休闲不是偶尔玩一次，而应是人们三分之一的生活。

人们应该学会超前休息，也就是说在疲劳之前，适当休息效果最佳。（医学专家）

读了上述文字，你有何感想，请以"生无所息/生有所息"为话题写一篇文章。可以讲述你自己或身边的事，抒发你的真情实感，也可阐明你的思想观点。

注意：① 所写内容必须在话题范围之内，可任写一个方面，也可兼写两个方面。② 立意自定，角度自选，题目自拟。③ 除诗歌外，文体不限。④ 不少于 800 字。⑤ 不得抄袭。

这道作文试题告诉我们："横看成岭侧成峰"，看问题由于思维角度不同，观点、结论可能不同；另外，还告诉我们，世界纷繁复杂，生活丰富多彩，并非同一个问题的答案都是"唯一"的。

二、与道德攀亲

"弘扬中国古代优良道德传统和革命道德传统，吸取人类一切优秀道德成就，努力创建人类先进的精神文明"，这是各级各类学校教育的重要内容，也是高考命题的关注点。

1982 年高考作文题为《先天下之忧而忧，后天下之乐而乐》，题目本身就是反映中国传统美德的经典名句。1992 年"春雨潇潇"的材料作文，也关涉公共道德问题。2001 年的诚信问题、2002 年的"救人与自救"问题，都事关公民道德问题。2005 年全国卷Ⅱ也是如此：

阅读下面的文字，根据要求作文。

甲乙两个好朋友吵架，乙打了甲一拳，甲在沙地上写了"今天我的好朋友打了我一拳"。又一次外出时，甲不小心掉进河里，乙把他救了上来，甲在石头上记下"今天我的好朋友救了我一命"。乙问甲为什么要这样记录，甲说："写在沙地上，是希望大风帮助我忘记；刻在石头上，是希望刻痕帮助我铭记。"

生活中，有许多事情是可以忘记的，有许多事情又是需要铭记的。请以"忘记和铭记"为话题，写一篇不少于 800 字的文章。自定立意，自选文体，自拟标题。所写内容必须在话题范围之内。

这篇文章告诉我们为人的道德准则：对误会、嫉妒、仇隙应善于"忘记"，而对别人的帮助、关爱、恩情则应牢牢铭记。

三、与心灵链接

人的心灵深处是一个复杂微妙的世界。高考作文内容常与考生的心灵链接。这方面的命题极易考查学生心理剖白的能力。1999 年小作文补写《妈妈只洗了一只鞋》，考生必须叙述"我"的心理感受与思想斗争。同卷的大作文《坚韧——我追求的品格/战胜脆弱》，要求考生展示的就是心理承受能力。2002 年《心灵的选择》，题目直截了当地规定了写心灵撞击的有关内容。又如 2005 年高考湖南卷：

从一个人的成长来看，先要学会走，然后才是跑。任谁都跑过——无论身体上的还是心灵上的；但跑的体验是不尽相同的。你或许有难忘的经历，或许有深切的感受，或许有独到的认识。请联系自己的生活实际，以"跑的体验"为话题，自选角度，自拟标题，写一篇不少于800字的记叙文或议论文。

这道作文题的写作，要扣"身体"，更要扣"心灵"，重在写心灵的体验，体验的内容可以是成功的经验，也可以是失败的教训。另外，2006年上海高考作文题《我想握住你的手》也涉及"心灵"的剖白问题，考生作文时肯定离不开心理描写。

四、与生活贴近

高考作文命题也非常关注生活实际，让学生有话可说。不少高考作文题，要求考生对生活中常见到、常遇到的生活现象谈谈自己的看法。这是高考命题的优良传统。20世纪80年代的命题作文中就时有体现：1984年的材料作文就是要求学生针对师生对"写作文"与"批改作文"都感到不满这个话题谈谈自己的看法。1985年的作文是给《光明日报》编辑的信，谈的是环境污染问题。1989年的书信作文，要求谈的是对高考志愿报考问题。这类问题，考生习见习闻，然而往往视而不见，平常缺乏深刻的思考，考下来并不比其他内容的作文容易。

近年，高考作文出题对这个问题又重视起来。例如2005年上海卷：

阅读下面提示，根据要求作文：

近年来，在课堂教学之外，以下现象也大量进入我们的视野，请看一组社会广角镜——

镜头一：武侠小说风靡了几代读者，其实以侠为人格理想，是一种由来已久的精神传统；言情小说则往往将花样年华与感伤情感交织在一起，这都是作品吸引众多青少年读者的原因。

镜头二：中学时代的流行歌曲《同桌的你》，唱出了莘莘学子的生活，幼稚与成熟，青春与成长，追求与迷茫；这是一种难解的情结，在校园的绿草地上总有它的一席之地。

除此之外，还有各种卡通、音像制品、韩剧、休闲报刊及时装表演等，因此需要对当今的文化生活作一番审视和辨析。谈谈它们对你的成长正在形成怎样的影响。

文章字数不少于800字，不要写成诗歌。

这道作文题材料取自生活，中学生习见习闻，写起来自然有话可说。另外，2006年北京的作文题为《北京的符号》，要求以天坛、故宫、天安门、胡同、长城等为北京符号写一篇文章。这道作文题取材生活，考生平时只要注意观察，便会言之有物。

五、与政治合拍

国家的政治生活内容，在高考作文命题中也时有反映。很大程度上，国家的政治与民族的道德风尚、价值取向是相通的，有时更起到引领作用。例如"创新"问题。几经中央领导同志强调，如今各个领域都掀起了创新运动。2000年高考作文以"答案是丰富多彩的"为话题，对创新问题也作了回应。另外，中共中央为了加强精神文明建设，提高国民素质，于2001年10月颁布了《公民道德建设实施纲要》，提倡"爱国守法，明礼诚信，团结友善，勤俭自强，敬业奉献"。2001年作文先于纲要发表前就以"诚信"问题命题。2002年"雪山救人"的材料关涉友善问题。2005年北京的作文题《说

"安"》,关涉到安定团结问题;2005 年湖北卷直截了当地要求谈对人生、事物的看法。这都离不开目前的政治大背景。

六、与创新思想结盟

创新能力的培养,自 20 世纪 90 年代以来,渐成教育界的热门话题。创新话题涉及创新思维、创新能力、创新行动等诸多方面问题。例如:作为创新能力的重要因素——想象力的培养,也受到空前重视。从 1991 年首次要求学生以"圆"为题材写想象作文开始,到 1999 年《假如记忆可以移植》,"想象力"在高考作文中"尽显风流"。2000 年作文材料本身就极具想象力。特别值得重视的是,1999 年以来的作文试题允许考生"编述故事",打破了中学生传统作文理论的偏见,更为学生发挥想象、进行虚构开辟了广阔的空间。2006 年天津高考卷《愿景》一文,本身就要求学生抒胸臆,谈对未来的憧憬、愿望,学生的思想的鸟儿可以展翅翱翔。2006 年江苏高考作文试题为:

鲁迅说,世界上本没有路,走的人多了,就成了路。也有人说,世界上本来有路,走的人多了,反而没路了……请以"人与路"为话题写一篇 800 字的作文。

这道题目本身就引发考生的想象。考生可以由"路"的本来意义想到其比喻意义,从而进行哲理性的思考。

以上所举的六个方面,只是将过去命题内容总结了大概。高考作文命题在不断创新,以后将会涉及新的"领域"。其次,分六个方面叙述,只是为了方便起见,实际上,高考作文命题往往是综合性的,如政治问题和哲学问题,本身就密不可分。俗话说"有备而无患",作为考生,平时应该多注重上述六个方面知识的积累与能力的培养,以期在高考中胸有成竹,稳操胜券。

2007 年 3 月

考场作文决胜策略

“十年磨一剑”，平时作文训练，旨在考场上一展身手。而考场作文，既是对平常训练成果的终结评价，又是高一级学校选拔生源的重要依据。因而，考场作文的决胜策略显得特别重要。我们这里不妨就此作一探讨。

考场作文应试时应做到以下几点：

信心百倍，沉着应战

考试，不仅是对知识、能力的考查，也是对心理素质的考验。因而，历年高考状元无不认为，在心理上战胜考试，就等于成功了一半。也许你平时的作文水平未能尽如人意，然而，当你坐到考场时应信心百倍。唯有信心百倍，才能沉着应战，使作文水平得以充分乃至超常发挥。年年岁岁有考试，岁岁年年人不同。然而，每年都有人因怯场而难以充分发挥自己的写作水平。前车之鉴，理当记取。进一步说，置身考场，不妨来一点“阿Q”主义，自认为自己比他人强得多。这样一来，思想上的包袱就会放下，思维就会灵活，身手就会舒展，理想的写作效果就会出现。

审题构思，按章办事

我们平常写文章，不少同学看到题目，提笔就写，以至于中途觉得不妥或其他原因从头再来。这种现象发生在平时并不要紧；然而，考场作文有时间限制，一旦发生这种情况，将不可收拾。因而，我们主张，拿到题目时，一定要认真审题并略作构思。要弄清命题的具体要求，确定结构、主题和体裁，并列出一个简要的提纲。当然，这样做可能要占用几分钟时间。然而，“磨刀不误砍柴工”。只有这样按章办事，才会使文章立意得当，构思精密，行文流畅。

构思要讲究新巧。例如，在结构安排上可以换换花样，文章每段可以列一个小标题，提纲挈领，醒人耳目；可以用书信体来写议论性的内容；可以用对话的形式来评人论事等。有些作文提供的材料，本身具有隐喻意义。我们应该认真分析，引申议论，提炼出立意高远的主题。否则，就事论事，在原材料上打转转，非但难以充分展开记叙或议论，而且思想苍白，难成佳作。再说，文章自古讲究凤头豹尾。考场作文如果能够统筹考虑，对开头结尾着意润饰，会使文章生色，吸引阅卷人的眼球。

灵活取材，不拘泥真实

平常，教师提倡写真人真事，本来无可厚非。然而，考场作文，我们不必拘泥于这种机械的“真实”。

目前的高考作文，本身对文章体裁、内容的要求就很宽泛，给考生以广阔的思维空间。如考生写小说、寓言之类文体也在允许范围，我们怎能用“事实”的框子来套这些作文呢？前些年高考满分作文《赤兔之死》，就不是拘泥于“真实”之作。《赤兔之死》取材于“三分事实，七分虚构”的《三国演义》，而作者叙述的关于赤兔讲究诚信，为主人关羽殉身的故事纯属虚构。可是，阅卷专家不以为忤，反而“交口称赞”。

或许有人说，对小说、寓言之类文体可以虚构，而对一般的记叙文则不能虚构。我们说，其实也大可不必。当写一般记叙文时(只要不是新闻、通讯等真实性特别强的体裁)，也不是不能合情合理地“编造”。学生从幼儿园开始，一直到高中毕业，基本过着“家庭—学校”两点一线式的生活，很少有机会体验丰富多彩的社会生活，很少有机会阅读大量的古今中外名著以及报刊时文，头脑中缺少写作素材。面对高考题目，记忆仓库中一时没有现成的材料，凭借想象，合理编造一些材料，有何不可？我们认为，这种做法不仅无可非议，而且值得提倡，因为这样做，有利于培养自己的想象力！有些人担心学生编故事会导致人格缺陷，这是杞人忧天的。我们只要考察一下生活实际，便不难发现，那些惯于编造故事的文学家却大多具备高尚人格，而那些临笔不知所云的政客们却多为说假话、做假事的能手。

当年苏轼参加进士考试，兴之所至，编造了一个“典故”。阅卷人欧阳修对苏轼的文章“一见钟情”，但却不知典故的出处。成绩公布后，苏轼中榜。爱才且又虚心的欧阳修约苏轼见面，并请教文中典故的出处。苏轼怕作假挨批评，信口撒了个谎，声称出自《左传》。第二天，欧阳修又约见苏轼，不耻下问：“我记忆力衰退，又老眼昏花，今夜查遍了《左传》，也没有发现出处，到底出自哪里？”苏轼这才不得不以实相告，说是自己编的。他想，一定会挨批评了。殊不知欧阳修不但没有批评，反而赞赏苏轼知权达变，日后必成大器。我们应该向欧阳修学习。

审时度势，扬长避短

由于平时写作实践中的习惯、爱好等原因，考生面对作文题需要审时度势，扬长避短。这里的审时度势，是指要认真审查作文要求与明白自己写作的优势，在不超出题目限制范围的前提下，在选材、体裁方面尽量扬长避短。以体裁为例，如果一个作文题可以写成议论文，也可以写成记叙文。那么，考生就应该选择自己擅长的文体。一般地讲，学生平常记叙文习作的机会多，记叙文的功底要厚实一些。一篇文章如果可以写成议论文，也可以写成记叙文，写成记叙文则容易得高分。

注重规范，重视细节

临场作文，一定要注重规范性，注重细节，诸如书写、格式等。同样内容的一篇文章，书写规范、工整，卷面清晰，得分肯定要比书写潦草、涂改甚多的作文得分要高。卷面分、印象分是客观存在的事实，我们不得不重视。特别是近年来电脑阅卷，更要注意书写的规范和清晰，否则字迹一团糟，影响判分，考生只好苦果独吞。现在高考已明确规定，高考作文中的错别字要扣分。这就需要考生作文写完后“回眸一看”，改正仓促间写错写别的字。“千金难买回头望”，也许，仅因一字之差，就决定你是上本科抑或上专科。

许多考生仓促之间忘记写作文题目，或者不讲究分段与标点符号的运用，都会“坐失良分”。

又如时间分配问题。原则上，写作文时间不能低于一小时。考生临场应统筹掌握时间，合理分配时间。每年都有考生因为前面试题困扰而使作文写作时间太少，结果丢掉了作文这个“西瓜”，我们不应该重蹈覆辙。万一时间太紧，我们不妨丢掉前面分值少的“卒”，而保作文这个“车”。

总之，应试本身就是一门科学。考生平时应该认真听取老师的教诲，并注重模拟训练，以便考场上胸有成竹，稳操胜券。每年高考下来，都会发现有些平常语文(包括作文)水平一般的同学成为“黑马”，原因何在？就在于他们临场认真，超常发挥。我们相信，只要我们平时注重作文训练，并能够掌握和动用临场决胜的策略，一定会赢得作文考试！

2009年5月

关于语文活动课的对话

我校承担的江苏省教育科学“九五”课题“语文活动课程设计与实施研究”通过了专家鉴定，专家组对课题的研究成果予以充分的肯定。通过实践，我们提出了设计语文活动课的八条原则，如活动性原则、课程性原则、综合性原则、创造性原则、实践性原则等。我认为，对于语文活动课来说，这八条原则不仅是操作方法的问题，更重要的是确立了开设语文活动课的指导思想的问题。

我们提出的设计语文活动课的八条原则，是对传统活动课程理论的继承，同时又有所突破和创新。国际上对活动课程的研究始于19世纪末期，有关活动课程的研究理论也流派纷呈。其中最有影响的代表人物首推美国实用主义学者杜威。杜威认为，传统的学科课程是把一个统一完整的世界加以割裂和肢解，然后分别独立分成多门学科教给学生，而这种知识与生活脱节，不符合儿童的生活经验，不能满足儿童的兴趣与需要。因此，他主张学校应当与社会生活密切联系，提出了“教育即生活，学校即社会”的口号。杜威强调各门学科教材知识的综合，反对把知识割裂和肢解，认为学习的根本方法就是让儿童从经验中去学，也就是“从做中学”。杜威建立的活动课程理论的出发点是好的，但是，过分强调了活动课程而忽视了学科课程，过分强调了儿童经验的重要性，混淆了经验与知识的界限，把活动课程与学科课程完全对立起来，这是杜威理论中的不足。我们在实践中提出的语文活动课设计的八条原则对传统的活动课程理论既有继承，也有创新。比如，我们的语文单科活动课程的提法，即“课程性原则”，就是对杜威理论的突破。因为根据杜威的理论，单科课程不能称为活动课程。我们提出的“综合性原则”不仅是对杜威活动课程理论的继承，同时也有所发展和创新。杜威所说的“活动课程”是打破学科界限的，是各门类知识的综合；我们所说的“综合”是以语文为主，兼顾各门知识的综合，强调的是语文与其他学科的交叉与融合。依据这一原则，我们设计活动课教学内容、选取材料时，可以兼顾政治、历史、地理、生物、军事等方面的语文材料。即使是语文方面的材料，我们也可以注重文学、文化与语言基础知识的综合。

我们研究语文活动课，必须重视它的“课程性”特点。开设语文活动课不仅要有系统的教学内容和严密的教学计划，还需有效的管理措施和良好的评估机制。否则，语文活动课很可能变成可有可无的点缀，最后不了了之。国内一度有人认为，语文活动课就是让学生说说笑笑，跑跑跳跳，让学生自由自在地活动，其实这是对语文活动课的一种误解。语文活动课当然不排除课堂外的阵地，但是，同样也不能放弃课堂这个主阵地。语文活动课当然可以“说说笑笑，跑跑跳跳”，但这绝不是它的唯一形式。其实，活动课程的创始人杜威也从没有放弃过课堂这个教学阵地。他所倡导的活动课程，中心是教学内容、方法的改革，而不是教学场所的转移。语文活动课应该牢牢占领课堂这个主阵地，我们在设计语文活动课方案时，应有明确的课堂意识，一个活动方案的内容一般应控制在一节课(45分钟)之内，这是我们设计语文活动课方案时应该注意的一个问题。

当然，我们不能因为强调语文活动课的课程性特点，就把它和语文学科课程对立起来。我们应摆正二者的关系。语文学科课程是国家教学计划中规定的必修课程，语文活动课程和语文学科课程是相辅相成的，活动课程是对学科课程的补充、拓展和延伸。

但是，作为一门独立的课程，语文活动课也有它鲜明的特色。同语文学科课程相比，它授课的形式、地点、内容具有更大的灵活性和自主性。从上课的形式来说，可以以某个问题为中心，由学生组织实施教学方案，如辩论会、知识竞赛、新闻发布会；可以以教师为主导，对生活中的某些语言现象进行剖析，或者以讲座的形式，介绍一些贴近生活的文学、语言知识；可以教师抛“砖”以引学生之玉，可以放手让学生“编筐”，教师最后“收口”；可以采用孔子“茶馆式”的讨论教学方法，也可以采用常规的教学方法，甚至师生角色互换。从上课地点来说，可以以课堂为主阵地，也可以走出课堂，如调查市场，走访劳模，参观人文景观，搞街头宣传演讲，到法庭旁听等；可以在图书满架的阅览室、图书馆，也可以在风景怡人的山野、公园；可以在庄严肃穆的法庭，也可以在热闹非常的商场。从活动课的内容方面来说，选择的天地则更加宽广。

这正是语文活动课的魅力之所在。如果说“活动性原则”是语文活动课的精髓，那么“活动”二字是语文活动课的灵魂。“活”不仅指形式方面的，更指内容方面的。活动内容的多样性是它“活”的体现。鲜活的内容和富有创意的形式有机结合起来，才能真正体现出语文活动课“活”的特点。也只有如此，语文活动课才能贴近学生的生活实际，才能对学生富有启发性和感召力，使语文活动课像磁石一样牢牢地吸引住学生，从而激发学生求知的欲望和创造的激情。

正是如此。语文活动课不仅要注意“活”，还要注意“动”。动，就是要求师生双边活动要到位。不仅要手动、口动，更要求脑动，让学生在获取知识的同时，思维能力得到锻炼。动，还要注意内容和形式的有机结合。教师精心设计方案，放手让学生自己活动，给学生以充分的自由，这是动；同样，教师就某个问题作必要的点拨，讲得生动有趣，振聋发聩，学生听了或茅塞顿开，或心领神会，悟出新知，这也可以视为动。动，还要克服形式主义倾向，那种没有一定难度的提问，尽管一问一答，热热闹闹，但只做表面文章，不能算是真正的动。因此，我们在实施语文活动课的过程中必须注意防止形式主义、走过场的倾向。开设语文活动课不能满足于教学的手法变化，花样翻新，要克服急功近利的短期行为，立足长远，为学生的终身发展打算。

是的，我们提出语文活动课的长效性原则，就是针对应试教育的那种“考什么、教什么”的弊端而言的。长期以来，语文教学陷入了应试教育的泥潭，应试被提升为教育的目的，甚至是教育本身。一篇篇课文和知识短文，被肢解为一个个零碎的“考点”，变为应试教育的敲门砖。作为人文学科的语文的特点被扭曲，学生局限于咬文嚼字，语文的综合能力得不到应有的提高。譬如作文，它本应是展示一个人语文综合能力的最佳形式，可是有些“精通”应试之法的学生，虽然在考场上能拿到不错的分数，但实际的写作能力却令人担忧。

应试教育的弊端似乎在语文教育上表现得特别明显，在各学科中，语文学科面临的社会压力也特别大。近几年来，语文教育的现状问题也一度成了全社会争论和关注的焦点。大家都在思考一个问题，语文教育怎样才能走出这种困境？我认为，作为语文教学改革的尝试，语文活动课应该在克服应试教育的弊端、改革语文课程结构、推进素质教育的过程中发挥自身的特点，有所作为。

应试教育的弊端在其他学科上的表现也很明显，这是长期的教育偏差造成的。要克服应试教育的弊端，只有全面实施素质教育，而从根本上说，素质教育是一项社会工程。因此，要扭转这种弊端绝不是哪一门学科，更不是哪一门课程能独立承担起来的。说穿了，这不仅是学科教学的问题，更是教育观念乃至教育体制的问题。但是，落实素质教育也只能从每一件具体的事情做起。就语文活动课来说，我们在实施的过程中必须把促进学生个性完善和提高综合素质放在首位。我们在实验中提出的八条原则充分体现了素质教育的思想，如活动性原则、长效性原则、创造性原则和实践性原则等。

素质教育倡导的是富有创新精神和个性化的教育，而语文活动课个性化的课程设置方式正适应了素质教育的这一要求。

与学科课程相比，语文活动课更注重趣味性、创造性和实践性。趣味性就是要求教师在传授知识时要从兴趣入手，以兴趣去激发学生求知的欲望，以兴趣去撞击学生思维的火花和创造的热情。比如，开展“流行歌曲解读”“仿拟诗会”“‘夸张’大赛”“标点趣谈”等活动就很受学生的欢迎。实践性就是要求教师把语文知识的学习和社会生活密切联系起来，为学生亲身体验、亲身实践创设情境、提供条件，让学生在做中学，在学中做。比如，可以让学生自编自演课本剧，可以让学生走上街头参观各类商业广告，搞一次“让我为你做广告”的语文活动课等。创造性就是要求教师在教学中要注重学生创造性思维和创新能力的培养，在学生之间、师生之间创设思想碰撞的机会，使学生的思想在碰撞中产生创造的火花。比如，可以组织“课堂‘赏月’”活动，让学生结合学过的有关描写“月亮”的古今诗文展开类比和联想；可提供一定的故事情节，让学生自由发挥，尽情想象，尝试一次“故事新编”；可以创设一定的情境，让学生以求职者的身份来一次“自我推销”等。

总之，在语文活动课的实施过程中，我们必须牢固树立大语文的教学观，摒弃急功近利的应试教育思想，把“语文学习的外延和生活的外延相等”这句话作为座右铭，着力于学生综合素质的提高。

语文活动课的开放性、灵活性和多样性，无疑对教师的素质提出了新的更高的要求。多年来，大家已经习惯了依据大纲和课本进行教学，一旦脱离了，就会有一种手足无措的感觉。因此，提高教师素质，已经成为语文活动课实施的关键。对于语文教师来说，要上好语文活动课，必须树立终身学习的观念，不断更新自己的知识结构，努力探索语文教学的新思路、新途径，在教学实践中不断提高自己的教育科研水平和开发新课程的能力。

此外，我认为，语文教师还应该注意自身角色的调整，不仅要做活动的设计者、组织者，还应是活动的引导者、参与者，在教学中充分发挥教学民主，努力为学生的学习营造一种宽松、和谐、民主的氛围。开设语文活动课对教师的组织管理能力也提出了更高的要求，教师必须时时注意引导、激发学生的学习兴趣，使其始终保持积极探究的态度，确保语文活动课的顺利进行，提高活动的实效性。

要保证语文活动课的顺利开展，学校方面也要做好相应的保障工作。首先要求学校领导认识到位，健全实施机构，做好组织保障；其次，要把它作为学校的课程，纳入课程计划，给予课时保障；第三，要抓好教师培训，提供有力的师资保障。另外，还要有必要的物质与信息保障。当然，在诸多因素中，首要的因素是人，尤其是教师的教育素养问题。语文活动课程作为语文教学改革的新举措，能否顺利地开展和实施下去，关键在于教师的教育素养的高低。

开设语文活动课给语文教学拓展了新的空间，也向语文教师提出了新的挑战。不过，国家教委2000年颁布的《全日制普通高级中学课程计划(试验修订稿)》中只列出了必修课和选修课两类课程，在这种形势下，语文活动课应如何给自己定位？

新近颁布的高中课程计划中没有专列“活动课程”，并不意味着它没有存在的必要。《全日制普通高级中学课程计划》中设置了“地方和学校选修课”，语文活动课作为地方或学校自主开设的课程，完全可以纳入它的体系。语文活动课在未来语文教学的广阔天地里是应该大有作为的。

2000年3月

第三编 治教探骊

风雨兼程廿五载

——孙汉洲的成长轨迹

【名言】

亲其生而行其道,敬其业而尽其才,尽其才而成其名,成其名而泽其生。

【名片】

孙汉洲,男,江苏省首届教授级特级教师,江苏省语文特级教师,1955 年生于东海县平明乡孙基村,1982 年毕业于徐州师范学院中文系,并获文学学士学位,1990 年始任白塔中学副校长,之后辗转大江南北,先后任白塔中学副校长、校长,东海县中副校长、校长,东海高级中学校长,现任南京二十九中校长。二十余年,他不仅在学校管理方面上下求索,而且钟情教学、教研,醉心语言学、文学、儒学、家庭教育研究,无不卓有成效,因而屡获殊荣:全国劳动模范、江苏省有突出贡献中青年专家、全国优秀教师、语文特级教师、全国推进读书十大人物、江苏省劳动模范、江苏省优秀教育工作者、江苏省红杉树园丁奖金奖、省辖市十大杰出人物、省辖市名校长等,并兼任全国家庭教育研究会理事,江苏省中语会理事,江苏省家教学会、创新教育研究会、高中教育研究会常务理事,江苏省课堂教学研究中心常务副会长,还兼任南京师范大学和徐州师范大学硕士生导师,并被聘为省教授级高级教师、特级教师评委,省教育评估院专家组成员。他创立的“分部管理体制”“班级组管理体制”在现代教育史上有一定的创新价值。他先后任三个大规模学校校长,师生人数都在 6000—8000 人,积累了大规模的学校管理经验。他的学校办学三维目标,充分体现了时代精神、国家思维、民族愿景,即学校目标:质量上乘,特色鲜明;教师目标:站稳课堂,写好文章;学生目标:全面发展,学有专长。发表文章 400 多篇,出版孔学、语言学、研究专著 10 余部,发表或参编著作 30 余部(套),并已出版和集结散文、诗歌集 9 部,是中学教师中不多见的中国作家协会会员。

《中国教育报》《教师报》《新华日报》以及《语文教学通讯》《中学语文教学参考》《中学语文教学》等 10 余家报刊以及电台、电视台就其教育教学管理成就先后作过详尽的报道。他曾应邀两次晋京,受到江泽民、胡锦涛同志的接见。

【成长历史】

二十年前当校长,意气风发血气方刚,风雨兼程到如今,垂垂已老满头霜。蓦然回首来时路,几多欣慰,几多感慨,几多彷徨。

一、阴差阳错入“仕途”

做管理工作,换言之即做干部,对我而言是始料不及的。从小学到大学,我有过许多“梦”,当科学家,当文学家,当名医,唯独没有想到当干部。我走上管理工作之路,纯属阴差阳错。

大学毕业后,我在当地一所颇有名气的乡镇中学一干就是五年。五年间,我“夙兴夜寐”,不辍耕耘,也干出了一点小名气,于是,做起了名师梦。1987 年,县城中学要调我去任教。我觉得,那里施展才能的平台更大,便欣然应允,并翘首以待调令。终于,教育局调令下了,但乡党委却卡住不放。怎么办?我急得像热锅上的蚂蚁,好不容易找到了一个有权的老乡帮我才开出介绍信,我怀着兴奋的心情“飞”向教育局报到。然而,到了教育局,人事科长开出了调令却不是县城中学,而是更加僻远的乡间中学——安峰中学。我一看调令,如五雷轰顶,顿时呆若木鸡。

我浑浑然不知怎么走出了教育局,在县城街头彳亍而行。终于,我走进了当年读高中时的语文老师赵汝章先生家。赵汝章老师一听我的陈述,拍案而起,当即打电话给他昔日的一名学生,时任县委要员的某领导。他激动地说:“我所教的学生中有两个最有出息,一个是你,在政治上,另一个就是孙汉洲,在学问上……”

他为我鸣不平,要那位老学长帮助我。这位领导果真过问了。教育局的回答是:“孙汉洲工作出色,我们调他去安峰中学去是为了提拔他当教导主任。”这位县领导一听,也就认可了,并回复了老师。就这样,一个星期天晚上,教育局局长找我谈话,要我去安峰中学工作,并允诺提拔做干部。我当即表示,我没有做干部的欲望,也没有做干部的细胞,我只想到县城中学,有一个更能施展我教学才能的舞台。结果,胳膊还是扭不过大腿,最终我走上了学校管理工作之路。我在干了三年主任之后,1990 年就被任命为白塔中学副校长,嗣后,在白塔中学、东海县中学、东海县高级中学、江苏教育学院附属高级中学,分别由副校长而至校长地干着,屈指已逾二十年……

二、疑问尽处是赞誉

二十多年来,几多风雨,几多坎坷,我往往带着疑问上岗,带着肯定离岗,同时获得鲜花与荣誉。

我以教学和教科研而出名较早:1982 年大学毕业,1984 年就获得连云港教科研成果奖。在获奖的 30 多人当中,30 岁以下的只有两人,我是其中之一。1985 年,我带的第一届毕业生,尽管是两个普通班,高考分数却分别比另两个重点班高出 4 分、5 分。可是,当我做校长时,人们不免心生疑问。一介书生,教得好书,写得好文章,然而,能否做得好校长?当校长与教书、做学问绝不是一回事!我就是在疑问声中走上一个比一个重要的岗位的。但几年下来,成绩显著,便受到充分肯定,随之而来的是鲜花和荣誉,我获得过全国劳动模范、省劳模、省有突出贡献中青年专家、省优秀教育工作者、省辖市名校长、省辖市十大杰出人物等称号便是明证。

可以说,我在管理工作上也创造了辉煌。

我这里不妨仅就在东海县中和江苏省东海高级中学工作期间的工作做个简单的叙述,立此存照吧。

1. 呕心沥血,改善办学条件

教育形势的发展,要求学校规模必须扩大,办学条件必须上档次,出于这种超前的办学思路,我在东海县中任校长期间,与同事们在县委、县政府的大力支持下,全力筹措资金,2000 年 6 月破土动工兴建东海高级中学。在东海高级中学一期工程建设中,我每天必到建筑工地,参与策划、督促,确保设计科学,施工优质。2001 秋天,一期工程竣工,学校按时搬迁。为了使学校尽快美化、亮化起来,为了使教学条件得到进一步改善,我又多方奔走,磨破嘴、跑断腿,再次筹集资金,使学校的二期工程提前开工,并于 2004 年竣工。在总投资 1.2 亿元的情况下,学校办学条件处于全国先进行列:校园绿草如茵,碧树凝翠,玉桥九曲,假山嶙峋,置身其中,心旷神怡。设施一流的教学楼、省标准理化生实验室、省一级图书馆、现代化的体育馆、400 米国际标准塑胶跑道,高标准的多媒体教室、双向闭路电视控制系统、校园网站、超市、医务室、浴室、理发室等配套的服务设施,让学生学习愉快,生活舒心。学校被评为省爱国卫生先进单位、省园林式单位、市绿色学校。二期工程刚刚结束,我又带领全校教工克服重重困难,外出学习借鉴,整理各种资料,筹集资金添置教学设施,创建省四星级高中。2004 年 7 月,学校高标准、高质量通过了省四星级学校验收。

2. 勇于开拓,创新管理模式

没有创新,就没有活力与发展。东海高级中学有 104 个教学班,原有的管理模式难以对学校实施全方位的精细化管理,我于是首创“分部管理”体制。我把学校等份划分为三个分部,每个部都有三个年级,每个分部享有相对独立的管理权,但又隶属于学校行政职能部门的管理。行政部门每月对分部的常规管理、教学质量等方面进行量化考核,根据考核积分决定奖惩;分部再参照学校的考核制度逐层考评到年级组、班级组、个人,形成环环相扣的分部管理体制。责、权、利具体化,激发了教工的竞争潜能。

为了加强协作,我又在全校实行“班级组”管理,强化协作机制!“班级组”是包括班主任在内的全体任课教师和全班学生的集合体,班主任为组长,管理班级学生和班级任课教师。班级组成员之间存在着共同的利益关系。学校考评、奖惩首先到班级组,班级组长再根据任课教师的表现,分解细化,奖惩到人。共同的利害关系,加大了教师的协作力度。

创新管理,使学校迅速走上了在协作中竞争、在竞争中协作的发展轨道。2003 年 5 月,学校的管理模式受到了时任省委副书记冯敏刚等领导和专家的高度评价。澳门大学客座教授、华东师大教授胡东方认为这种管理模式具有原创性,在全国具有创新意义。《成才导报》教育管理专栏 2003 年 5 月连续五期头版头条介绍我的管理经验,省内外许多学校前来学习。

3. 率先垂范,打造优质队伍

拥有优质的师资队伍,是教育成功的关键。我率先垂范,为了学校的发展,我每天早上五点多到校,晚上十点半后离校。我常常是一边打点滴一边办公。我任校长多年,一直坚持代课,潜心钻研教法、自编教材,我钟情于教研,不断提升自我科研水平。

在东海高级中学任校长期间,为了尽快培养出一支精干的教师队伍,学校采取请专家来校讲学、鼓励青年教师参加高层次的学习进修、实行骨干教师与一般教师结对帮扶、带领部分教师外出学习等措施,扎实有效、全方位地培训教师,迅速打造出一支精干的教师队伍,其中全国优秀教师、省优秀教育工作者、省优秀班主任、省“333 工程”培养对象、市“521 工程”培养对象、市学科带头人、省市优质课和基本功大赛获奖者 200 余人。学校先后荣获省优秀教师群体称号。2004 年,学校作为市先进集体派代表到全市巡回宣讲学校的先进事迹。在全市第二十个教师节的表彰大会上,市长号召全市学习东海高级中学的拼搏奉献精神。

4. 科研兴校,教学教研双丰收

由于种种历史原因,学校每年的高一入学成绩与市内和周边同类学校相比都有很大差距,学校始终坚持“人本立校,发展个性,求是创新,培育真人”的办学理念,一切为了学生,全力提升教育教学质量。

全体教师坚持分类指导、逐层推进的教学策略。对优秀学生,实行单独指导,弹性管理,经常组织学生听专家讲座、搞研究性学习、参加各种竞赛,开阔视野,锤炼思维品质。对中等生,实行欣赏、激励教育,加强课堂和谐互动,加强课外心理交流和弱科指导,组织优秀生和他们结对帮扶。对特长生,成立体育、音乐、美术、飞行员护苗保苗小组,分类指导,倾心培养。

咬定目标,科学加苦干,全面实施素质教育,使学校高考成绩洼地崛起:2003 年高考本科达线

721人,居全市第一;2004年高考本科达线903人,遥居全市第一。尤为可喜的是,学校培养优生力度和成绩全市领先,提升率多年全市第一! 如2004年高考本科达线903人,而三年前高一录取全市前3000名,学校仅占515人,提升了388人,全市第一; 2005高考在生源处于五改六第二年的情况下,本科达线828人,而三年前高一录取全市前3500名,学校仅占510人,提升了318人,全市第一。

教学成绩既源于教师的科学苦干,更源于学校大力实施"以研促教、科研兴校"的战略。一方面,形成了浓厚的教研氛围;另一方面,学校加大对教研的经济投入,制定奖励条例,鼓励教师参加各种教研活动。全校教师承担28项国家、省市级"九五""十五"课题,课题都已经结题并获省市大奖。仅2002—2005年四年时间,学校教师就在省市级以上刊物发表教科研文章1300余篇,出版著作60余部。学校语文、历史、物理、化学四个学科被市教育局确认为市教科研基地,成为连云港市学科基地最多的学校。学者型教师脱颖而出,学校有百余名教师参与国家、省级教材和参考用书的编写。学校被评为江苏省教育科研先进集体。

5. 效益显著,好评如潮

一流的管理和效益,赢得了各级领导、各方宾朋的赞誉。多名国家、省市(厅)领导人先后来校视察,对学校的管理和办学成绩给予充分肯定。回良玉同志一进校园就啧啧称赞:"学生能在这样好的条件下读书,真幸运!"江苏省原省长季允石来东海视察,经过学校,驻足惊叹:"校园太美了!"来自美国、英国、澳大利亚的国际友人对学校也赞赏有加。东海县政府仅在一年之内,就因为四星级高级中学创建成功、高考成绩优异等原因而发了三次贺信。

我在东海高级中学任校长的4年间,学校就获得省文明单位、省爱国卫生先进单位、省德育工作先进学校、省素质教育先进学校、省教育科研先进集体、省招飞工作先进单位、省党建工作先进集体、省依法治理先进单位、市高中教学质量优秀奖等60多项荣誉称号。

三、春风又绿江南岸

2005年,是我教育生涯的转折点。这一年,我已经50周岁,50年间,我生于东海,长于东海,工作于东海,尽管中途到徐州上过四年大学,然而乡情未移,乡音未改。可是,一次偶然的机会,又使我踏上渡江南征之路。

2005年秋天,妻子生病到南京做手术,我陪护前往,其间南京公开招聘104名处级干部,其中有宁海中学校长和29中副校长两个岗位。亲友们鼓励我报名,我则以半百之身、重士难迁推托。后来妻子也进入了动员行列,更有热情的朋友为我代报了名,我只好勉强应征了,接下来笔试、面试、考察……不想竟一路绿灯,结果调任南京29中任常务副校长(正校级)。

2005年对于南京也是一个特殊的年份:前一年所谓的南京高考之痛在全国引起了轩然大波,而这时有一批外地校长被引进,也引起了本土教育同行的微词。苏北的校长除了靠"死抹"学生外,别无所长,到了南京会"水土不服"的,又能干些什么? 初来南京,我是在审视、敌视的眼光中度过一段短暂而又难熬的时光。有一位强势媒体的资深总编曾问我说:"孙校长,你从苏北来到南京,你认为两地的教育理念的冲突在哪里?"我说:"教育,从大的方向看,中外相融,古今相通,不会有大的冲突,更何况一个省内的两个地区呢? 冲突之说本身就是虚构的,我无从说起。"到南京弹指已经六年,六年来,我始终把鲁迅的名句"我以我血荐轩辕"作为座右铭,在寂寞与疑问中前行。正是这种血荐轩辕的精神,使我在历任校长的优秀传统的基础上力求创新,又为二十九中的教育事业再谱乐章,也用实力证明了我对那位总编的回答。

来到南京二十九中，当做了一年半常务副校长之后，2007年夏天我正式担当起校长这个职务。上任伊始，我梳理了办学思想，确定了办学理念："培养既有中国优秀文化传统素养，又有国际视野的现代化公民。"同时，确定了学校的三维目标：学校目标："质量上乘，特色鲜明"；教师目标："站稳课堂，写好文章"；学生目标："全面发展，学有专长"。基于以上目标，我团结一班人，带领全校560余名教职员工进行了一场新的长征。

1. 师资为魂奠基础

毛泽东生前说过："教学问题，首先是教员问题"。没有一支优秀的师资队伍，就不可能有一所好学校。我上任南京二十九中校长伊始，就加强了师德师能建设。

师德，是教师从事教师这个职业好坏的基础，因为道德可以弥补智慧的缺陷，而智慧永远弥补不了道德的缺陷，我们以"道德、责任、良心"为关键词，通过讲座、知识竞赛、社会考察等活动，提高教师的责任感、荣辱感与事业心，我们要求教师心存大爱，乐于奉献，把教书育人当作生命的一部分，生活的必修课。我们由"亲其师而信其道"引申而来，明确提出"亲其生而行其道"的论点。

我还根据新课程标准的要求，着力构建合作民主、教学相长的师生关系。

按照新课程标准要求，课改首先要改革的是师生在教学中的关系。"天地君亲师"，是中国传统等级观念给教师的定位。教师与天地君亲并列，就是把教师定位于主宰、施恩的地位。这种观念体现在教学关系上，就是师生关系的不平等。教师高高在上，传授知识，指点人生，学生只有乖乖接受、唯命是从。而新课程标准要求教师走下神坛，由知识传授者、命运主宰者变成学生学习的引导者、合作者、参与者、互相促进者。我们抓住了这个全新的理念，在建立新的师生教学关系上下功夫，从根本上为教学改革寻到了突破口。我们已初步构建了"互动型"课堂。课堂教学已由教师的"一言堂"改为师生参与的"群言堂"；教学活动已由"教师为主"的单线结构改为"学生为主体，教师为主导"的双线结构；学生角色已实现由被动学习知识到主动学习知识、创造知识的改变。民主型的师生关系极大地释放了师生的热情与智慧。教师"礼贤下士"，与学生打成一片，学生"亲其师而信其道"，教学效率在"和谐"的环境下悄然提高。

在师能培养方面，我们努力把"站稳课堂，写好文章"的目标落到实处。

为了使教师站稳课堂，我们加强了校本培训，通过教研活动、观摩课，使教师不断提高业务水平。学校成立了教师成长学校，并认真实施"青蓝工程"。为了使"新"教师尽快提高业务素质，通过教科室牵头，每学年有近30对"新""老"教师"师徒结对"；我们通过举办基本功竞赛等活动，给年轻教师搭建表现的舞台，为使他们成为"名师"铺设道路。

学校逐渐扩大了对外研训交流范围。学校每年都委托80余名教师外出参加省市区级培训，或在职读研。现已有40余名教师修完在职教育硕士培训全部课程，顺利毕业。学校确保每位教师每学期有一次外出学习的机会，每年都组织10余批教师分赴全国各地交流学习。

我特别注重教育教研，通过教研促进教师"写好文章"，把实践经验转化提升为理论财富。学校《教科研条例》明确奖励教科研成绩突出的先进教师。令我惊喜的是，一批教科研骨干在茁壮成长，近三年来，我校教师出版了10余部学术专著；有近700篇文章在各类刊物上发表，其中在北大图书馆核心期刊目录认定的核心期刊上发表的文章就近100篇。

在教师队伍建设方面，我们特别注重把好"进人关"。对引进教师不是校长说了算，而是由专家评审组说了算。我们引进的教师不重名唯重"能"。我们前几年率先提出了引进"能师"的主张，结果是，"能师"任职后迅速成长为名师。

目前，学校初步拥有了一批德馨业精、敬业爱生、能师群集、名师引领、结构合理的教师队伍。学校现有全国、省、市劳动模范 3 名，全国优秀教师 2 名，知名特级教师 7 名，教授级高级教师 3 名，江苏省先进教育工作者 2 名，江苏省有突出贡献专家 1 名，江苏省“333 工程”培养对象 4 名，南京市首届“行知奖”获得者 1 名以及省市知名的市级以上学科带头人、名师等 100 余人。正是他们，为南京二十九中的腾飞插上了翅膀。

2. 追求卓越抓质量

教学质量是四星级高中绕不过去的话题。江苏省教育评估院的评估文件中明确要求四星级高中的本科升学率要达到 80%左右。同时，作为家长，让孩子升入理想的大学更是对学校的直接期待。因此，我认为，应试教育不可要，但“应试”教学不可不要，让学生升入理想大学是硬道理！近年来，学校强化了质量强校、质量兴校的理念，视教学质量为第一生命线，加强对教育教学过程和终端的监控，统招生本科升学率已达 95%，学校已连续 5 年获得南京市绩效评估最高奖项——综合奖。仅以 2010 年学校高考、学业水平考试为例便可窥其一斑。

高考决战，再创佳绩。2010 年高考，我校 527 名(含扩招生)在籍生参加考试，其中文化达二本线以上 359 人，在众多名校本二达线率降低的情况下，我校二本达线人数比 2009 年增长 60 余人，比五年前增长了约 4 倍。尤其值得一提的是，由于我校教学一直是文理并重，扎实推进，因而在今年高考外界普遍认为对文科考生不利的情况下，我校文科班高三(1)班 53 人参加高考，51 人达二本线，二本以上达线率达 96.2%；该班最高分全省排名 47 名。由于 2009—2010 年度学校教育教学工作成效显著，2010 年 9 月，学校以总分第一的绝对优势第五次蝉联南京市普通高中发展性评估“综合奖”和“优秀奖”。

新年伊始，2011 届高三又传捷报：舒欣同学被南京大学文科强化班提前录取，尹博同学被人称“小麻省理工”的美国伍斯特理工学院提前录取，并获得 6 万美元的奖学金。

学业考试，斩将夺关。4A 人数突破 100 大关，居市区学校前五名；3A 人数 136 人，全校得 A 数超过 1400 人次，基本实现了人人有 A 的目标。

3. 特色鲜明显个性

近年来，学校坚持“质量上乘，特色鲜明”的办学目标，“不拘一格育人才”，在体育、艺术、科技、文学、对外交流等五个方面的办学特色日益鲜明，不仅发展了学生的个性，也彰显了学校的办学特色。由于办学特色显著，学校 2009 年被授予“全国教育科学‘十一五’规划普通高中特色学校”称号。

体育：夺冠折桂。武术、排球、高尔夫球等项目是我校传统优势项目。“中华武术甲天下，29 武术甲中华”。2009 年 8 月，我校代表江苏省组队参加第十届全国中学生运动会武术项目的比赛，力挫群雄，一举夺得团体总分全国冠军；2007 年惠若琪入选中国女排，现已担当主攻手；2008 年吴豪川同学入选国家高尔夫球队；王玥 2008、2009 年连续两年荣获江苏省女子网球单打、双打冠军。

艺术：奇葩怒放。舞龙舞狮队经常代表学校、省市教育系统在大型活动中表演，深受领导好评。学校民乐团、艺术团成员先后有 16 人在全国竹笛、舞蹈、扬琴等大赛中获一等奖。2007 届高三学生韩飞雪参加高考音乐专业考试获得了全省第一名的佳绩。校影像工作室制作的节目《寻迹 1937》获得全国第五届校园电视和优秀节目评比金奖，中央电视台等省市媒体先后予以报道。学校话剧社曹嫣然创作的剧本《天亮了》荣获首届中学生原创文学大赛暨全国百家文学社团小说(戏剧)一等奖。

科技：创新发明。近年来，共有 460 人次获省级以上大奖，其中获得全国、省级一等奖的近 30 人次。我校机器人创作小组荣获国际机器人创作奥赛中国赛区一等奖。魏忠祥同学获首届全国青少年科技创新奖;余修铭同学获得两项国际发明银奖和三项发明专利;黄闵羚同学五项创新发明申请了国家专利并作为江苏省唯一人选荣获第二届中国青少年科技创新奖。2009 年近 20 余人在全国高中数学、物理、生物等学科竞赛中获一等奖。2010 年 5 月,全国中学生生物学竞赛我校有 5 名学生获得一等奖,人数之多在南京市众多同类学校中独占鳌头并跻身全省前五名;江苏省高中生机器人大赛,我校又有 3 名学生获得一等奖,其中闫冬同学获一等奖冠军。《现代快报》《扬子晚报》《南京晨报》等多家媒体先后对获奖学生进行了专访。

文学:激扬青春。学校非常重视文学教学,校《石城》文学社荣登全国优秀文学社金榜。学生每年有上百篇文学作品在各种刊物上发表。学校将学生优秀作品结集为 20 万字的《石城文韵》,由凤凰传媒出版集团下属的江苏人民出版社出版,充分展示了学校文学社的成果。我校 2007 届毕业生颜欢同学以高考作文满分而轰动语文教育界;2008、2009 年两年,我校有 2 名学生分别获得全国、省级特等奖,近 20 名同学获得全国、省级一等奖。马薪蕊同学荣获全国新概念作文大赛一等奖并被厦门大学提前录取;眭以宁同学获江苏省第八届高中生作文竞赛特等奖并被南京大学提前录取。

交流:面向世界。学校与美国、澳大利亚、日本、新加坡以及中国香港、台湾等国家和地区的多所中学结成了友好学校,每年有 500 余名师生参与国际交流。我校与美国斯蒂辛山中学的友好交流项目受到了美国国务卿希拉里的激情赞赏。我们还与英国艾塞克斯郡合作建立了“昆曲—莎士比亚戏剧”研究项目,每年定期互访交流。国际间的交流使师生体验到多元文化,扩大了生活视野。

4. 创新思路谋发展

“创新”是一个单位发展的活力所在,我在教育工作中注重创新,使学校的管理与教学工作细水长流。

构建基于创新能力培养的研究型课堂。学校以课堂为主阵地,以培养学生“思维品质”为突破口,通过构建研究型的、具有创新能力的“315”课堂来培养学生的创新能力。我们规定,无论哪门学科,教师在课堂上都要设计研究性的问题,并给学生留有足够的思考、讨论空间。我们对课堂时间分配实行了“315”结构,即把每节课 45 分钟一分为二,规定每节课至少要有 15 分钟用于研究性教学。研究性、具有创新能力的课堂教学不仅提高了学生的思维品质和创新能力,也提高了课堂效率,使学校的教学质量连年攀升。

构建与中央课程和谐的校本课程。学校紧密围绕中央课程,积极开发学科类校本课程,充分体现学科类校本课程的补充性、扩展性,如我们开发的《趣味语文》《智慧语文》《快乐语文》《红楼人物形象解读》《古诗词鉴赏》《历史学科能力训练》《化学与环境》等,与中央课程互为补充,相得益彰。关于活动类校本课程,我承担的江苏省教改“十五”课题对此进行了专项研究,并撰写了 25 万字的专著《社会实践活动课程的实践研究》。我校结合课程标准和我校具体的实际设置的活动类课程有简易机器人的设计与制作、南京语文、古都金陵、敦煌文化、南京旅游资源等,不仅对开拓学生视野、培养学生思维品质作用巨大,对应试也大有裨益。2007 年高考,我校颜欢同学的满分作文取材就得益于活动类课程!我校目前校本课程的开设已多达 38 门!

构建科学的评价体系。学校加强与改进教学评价机制,大力鼓励和表彰在规定教学时间内凭借提高教学效率保证教育质量的优秀教师。同时,建立科学的评价机制,在教师职能、职称评定、评优评先等方面实现量标化,改变了以往只凭领导凭印象群众举拳头的弊病,真正实现了公平公正。

实施民主化管理。学校实施民主化管理,在重大问题的决策上广泛征求教师意见,群策群力。例如,在制定绩效工资方案的问题上,学校成立了由各校区教师代表、干部代表、职工代表、民主党派人士和自荐代表组成的民主协商小组，充分听取教师的意见，反复协商讨论，积极稳妥地推进绩效工资方案的制订。自荐代表，是我们彻底实行民主化的一个创举。所谓自荐，就是你没有被选上代表，只要自荐，就可以成为代表！

四、语文情结深几许

语文情结，伴随我半生，语文情结使我不倦于教书，不辍于研究学问，不停于创作诗歌散文。当校长不如教书，教书不如搞学问，搞学问不如搞诗歌、散文创作，然而，近日反思，能教书，能搞学问，能搞创作，正是我当好校长的支柱。唯其如此，我才会不把当校长当作唯一的饭碗，不刻意于仕途，不汲汲于名位，以平常心做平常事，反而把校长这个职务干得不错；再说，学问创作与管理道相同，脉相融。我用研究学问的方法搞管理，自然可以激情投入工作，自然能不怠不倦不悔。如此一路走来，倒是互相促进了。因此，这里记一下教学、研究、创作的流水账，应该不算离题吧。

1. 语文，助我人生初航

我父亲是一个读书人，然而社会动乱之际，却在其父辈的安排下做了一个本分的农民。随着新中国的成立，革命政权的巩固，许多早年的同学成了权贵，他未免有几分遗憾。我一出生，中年得子的他便把沉甸甸的期望放到我的身上。

三年自然灾害时期，我刚上小学，白日饥肠辘辘不说，寒夜里，布衾不耐五更寒。然而，这不眠之夜成了父亲语文家教的时间。父亲教我唐诗宋词，还有朗朗上口的骈赋。起初，我只是顺口背诵，不知所以然；慢慢地，竟也能懂得了意思，品出了味道：记得我八九岁时初读《阿房宫赋》，已自扼腕叹息；背《吊古战场文》时，竟为古代的无名战士而潸然泪下。

记得 1963 年的一天，我随着父亲到村部去，村部会计伏案写材料，写到“缸”时突然举笔不下，于是问我父亲。那时我刚学过司马光砸缸的故事，没等父亲回答，就脱口而出。这下一来 ，村会计把我着实夸奖了一番，说了一堆“前途无量”之类的话。这一番夸奖，对我是莫大的鼓励，使我对语文学习的兴趣更浓……

我听过妈妈讲过关于文曲星的故事。有时，夜晚独自仰望星空，希望有一颗属于自己的星。

2. 语文，青春的栖息地

“文化大革命”飓风席卷神州，我这个少年也未能幸免。那时，中小学全部停办，我只好辍学，为生产队割草，放牛。因此，夕阳牛背驮走了好几年美好光阴。不过，我有书做伴，倒也快乐。堂兄家藏书颇多，我常借来读。这个时期，我读了古代的四大名著，读了古代的笔记作品，就连《评中国人民公敌蒋介石》《李白与杜甫》等“文革”期间闻名的书我也熟读了。在那生活单调的年代，是书沃灌着我少年的心田，慰藉了我精神的寂寥。1971 年初，大队办了初中班，但我因受一位堂叔(当时被造反派定为县内最大走资派)的牵连，起初被拒之门外，后来由于生源不足，才又补充进去。当我走进初中课堂时，已经开学两个月了。不过，由于我读了很多书，写作水平崭露头角，语文老师给我的第一篇作文判了 100 分，并当作范文评析。这一来，我成了语文课代表，在班级有了知名度，我的语文学习热情更加高涨。

到了高中，我遇到了两位语文老师，他们因为我的语文成绩好而赏识我，因此我也更加倾情语文。20 世纪 70 年代中期，课程远不如现在这样紧。因而，我有了充分学习语文的时间。两位老师家中的藏书成了我高中丰厚的精神食粮。《唐诗三百首》引起了我的诗情，写作成了我的爱好，诗歌成了我的青春栖息地。诗可以兴，可以观，可以群，可以怨……可以多识鸟兽草木之名。读了《牡丹亭》《雷雨》，我也尝试写剧本……毕业时，我已成了当地小有名气的才子，我的诗歌，多次出现在公社大型的宣传栏上，出现在市县文化馆的刊物上，我的剧本被公社宣传队搬上舞台公演……

高中毕业，我回乡劳动一年后又做了民办教师，教高中语文。尽管当时每月只有14元工资，然而已相当满意了。有书教，有饭吃，在那个时代，已经足够了。我一边自学大学汉语课程，一边教书。教学相长，其乐融融。尽管是高中生教高中，然而我的教学成绩却出类拔萃：全乡联考，我的任课班级平均成绩名列第一。高考改革，我和学生一起走进考场，语文试卷中的文言文试题竟选自我刚教过的《荀子・劝学》。语文，为我扬起了青春的风帆。

大学四年，我像一个穷人意外地发现了一座金矿，于是拼命地开采。教室、图书馆、宿舍三点一线，处处留下我读书的身影。说不清多少个假日，多少个夜晚，我沉浸在书本里，与哲人对话，与伟人谈天，与古人共沉浮，与今人共忧乐。做过教师的我更知道将来的责任重大，于是便深究教书育人的原理与艺术。语文，为我事业的成功奠基。

大学四年，我还被一位女生称为“书呆子”。那是一位数学系活跃的女生，她在一年一度的全校春节晚会上的歌声曾倾倒了全场观众。在图书馆，我们相识。于是，她常向我借书。其实，是要我为她借书。她要什么书，我就从图书馆借给她，看完了还给我，我再还给图书馆，如是而已，我没觉得有什么特别。想不到毕业几十年后，她偶然与一个朋友谈起我，说我是个书呆子。听了朋友转述她的话，我也觉得当时真呆。一个姑娘家，书在咫尺，为什么不直接借，而是叫我转借？今天的年轻人，自然会一听而知雅意。可是，那时心中只有语文的我，却坐失良机……不过，语文就是我的青春知己，不，红粉知己！

3. 语文，施展身手的舞台

1982年，大学毕业，我又被分到家乡所在县。起初，管人事的教育局长看了我的档案很满意，决定把我留在县中学工作。然而，我接到的介绍信却是一所乡村中学——白塔中学，原因是临分配时，由于一个政要安插关系户，我被偷梁换柱。不过我抱定“金子总会发光”的决心来到白塔中学，带了高一年级两个普通班。然而，三年下来，我所带班的学生的考试成绩远居年级之首，那一年教师节，我被县政府授予“优秀园丁”的称号。

1984年，连云港市教研成果评比，我是全市两位30岁以下获奖的青年教师之一。1993年，我成为连云港市两位40岁以下晋升高级职称的教师之一，并被评为全国优秀语文教师。1996年，我成为连云港历史上最年轻的特级教师。2000年，我成为全国劳动模范(先进工作者)。2006年，我有幸成为江苏省第一批教授级中学高级教师。

可以说，我初圆了名师梦！是语文，给了我施展能力的平台！

回顾近30年来的教学生涯，语文助我向成功一步步前进；语文教学，使学生成功，也使我自己成功。我“新”“活”的教学风格使学生受益无穷。我上课，不喜欢照本宣科，而是追求语文的趣味性，让学生在享受中学习语文。近年来与不少早年的学生聚会，他们对学过的许多课文记忆已经模糊了，然而，对我补充的知识却记忆犹新。

教学生写作文，自己必须会写，否则，指导起来难免隔靴搔痒。因此，我平常除写作文外，也写诗歌，也写散文，集腋成裘，竟也成果颇丰，意想不到的是，如今竟也忝列中国作家协会会员的行列。

“教而不研则罔”。我平常醉心于教学研究，几十年下来，竟也发表了400余篇文章，自著或主编了教学论文、教辅类书籍30多本。

有人说，中学教师，不需要做大学问，我则不以为然。几十年来，我研究过孔子，专著《孔子智慧与现代文明》获得省政府的哲学社会科学优秀成果奖。我研究了《红楼梦》,发表了纠正曹雪芹常识性错误的文章。我研究毛泽东、鲁迅的作品也能另辟蹊径。鲁迅诞辰一百周年研讨会,绍兴市政府给我发出了请柬。我研究修辞,总结发现了多种新的修辞格。早在1990年,我就发表了专著《中学实用修辞》。正因为如此,我被聘为高校硕士生导师。

饮水思源。多少次独处独省,十分庆幸选择了语文,也感谢语文成就了我。不选择语文,我也许没有今天的成就,是语文教学的平台使我"英雄有用武之地"。我曾有过几次改行从政的机会,然而,我坚持在语文园地中耕耘,至今无悔!

4. 语文伴我风雨前行

我的语文教学生涯已逾30年。30余年来,风风雨雨,坎坎坷坷,多少人和事如涛声远去,唯有语文与我寸步不离,使我人生充实。余下的路也许还很长,我将如何走下去?几番考虑,我深信,能够忠实伴我风雨前行的,只有语文!

凭我的校长的职位与年龄,本可以脱离语文教学的课堂,然而,我不。是水总要流,是鱼总要游,离开语文,离开学生,一个教师的价值便要打折扣。

凭我的资历,现在不必再靠著书立说来证明自己的语文研究能力。然而,"老骥伏枥,志在千里,烈士暮年,壮心不已。"我要把我的语文学习、教学的经验与成果留给后来者。

其实,更要紧的是我发现:语文已经融入我的生活,我的生活中不可一日无此君。可以食无酒肉,但不能一日不看书;可以不看电视不打牌,但不可以一日不写作。如果一天不看书,不写作,我便觉得日月虚度。床头有书,案头有文章,此生亦足乐矣。平时所交,有高官有富豪,然而,身处其中不自卑者,因有语文支撑我!当然,论及地位,我自然不如他们。然而,我有弟子三千,专著一摞,又何贱之有?何贫之有?何卑之有?我坦然,恬然,安然,不以为惭焉。

【发展过程中的重要人事】

心中有个她

近年来,不少人问我成功的秘诀。

我总是回答他们:"心中有个她!"

记得大学毕业时,我到毕业论文指导教师古德夫教授家告别。交谈中间,古教授鼓励我在今后工作中教学、教研双桨并用,有可能再搞搞管理工作,努力干出一番事业来。我上大学之前当过两年民办教师,领略过中学教学任务繁重的滋味,便告诉他:"中学教师应付备、教、改、辅、考已经够忙的了,再想搞出什么特色来,时间来不了。"不想他神情严肃地说:"只要挤,时间总会有的。你看那些小伙子谈恋爱,工作再忙,也能挤出时间来约会或写情书。原因何在?就在于他们思想上重视,心中有个'她'!"

古先生的一席话,像一记重锤敲中了我偷懒的疮疤,又像一针兴奋剂,注入了我的肌体。多少年来,我正像古先生教导的那样去许身于"她"——教育事业。

为了"她"我无情地挤着时间。多少年来,以开会考察为名,而行游山玩水之实的机会我基本推掉,不到万不得已,联络感情、迎来送往的场合我也不露面;我电视节目很少看,歌舞场等娱乐场所不涉足,麻将桌我从不沾边;陪爱人、孩子逛商店、逛公园也免了。焚膏继晷,是我挤时间的最佳途径。说不清多少个夜晚,书房寂寂,我伏案读书备课写作,只有明月探望,灯光做伴。说不清多少个节假日,我仍在学校加班。

我在工作上不怕辛苦。由于教师缺编等原因,我曾带了三个高中班的语文课,还带了驻军某部的一个文化补习班的语文课。此外,每周还要抽两个晚上为50里外的县城高师函授学员讲文学概论。这样一算,一个人的工作量相当于三个人的工作量。我当干部以来,一直也是超工作量的。在东海工作期间,既做校长,又做党委书记,还担任教育局副局长,县文协主席。为了心中的她!长期超负荷的工作,给我的身体造成了很大的伤害。我先后患过面部神经麻痹、胆囊炎、高血压等疾病,然而我仍坚持工作、工作、工作!为了心中的她!来南京工作这几年,社会兼职与活动更多了,然而我仍发扬雷锋的钉子精神挤时间,“老牛自知夕阳短,不用扬鞭自奋蹄”,这两句诗已经成了我的座右铭。

组织部长请客

人在仕途,年过半百,应邀赴宴的次数不会少。不过,以公事为主,吃完喝完,也就淡忘了。然而,鼓楼区委组织部长纪增龙先生的两次请客,却使我终生难忘。

第一次请客是2008年4月份,那是一个特殊的年份。当时我出任南京二十九中校长还不到一年,校内外褒贬不一,而当年又是学校高考危机时期(因三年前学校高一招生的分数线成为历史上的低谷)。组织部长宴请了我校全体校级领导班子。吃饭之前开了一个座谈会,会上对我的工作给予了充分肯定,对整个领导班子的工作提出了要求。从某种意义上讲,这次酒会,不仅是慰问会,也是鼓劲会。

那天,我喝了很多酒,充分领受了领导的关怀与支持,因而铆足了劲,全身心投入学校的教育管理工作,特别是毕业班工作,结果创造了奇迹!三年前招生分数线比同类伙伴学校低了13分,许多教师听到消息都流下了眼泪。但是相关统计数据表明,我校预测二本以上有效人群为190人,而高考二本以上人群为298人,与伙伴学校持平。

第二次请客是2009年8月,此时,学校的教育教学工作已告一段落,我校高考又创辉煌,文化本科人数突破了300大关,而其他方面工作也有了大的突破,这次酒会是庆功会,又是催征会。会上,我表示绝不辜负组织部领导的期望,再接再厉,争创新的辉煌。信任,比金子更可贵。期望,比阳光更明媚。我带着信任与期望上路,于2010年又打了一个漂亮仗。学校在教育教学方面全面升级,跃上了一个新的台阶。

农民工的膝盖

南京二十九中是省城名校,每年招生是最令我头疼的事。一方面是教育主管部门对招生严格限制,不准突破计划,一方面是社会各界通过各种关系,要把孩子朝学校送。众多的“条子”满天飞,你不得不办,不能不办。结果。每年招生都不同程度超出计划数。这样一来,上级主管部门自然是“批评有加”,而社会各界也不满意,特别是那些无门路的普通市民,对学校可望而不可进,能不愤然?作为农民家庭出身的我,也只好照潜规则办事,对普通市民爱莫能助,“同情”而不能“同意”。不过,我的良心并未泯灭,2010年被一位农民工的膝盖“征服”,违规收了一个农民工择校生。

那是2010年暑假的一个下午,招生已告结束。然而,一个农民工带着孩子闯进我的办公室,要求我收下这个孩子。眼前的这个农民工,1.8米左右的汉子,然而弯着腰,低声下气,眼光中有卑怯,有期待,也有乞求。我自然向他解释招生已结束,不能再招生了。可是,说着说着,他竟然跪了下来。我一时不知所措。大约过了半分钟,我搀扶起他。可是刚撒手,他又跪下来,我只好扶起他。顿时,我觉得我们双方化为了两个戏剧人物形象:黄世仁和杨白劳……,一股血冲上脑际,我眼眶湿润了。我不能做黄世仁,我心中呐喊着。“起来,一切好说”,我庄重承诺了这个农民工。

可是话好说,事难做。得到承诺的农民工满意而去,我却有难事要做。我无权私自收留学生,因为学生取不到学籍,三年后就无法参加高考!怎么办?只好打报告给相关部门增加择校生指标。当然,这样做是违规的,以自己半百之身,一般情况下我是舍不得这张老脸的。不过,事到如今,只好如此。果然,报告上去,批评下来。我只好厚颜再求。不过,最终感谢领导开恩,使我免于失信。

事过半年,想起相关领导指责我的语言,脸上仍然热辣辣的,不过,我毕竟帮了一个农民工的忙,我的良心得到了慰藉……

【理念和价值观】

试谈教育的继承与创新

“创新”,是时代的强音。各行各业都需要创新,这已成为人们的共识。就教育而言,创新教育已如燎原之火。然而,我们认为,在创新的同时,不要忘记继承。因为继承是创新的基础,正因为如此,胡锦涛同志在全国教育工作会议上语重心长地指出:“坚持继承与创新相结合,不断深化教育体制改革和教学改革。”胡锦涛同志的提法,本身就是一种创新,他把被教育界“放逐”了的“继承”这个话题又请回了家,也给我们今后教育的发展指明了正确的方向。

这里,我们不妨就教育问题,对继承与创新相关的问题略作探讨。

首先,我们认为,中华民族传统文化是丰富的宝藏,许多本来就具有“创新价值的瑰宝”“养在深闺人未识”。我们发掘出来,继承下来,本身就是创新。惜乎我们在这方面继承不够,许多人对老祖宗早已说过的、做过的一无所知,反而把西方近现代学者步我们老祖宗后尘之说当作“创新”,并大加推崇。当然,也有这种现象,老祖宗的经验我们未能继承、关注,而外国人提出了类似的理论,我们不得不把发现(明)权拱手让人,这岂不令人心寒!这里,我们不妨看个例子:

在心理学领域,我们目前非常推崇美国人罗森塔尔20世纪60年代提出的“皮格马利翁”效应。其实,这个效应的提出,依据只是西欧的一个神话故事。说的是塞浦路斯王子,爱上了美丽的少女雕塑。由于心怀虔诚,雕塑获得了生命,与王子喜结良缘。其实,中国何尝缺乏这类神话故事?只是我们没有注重继承总结罢了。这里聊举两则于下以备忘。

宋朝皇都风月主人《绿窗新话》载:

唐人王轩,字公远,到苎罗山麓游览,听人讲西施的遗迹,深感国色天香埋于尘泥,因而在石头上题诗一首:“岭上千峰秀,江边细草春。今逢浣纱石,不见浣纱人。”诗刚写完,回头一看,一个绝色女子穿着素衣,琼佩为饰,感激地对他说:“妾自吴宫还越国,素衣千载无人识。当时心比金石坚,今日为君坚不得。”于是,王轩与她缠绵缱绻了一个多月才回家。后来,萧山地区有个叫郭素的人听说这件事,也前往泉石间题诗。他题诗无数,但却不见西施的影子。有人作诗讽刺他说:“三春桃李苦无言,却被残阳鸟雀喧。借问东邻效西子,何如郭素学王轩?”人们听了,没有不讥笑郭素的。

唐代杜荀鹤《松窗杂记》载:

唐朝进士赵颜,从一个画家那里得到一幅画障,画障上有一个女子,非常美丽。赵颜对画家讲:“世上绝对没有这样漂亮的女子,你如果能使她成为活人,我愿娶她为妻。”画家对赵颜说:“这是我神妙的作品,画中的美人叫真真,你如果昼夜不停地呼唤她的名字达一百天,她就会答应你。当她答应你时,你如果能用百家彩灰酒灌她,她就一定会成为活人的。”赵颜听信了画家的话,如法炮制,果然使真真走出画面,成为活生生的美女。

真真走出画面后,谈笑饮食跟真人一样,并说:“感谢你召唤我,我愿与你结为夫妻。”赵颜非常高兴,便与她绸缪缠绵起来。不久,真真喜结珠胎,到了年底,便生了一个儿子。孩子长到两岁时,赵颜的一个朋友知道消息后,对赵颜说真真肯定是妖怪,长此下去肯定会给赵颜带来祸患。朋友还送给赵颜一把剑，让他快下决断，斩妖除害。可是剑刚带到房子里，真真就说："我是南岳仙人，被人画了我的肖像，你一味真诚地呼我的名字，我才来与你做夫妻，并不想对你有任何伤害。你竟然怀疑我，这里我也不便呆了。"真真话刚说完，便带孩子走向画障，把先前喝的酒全部呕吐出来。一会儿，自己和孩子便都进入画面。看着画障，和原来有所不同的是添了一个孩子。

可惜的是我们缺少罗森塔尔的眼光，没有重视这类材料，没有提出"西施效应"或者"真真效应"而已。所以我们现在只好言必称罗森塔尔，言必称皮克马利翁效应。再进一步说，我们的古人对这方面内容也并非只有矿石，没有提炼。"金诚所至，金石为开"，不是我们熟知的古语么？它出自《后汉书·广陵思王荆传》，离今已有1500余年。这个成语已经将这类心理现象上升到了理论高度，只是没有用"某某效应"的字眼表达而已。今天，我们把发明权拱手让人，实在是于心不甘啊！

如果说皮克马利翁效应问题使我们无可奈何的话，那么有些专家学者由于不了解老祖宗，四处摇唇鼓舌，对西方的古代教育理念推崇备至的同时，反过来贬低我国的古代教育思想，这就令人是可忍孰不可忍了。

譬如说吧，有一位知名学者在一次演讲时说："西方古代学者鼓励学生发表与老师不同的意见，甚至另辟蹊径，背离老师的研究方向或主张，而中国却一味讲究'传承'。"他特别推崇亚里士多德的名言："吾爱我师，吾更爱真理。"这种说法是缺乏常识的。其实，与亚里士多德时代差不多的中国并非只讲"传承"。孔子明确主张"当仁不让于师"。孔子这句话，说得比亚里士多德更直截了当。孔子不仅这样说的，也是这样做的。他对经常提反对意见的学生子路不以为忤，反而与他"情同兄弟"。孔子弟子三千，但最得意的门生只有颜回一人。他对颜回平日赞赏有加，不过，对颜回对老师唯命是听、从不提出不同意见的习惯却表示不满。再说，中国的古代学生也不是一味"传承"的。如果说亚里士多德对柏拉图有所背离（创新）的话，孔子的后学何尝没有对孔子的学说有所"背离"（创新）？就拿孟子来说吧，孟子，就对孔子的学术有所否定。以武王伐纣为例，孔子认为以臣伐君，不予肯定。而孟子却认为，纣王无道，已不配做人君，而是独夫民贼，理当伐而诛之。再说吧，春秋战国时代"孔子—孟子—荀子—韩非子"，他们之间有直接或间接的师承关系，然而，他们的学术主张嬗变却非常明显。到了"韩非"这一代，已从"儒家"脱胎成为与儒家学术相对立的法家学派。

笔者以上所述，都是中国古代教育史上的常识，惜乎，我们的著名学者连这些都不懂，但却掌握着教育的话语权，不能不令人担忧。

因此，我们建议，加强传统文化教育工作，给新一代人至少是部分人以系统地学习中国古代文化的机会，让他们对文化典籍读得懂，解得透，用得活。这样才能继承，才能发现，才能创造发明。

或许有人说，学生的精力有限，学习传统文化花的时间太多，必然影响现代科学技术的学习。不过，我们认为，二者是可以兼容的，甚至相辅相成，而非矛盾的。杨振宁的经验很能说明问题。杨振宁上中学不久，就在数学方面显示了非凡的才能。他也有志于在数学等方面深造，便要求父亲利用暑假找老师为他辅导。然而，父亲却反其道而行之，请国学大师为他讲授《论语》《孟子》。历经两个假期，杨振宁对这两部经典烂熟于心，直到晚年还能对《孟子》倒背如流。杨振宁曾深有感触地说，他之所以能够摘取诺贝尔奖的桂冠，很大程度上得益于早年打下的国学基础。由此看来，我们适当加强古代传统文化教育，决不妨碍学生学习、研究现代科技，甚至摘取诺贝尔奖的桂冠。

现在，国内除了在中小学普遍开设外语外，还重点兴办部分外国语学校。实践证明，外国语学校的开设，对培养外语人才是功不可没的。我们想，能否有重点地在国内开设一部分古汉语学校，培养一批精通古汉语、能够挖掘中国古代文化遗产精华的人才？当然，此前已有这方面的尝试。《文汇报》1999年10月15日就报道过老舍儿子办私塾的消息。这个学校就把四书以及诸子、唐诗宋词作为教材。我们想，这样的学校全国办个100所，会对中国古代文化传承大有裨益。

其次，我们应对今后公派、私派的留学生们进行“中国文化传统素质”方面把关。不让母语没说好、中国文化没学好、不知诸子为何人、不知《九章算术》为何物的人走出国门。这些人出了国门，学了几句洋文，取得(或骗得)一两个学衔，便回国以骄人的面目招摇过市，而腹中空空，岂不令人作呕？靠这些人，中国的文化传统继承无望，中国方兴未艾的创新事业又何尝有望？我们认为，一个创新能力强的人才，必欲吸纳本民族文化之精华，强其筋骨，健其心脑，然后再放眼世界，吸纳百川而成其大。遥想当年，鲁迅、郭沫若、周恩来相继出国，他们凭借着深厚的中国文化功底，吸纳外国文化精华，融会贯通，为己所用，在文学领域、思想领域“创”了一个个巨大的“新”的奇迹！我们翘首而望，期待今后的留学生诸君中多出这样的新人！

进一步说，就拿“爱国主义教育”来说吧，加强中国古代文化教育，也会给爱国主义教育助力。因为中国的传统文化中具有浓厚的爱国主义情结。古往今来，传统文化滋润的无数个民族英雄便是明证。我们不是感叹国内人才外流吗？那么，我们相信如果我们的传统文化教育到位，人才“外流”会变成“内流”。解放初的钱学森、李四光等一大批人冲破重重阻力而回归祖国就足以说明问题！

这里还须说明的是，笔者绝不是提倡复古，只是提倡注重继承，温故而知新，“掘矿采新”。反对干些“骑马找马”“邯郸学步”之类的蠢事。我们中华民族自古就是很有创新精神的民族。我们今天提倡“创新”，不可忘记把昔日“创而未用”的接收过来。创而未用，现在加以发现，加以运用，不仅不亚于创新，而且利于提高民族的自信心，这样可使我们的创新事业事半功倍，我们何乐而不为！我们期待着教育界“继承与创新相结合”春天的到来！

2015年1月

论教师之爱

教育是什么？教育是一朵云推动另一朵云，一棵树摇动另一棵树，一个灵魂唤醒另一个灵魂。唤醒灵魂，要的是直入人心的力量，而能够到达人心的，利刃除外，唯有爱。爱，就是教育的起点，也是终点；爱是教育的形式，也是内容；爱是教育的过程，也是目的。教育因爱而生，因爱而存。教育的悲哀，莫过于爱的缺失。和其他爱相比较而言，师爱带有更多的职业色彩。下文论述了师爱的二十个重要特征，希望能够引起同仁的关注。

一、爱的专业性

教师之爱，是职业使然。教师这个职业，就是施爱播爱的职业。与父母之爱相区别的是，父母之爱的自然属性色彩较浓，源自天性，它是一种义务与责任。而教师之爱社会色彩较浓，源自职业性质，它凝聚着职业的责任、社会的使命和家庭的嘱托。换言之，父母之爱是立足于家庭的小爱，而教师之爱是立足于民族、国家的大爱。因此，在育人方面，教师扮演着家庭和父母无法替代的角色。教师之爱的专业性、目的性、社会性、激励性、拓展性、深远性都是家庭教育所无法比拟的。从这一点来说，教师在育才育德方面，不是父母却胜似父母。

无论是孔子创办私学，还是夸美纽斯确立班级授课制，这些以集体为单位出现的教育形式，都在很大程度上推动了人类文明的进步。学校教育弥补了家庭教育的不足，教师施加给学生的爱，比父母的爱更具有激励性。我们经常听家长说，孩子不听父母的，只听老师的。因为在绝大多数时候，学生对老师是仰视的，教师的一言一行，对学生来说，更具有感召力。

因此，我们更应该做好自己的角色定位，以自己的专业素养、职业角色去引导学生，用自己的关注和爱去感化学生。

二、爱的无私性

“人不独亲其亲，不独子其子”，这是古人对世界大同的美好愿景，也应该成为我们教师的座右铭。学生不是自己的孩子，但我们要能够“幼吾幼以及人之幼”。就像父爱、母爱是天生的，师爱应是一名教师的职业本能。

真正的爱，是不求回报的，是不计较个人得失的。施恩不图报，向来被推崇为人类美德。

四川省甘洛县乌史大桥乡二坪村，是凉山北部峡谷绝壁上的彝寨，村民上下绝壁都要攀爬 5 架木制的云梯，进出很艰难，这里的村民一年难得下绝壁一次。就是在如此艰险的环境下，从汉族地区来的李桂林、陆建芬夫妻扎根这里 18 年，把知识的种子播种在彝寨，为村民走出彝寨架起“云梯”。1990 年，李桂林夫妻来到这里，村民的落后与贫苦深深地震撼了这对彝族夫妻。夫妻二人 18 年如一日地教书育人，共培养了六届学生共 149 人，其中有 22 人是从外村慕名而来的。这个过去的“文盲村穷山村”，现在成了“文化村”。他们从不计较得失，更不索取回报。在他们心中，只有对教育、对学生的爱。

其次，教师的爱要彻底，要能有“人梯”精神。世界上有两种人不会嫉妒，父母不会嫉妒子女，老师不会嫉妒学生！青出于蓝而胜于蓝，这才是一个教师成功的标志。美国盲人作家海伦·凯勒是一个神话，而神话的缔造者就是陪伴她走了50年的老师：安妮·莎莉文。她用自己的关怀和爱心帮助海伦识字、认识世界，为此她牺牲了自己的婚姻、双眼，直到66岁时离开人世。海伦功成名就，扬名世界；安妮默默无闻地隐身背后，从不抱怨。有记者要写关于她的文章，她不屑一顾地回答：“我的生活是我自己的私事，不必大家费心。”海伦是安妮唯一的学生，如果说海伦是世界文学史上的奇迹，那么安妮就是创造奇迹的人。

我们的教室里，就坐着未来的海伦、未来的爱迪生，不图所求、甘作人梯的自我奉献精神，应是每一位教师的职业操守和共同追求。唯有这样，这些“海伦”“爱迪生”才不会被湮没。每个时代都呼唤着“海伦”，每个时代的教育都在呼唤着“安妮”！

三、爱的均衡性

有教无类、博爱众生，是每位教师应有的情怀。学生成绩高低，家境贫富，品行优劣，都不应该影响师爱的厚薄。就像大树需要阳光雨露，小草小花同样需要。

每个班总会有一些让老师头疼的学生，他们或是学习能力欠缺，或是行为习惯有问题。面对这样的学生，我们要付出更多的爱，师爱就是推动所有学生前进的动力。我们说，偏爱优生的教师，不过是教书匠；而普爱“差生”的教师才是教育家。电影《放牛班的春天》里，马修老师是一个才华横溢的音乐家，但是时运不济，他最终来到了“池塘底教养院”做了一名助理教师。这所学校里充满了形形色色的问题学生，放牛班的意思就是垃圾班、差班。在这帮顽童中，心理问题、家庭问题、智力问题、习惯问题等都是司空见惯的。但是马修老师却把他的爱、他的音乐、他的执着毫无保留地分享给每一个孩子，不厌其烦地与问题学生皮埃尔、派比诺等沟通、交流。最终，这个“放牛班”走出了世界著名指挥家皮埃尔·莫安琪。

马修老师对学生的评判标准多种多样，他给予每一个孩子成功的机会。他不仅愿意将信心与爱付给有着过人才华、特殊禀赋的孩子（比如皮埃尔），更愿意将精力施予每个良善的生命（比如派比诺）。天才的成长需要自由与宽容；普通人的成长则需要更多耐心，更多尊重。教育不是优胜劣汰，而是遵循生命本真的大爱。

四、爱的深沉性

世间有大美而不言，我们不一定能时刻感受并说出来，但它们须臾不能离开。教师的爱也应如此。大爱无声，师爱就应如水，利万物而不言；更应如夏天正午的日头，虽曝晒难耐，却给予植物生长最需要的热量。

师爱如水。水利万物而不争，但世间万物却离不开水。教师的爱也应如此，虽然学生看不见、甚至体会不到，但却像水、像空气一样时刻陪伴他们左右。

尧出游于田间，路遇“壤父”击壤于道旁，一边击壤还一边歌唱：“日出而作，日入而息，凿井而饮，耕田而食，尧何等力！”意思是说太阳出来起床劳动，太阳落山回家休息，打井有水喝，种地有粮吃，击壤跟尧有什么关系呢？其实老头能在田间游戏，就是因为尧治国有方、爱民惠民。尧播撒恩德，但人民却不自知，这就是大爱无言，润物细无声。

师爱还应该像烈日。夏天是农作物生长的旺盛时期，充足的日晒能够提供它们生长所需的热量。南方饱满的水稻，新疆香甜的瓜果，无不是经过太阳的曝晒与高温的炙烤，看似残酷，却不能缺少。师爱也应该如盛夏的烈日，教师要着眼学生一生的发展，给学生提供他们终身发展所必需的知识与能力。“触龙说赵太后”的故事大家都听过，就像触龙说的：“父母之爱子，必为之计深远。”教师爱学生，也要为其计深远。一些做法，学生一时不能理解，但只要对他们终身发展有益，我们就要坚持。

五、爱的灵活性

每个学生都是有特点的独立个体，我们教师要注重因材施教，因人施爱，要注重性别、性格、家庭、社会背景等差异。

南海的大帝名叫儵(shū)，北海的大帝名叫忽，中央的大帝叫浑沌。儵与忽常常相会于浑沌之处，浑沌待他们十分隆重，儵和忽在一起商量报答浑沌的深厚情谊，说：“人人都有眼耳口鼻七个窍孔用来视、听、吃和呼吸，唯独浑沌没有，我们试着为他凿开七窍。”他们每天凿出一个孔窍，凿了七天浑沌也就死去了。

教师对学生的爱，要谨防这种过犹不及、不问实际的做法。每个学生都有自己的成长背景和性格特征，教师要密切关注他们的差异性，尤其是班级内家庭条件不好、单亲、有心理问题等几类孩子，给予他们必要的帮助。

男生和女生从教师这里得到的爱也应该有所不同，我们应该注重不同性别的角色教育。我们要注重男生阳刚之气的培养；而对女生，则应注重其温柔善良品质的培养。

子路问孔子，是不是听到了就要付诸行动？孔子说：你先回去问问父兄再说；冉有也问孔子同样的问题，是不是听了就要付诸行动？孔子却说：是的，听了就要马上行动。孔子对不同的学生给出不同的指导，原因就在于这两个人的性格是不同的——子路鲁莽，冉有懦弱。学生性格不一样，教师所施加的教育也应该有所不同。这就是一种灵活的爱。甚至我们可以说，骂也是一种教育艺术。现在都说“好孩子是夸出来的”，这话不无道理。但是我反对泛滥的赏识教育。表扬泛滥，就是无效表扬，学生也会对教师的表扬失去兴趣。批评(骂)永远是教育不可或缺的武器。有时候我们不妨“骂骂”学生。孔子就经常骂他的学生：骂过宰予，骂过子路，骂过冉有，甚至连他最欣赏的颜回也被骂过。其中，子路是被孔子骂得最多的一个。

子路打算让高柴去当费宰(费邑行政长官)，孔子骂他害人(因为高柴书还读得不多)。子路不以为意，说那里有民人、社稷在呢，为什么一定要读书才叫做学问？夫子很不高兴，骂他是个狡辩的家伙。“朽木不可雕也”“粪土之墙不可圬也”“鸣鼓而攻之”等，都是孔子当年骂学生的话。孔子爱他的学生，他骂学生也是出于“责之切”的心态，所以我们老师有时候不妨“骂一骂”学生。当然，不能是辱骂，更不能人身攻击。

六、爱的发现性

罗丹说，世上不缺少美，只是缺少发现美的眼睛。我们老师就要有善于发现的眼睛，能够不断挖掘出学生身上的闪光点。

金陵有个“泰钦法灯禅师”，期初就是清凉寺的一个普通小和尚。他好吃懒做，大家都瞧不起他，只有住持法眼禅师一个人看重他。有一天，法眼问众人：“谁能把系在老虎脖子上的金铃解下来？”没有一个能回答得出。这时小和尚刚好归来，顺口回答说：“在老虎脖子系铃的那个人能解铃。”法眼禅

师很满意，教育众人：“你们是不能小看他的。”

在其他人眼里一无是处的法灯，却得到法眼禅师的青睐，这正是因为法眼禅师能够以宽容的眼光来审视世事，博爱众生。

1917年，北京大学在上海组织了一场自主录取考试。当时，刚刚从美国回来的胡适先生也参与了阅卷工作，他负责国文阅卷。他看到一位叫罗家伦的考生，作文写得非常棒，便给了满分。可后来得知，罗家伦虽然国文很厉害，可数学却考了零分，而且其余各科成绩也并不出众。胡适爱才惜才，于是在招生会议上，力排众议，主张“破格录取”这位偏科严重的考生。校长蔡元培也支持胡适的建议，最后，数学考了零分的罗家伦如愿进入北大。

巧合的是，十余年之后的1929年，钱钟书报考清华大学。虽然国文、英文特优，英文还是满分，但数学只考了15分。时任清华大学校长的罗家伦亲自阅卷，力排众议，破格录取了钱钟书。后来，已经成为大师的钱钟书回忆，“我数学考得不及格，但国文及英文还可以，为此事，当时校长罗家伦还特地召我至校长室谈话，蒙他特准而入学。我向罗家伦弯腰鞠躬申谢。”

这些民国教授，用发现的眼光去寻找学生身上的闪光点，兼容并包的气度造就了中国文学史上一个又一个叱咤风云的人物。

七、爱的稳定性

师爱要如玉，而不是像金银一样争一时眼球。教师给予学生的爱，应该能够持续不断地给学生稳定、恒久的力量。我们对学生的关注要持久，不能一曝十寒。学生有问题，屡教不会、屡教不改的，我们不能放弃，只要我们坚持下去，他就有成长、进步的希望。

柏拉图说，美是难的。其实爱也如美一样，难、麻烦，学生的成长不是直线前进的，而是不断犯错误、认识错误、改正错误，再犯错误、再认识错误、再改正错误这样的螺旋上升。这是一个复杂的过程，但我们应该乐在其中，就像孔子所倡导的：诲人不倦！

师爱的稳定性，还体现在我们要重视对学生毕业后的教育，乃至终身教育。我们和学生相处，最多就只有3年，但我们对学生施加的影响绝对不应该只有3年。孔子不愧是万世师表，他对学生实行“终身负责制”。学生“毕业”后从政、婚姻以及身体健康等事务，他无不关心。例如学生高柴去当费宰（费邑行政长官），孔子却不同意，认为他读书不多，不足以担此重任。

八、爱的衔接性

学校教育不是万能的。因此，我们更需要联系社会、家庭，增强教育合力，提升教育效果。

我校范永红老师曾经带过一个学生，虽然努力却成绩平平。家长对孩子的期望是名牌高校，孩子几近崩溃，学习效果更不理想。这位家长是一名心理学教授，但面对自己孩子的问题却束手无策。范老师耐心劝说家长降低期望值，告诉她孩子健康成长就是一种幸福。最终在范老师和家长的共同努力下，孩子卸下了沉重的心理包袱，如愿考上大学。就是在这样强大的家校衔接的合力的推动下，这个班创造了本科上线率100%的佳绩！

教育规律告诉我们，家庭教育与学校教育相结合，才能取得良好的教育效果。从这个角度讲，家长是教师的合作伙伴。同时，我们不但要加强家校联系，还要做好学校与社会的衔接，将社区、企事业单位、机关请进校园。教师一个人的爱，可能不足以支撑学生走稳走远；但当学校、家庭、社会的爱与关注都汇聚在一起的时候，这股强大的动力必定能够助学生们起飞、翱翔！

九、爱的期待性

春风浩荡,百花盛开,万紫千红,然而各有姿态,各不相同。学生就像花一样,不一样的学生是不一样的花。每种花都有自己的花期,不一样的孩子也有不一样的成长周期。有的学生一点就透,有的孩子却总是犯错、不成熟。我们切忌急躁,更不能放弃那些还不绽放的花蕾,用期待的心态去接纳他们,用科学的方法去浇灌他们,相信这些花期晚的小树,总会有繁花似锦的一天。

一个母亲参加家长会,幼儿园老师告诉她:“你的孩子有多动症,最多只能坐 3 分钟。”全班 30 多个孩子,只有她儿子最差。她回去后忍住泪水,告诉孩子:“老师表扬你进步了! 以前只能坐 1 分钟,现在能坐 3 分钟!”那天晚上,儿子破天荒吃了两碗米饭,并且没让她喂。

到了小学家长会,老师说:“全班五十名同学,这次数学考试,你儿子排第四十九名。我们怀疑他智力上有些障碍。”但她却对儿子说:“老师说,你并不是个笨孩子,只要能细心些,会超过你的同桌。”第二天上学时,孩子去得比平时都要早。

孩子上了初中,又一次家长会。老师告诉她:“按你儿子现在的学习成绩,考重点高中有点危险。”回去后,她忍住内心的失望,信心满满地说:“儿子,班主任对你非常满意。她说了,只要你努力,很有希望考上重点高中!”最后,这个孩子考上了清华。拿到通知书的时候,她儿子然转身跑到自己房间里哭起来。边哭边说:“妈妈,我一直都知道我不是个聪明的孩子,是您……”

这个故事中所透露出来的包容、期待、爱,是我们每一位老师所要认真反思的。面对智力不行、行为习惯差的学生,我们应该如何去做?

曾国藩幼年时期,某天挑灯夜读《岳阳楼记》,反复诵读却还是背不出来。那晚,家里来了一个小偷,潜伏梁上,希望等曾国藩睡觉之后行窃。从半夜到子时,从子时到鸡鸣,曾国藩还是在读书。小偷大怒,实在忍不住了,跳出来大骂:“这种水平读什么书?”小偷一怒之下将听熟的文章流利背出,扬长而去。曾国藩知耻而后勇,终成为世所罕有的立功、立德、立言“三不朽”之奇才。

由此可见,迟桂花香,大器晚成。当年的“笨小孩”曾国藩的成就,后世又有几人能及? 当他还没有到达花期的时候,我们应该耐心等待,不能急于求成,揠苗助长,也不能过早地对孩子妄断优劣!

十、爱的及时性

“好雨知时节,当春乃发生”,及时、适当的点拨、鼓励、批评就是及时雨,抓住最佳教育时机,往往能收到四两拨千斤的效果。学生的成长具有阶段性和反复性,我们对学生的关注和施加的爱也应依据学生成长的不同阶段而有所调整,不能心急,也不能缺失,做到及时、适度。孔子说的“不愤不启,不悱不发”,就是这个道理。

一次,一年级女学生季娜的祖母病重,她想给祖母送一朵鲜花。时值严冬,遍寻无果的情况下,她摘下了学校暖房的一朵菊花。恰好此时苏霍姆林斯基走进暖房,当他看到季娜手里的菊花时,大为吃惊。但是,他很快注意到了孩子眼里那种无邪的、恳求的目光。他向季娜问明了情况后,非常感动地说:“季娜,你再采三朵花,一朵给你,为你有一颗善良的心;另外两朵送给你的父母,为他们教育出了一个善良的人。”

苏霍姆林斯基的故事告诉我们,在学生最需要爱、关怀的时候,我们适时给他们一个温暖的拥抱,一个包容的微笑,其教育力量胜过一切苍白的说教。

十一、爱的简约性

有这样一个现象,学生普遍喜欢男老师多于女老师。究其原因,可能因为相对于女老师而言,男老师不啰嗦、不絮叨。所以我们的教育一定要简约:提倡循循善诱,力避婆婆妈妈;提倡引导帮扶,力避越俎代庖。

1. 提倡循循善诱,力避婆婆妈妈

冯梦龙《古今谭概》里记录了这么一个笑话,明朝有一个叫翟永龄的人,他妈妈每天在家念佛:阿弥陀佛、阿弥陀佛、阿弥陀佛……他不胜其烦,便在家不停喊:妈妈、妈妈……刚开始他妈妈还应声,后嫌烦,遂呵斥他。此时,翟永龄说:我喊你几遍,你便嫌烦。你每天呼喊佛祖数遍,佛也烦。其母念佛次数遂减。

我们教师平时太啰嗦,谈话、批评次数太频繁,久而久之学生就不吃这一套。就像滥用抗生素,用多了就不管用了。

2. 提倡引导帮扶,力避越俎代庖

陶行知先生曾提出著名的六大解放理论,即解放大脑,让他们去想;解放双手,让他们去做;解放眼睛,让他们去看;解放嘴巴,让他们言论自由;解放时间,让他们做喜欢做的事;解放空间,让他们自由发展。我们提供的是学步车,帮助学生前进,等到他们能走路的时候,我们就要放手让他们自己去摸索。事事干涉,时时搀着,最后只能培养出瘫子。

魏书生经常外出,又经常接待全国各地的领导、教师、专家听课,家长们抱怨:“孩子在这个班,有接待不完的客人,开不完的座谈会。”可是,这个班学生的语文成绩总是名列前茅。原因就在于魏书生一直坚持培养学生的自学能力,放手让学生去探索、自我管理。所以魏书生在或不在,对学生的成绩没有多大影响。

教师认真负责是必需的,但是我们万不可事无巨细。师爱泛滥,就会成灾。

十二、爱的计划性

凡事预则立,不预则废。教师的爱要有计划性,这和我们前面所说的及时、适时教育不矛盾。学生每天都会呈现出新的问题、闪光点,这需要我们及时给予关注,但学生的成长又是一个漫长的过程,在这个过程当中,我们教师所施加的教育一定要有计划性、针对性,关于一个班的管理、一个学生(尤其是问题学生)的发展,一定要心中有数。

山田本一是日本著名的马拉松运动员。他曾在 1984 年和 1987 年的国际马拉松比赛中,两次夺得世界冠军。记者问他凭什么取得如此惊人的成绩,山田本一总是回答:“凭智慧战胜对手!”大家都不信:这是耐力的比拼,怎么会凭智慧?后来,山田本一在自传中揭开谜底:“每次比赛之前,我都要乘车把比赛的路线仔细地看一遍,并把沿途比较醒目的标志画下来,比如第一标志是银行;第二标志是一棵古怪的大树;第三标志是一座高楼……这样一直画到赛程的结束。比赛开始后,我就以百米的速度奋力地向第一个目标冲去,到达第一个目标后,我又以同样的速度向第二个目标冲去。40 多公里的赛程,被我分解成几个小目标,跑起来就轻松多了。”

很多马拉松队员开始都把目标定在终点线的旗帜上,结果当跑到一半的时候就疲惫不堪了,因为他们被前面那段遥远的路吓到了。没有计划的工作也是这样。教师工作千头万绪,不制订正确可行的计划,不单自己受苦受累,班级管理还一塌糊涂。班级工作计划、班主任工作计划,我们一定要认真想、认真写,这是我们未来一学期、一学年甚至三年的“施政纲领”!

十三、爱的丰富性

我们教师对学生的关注,不能仅仅局限在学校生活,更不能只关注学习,而是要全面了解学生的心理、生活、身体状况，我们的爱也应该多元丰富。

20世纪70年代，物资匮乏，学生每天伙食品种有限。但逢到有生病的学生，食堂总会额外给一份质量略优的饭菜，这被称为“病号饭”。饭菜不见得能治病，但能给学生心理上的慰藉，让学生内心感到温暖。

同样是20世纪70年代，当时还是粮票、布票作为流通工具的计划经济时代。有一位教师，班上学生的母亲重病，这位有一家老小要养活的老师，毫不犹豫地把自己并不富余的“票票”都给了学生。后来，这位老师离休之后，不顾家人反对，不顾冷嘲热讽，把家里积蓄、离休工资拿出来，几乎倾其所有，在原工作单位创建了“励学奖(助)学金”。这位老师就是南京八中的老教师李世雄。他这一生对学生的关爱，不仅在学习上，还在生活上；不仅在职时关心、爱护学生，离开工作岗位之后依然挂念学生。

教师对学生的爱，如果仅仅在学习成绩上，那就是教书匠的眼界，徒有匠气；如果放眼学生成长各个方面、各个时段，甚至能够看得更远：一个学校的教育、一个地区的教育、一个国家甚至民族的教育，那么这就是教育家的眼界，这才是成大事者所拥有的胸怀！

十四、爱的民主性

我们现在有一个误区，自觉不自觉地就会避谈“民主”二字。认为“民主”是西化的东西，是新鲜、未知甚至危险的东西。其实早在两千多年前，我们的先人就大谈“民主”，孟子说：“民为贵，社稷次之，君为轻。”这就是民主。

国家管理需要民主，我们学校、班级管理也需要民主。可以说，民主是推动一切管理的强大力量，是管理者和被管理者应该有的自觉意识。班主任是班级管理的主导者，班级的管理理念、方法、内容，应该注意平等、和谐、民主，这样我们才能带动学生去了解什么是普世价值，才能塑造出符合时代发展需求的现代公民。严师出高徒，民主的管理更能出高徒。

孔子可谓民主教育的先师，我们可以从《论语》中发现，孔子与他的学生们是一种亦师亦友的平等关系。他不喜欢学生对自己盲目信从，鼓励学生发表自己的想法。他最喜欢的学生颜回，闻一知十，孔子多次赞扬他。但是，孔子看不惯颜回对老师言听计从：“颜回不属于对我有所帮助的那种人。他对我的话，没有不言听计从的，连一点异议都没有。”放眼现今课堂，教师“一言堂”的现象比比皆是，很多老师仍然喜欢学生被动接受知识，喜欢学生唯唯诺诺。教师如此，何谈培养学生的独立意识、民主意识？何谈培养学生的创造性、自主性？和孔子比起来，有些老师真该脸红。

1945年“二战”过后，在波茨坦会议期间丘吉尔和斯大林重逢。当时丘吉尔大选败选，斯大林得意地说：“丘吉尔，你打赢了仗，人民却罢免了你。看看我，谁敢罢免我！”丘吉尔不以为意地回应：“我打仗就是保卫人民罢免我的权力。”两国后来的发展状况，有力地验证了这个“政治幽默”的预见性。由此可见，民主就是推动一个国家进步的重要动力，我们的学生作为祖国的未来，他们的素质决定国家的走向，他们理应有民主意识。

十五、爱的宽容性

青年人犯错误，上帝都会原谅。学生犯错，我们也要懂得宽容，要给学生自我认识、改正的空间。

1947年，美国一个才9岁的小女孩萨丽在地理书上看到了一张中国长城的照片。她太喜欢这张图片了，便把它偷偷撕下来。由于美国的小学生在学年结束后，要把课本归还给学校。萨丽只好向她的地理老师摩尔太太承认错误。可是摩尔太太不但没有批评她，反而表扬她说，我从未见过一个9岁的小姑娘能如此迷恋一件遥远的事情,你一定会有所作为!摩尔太太还允许萨丽永远保存此书。43年后,已年过半百、事业有成的萨丽,在经历三个月风餐露宿后,终于跑完长城!一个老师对学生的宽容、激励,竟然能够持续半个世纪之久!这就是师爱深沉、持久的力量!

陶行知有一句名言:"你的教鞭下有瓦特,你的冷眼里有牛顿,你的嘲笑中有爱迪生。"学生犯错时固然令人恼怒,但他们需要的不是冷嘲热讽,而是教师耐心的教育、善意的批评,教师宽容的胸怀就有可能造就出瓦特、牛顿、爱迪生。

十六、爱的鲜活性

师爱的鲜活性,最大的体现就是教师自身的鲜活性。"问渠那得清如许?为有源头活水来。"一个不断自我更新、自我提升的教师,就是班级管理中的源头活水,这样的教师才能给学生鲜活的爱。

这几年一个新鲜的理念逐渐在国内流行:真人图书馆。它最早由丹麦青年创设,慢慢由欧洲走向全球。这种图书馆通过把不同人生经历的人邀请到一起,以一种面对面沟通的形式来完成"图书"的阅读,它分享一个理念"我们每个人的经历本身就是一本书"。其实,我们教师就应该把自己变成一本书,供学生阅读、汲取知识。我们的经历、经验、学识就是书的内容,并且我们还在不断更新、不断书写——我们还是连载的真人图书!学生不仅要读有字书,更要读无字书,教师应是一本本鲜活的无字书!

师爱的鲜活性,最直接的体现就是语言的鲜活性。班级管理和所有管理一样,是与人打交道的工作。与人打交道,生动的语言往往能将许多问题解决于无形。教师在进行班级管理、做学生工作的时候,也要注意自己的语言,力求让自己的话语生动,能够为学生所理解和接受。"良言一句三冬暖,恶语伤人六月寒",好的语言能使工作事半功倍。

北宋文学家大学士石曼卿有一次从寺庙出来的时候,突然马受惊,车子失控倒地。随从很惊慌,连忙去搀扶他,内心非常害怕。石曼卿却轻轻地抽打一下马,对驾车的人说:"幸亏我是'石学士',如果是'瓦学士',可不就摔碎了么?"一场小意外就这样被幽默的语言化解,随从内心的尴尬、忐忑也化为认真效力的动力。

鲜活的教育才有生命力,学生才愿意接受。我们自己要不断学习、更新,让自己永远保持鲜活的状态。

十七、爱的原则性

我们的爱必须讲究原则,不能无原则地包容、表扬学生的行为。正如我们前面所说,爱泛滥了,就成灾。孔子主张"爱人""克己""忠""恕",儒家的所信奉的就是仁者爱人,但孔子所提倡的爱是建立在有原则、讲礼教的基础上,无原则的爱在他看来,反而适得其反。

孔子的弟子公西华出使齐国,另一个弟子冉有请求孔子接济公西华母亲一些小米。孔子答应给六斗,冉有嫌少,要求再多给一些,孔子便答应再给十斗。冉有觉得老师真是太小气了,背地里给了公西华母亲八十斗。孔子知道这件事后,批评了冉有:"公西华出使时乘肥马拉的车子,穿着轻柔的皮袍,这说明家里经济条件良好。作为君子,只应救济有急难的人,而不接济那些富有的人。"

孔子的话很有道理,"君子周急不济富"。他不同意多给公西华母亲粮食,就是坚持原则。他不愿意徇私情而放弃原则,但是冉有做不到这一点,受到批评是理所应当的。虽然我们一直倡导"以和为贵",但正如孔子所言:"君子和而不同",我们所倡导的"和",不是无原则的附和,而是在坚持原则的基础上,所奉行的和谐之道。师爱应是如此,无原则的爱只会害了学生。爱不是目的,而是手段;

爱不是终点,而是过程。有原则、有立场的爱,才能让学生知道如何辨识美丑,才能让学生成长为有担当、有修养的现代公民。

十八、爱的主动性

爱的主动性尤其难等可贵。有句话说,上医医国,中医医人,下医医病。从某种程度上来说,教师就是医生,教育就是医国、医人的济世良方。但我们又不仅仅是“医生”,不能见了症状再下药,而是要主动去寻找教育的契机,去鼓励优秀,去发现问题。主动关注学生的信息,在生日那天送上班级的祝福;主动了解学生的家庭背景,给学生最需要的帮助;主动把握学生的思想动向,积极参与他们的成长过程……

有一个精神病病人,以为自己是一只蘑菇,于是他每天都撑着一把伞蹲在房间墙角,不吃不喝做“蘑菇”。他的医生也撑了一把伞,蹲坐旁边。病人问:你是谁呀?医生回答:我也是一只蘑菇呀。病人点点头,继续做他的蘑菇。过了一会儿,医生站了起来,在房间里走来走去,病人就问他:你不是蘑菇么?医生回答说:蘑菇当然也可以走来走去啦!病人觉得有道理,就也站起来走走。又过了一会儿,医生拿出一个汉堡包开始吃,病人又问:你不是蘑菇么,怎么可以吃东西?医生理直气壮地回答:蘑菇当然也可以吃东西呀!.病人觉得很对,于是也开始吃东西。几个星期以后,这个精神病人就能像正常人一样生活了,虽然他还是觉得自己是蘑菇。

因为学生与我们有年龄的差异,所以师生间不可避免地存在“代沟”。虽然代沟使得我们无法彻底走进彼此的世界,但这不妨碍我们主动去了解学生,在他们最需要帮助的时候陪伴左右。医生不能理解病人为什么会认为自己是蘑菇,这棵“蘑菇”也没有办法发现自己的问题,但医生的主动参与、引导,使得这颗蘑菇能够走路、吃饭、休息,这就是成功所在。

十九、爱的有效性

爱是教育的本质,而教育的目的就是提高学生生存、生活的能力,使得他们懂得明理、成人、成才。“爱”也要讲究效益。对老师来说,爱是一种不求个人回报的投入与付出;但是对学生来说,爱一定要产生好的效应。如果我们施加的爱,不能够对学生的成长产生推动,那么这样的爱又有什么价值呢?所以,我们对学生的爱,一定要有效,要能够触动学生,使学生更好地成长。

我们都说,好孩子是夸出来的,但是一味的表扬,不分实际、目的的表扬,就会成为无效表扬,学生渐渐就会知道,老师这是在糊弄自己。比如,课堂上气氛比较沉闷时,一学生站起来发言,也不管回答是否靠谱,老师都是说:“你真有勇气,真不简单。”真不简单吗?这样的表扬就属于“只奖励参与,而不考虑学习效果。”语文课上,老师指导学生朗读,所有学生朗读后,老师给予表扬——“读得不错”“读得真好”。这样的爱、这样的表扬缺乏诚意,对于提升学生学习水平、认知能力、实践能力,又有什么作用呢?

因此,我们要提倡有效施爱,有效表扬,否则适得其反,学生对教师的信任感、学习的积极性就会大大下降。

二十、爱的传递性

“漫天撒下爱心种,伫看他日结果时。”爱是具有感染性的,我们今天给予孩子的爱,会在他们内心深处种下一颗小种子,我们应该悉心浇灌,让这颗爱的种子,最终成为“离离原上草”。

原香港理工大学教授何崇本先生,在大陆许多学校设立了“何崇本奖(助)学金”,用来帮助品学兼优的寒门学子完成学业。他的宗旨就是，让得到帮助的学生在有能力的时候，帮助其他需要帮助的人、回报社会。这种爱心传递，于个人而言，能够帮助更多人；于社会而言，就是一种推动社会文明的强大力量！

前面我们提到的南京八中离休教师李世雄，他就是这样的一个人。解放之前，除了他和哥哥，家里其他人全部死于日军空袭。他们一路逃难，先后辗转于汉口儿童保育院、成都儿童保育院等。在保育院里，老师们给了兄弟俩无微不至的关爱，这些爱在他心中深埋下一颗种子，而这颗种子在他后来的岁月里，不断发芽、成长、结果，他将这份苦难岁月里来之不易的师爱，加倍施加给他的学生，他一生都在传递爱，都在奉献。他还带动家人、同事、学生参与捐资助学，现在已经九十高龄的他，每年依然坚持去学校颁奖。这就是师爱的感染力，就是师爱的力量！

一个教师，可能只能让有限的学生感受到我们的爱，但这些学生如能带着善良感恩之心去面对社会，那么这种一传十、十传百的爱心接力，将会改变我们的社会、民族与国家！

我们老师的工作苦、累、烦，但我们要乐在其中。点燃我们快乐的火苗，就是“爱”。当你热爱你的职业、你的学生时，“人不堪其忧”，你却能“不改其乐”。你的爱是学生手中的一支笔，帮助他们书写人生；你的爱更是社会发展中的一股力，推动民族、国家乃至人类文明进程！最后，以陶行知先生的一句话与大家共勉：

爱满天下，乐育英才！

2015 年 6 月

孔子的人文教育思想与教育现代化

引言

教育现代化，是当前教育界的热门话题。教育思想的现代化，是教育现代化的先决条件；没有教育思想的现代化，再好的教育技术设备、资料也形同虚设。

教育思想现代化这个概念内涵深刻，人文主义精神是极其重要的内容。所谓“人文精神”，指的是人对自身命运的理解和把握，即对人类存在的思考，对人的价值、人的生存意义的关注，核心是如何做人的问题。然而，20世纪以来，科技教育成为现代教育的主流，而人文教育却退避三舍。人们注意的焦点过分集中于技术教育、业务能力的培训方面，而道德伦理等人文教育的内容则受到冷落。尤其是第二次世界大战的爆发，从根本上改变了学校教育的职能和方向。国家需要的是权力和武器而不是个人的教养。惜乎，这种现象的后果是严重的。人类道德的沦丧、精神的颓废现象日益严重。重视人文教育，已成为迫在眉睫的问题。人文教育再不加强，人类也许会“人将不人”！

中国古代文化中，有着丰富的人文精神遗产，我们应该充分挖掘，为今天的人文教育所用。下文拟就孔子的人文教育思想作一探索。

孔子教育思想中的人文思想大致有以下七个方面：

一、师生平等的思想

师生关系在人格上是平等的。师生关系应是同志、朋友关系。教师要爱护学生，学生要尊敬老师。这是现代教育论关于师生关系的主要观点。但是，我国长期以来推崇的是师道尊严，把教学与学生的关系，视为统治者与被统治者的关系。有人把“师道尊严”的现象归罪于孔子，其实是不公正的。考之实际，孔子是主张师生关系平等的。

孔子不喜欢学生对自己盲信盲从，鼓励学生发表不同意见。他最得意的弟子颜回，安贫乐道，闻一知十，孔子多次赞扬他。但是，孔子也公开批评他。子曰：“回也，非助我者也，于吾言无所不说。”这句话大意是：“颜回，不属于对我有所帮助的那种人啊。他对我的话没有不乐于听从的，连一点异议都没有。”时至今日，许多教师喜欢学生唯唯诺诺、是非不分。教师如此，还谈什么培养学生的独立意识、民主意识？还谈什么培养学生的创造性？与孔子相比，有些人是应该脸红的。

孔子有一个著名的论点，那就是“当仁不让于师”。他不仅这样说，还鼓励学生这样做，因而他的学生大多能“抗言相谏”。一次，孔子应卫灵公之邀进宫与南子谈话，弟子们认为，孔子不应该和这个风流女子相见。孔子面对责备自己的弟子，一时很难解释清楚，但他却没有大发雷霆，只是对天发誓，表示心迹：“我见南子时如有半点不规矩，让上天抛弃我，让上天抛弃我。”

孔子爱生如子，不唯在学习上诲之不倦，在生活上也关怀备至。孔子的学生冉伯牛患了麻风病，别人避之唯恐不及，孔子却多次去探望他。他执着伯牛的手，伤感流泪叹息。子路好勇，孔子一直担心他不得善终。后来子路与人作战，被敌手剁成肉酱。孔子听到消息悲伤不已，大病一场，不久便病逝了。

二、“有教无类”的思想

孔子的施教观是“有教无类”。“有教无类”的思想闪烁着人文主义的光辉。他认为，教育不应分贵贱、贤愚、亲疏，要让受教育者享受同等机会。他还讲，“自行束修以上，吾未尝无诲焉。”不是管谁，只要按规定交纳了学费，孔子都精心给予教育。他招收的学生不分年龄大小：曾参、曾皙是父子俩；不分贵贱：颜回贫贱，住陋巷，箪食瓢饮。他教的学生中有闻一知十者，也有愚驽者；有世家子弟，也有村野匹夫，甚至鲁莽之徒。据曹尧德《孔子传》载：子路是“卞之野人”，鲁莽武夫，向孔子师徒挑衅，被孔子以德感化，才拜在孔子门下的。当时孔子决定收子路为徒，其他学生还表示反对。但是，孔子力排众议，以实际行动实践了他“有教无类”的思想。孔子的儿子孔鲤，也受教于孔子门下。平时，同学们总认为他肯定受到特殊的教诲。可是，一打听孔鲤，才知道孔子对他与其他学生同等相待。

然而，时至今日，“有教无类”的思想在我们某些地区或学校还没有得到落实。个别老师视优生为掌上明珠，视差生为寇仇，讽刺挖苦，甚至体罚，无所不用其极。再说，因为受应试教育的影响，目前的教材偏深偏难，许多学生跟不上教学进度，成了部分尖子生的陪读。我们今天要搞素质教育，要提高全民族的素质，孔子“有教无类”的思想和实践，值得我们认真学习。

三、崇尚“实干”的思想

孔子崇尚实干，反对花言巧语、纸上谈兵的现象。他说：“巧言乱德”，又说“巧言令色而鲜仁也”。他把“敏于事而慎于言”作为君子的标准之一，实实在在干事，是一个“君子”的必备素质。为了“矫枉”，他采用了“过正”的方法。他说：“天何言哉？四时行焉，百物生焉，天何言哉！”他推崇上天无言，却有着实实在在地调停阴阳，运行四时，化生万物的“实干”精神，他希望人们也能如上天一样，埋头苦干，兴国利民。

他对“实干”方面的推崇，还表现在自我评价方面。他说：“文，吾犹人也，躬行君子，则吾未之深也。”这句话的大意是：“论书本知识，我大概不比别人差多少；但是，作为亲自实践的君子，那么，我就没有什么成就了。”

中国的知识分子素有“埋头苦干”的传统，不能说与孔子的倡导没有关系。今天，我们要在这方面加强对学生的教育，使学生成为既有才能，又有埋头苦干精神的现代化建设人才。

四、学以致用的思想

学习知识不是目的，把知识转化为能力，有效地运用于实践，这才是目的。今天，提倡“素质教育”，孔子的“学以致用”的观点当是其理论支点之一。

孔子在谈到“学以致用”问题时说：“诵《诗》三百，授之以政，不达；使于四方，不能专对。虽多，亦奚以为？”在孔子眼中，诗歌不仅可以给人以艺术的熏陶，而且“可以兴，可以观，可以群，可以怨”；“弥之事父，远之事君，多识于鸟兽草木之名”。

学生们的知识积累即使并不菲薄，只要没有转化成为能力，仅是纸上谈兵头头是道，实践起来就会处处碰壁。孔子当年在教育实践中已注重了“学用结合”，确实是有远见卓识的。我们国家现行的教育方针要求：“教育必须与生产劳动相结合，必须为社会主义现代化建设服务。”这与孔子的学以致用的观念不无渊源关系。

应该指出，孔子的学与用，主要是指人文方面的内容，这正是近现代教育的盲点。其实，人文学科的知识是十分重要的，培养诺贝尔奖获得者最多的美国加州理工学院认为，自然科学最终只能提供知识而不能提供智慧。智慧是知识与判断力的综合。人文学科应该是智慧的宝库，有待我们用思想的钥匙去开启。

五、因材施教的思想

班级授课制作为目前世界流行的教学模式，自有其优势所在；但是，受教育者的个性因素却往往被忽视。作为教师，只有具备强烈的因材施教思想，才能弥补班级授课制的缺憾。

孔子是"因材施教"原则的最早提倡者与躬行者：

一次，孔子和子路、冉有、公西华等人座谈。子路问孔子："听到了自己认为应当做的事可以立即就干吗？"孔子回答说："家中有父兄在，怎能不征求他们的意见而马上就干呢？"

冉有也问孔子说："听到了自己认为应当做的事可以立即就干吗？"孔子回答说："可以立即就干。"

公西华一直侍候在旁，便问孔子："两个人问的问题完全一样，先生答复的内容为什么迥然不同？"

孔子回答说："冉有性格懦弱，平日遇事容易畏葸不前，我就激励他；而子路性格鲁莽好胜，勇于作为，我就教导他遇事慎重。"

看，孔子是何等重视因材施教！

孔子的门徒在孔子的教诲下，在个性、才能方面都得到了长足的发展。例如：颜渊、闵子骞、冉伯牛、仲弓在"德行"方面修养深厚，宰我、子贡在语言方面造诣良深，冉有、季路在政事方面研究深透，子游、子夏在文学方面术有专攻。

六、实事求是的思想

"实事求是"，是目前政治思想教育的中心内容，也是孔子当年教育学生的一贯思想。孔子反对不懂装懂的行径。他说："知之为知之，不知为不知，是知也。"他反对弄虚作假的做法，哪怕这种做法是善意的。

当时有个叫尾生高(一作微生高)的人，以诚实正直而闻名天下。一次，有人向他借醋，而他家没有醋，可是，他不以实情相告，却从邻居家借来醋给了借醋的人。这本是好意，但是孔子认为尾生高已在弄虚作假，算不上诚实正直之士。

孔子认为，没有假装有，空虚假装充实，贫穷装成豪华，这种人称不上"善人"，因为这种人是难以保持操守的。孔子病重，子路派同学前往充当家臣，准备后事。后来孔子病情好转了，不仅不领子路的情，还批评他说："这样做是在欺骗谁呢？欺骗上天吗？"一次，子路向孔子请教如何侍奉君主，孔子认为对君主宁愿冒犯他，也不要欺骗他。孔子对学生要求极严。子路推荐高柴去当费县县长，孔子认为高柴学业未完，能力不济，去当县长是坑害人而坚决制止。

"重视终极追求，执着地探求，超越现实的理想、人格，是人文主义的重要内涵。"我们说，彻底地做到实事求是，正是孔子提倡和追求的人格。

七、开放式教学思想

开放式教学是对封闭式教学而言的。封闭式教学把学生束缚于课堂，束缚于书本，师生关系呈注射器与容器关系。开放式教学则以学生为主体，教师为主导，课内与课外结合，理论与实践相结合。更重要的是，学生被当成“人”来看待，有利于他们潜能的调动与发挥。孔子的教学就是有开放式的特点。

他有时组织专题讨论会。例如：一次曾皙、子路、冉有、公西华侍坐，他便要学生们各言其志。学生们各言其志后，他又稍作评点，以示褒贬。

孔子有时让学生海阔天空地提问，自己酌情回答；或让学生发表对某个问题的看法，适当点拨。

他注重调动学生的主观能动性，让学生充分发表意见，自己的评价则力求简要、精当。例如一次学生问他：“一个人别人都说他好，这个人怎么样？”孔子说：“这算不得好人。真正的好人应该好人说他好，坏人说他坏。”孔子的回答精当、准确，使学生听了如沐春风。

应该特别指出的是，孔子带领弟子周游六国，以天下为大课堂，以社会为教科书，对增长学生见识，提高学生能力，作用是巨大的。我们说，这种“开放式”的教学，渗透了人文精神。气魄之大，是古今无人能比的。

结语

孔子的思想博大精深，其教育思想也丰富多彩。以上所说不能自称全面。诸如其“启发式”方法，“重视德育”的思想，“知人”思想，入世的精神，都是我们实现教育思想现代化所必须继承和发扬的，这篇文章中不拟多说。目前，世界上许多政界要人、工商巨子都推崇《论语》，并从中汲取治理国家、经营企业的良策；我们也有必要学习孔子的人文教育思想，挽救人文精神失落的局面，使教育思想真正实现现代化。

教育方法辩证二题

教育是人类与生俱来的话题,也是一个难题。说不清多少年多少代多少人,为了提高教育效果,苦苦寻求教育良方(方法)。然而,良方何在?古今中外,众说纷纭。特别是近年来,书店谈教育方法的书刊狂增。然而,“乱花渐欲迷人眼,春草才能没马蹄”。书虽多,好的少,方法多,实用少。更有甚者,不少写书人(只能这样称呼),为了哗众取宠,一味地标新立异,偏执一词,只求“卖点”,不求实效。而遗憾的是,幼稚的读者们往往不加辨析,原封不动地照搬到家庭教育或学校教育中去,结果是情况一团糟。

我们认为,要辩证地看待教育方法。教有定法,教无定法。教有定法是说教育有常规可依,“教无定法”,是说面对着千变万化的教育对象和教育形势,应该灵活运用教育方法。在这方面,我们还应该向孔子寻求智慧。

表扬与批评的辩证

现代教育论者提倡表扬的方法。主张在教学活动中赏识学生,激励学生。我们不难看到这方面的文章或在教学观摩活动中看到这种现象。然而,表扬与批评如同鸟之双翼。没有批评的教育如殺翼之鸟。不少初涉教坛的教师笃信赏识教育的魅力,对学生处处“表扬”,使表扬变成了廉价的空气、沙子,学生并不珍惜它。无奈之余,这些老师只好再祭起批评的法宝。然而,由于之前学生已经散漫惯了,批评的“矫治”工作也步履维艰。两千五百年前的孔子,是表扬与批评并用的。

就拿颜回说吧。颜回是他最得意的弟子,他不止一次表扬颜回。如:

子曰:“贤哉回也!一箪食,一瓢饮,在陋巷,人不堪其忧,回也不改其乐。贤哉回也!”

子谓子贡曰:“女与回也孰愈?”

对曰:“赐也何敢望回?回也闻一以知十,赐也闻一以知二。”

子曰:“弗如也!吾与女弗如也。”(《论语》)

然而,对于颜回的缺点,他也毫不客气地批评:

“回也,非助我者也。于吾所言无所不说。”(《论语》)

孔子与子路年龄差别较小,相伴时间很长,可谓情同兄弟。子路对孔子忠心耿耿,追随终身。孔子非常看重这个学生加兄弟的子路。他曾感叹说:“乘桴浮于海,从我者唯有欤?”不过,子路是一个有军事才能而性格鲁莽的人。孔子一直担心他做事不讲策略,乱冲乱撞而出问题。因而经常批评子路。子路自认为自己军事才能出众,假如孔子要委派人带兵作战的话,非他莫属。于是便问孔子:“子行之军,则谁与?”子曰:“暴虎冯河,死而无悔者,吾不与也。必也临事而惧,好谋而成者也。”

孔子为了抑制子路，并没有正面回答。而是说："暴虎冯河，吾不与也。"意思是说，赤手空拳地打老虎，没有舟船渡黄河，这样鲁莽的人，我是不会与他共事的。

孔子有时候对犯大错误的学生的批评更是严厉。他的高足冉求在季氏幕下当官。季氏已经富比周公了，可是冉求还千方百计为他搜刮民脂民膏。对这种"损不足而益有余"的不义做法，孔子十分生气。便当众宣布说："非吾徒也，鸣鼓而攻之可也！"

其实，从某种程度上讲，批评也是一种激励，只不过是反面激励而已。

严格要求与宽容民主的辩证

严格要求是教育的重要方法。"没有规矩不成方圆"是至理名言。一个人要想养成良好的学习习惯，没有严格要求是不可能的。因而，中国的传统家教素以严格著称，中国的私塾教育乃至现当代的学校教育，大多如此。"教不严，师之过"，这是传统教科书《三字经》中的名句。

孔子的教育是严格要求与宽容相济的。

孔子的教育严格要求体现在教学活动中。

对学生平常言谈中有什么不妥当的地方，他也不放过，一定认真予以矫正。

培养学生，让学生"出仕"，这是孔子的教育的重要目标之一。然而，对不合格的学生，他却不肯"放行"。

子路使子羔为费宰。子曰："贼夫人之子。"子路曰："有民人焉，有社稷焉，何必读书，然后为学？"子曰："是故恶夫佞者。"(《论语・先进》)

子路推荐学业未成的高柴去当费县县长。孔子知道后马上批评子路："你这样做不是坑害人家吗？"子路说："那里也有老百姓，也有政府机构可以学习，为什么一定要读书才算是学习呢？"孔子不听则已，一听怒不可遏，呵斥道："住嘴，不准强词夺理！我最恨的就是强词夺理的人！"

当然，孔子在教育活动中十分注重宽容，讲求民主。

宽容，孔子时代称作"恕"。

子贡问曰："有一言而可以终身行之者乎？"子曰："其恕乎。己所不欲，勿施于人。"(《论语・卫灵公》)

子贡是孔子的得意弟子之一，才高八斗。他不仅有政治、外交头脑，也有非凡的经济才能，后来成了商界巨子。一次，他向孔子请教人生修养问题。"老师，有没有一个字可以终身奉行？"孔子说："有，那就是'恕'吧。""恕"，常见的意义有两种，一是用自己的心推及别人的心，一是不计较(别人的)过错，善于原谅别人。"推己及人"，应是孔子所说的恕的重点，因而他恐怕子贡听不懂，紧接着说："己所不欲，勿施于人。"

"己所不欲，勿施于人"是"恕"的最高境界，要做到很难。自己不希望受战乱之苦，那么就不要发动使别人受苦的战争；自己不希望妻离子散，那么就不要做使别人妻离子散的事情；自己不愿意身体、精神受摧残，那么就不要干摧残别人身体、精神的事情；不愿自己的兄弟、姐妹受侮辱，那么，就不要干侮辱别人兄弟姐妹的事情……倘若上至国家领导人，下到普通老百姓，全球的人都能如此，岂不实现了"世界大同"？然而，事实上人们往往不能如此！有些人己所不欲，偏施于人！譬如说吧：有些囊中充实的男人们寻欢作乐，花前月下，希望别人的妻子是荡妇，而希望自己的妻子是节妇。有些人制定了一些法律制度、道德规范，要求别人去执行，而自己却逍遥于法律之外、道德之外。

不计较别人的过失，原谅别人，这也是恕的内容。百人百性，人无完人，对别人的过失，我们能够宽容，这本身就是美德。老师能够宽恕学生的过失，学生心灵就会少留下创伤；领导宽恕下属的过失，下属往往会知错必改，甚至知恩图报，肝脑涂地。

《韩诗外传》载：楚庄王有一次设宴招待群臣。宴会厅里灯火辉煌，杯盏交错，气氛热烈。突然，一股大风吹来，蜡烛全部熄灭。这时，一只手向美丽的王后伸来，抓住了王后的衣服。王后非常愤怒，一把扯下了这个人的帽缨。一会儿蜡烛又点亮了，王后把这件事告诉楚庄王，要求楚庄王立即查办。楚庄王听了，不仅不查办，还担心"绝缨"的人暴露，便下令所有人把帽缨扯掉。于是，紧张气氛消失，大家又尽情欢乐起来。

后来，吴国攻打楚国。吴楚交战，有一个人作战异常勇敢。楚庄王接见他，大加褒奖，而这个人却说："我就是当初在宴会上那个牵王后衣服的人。"原来如此，这个人是报楚庄王不杀之恩而勇敢作战的。遗憾的是，芸芸众生很难有楚庄王的肚量！

楚庄王已算得上"恕"的典型了。其实，他还赶不上孔子的学生闵子骞。闵子骞小时候，经常受到后母的虐待。冬天，后母为他做棉衣，用芦花来代替丝絮。闵子骞父亲了解到这种情况，怒火万丈，决定要休掉妻子。这时，闵子骞后母也已经生了两个孩子，如果父亲休掉现在这个妻子，三个孩子都将遇到难以克服的困难。闵子骞决心不计前嫌，为后母求情。他跪着向父亲说："母亲在这里，只是我一人衣服单薄而已，母亲如果离开家庭，我们三个人势必都会受寒冷威胁。"父亲听了闵子骞一番话，便中止了休妻的念头。看，闵子骞不仅原谅了继母，还能推己及人！

孔子宽容别人的例子很多。譬如，对老朋友，只要没有大的污点，他一般不与人疏远关系。外国人说"年轻人犯错误，上帝都会原谅"。而孔子则更进一步，他认为犯错误改了就好。他说："过而不改，是谓过矣。"

孔子作为一个教育家，他的教学思想、教学方法、教学态度都很"民主"。他采取的是茶馆式教学方法。他常与学生同坐一处，讨论问题。有时候，同在一间房子里，他与一部分学生讨论问题，还允许其他学生干别的事。一次，他与子路、冉有、公西华讨论问题，曾皙却在那里旁若无人地弹琴，直到老师点他的名，他才慢条斯理地站起来回答。在学生面前，他并不霸道，也不老是板着面孔，有时还开个玩笑。最让人推崇的是，孔子不要求学生唯命是从，俯首帖耳，他鼓励学生勇于发表意见，甚至与老师意见相左。他鲜明地提出了"当仁不让于师"的论点。这个论点，震古烁今，历久弥新，在当代教育中也具有重大的现实意义！

"当仁不让于师"，这是一个事关人类进步的重要命题。如果在学问方面只准学生对先生的学说全盘接受，不加臧否，不辨真伪，不敢创新，那么，人类文明就很难发展。事实上，人类的发展，就是建立在后人对前人超越的基础之上的。孔子在两千年前能亮出"当仁不让于师"的旗帜，确实是振聋发聩的。时至今日，我们的许多老师不还要求学生俯首帖耳、唯命是从吗？不是还把教学内容当作教条加以灌输，容不得半点异议吗？有时，即使讲错了，学生斗胆指出，教师不仍会恼羞成怒吗？在这种情况下，学生们性情学乖了，唯命是从；学生们思想变懒了，只要全盘接受就行，不需思辨了。这种情况的造成，实在是民族的悲哀。不敢想象，以孔子言论作为考试内容的漫长的封建时代，人们为什么对孔子这个主张视而不见、听而不闻呢？不敢想象，时至今日，为什么我们许多教师在教育教学工作中,还是这样不民主呢?作为教师,应该有博大的胸襟,不仅应鼓励学生“当仁不让于师”,即使对学生的错误也应该宽容。

我们有必要高举孔子“当仁不让于师”的旗帜,在教育教学中培养学生的独立精神、创新精神,使学生真正能够做到“当仁不让于师”,敢于跨越前人的雷池,去寻求科学文化的新天地。教育部《面向21世纪教育振兴行动计划》中决定“进一步提高博士生培养质量,从1999年开始,每年评选一百篇具有创新水平的优秀博士论文”。我们期待着这些年轻的博士们能够当仁不让于师,不迷信于师,写出高质量的有创新水平的优秀论文。我们期待着我们民族的后生可畏,不断地超越包括老师在内的前人!

2002年1月

教师的幸福：在教育工作中成长

幸福是一个吉祥的名词，承载着人类的美好愿望。千百年来，为了寻找幸福，多少人殚精竭虑，上下求索，无论贤愚贫贱、西方东方！

然而，什么是幸福？它犹如云中神龙，令苍生悻悻，群贤茫茫。是富？君不见南渡衣冠空抱珠玉成饿殍，邓通铜山铸钱终饿殇！是贵？君不见崇祯恨生帝王家，刘邦《大风歌》里隐彷徨！是美貌？是才学？君不闻"红颜自古多薄命""天才寡福情堪伤"！其实《红楼梦》中的一首《好了歌》，早把一记警世之钟敲响！

我们认为，幸福是一种感觉。只要自我感觉良好，那么幸福就翩然而至。舜时"击壤"的老人，"凤歌笑孔丘"的接舆，"不知有汉"的桃花源中人，疯癫的济公，烤山芋的懒残和尚，还有那些豁达的舟子更夫、农人牧竖、迁客流人，乃至瞽叟残障，都可能拥有自己的幸福。"镭"的母亲居里夫人曾经居住在一个僻静的山村。一个风雪交加之夜，她出现了流产的征兆。交通不便，居里只好搀扶着她徒步赶往镇上找医生。走呀走呀，居里已累得精疲力竭。他关切地问夫人："你感觉怎样？"居里夫人回答说："我感觉幸福极了。我懂得了什么叫相依为命。"看，这就是幸福！这种幸福与金钱、权势、荣誉无关……

那我们教师的幸福在哪儿呢？我们认为，就是在教育工作中成长。

教师，的确是一个辛苦的职业。然而，你既然选择了这个职业，就不要再鄙视它，你要以此为乐，用敬业的精神，成长的欲望酿造自己的幸福。当你把名师作为成长的目标，在教育教学之路上乐此不疲地探索，那么，你就会如旅人发现奇山大川一般兴奋，一般陶醉！当你把教师不再看作职业，而是当做事业，甚至当成一种"生活"，你所收获的就不会是苦与累，而是欢与乐。一位哲人说，你以你的处境为苦，你就会下地狱；你以你的处境为乐，你就会上天堂。这里有一则资料可以作为佐证：有一对农村出生的双胞胎姐妹到城市大酒店当服务员。姐姐以之为耻，勉强从事，愁眉苦脸，对客人也难得一笑，最后患了忧郁症，过早地用跳楼的方法结束了自己的生命；而妹妹却认为这是创业的契机，愉快工作，把笑容与欢乐送给客人，结果由服务员到领班到经理……当有了一定资金积累后，自己开店，生意红火，最终成了总经理！众多名师包括著名教育家成长的道路，与这位妹妹有异曲同工之处。"得天下英才而教之，不亦乐乎？"这句话应是教师的幸福宣言。无论陶行知、斯霞，抑或叶圣陶、李叔同、晏阳初，他们都以苦为乐，弃"乐"取苦，安贫乐道，最终成为著名的教育家。他们在成长中幸福，因为他们为教育对象在造福！许多基础教育的教师成长为特级教师，他们也沐浴着幸福。他们的幸福在于：晚上备课，窗外有清风明月做伴；讲台上课，台下有孩子会意的笑脸；漫步校园，有同事、领导敬佩的目光；走上街头，有家长敬意的招呼……每逢节假日，雪片般的贺卡，潮水般的短信，汇成一道幸福的亮丽风景。

我们认为："站稳课堂，写好文章"可以视为教师幸福的目标、名师成长的目标。能够做到"站稳课堂，写好文章"，自然就会成为名师；能够"站稳课堂，写好文章"，自然就会享受幸福。试想，一个教师在课堂上能够得心应手，挥洒自如，下课时心情就会格外舒畅。而当科研成果获奖，文章发表时，则会犹如少妇生子，平添喜悦，放飞希望！

当然，"站稳课堂，写好文章"，这也是学校成长的需要。当每一位教师都能"站稳课堂，写好文章"，学校的办学效益就会节节攀升，学校声名就会"天天向上"。一个学校应该形成良好的教师发展的梯队。一些德高望重、在一定区域乃至全国有较大影响的特级教师、名教师，他们以高尚的师德，精湛的师能，为学校与教师的成长领航。然而，这还远远不够，学校的发展更需要更多的年轻教师的成长。春风化雨，雨育春笋，竹茂成林，竹高万丈。学校应该通过各种形式的活动，比如"名师成长推进会"，为青年教师的成长搭建平台，让他们在名师指点下、领导关怀下加速成长，使他们尽早实现超越，超越前贤；也希望他们身为示范，为后来人做榜样！

每一位教师都应在成长中幸福，在幸福中成长！"大鹏一日同风起，扶摇直上九万里"。中青年优秀教师应该树雄心，立壮志，创造幸福，享受幸福，在"名师"之路上加速前进，在"教海"中扬帆远航！"桐花万里丹山路，雏凤清于老凤声"。我们希望每一所校园幸福的桐花盛开，幸福的雏凤高翔，薪火相传，一代更比一代强！

2015 年 7 月

汲取孔子智慧，提高高中语文教师实施新课程理念的身教水平

高中语文课程继续坚持《全日制义务教育语文课程标准（实验）》提出的基本理念，根据新时期高中语文教育的任务和学生的需求，从“知识和能力”“过程和方法”“情感态度和价值观”三个方面出发设计了课程目标，努力改革课程内容、结构和实施机制，为语文教育开辟了一条通向未来的光明大道。彻底贯彻高中新课程标准的理念，广大语文教育工作者责无旁贷。当然，贯彻高中新课程标准的理念，是一项系统工程，光靠教师的自身力量难以胜任。不过，有一点可以肯定，“教改问题，首先是教员问题”，教师必须首先用新课程理念武装自己，不仅提高自己适应新课程的业务能力，而且要提高执行新课程理念的身教水平。目前，我们的教师的身教水平与新课标的课程理念的实施需要之间尚有一段距离。因而，现在亟须加强教师身教水平的培训。这种培训比业务培训任务更艰巨。因而，我们这里就汲取孔子的智慧、从而提高语文教师贯彻课程理念内容和身教水平的有关问题略作探讨。

一、关于“认真负责，实事求是的科学态度”问题

实事求是的科学态度，是普通高中新课标的重要理念。一个人不具备办事认真、实事求是的态度，就谈不上具有健康的人格。关于科学态度的培养，语文应该是一个富矿。语文教材涉及的人和事，教师可以信手拈来，用以熏陶、感染学生，而教师自己则更应该用以武装自己。就拿《论语》来说吧。《论语》中记载的孔子言行中反映出来的办事认真、实事求是的科学态度值得我们认真效法。

从某种意义上讲，孔子之所以成为孔子，就在于他办事认真，实事求是。他执着追求真理，胜过珍惜生命。他说“朝闻道，夕死可矣。”他出生低微，做过吹鼓手，管理过仓库，也当过国家司法长官，然而，在每一个职位上，他都认真负责，勤奋工作，他吹鼓吹得炉火纯青，管仓库管得井井有条，在大司寇任上尽管才三个月，然而刚正不阿，杀了巧言令色而不法的少正卯。孔子曾自我评价说：“在‘圣’和‘仁’方面我不敢自许。但是，我能够做到‘诲人不倦，为之不厌’。”公西华听了，非常钦佩地说：“这正是我们这些做学生赶不上的。”我们说，这也是现代一般教师难以企及的。三尺讲台，一站几十年，很容易令人产生厌倦感，能够“诲人不倦”，必须要有高度的负责精神。有些贫困乡村的教师勉从教坛暂栖身，上课应付，课余时间看书，准备考研或考公务员。这种做法，也许无可厚非。然而，他们的行为给学生带来负面影响却是肯定的。再说“为之不厌”。厌，即不满足。这也是我们教师队伍中缺乏的。相当一部分教师，教过几年书，带过三两届毕业班，出了点成绩，便沾沾自喜、踌躇满志了。特别是高级教师一评上，便认为功成名就了。这种教师的思想在教学活动中流露出来，对学生也是贻害无穷的。

“实事求是”的思想，向来是中华民族优秀文化传统的核心内容之一，它在孔子身上也体现得淋漓尽致，值得我们教师效法。

孔子主张实事求是，他说“知之为知之，不知为不知，是知也。”他反对文过饰非，提出“过则勿惮改”，即知错必改的观点。他主张在真理面前，在事实面前，对君主，对老师也不屈从。一次，子路问如何侍奉君主，孔子回答说：“宁愿冒犯他，也不说假话哄骗他。”他不主张学生在教师面前唯唯诺诺，并因此批评过颜回。在这方面，他更喜欢子路的有话则说，敢唱反调。他郑重宣布过：“当仁，不让于师。”他反对不分是非的好好先生，愤恨地骂道：“乡愿，德之贼也。”他不谈一些虚幻的事情。“子不语怪力乱神”是大家知道的，对道听途说，他也极力反对，他说：“道听途说，德之弃也。”换言之，听了小道消息便不负责任地传播，是对道德的背叛。

孔子不仅是这样说的，也是这样做的。一次，陈司败问孔子：“鲁昭公懂礼吗?”孔子说：“懂礼。”孔子走后，陈司败向孔子的学生巫马期说：“我听说君子不庇护人，孔子不该庇护鲁昭公。鲁昭公娶同姓女子为妻。他要算懂礼，还有谁不懂礼呢?”巫马期后来又转述了司马败的话。孔子听了，不仅检讨自己，还因此高兴——闻过则喜！面对满世界好色胜过好德而又标榜自己“好德”胜过一切的男人们，他一针见血地说：“吾未见好德如好色者也。”这句话，是一句大实话，但却振聋发聩。古往今来，能如此说的唯孔子一人，能承认自己好色的唯小说中的人物贾宝玉一人！孔子生病，几个学生认为孔子不行了，为孔子料理后事。他们认为孔子做过大夫，应有家臣，并由几个学生扮着家臣。不想孔子病情好转，他刚能打起精神说话，就把学生弄虚作假的行为批评了一顿，并立即纠正。

我们认为，有认真负责、实事求是科学态度的老师，才有可能有认真负责、实事求是的学生。或许有人说，教科书中不乏培养办事认真、实事求是科学态度的内容！但是我们始终认为，身教比言教更重要！为师者不可不慎之！

二、关于审美教育问题

新课标强调语文课程的审美教育功能，要求“语文课程关注学生情感的发展，让学生受到美的熏陶，培养自觉的审美意识和高尚的审美情趣，培养审美感知和审美创造能力。”孔子时代，美学理论没有今天发达，然而孔子对学生的审美教育却是毫不含糊的。

孔子非常重视文学艺术鉴赏这个重要的审美活动。他大力提倡学生学习《诗经》。可是，现在为数不少的语文教师，自身文学艺术鉴赏能力就很差。很多人莫说没有系统读过《论语》，就连小说、戏剧一类的名著也没读过几本。这样的教师如何以自身的审美情怀熏陶、熏染学生?

孔子注重对美的发现、追求和创造。一次，孔子与子路、曾皙、冉有、公西华几个学生在一起。他要求学生各人谈谈自己的志向。子路、冉有谈的是治理国家的事，公西华谈的是宗庙会同方面的事，孔子听了没有表现出多大的兴趣。对于子路要用三年时间就能把一个有千乘兵车、处于内忧外患之中的国家治理好的说法，他不以为意。但是他对曾皙的话却极尽赞赏之能事。那么，曾皙说了些什么？原来，曾皙的理想是投身自然，春日畅游。他描述了一幅春游图：“暮春三月，莺飞草长，春风习习，柳丝依依。这时候穿上刚刚做好的春衣，带上五六个小伙子，六七个小孩子，到沂水中洗个澡，到舞雩上吹吹风，乘兴回家，留下一路歌声……”孔子听了，不由拍案叫绝，明确表态说：“我赞成曾皙的!”

孔子为什么如此激动，对曾皙大加赞赏呢？我们认为，这里有美学因素。

先从社会美学的角度看：春秋末期，礼崩乐坏，臣乱君昏，你攻我伐，尔虞我诈，沧海横流。孔子欲挽狂澜于既倒。他奔走呼号，然而统治者对他的主张“敬而远之”。孔子半生奔波，到头来，不仅没有实现政治理想，反而受尽冷落。从君主不用到匡地被围，到陈蔡绝粮，到狂人接舆、荷蓧丈人之讥，往事不堪回首。然而，孔子凭借着一种殉道精神，“明知不可而为之”，仍然在崎岖的宣教道路上攀行。但是,“众里寻他千百度”,“乐土”在何处？随着年老体衰,孔子难免也有些茫然。因此,当曾皙把一幅春游图展现在他面前时,孔子兴奋了。这不是一幅太平世界太平图么？景物无限好,老少咸自由,这不是儒家的理想境界吗？后人陶渊明笔下的《桃花源记》只不过是在此基础上意境的拓宽。于是,孔子陶醉了,他情不自禁地说:“吾与点也。”

当然,孔子重视社会美,也重视自然美。而且,孔子在谈论社会美的时候,也结合着对自然美的探讨。例如,他说:“智者乐水,仁者乐山。智者动,仁者静。智者乐,仁者寿。”孔子原本是从人格修养方面说明“智”与“仁”各自所侧重的品质特征的。但是,这其中隐含着另一个命题是,人们的精神品质不同,其对自然山水喜欢、喜爱倾向也就不同。或者进一步说,一定的自然对象之所以引起人们的喜爱,其实是因为它自身具有某种与人的精神品质相似的东西。具体地说,智者所以“乐水”,是因为水具有“动”的特点,而“仁者”之所以“乐山”,是因为山有“静”的特点。这就揭示了人与自然在“美”的方面的联系。从孔子的角度看,他是一个仁者,但更是一个智者。他的一生对人生从自然、人文、政治、历史等不同角度进行了不懈地探索。他对水情有独钟。他曾临水而叹:“逝者如斯夫。”他曾登山观海,羡慕海洋容纳百川的气度。此次,曾皙谈到春游愿望时,自然又拨动了他的情愫,所以他情不自禁地大加赞赏。

我们应该学习孔子的美学观,向往政治清明的太平盛世,并为之不懈奋斗。向往自然之美,投身大自然的怀抱,去乐水,去乐山,去接受水的荡涤、山的陶冶。我们倘能达到孔子的这种境界,我们的身教作用将召唤着学生崇尚美、追求美、创造美!

三、关于“思考问题的广度和深度”问题

关注学生思考问题的广度和深度问题,培养学生的探索精神,核心问题是创新能力的问题。我们认为,这是新课改的主要目的。只有思考有广度、有深度,只有思想敏锐,勇于探索,才能有所创新。要做到这一点,就需要我们告别填鸭式教学,打破“分数”的桎梏,着眼于学生的终身发展与民族复兴的大局。当然,要做到这一点,需要党和政府、社会的共同关注与努力。仅靠我们语文教师的力量,是难以全面实现的。不过,身为教师,责无旁贷。我们应从我做起,从力所能及的事做起,着力把自己武装成为思考问题有广度和深度、敢于和善于创新的人。

首先,我们教师应该在语文教学中注重创新,敢于破除迷信,打破禁区。

迷信,是创新的最大敌人。人一旦陷入对权威的迷信,智商往往会下降到零状态。这样的人抱残守缺,人云亦云,会成为思想上的可怜虫。前苏联有一个掌故,最能说明问题。高尔基写了一本书,叫做《姑娘与爱情》,斯大林为该书作序。序的全文在《真理报》上刊载。遗憾的是,斯大林误把“爱情”一词少写了一个字母。《真理报》原封不动照登。文章发表后,关于“爱情”一词的写法引起了大讨论。莫斯科大学的语言学教授发表文章高度评价爱情一词的“新写法”。文章认为,“斯大林的写法具有创造性,无产阶级的爱情与资产阶级的爱情就是不一样!”这篇文章也发表在《真理报》上。凑巧,斯大林又看到了。斯大林很生气,在文章旁边批道:“放屁！我只是误写而已!”

我们教师对问题的思考,应该有广度和深度,即思想深刻。唯其如此,才能对学生施加正面影响,形成“名师出高徒”的局面。如何才能做到思考问题有广度,有深度？定义不好下,然而,我们可以以孔子为标杆来衡量。

思想深刻的人犹如显微镜操作人员,发现肉眼看不到的细菌。孔子在这方面有超人的功力,能够明察秋毫。春秋时期有个叫尾生高的人,是社会公认的正直人,而孔子却不赞同。理由是:一次,有人到尾生高家借醋。尾生高无醋可借,但却不直说,反而暗地里把邻家的醋借来给了借醋的人。

孔子看出尾生高的伪善来。在孔子眼中，正直就是要实事求是。尾生高没有实事求是，尾生高算不得正直的人。

一个思想深刻的人，能够透过现象看本质。他注重调查研究，有时连自己的眼睛也不轻信。孔子在这方面堪称典范。孔子当年带领弟子周游列国，吃尽苦头，在陈蔡一带，曾经好几天连饭都吃不上。一天，颜回好不容易讨点米在厨房做饭，而孔子在堂屋休息，突然，孔子发现颜回从锅里抓了一个饭团塞进嘴里，当时孔子很伤心。他所教学生三千，算得上三好生的有七十二人，而七十二人中，他最器重的就是颜回。想不到颜回也经不住饥饿的考验！不过，孔子转念一想，是否别有原因？于是，他决定再调查一下。不一会，颜回把饭端了上来，孔子却不急于吃饭。他说要先祭祀一下祖先。颜回一听，马上说："老师，不干净的饭是不能祭祀祖先的。刚才房顶的灰掉到锅里……"孔子一听恍然大悟，原来是灰掉进锅里，颜回舍不得扔掉被污染的饭粒而把饭吞到肚子里！孔子为此感慨万千。他对学生们说："青年人要记住，了解一个人不容易啊！"

思想深刻的人，他能够超越集团、民族，乃至国家的界限，着眼于全人类去思考问题。孔子正具备这种品质。一次楚王打猎丢了一张弓。臣下要派人去找。楚王制止说："一个楚人丢了弓，肯定另一个楚人会得到，不要去寻找了吧。"这个消息传到社会上，许多知名人士纷纷赞扬楚王仁厚爱人。而孔子则不以为意，他认为楚王胸怀仍不够宽广。孔子认为，楚王应该说："一个人失掉一张弓，另外一个人会得到的，又何必去寻找呢？"

人之为人，应该有个起码的道德底线。古今中外，有不少人试图作一个准确的描述。然而，仔细研究发现，还是孔子对道德底线的界定最准确。他说："己所不欲，勿施于人。"如果一个人达到这个标准，他也就无愧于人的称号了。孔子的这句话，几千年来，不仅被华夏民族奉为圭臬，就连西方人也佩服之至。他们把"己所不欲，勿施于人"这句话视为成功的"黄金法则"。他们认为，只要按照孔子说的去做，就能在人际交往中获得成功。

世界发展到今天，其复杂性远非孔子时代可比。许多问题需要我们沉下心来分析。进一步说，这个世界，又是浮躁的世界。人们熙熙攘攘，为利来往，又有几人愿意而且能够静下心来，认真思考呢？我们这个时代缺少思想家。令人遗憾的是，一个时代缺少了思想家，就如一辆机动车缺少了动力装置。语文新课标的制定者们正是关注这个问题，从而要求我们"关注学生问题的广度和深度"。然而，想在教学中实施这个理念，我们教师本身就需要"提高"。倘若我们的语文教师水平都能像孔子那样，我们何愁培养不出思想有广度、有深度的创新人才！

四、关于促进学生特长和个性发展问题

《普通高中语文课程标准》要求教师必须顾及学生的原有基础、自我发展方向和学习需要等方面的差异，激发学生的兴趣和潜能，增强课程的选择性，为每一个学生创设更好的学习条件和更广阔的成长空间，促进学生特长和个性的发展。在这方面，我们也应该从孔子那里汲取智慧。

我们认为，要想使学生的特长和个性得到发展，首先教师自身必须就是具有特长和个性的人。在这方面，教师的身教作用尤为重要。"名师出高徒"，名师之"名"，高徒之"高"，很大程度上就在于此。

孔子是一个有个性、有特长的"智者""圣人"，他特立独行，执着追求理想，"明知不可为而为之"。为了追求理想，他周游列国，吃尽辛苦，饱尝白眼，吃不饱，穿不暖，甚至生命也遭到威胁。然而，他九死而未悔。他也渴望富贵。然而，视不义而高贵如浮云。他宁愿过着如丧家之狗的生活，也不媚俗而享受唾手可得的富贵。他不矫饰自己，"知之为知之，不知为不知"。他刚直不阿，当鲁君昏庸之

际,决不曲从,能够毅然辞官而去父母之邦,去寻求理想之梦。孔子是一个复合型人才。他言行谨慎谦虚,然而,他公开承认自己“多能”,他确实在多方面具备特长,能够为学生提供多种选择性课程。他道高德隆,其道德修养与造诣为时人公认,因而在德行方面受到他熏染而成为知名人士的有颜渊、闵子骞、冉伯牛、仲弓。孔子也是一个文学家、语言学家,对诗歌、语言都有独到研究,因而熏陶出宰予、子贡等辩才拔萃的人才,培养出子游、子夏等文学擅长之士。孔子对政事的研究达到了炉火纯青的地步。“夹谷之会”,他作为鲁国谈判代表,不仅维护了鲁君的尊严,而且迫使齐国归还鲁国失地,因而他门下出了冉有、季路等高级行政人员。此外,孔子在军事、商业方面也有研究。因而,他的门下也出了著名的军事家(子路)与商人(子贡)。

我们知道,“因材施教”是重要的教育原则。然而,要想施行这个原则,就需要教师灵活性与原则性相结合,能够具有广泛的知识与高度的语言驾驭能力。孔子正是这样的人。

《论语》中孔子与子路、冉有、公西华的对话大家都熟悉,这里不多说。我这里再举个例子:

叶公子高问政于孔子,孔子回答说:“政在悦近而来远。”哀公也问政,孔子回答说:“政在选贤。”齐景公向孔子问政,孔子说:“政在节财。”子贡听了,便请教孔子:“为什么三个人问同一个问题,而老师的回答却不一样。”孔子说:“叶都大而国小,老百姓有背叛之心,所以我说:‘政在悦近而来远’。鲁哀公的三个大臣专横跋扈,对外挑衅,对内愚弄君主,会使国家灭亡的,所以我说:‘政在选贤’。而齐景公大兴土木,挥金如土,一天就给予多人以‘三百乘’的重赏,所以我说:‘政在节财’。”

1988 年 1 月,全世界诺贝尔奖获得者聚会巴黎,向世界庄严宣告:“如果人类要在 21 世纪生存下去,必须回首 2500 年,去吸取孔子的智慧。”惜乎,我们目前对孔子智慧的重大作用认识还不到位。或许有人认为孔子与新课程并提是牵强附会,那是极其有害的。事实上,孔子的智慧是超越时空而福泽人类的。曾任美国总统、《独立宣言》起草人之一的杰弗逊宣称,《独立宣言》中关于“人人获得天赋若干规定而不可移之权利”的条款,思想源头就来自孔子。孔子是无愧于万世师表的称号的。我们不应该数典忘祖。

2012 年 2 月

由孔子谈教师思维品质的培养

教育的目标不仅仅在于传授知识，还在于开发智力，培养能力，让受教育者能够在继承的基础上创新。换言之，我们不仅需要孩子学富五车，更需要孩子满腹经纶。从某种意义上讲，学生的智力与能力的培养比知识传授更为重要。

然而，怎样才能实现这种目标呢？我们认为，首先要注重学生思维品质的培养。因为，思维的品质是智力与能力的核心。

目前，新课程设计者已经充分注意到了这一点。就拿普通高中《语文课程标准》来说吧，其中就明确要求学生养成独立思考、质疑探究的习惯，增强思维的严密性、深刻性和批判性，“重点关注学生思考问题的广度和深度”。

然而，好几个省市实行新课改以来，在这方面成效尚未尽如人意。原因何在？原因在于教师的思维品质方面未能“达标”。要想使学生具备良好的思维品质，首先教师要具备良好的思维品质。否则，以师昏昏，焉能使生昭昭？而事实上，现在师中“昏昏”者多，难以又好又快地培养出“昭昭”之才。

毛泽东生前说过：“教改问题，首先是教员问题。”目前，教育的当务之急，是重视教师思维品质的培养，使教师的思维带有批判性、深刻性、严密性。当然，教师只是教育者的一部分。父母、社会上关涉教育、宣传的人士都是教育者。他们的思维品质也应该不断提高。

从思维的批判性、深刻性、灵活性、严密性四个角度考察，孔子堪称教师典范！这里，我们不妨就这四个问题展开论述。

一、关于思维的批判性

批判性思维，是做学问难能可贵的思维品质。唯有思维带有批判性，才能发现前人现成结论的不妥，从而跳出窠臼，纠正谬误，弘扬真理。

孔子是注重学生思维的批判性培养的。他明确提出了：“当仁不让于师”的著名论断。这在2500年前，可谓惊天破石，振聋发聩。

孔子本人的思维就富有批判性。例如，有一首古诗云：

唐棣之华，
偏其反而。
岂不尔思？
室是远而。

这几句诗的意思是：

唐棣树的花儿，在风中翩然摆动。难道我不思念你？只是两家相距遥远。孔子读了这首诗便加以批判说，“还是没有真正的思念。否则，哪里还谈什么路途遥远呢？”

孔子的后学对他的批判性思维理论也心领神会，如孟子说：“尽信《书》不如无《书》”，清人陈献章云：“学贵有疑，小疑则小进，大疑则大进。”

其实，古往今来，许多教育理论，可资我们批判的很多。例如：“授人以鱼不如授人以渔”，这句话被当代学者奉为圭臬。其实，这句话“硬伤”很大。首先，以“鱼”喻“知识”，本身就不妥。因为“鱼”与“知识”没有相似点。你给人一条鱼，别人吃完了就没有了。但是，你教给别人一门知识，他会终身受益。这个人将来为人父或为人母，为人师或为人领导，他还会把知识信息再传递给别人。再说，我们的教育活动中，“鱼”与“渔”并非不相容的，我们为什么不能既授人以“鱼”，又授人以“渔”呢？其实，万丈高楼平地起，知识是基础。基础不牢，就会地动山摇。没有知识作基础，奢谈学习方法、能力培养，无异于痴人说梦。譬喻一个人正在饿肚子，你是先给他鱼呢，还是先教给他钓鱼的方法呢？答案是显而易见的。

目前，我国各级各类学校的办学规模越来越大。且不说大学，就是中小学也不乏上万人规模的学校。这种做法已经被许多领导和专家首肯，并美其名曰：“放大优质资源。”可是，我们要问：“优质资源真的能够放大吗？”一碗干米饭加上一盆水，已经不再是干饭，而是“粥”了。放眼神州大地，学校合并、名校设立分校，一时间热热闹闹，结果是师资短缺，生源下降，管理跟不上，办学质量大滑坡！特别是有些分校，挂着名校的羊头，卖的是劣质教育的狗肉。结果只是把图虚名的家长腰包中的钱攫为已有，至于学生的成绩、前途，那又另当别论了。其实，“山不在高，有仙则名”，校不在大，质高就行。精品意识是名校的生命线，而打破了精品意识去肆意扩大办学规模，也是自己践踏自己啊！在这方面，西方人的头脑似乎比我们清醒。美国教育家鲍耶说：“最好的学校应该是学生数只有 300 人的学校，他们彼此都能叫出对方的名字。”

二、关于思维的深刻性

作为一名教师，只有思想深刻，才能在教学研究工作中“不为浮云遮望眼”。

怎样叫思想深刻，定义倒不大好下，不过我们可以用孔子的言行作为标杆来谈一谈。

思想深刻的人，最可贵的品格是自己用心去观察世界，直面现实，务求真是，实话实说。孔子就是这样的人。古往今来，人们大谈立言立德，都以“好德”来标榜自己，吹捧别人。至于“好色”，其实男人大多如此，只是没有一个敢承认的。非但不敢承认，不少人还标榜自己“好德”而不“好色”。而孔子却能直面事实，实话实说：“吾未见好德如好色者也。”这句话翻译成为现代汉语，就是说：“我没见过好德的程度比好色的程度还要深的人。”光阴似箭，倏然二千余年。然而，这句话仍有震撼世人心灵的作用。许多以好德自居而骨子里好色的伪君子，在孔子的这面照妖镜前能不原形毕露？

思想深刻的人犹如显微镜操作人员，可以发现肉眼看不到的细菌。孔子在这方面有超人的功力，能够明察秋毫。春秋时期有个人叫尾生高，是个当时非常出名的“正直之士”。可是孔子却力排众议。理由是：一次，有人到尾生高家借醋。尾生高无醋可借，但却不直说，反而暗地里把邻家的醋借来给了前来借醋的人。孔子看出尾生高的伪善来。在孔子眼中，正直就是要实事求是。尾生高没有实事求是，尾生高算不得正直的人。

一个思想深刻的人，能够透过现象看本质。他注重调查研究，有时连自己的眼睛也不轻信。孔子当年带领弟子周游列国，历经千辛万苦，在陈蔡一带，他曾经好几天连饭都吃不上。一天，颜回好不容易讨点米来在厨房做饭。蓦然间，孔子远远望见颜回从锅里抓了一个饭团塞进嘴里。当时孔子很伤心。他所教学生三千，算得上“三好生”的有七十二人，而七十二人中，他最器重的就是颜回。想不到颜回也经不住饥饿的考验！不过，孔子转念一想，是否别有原因？于是，他决定再调查一下。不一会，颜回把饭端了上来，孔子却不急于吃饭。他说要先祭祀一下祖先。颜回一听，马上说："老师，不干净的饭是不能祭祀祖先的。刚才房顶的灰掉到锅里……"孔子一听，恍然大悟，原来是灰掉进锅里，颜回舍不得扔掉被污染的饭粒而把饭吞到肚子里！孔子为此感慨万千。他对学生们说："青年人要记住，了解一个人不容易啊！"

思想深刻的人，他能够超越集团、民族乃至国家的界限，着眼于全人类去思考问题。孔子正具备这种品质。一次，楚王打猎丢了一张弓，臣下要派人寻找，楚王制止说："一个楚人丢了弓，肯定会有另一个楚人得到，何必去寻找呢？"此话传出来后，许多人都认为楚王胸怀宽广。而孔子却认为，楚王胸襟仍然是狭隘的，楚王应该说："一个人失掉一张弓，另外一个人会得到，又何必去寻找呢？"

人之为人，应该有个起码的道德底线。古今中外，有不少人试图作一个准确的界定。然而，仔细研究发现，还是孔子对道德底线的界定最准确："己所不欲，勿施于人。"如果一个人达到这个标准，他也就无愧于人的称号了。孔子的这句话，几千年来，不仅被华夏民族奉为圭臬，就连西方人也佩服之至。他们把"己所不欲，勿施于人"这句话视为成功的"黄金法则"。他们认为，只要按照孔子说的去做，就能在人际交往中获得成功。

生活如哈哈镜，人们往往会被事物的表象所迷惑。有许多概念反映的内涵便包含着一件件冤假错案。例如登徒子作为一个概念，向来被人们视为好色者的代称，其源于战国时期宋玉的《登徒子好色赋》。

登徒子有一次在楚王面前说宋玉的坏话：宋玉体态俊秀，能言善辩，生性好色，希望大王不要让他出入后宫。

一天，楚王以登徒子所说询问宋玉。宋玉回答说："体态俊秀，这是天生的；能言善辩，这是老师教的；至于好色，这是我所不具备的。天下的美女，没有超过楚国的。楚国漂亮的姑娘没有超过我家乡的。而我家乡美丽的姑娘，没有超过我家东邻女孩子的。这位美丽的女子增一分就显得太高，减一分就显得太短。脸上搽粉显得太白，搽胭脂就显得太红。眉毛像翠绿的鸟羽，肌肤像高山洁净的雪。腰如束了一条素带，牙齿像含着白色的贝壳。她嫣然一笑，能够使下蔡、阳城的人都为之倾倒。但是，这个女子'登墙窥臣'（趴在墙头上注视我）三年，我至今还没有接受她的爱情……"反过来，宋玉反讥登徒子好色。理由是登徒子娶了个丑老婆，却十分钟爱，和她生了五个孩子。

宋玉这一番话，不仅打消了楚王对他的疑虑，反而使登徒子落得个好色之名。千百年来，人们人云亦云，都把登徒子作为好色之徒的代名词。

可是，20世纪60年代的一天，毛泽东在杭州下榻，召集一批学者谈论古典文学。在谈到《登徒子好色赋》时，毛泽东认为登徒子并非好色之徒：富贵易妻，这在中国古代是常见的现象。登徒子作为朝廷命官，完全有易妻的条件。可是，他妻子那么丑，他不仅不易妻，而且长相厮守，并生了五个孩子，这说明他不好色，而且是"执行婚姻法的模范"（毛泽东原话）。

毛泽东之说，入情入理，第一次为登徒子翻案，不过，习惯势力太严重，登徒子在词语的海洋中，仍然还背着"好色"的黑锅。

当然，民间也不乏思想深刻的智者，例如：

春秋有个军事家叫吴起，他担任将领，饮食与衣着全都跟士卒中最下级的一样。他晚上睡觉的地方，不加铺盖，行军的时候，不骑马乘车，粮食自己背，器械自己扛，跟士卒分担劳苦。士卒中有皮肤肿烂的，吴起看到了，会毫不犹豫地趴下为他吸出脓汁。

一名士兵身上害了疽，吴起为他吸出脓汁。他的母亲听到这个消息，不禁失声痛哭起来。旁人见了，劝慰她说："你的儿子，只是一名士兵，而吴起贵为上将，他亲自为你儿子吸出溃疮的脓汁，你应该感到光荣才对，为何反而哭起来呢？"那名士兵的母亲解释说："这个你们就有所不知了，往年吴将军也曾为我孩子的父亲吸过脓疮，孩子的父亲为报答他垂爱的隆恩，凡遇战争，无不格外卖力杀敌，结果，没多久就战死在沙场上了，而今，吴公又为我的儿子吮吸脓汁，我这孩子不知什么时候又会为他卖命战死的，想到这点，我就禁不住哭了。"

后来，这个妇人的儿子果真战死！

看看，这个普通妇女的思想是何等深刻！

日常生活中，有一种怪现象，那就是把口号当作定理，这本身就是思想肤浅的表现。秦朝末年，陈胜和几个同伴替人家耕田种地，累得七死八活。一次在田头休息时，他提出一个著名的口号，那就是"苟富贵，毋相忘。"后来，陈胜揭竿反秦，一度势力浩荡，称王而治。当年那班穷朋友还记得陈胜这句口号，便纷纷投奔他。但这些人把口号当成定理，仍然觉得"陈王"还如当年，虽已富贵而不忘他们，便尊卑不分，说出一些有损陈王威信的话来。结果，陈胜对他们不仅"相忘"而且"相害"，使他们糊里糊涂地丢了小命。

"宁为玉碎，不为瓦全"，也是古人的一句响亮的口号，意思是为了坚持正确的信仰信念，宁死而不偷生。惜乎，这句话被封建统治者利用，他们培养了一大批愚忠的人才。这批人才被人利用而不知，宁死不屈，然而死则死矣，并非"玉碎"，甚至连"瓦碎"都谈不上。中国的朝代更替，有多少人为旧朝而死，为新朝而亡？他们自以为死得壮烈，死得其所，其实不过是政治阴谋家的牺牲品而已。试想，哪个开国皇帝的宝座，不是由无辜的白骨筑成？就说明朝的方孝孺吧，骨气是有的，这一点应该肯定。然而，皇帝是侄儿当，还是叔叔当，你何必计较？结果自己身死不算，还被株连了"十族"。千年而后，读这段历史，我们固然同情方孝孺，但决不能以"玉碎"的美名谥之。

这句口号在现代也曾荼毒过许多生灵。十年浩劫，神州一度武斗成风。双方都抱着捍卫共和国红色政权的决心投入战斗，虽身首异处而不悔。说不清，当年武斗死了多少人。当年，也有许多人为死者开追悼会，并封以"烈士"的美名。然而，时过境迁，如今看来，他们死得毫无价值。春去秋来，草枯草荣，荒坟寂寂，除亲人以外，有谁记起？

不少封建礼教的东西，都是以口号形式出现的，如果一旦作为定理则害人匪浅。譬如吧："好马不吃回头草，好女不嫁二夫君。"这是民间流传甚广的口号。它不知约束了多少女子的青春与爱情。说不清有多少女子，男人一死，便紧锁心扉，扮演"未亡人"的角色。任花开花落，任鸟飞鸟去，身未死，心已秋，只等一死万事休。甚至有些女子即使被男人遗弃，仍然抱定生是某家人、死是某家鬼的信念。闺房寂寂，燕巢已空，斯人不归，抱恨而终。不说别人，那个叫朱文和张群花的两位现代女性不就是如此吗？

"有志者，事竟成"，也是当今颇为响亮的口号。它脱胎于蒲松龄的一副对联"有志者，事竟成，百二秦关终属楚；苦心人，天不负，三千越甲可吞吴。""有事者，事竟成"作为口号，是有积极作用的，然而，我们不能把它认定为真理，认为只要执着追求，就会摘取成功的果实，我敢断定，不少人因迷信这句话而误了一生。科举时代，有多少士子，皓首穷经，最终一事无成！孔乙己是小说中的人物形象，具有典型性，至于生活中的人，远的不说，就说蒲松龄自己吧，少年时代就涉足科举，奋斗几十年还是事未成！倒是种瓜得豆，写出了不朽的《聊斋志异》。倘若，蒲松龄以创作为务，那么，他文学创作的山峰说不定又高出许多。个人的成功，不仅仅靠有志。王安石在《游褒禅山记》中说得好：一个人成功，一靠有志，二靠有力，三靠外物相助。这三者缺一不可。以攀登珠穆朗玛峰为例，有志固然重要，然而，身体欠佳，无力攀登也不行。前二者具备了，没有登山的必要设施(如供氧装置)也不行。再说，一个人有志气救济苍生，也满腹经纶(有力)，但是，没有伯乐发现你，提拔你，你最终也只好老死草野。有讽刺意味的是，中国历史上的有才有识之士沦落草野的居多，而无能之辈却能够窃居高位。苏轼的《洗儿》一诗，是这方面不平则鸣之作。诗云：

人家生儿愿聪明，我为聪明误一生。
但愿生儿愚且鲁，无灾无病到公卿。

再说，“人定胜天”作为一句口号，自然无可非议。但我们千万不要认为，人可以主宰自然。人类，仅仅是自然中的一员，怎能反客为主呢？长期以来，人们误把“人定胜天”当作定理来使用，因而不注重环境保护，破坏了自然平衡，反过来受到自然的惩罚。试看江河断流、洪水泛滥、沙尘肆虐、珍奇物种灭绝、瘟疫流行，不都是我们人类违反自然规律的“胜天”行动而招致的恶果吗？人类是大自然的尤物，应该维护自然才对，中国古代的“天人合一”思想，是当今世界应该充分重视的。

人类成熟的标志在于自己能够反省自己。目前，我们人类被大自然当头棒喝，比以前清醒多了，知道保护自然环境的重要性了。然而，这还远远不够，我们要把我们的反省扩展到各个领域，全面检讨自己，才能解决好前途与命运的问题。就拿口号与定理问题来说吧，我们自己要“运用脑髓”，“放出眼光”来分清楚，还要提防有人有意无意地把口号当作定理来愚弄人、坑害人。总之，走出把口号当作定理的误区，是不容忽视的事情。

目前，也有许多问题需要我们凭借深刻思想来识别真伪。例如：

“梅花香自苦寒来”向来被人们作为教育名言传诵，用以说明获得成功需要吃苦的道理。这里以“香”喻成功，以“苦寒”喻逆境，这种说法本身就是错误的。“苦寒”对梅花来讲，不是逆境而是顺境，换句话说，苦寒是梅花开放不可或缺的有利条件！

曹禺的《雷雨》，是中学语文课本的传统篇目。关于周朴园怀念侍萍的感情是真是假问题，向来是一些学者争论的问题，也是中学语文教师大做文章的话题。说不清有多少教师在《雷雨》教学中组织学生就这个话题展开辩论。其实，这个问题没有讨论的余地。周朴园对侍萍的怀念是真的！周朴园与侍萍是有感情基础的，但因封建礼教的禁锢，这桩主仆之恋只好以悲剧告终。然而，正如周朴园自己所说，他对侍萍是心怀歉疚的。更何况后来两次婚姻都不和谐，更使他勾起对侍萍的怀念。“将缣来比素，新人不如故”，这是古今男子的共同心理！至于周朴园认出侍萍又来到自己身边时，他忽然变了面孔，这也在情理之中。因为，此时理智战胜了感情！因为，此时侍萍的出现可能危及他的身份、地位乃至家庭。换位思考，假如你婚前有过一段世俗认为不光彩的恋爱史。有一天，旧情人突然出现在你家的客厅，你会不感到尴尬吗？

三、关于思想的灵活性

思维要有规则，做事要有原则。但是，矛盾有其一般性，也有其特殊性。对待问题的特殊性，就需要我们具备“灵活性”。行动如此，思维也是如此。

用辩证的眼光看问题，是思维灵活性的重要标志。孔子在这方面令人叹服。

请看下面三则《论语》：

1. 子曰：“人而无信，不知其可也。大车无輗，小车无軏，其何以行之哉？”(《论语·为政》)

2. 子贡问政。子曰：“足食，足兵，民信之矣。”子贡曰：“必不得已而去，于斯三者何先？”曰：“去兵。”子贡曰：“必不得已而去，于斯二者何先？”曰：“去食。自古皆有死，民无信不立。”

3. 子贡问曰：“何如斯可谓之士矣？”子曰：“行己有耻，使于四方，不辱君命，可谓士矣。”曰：“敢问其次?"曰:"宗族称孝焉,乡党称弟焉。"曰:"敢问其次?"曰:"言必信,行必果,硁硁然小人哉! 抑亦可以为次矣。"(《论语·子路》)

孔子一直强调"信"的重要。他认为,人如果没有"信义",那么就不知如何是好了。人没有了信,就像大车没有木销"輗",小车少了木销"軏"一样,那就寸步难行了。对于为政者,他更强调"信义"。他认为,治理好一个国家或地区,需要老百姓有饭吃,并有足够的武装力量,还有足以赢得百姓信任的信义之道。三者不得已去其二的话,依次是"食"与"兵"。因为,当一个为政者不讲信义,失去了人民的信任,政权就站不住脚了。

然而,孔子并非拘泥不化。一次,子贡问他达到什么标准才能称士。他谈到士有三等:一等士为"用羞耻之心约束自己的行动,出使外邦不辜负君主的嘱托。"二等士为"宗族们都称他孝顺父母,同乡的人都称赞他尊老爱幼。"对于第三等,勉强可以称为"士"的人,孔子做了这样的描述:"说话一定要讲信用,做事态度果断,显得固执浅陋,但也算得上末等的士了。"

显然,孔子这里对作为"士"的人来说,"言必信,行必果",只好"叨陪末座"了。原因何在? 这种人不知变通! 后来,孟子对孔子的看法加以引申发挥,便有了"大丈夫言不必信,行不必果,惟义所在"的名言。

孔子周游列国,被蒲人包围。后来订立盟约,保证不到卫国去,蒲人才放行。可是,离开蒲国后,孔子还是去了卫国。学生中有人质问他不信守盟约。他说:"被胁迫时订下的盟约连上天都不认可,不必去践行它。"

"爱之欲其生,恨之欲其死",这是人们的普遍感情。很少有人能够公允地全面评价别人。而孔子却能够做到。他对管仲的评价是"灵活"的。

子路曰:"桓公杀公子纠,召忽死之,管仲不死。"曰:"未仁乎?"子曰:"桓公九合诸侯,不以兵车,管仲之力也。如其仁,如其仁。"

子贡曰:"管仲非仁者与? 桓公杀公子纠,不能死,又相之。"子曰:"管仲相桓公,霸诸侯,一匡天下,民到于今受其赐。微管仲,吾其被发左衽矣,岂若匹夫匹妇之为谅也,自经于沟渎而莫之知也。"(《论语·宪问》)

古代人讲究"义"与"仁",其中一条就是忠于国家或君主,以身相殉。管仲与召忽协助公子纠与公子小白争夺王位。公子纠失败被杀后,召忽以身相殉,而管仲被俘后,却投靠了公子小白,还当了相国。这件事,历史上人们是有非议的,子路与子贡也不例外。然而,孔子却从灵活的角度认为管仲能够不以兵力而多次会合诸侯,使齐桓公成为霸主,这就是仁。他还认为:管仲匡正天下,使百姓累世受益,这就是仁。他甚至说:没有管仲,我大概也会沦为夷狄而"被发左衽"了。孔子对管仲评价之高,堪称石破天惊!

然而,在孔子眼中,管仲是瑕瑜互见的。对管仲的奢侈、非礼行为,孔子也毫不客气地加以批评:

子曰:"管仲之器小哉!"

或曰:"管仲俭乎?"曰:"管氏有三归,官事不摄,焉得俭?"

"然则管仲知礼乎?"曰:"邦君树塞门,管氏亦树塞门;邦君为两君之好,有反坫,管氏亦有反坫。管氏而知礼,孰不知礼?"

管仲有三处华美的府邸,娶了三个国家的女子,手下的人员从不兼差。孔子认为他太奢侈了。管仲家中的建设、招待宾客放置酒具的设备都比照国君,孔子据此批评他不知礼!

四、关于思维的严密性

大千世界，万象纷纭，如何正确地认识世界，把握事物的本质，这就需要思维的严密性。孔子是一个思维严密的智者。他看问题准确、全面，言简意赅。一部《论语》，字数不多，但这类例子很多：

1. 定公问："君使臣，臣事君，如之何？"孔子对曰："君使臣以礼，臣事君以忠。"（《八佾》）

2. 子贡问曰："乡人皆好之，何如？"子曰："未可也。""乡人皆恶之，何如？"子曰："未可也。不如乡人之善者好之，其不善者恶之。"（《子路》）

3. 或曰："以德报怨，何如？"子曰："何以报德？以直报怨，以德报德。"（《宪问》）

例1：定公问君臣间的关系应该如何，孔子只在定公的原话上添了两个介词短语："以礼""以忠"，就把这个问题说得十分清楚、严密。例2：一个人怎么样算是好人？这是一个令人深思的问题。周围的人全部讨厌他，这个人固然算不上好人，但周围的都喜欢他就一定是好人吗？这也未必，也许这个人是个不讲原则的好好先生。孔子把"善者好之，不善者恶之"作为衡量好人的标准，是再精当不过了。例3："以德报怨"，乍看是大度的表现，其实，是一种丧失原则性的做法。孔子提出"以直报怨"的主张，极有分寸，既体现了原则性，又无主张挟私报复之嫌。一字之易，重于九鼎。

孔子语言的准确，还表现在他能够用辩证的观点看问题。例如：

4. 学而不思则罔，思而不学则殆。（《为政》）

5. 质胜文则野，文胜质则史。（《雍也》）

例4阐述了学习与思考的辩证关系，对学习者有着指导意义。例5谈了文与质的关系，开了文质兼备主张的先河。

回眸历史，中国的许多事情，都是思想不严密造成的。以人口问题为例，中国的传统意识认为人丁兴旺是好事。因此，中国统治者向来是鼓励生育的，一直到新中国成立后仍然如此，马寅初受批判，使中国多出生了几亿人口。直到20世纪70年代，人们才消除片面的观点，认识到人口多与自然资源的矛盾，因而痛下决心采取计划生育政策。然而，积重难返，目前我国人口压力仍然很大。不过，中国向来不乏在人口问题上思想严密的人，只不过他们的声音微弱，不为世人重视而已。笔者闲来读书发现，唐代诗人王梵志，在一千多年前就对人口问题有过严密的思考，并提出类似"只生一个好"的口号。这里，我们不妨通过他的有关诗歌，来探讨他计划生育思想形成的脉络。

首先，王梵志的诗歌与当时鼓励生育的政策和习俗唱反调，明确指出多子并非多福，而是多子多苦。例如《夫妇生五男》：

夫妇生五男，并有一双女。
儿大须娶妻，女大须嫁处。
户役差科来，牵挽我夫妇。
妻即无褐裙，夫体无裈袴。
父母俱八十，儿年五十五。
当头忧妻儿，不勤养父母。
浑家少粮食，寻常空饿肚。
男女一处坐，恰似饿狼虎。
粗饭众厨飡，美味当房去。
努眼看尊亲，只觅乳食处。
少年生夜乐，老头自受苦。

这里描写了生有五个儿子两个女儿的传统意义上的幸福家庭的生活惨状：儿大娶妻，女大出嫁，父母绞尽脑汁，费尽钱财，家徒四壁。恶吏征税，夫妻被推来搡去，受尽凌辱不说，夫妻甚至没有一件像样的衣裤。父亲年纪八十，风烛残年需要供养，而儿子五十五岁已入老境，另有妻儿，"泥菩萨过河，自身难保。"一家子倒是团结"一处坐"，然而饥肠辘辘，如饿狼饿虎。好不容易做点粗糙的饭食，或偶有美味，众人抢食，无人顾及父母。年轻人或许还有夜生活暂时欢乐，而老头子忍饥受饿独自受苦！

看了这幅图景，谁还能说多子多福呢？

人们常谈论一种现象："有钱人养得起孩子反而生孩子少，穷人养不起反而生育能力特别强，生的孩子多。"正如俗语所言："穷人孩子多，洼地青蛙多。"这种现象，王梵志早已发现。他在《富儿少男女》中写道：

富儿少男女，穷汉生一群。
身上无衣挂，长头草里蹲。
到大耶没忽，直似饱糠牲。
长大充兵役，未解起家门。
积代不得富，号曰穷汉村。

王梵志在这首诗中不仅揭示了上述的怪现象，而且指出生活的贫富与子女多少具有直接关系。穷汉之所以穷，因"多生而致贫"。穷汉村的形成，令人触目惊心。读到这里，作者提倡少生的思想已经呼之欲出了。

王梵志对人口无限制增加的坏处，不仅从家庭的角度去思考，还从国家乃至全球的角度去思考。他在《自生还自死》一诗中写道：

自生还自死，煞活非关我。
续续生出来，世间无处坐。
若不急抽脚，眼看天塞破。

这首诗明白如话，明确指出：人口太多，不仅会使地球上连坐的地方都没有，甚至连天都会被撑破。"眼看"二字，反映了问题的紧迫性，旨在增强人们的危机感。

在充分认识基础之上，一个有良心的诗人在悲天悯人之余，终于明确提出了控制生育的主张：

大皮裹大树，小皮裹小木。
生儿不用多，了事一个足。
省得分田宅，无人横煎蹙。
但行平等心，天亦念孤独。

看，作者明确指出，无须多生儿子，生一个能干的儿子就足够了。"了事"是能干的意思。这句话中不仅有少生，还有优生的思想。为了使自已的主张被人理解，他还进一步解释"只生一个儿"的好处：省得儿子多了，把有限的田地瓜分。这样一来，人口少了，就不会有人受到"煎蹙"（愁苦困窘）了。针对古代人普遍担心因为孩子少而受人欺侮的现象，他直言相告说："但行平等心，天亦念孤独。"只要自己以平等心立身处世，连上天都为顾念的，哪会有人欺侮呢？以平等心待人，别人也会以平等心待你——王梵志还告诉了我们"独生子"应该秉持的处世哲学。

写到这里，我们禁不住要为王梵志献上一片崇敬之情。在遥远的唐代，王梵志一如屈原"众人皆醉我独醒”。惜乎,他的主张不仅不被重视,反而会被视为胡言乱语。王梵志诗作几百首,清人以搜罗唐人诗作完备而著称的《全唐诗》,连王梵志的一首诗都没有收录便是明证了。不过,这也不奇怪。20 世纪 60 年代的马寅初的计划生育主张不是还受过批判吗?好在时至今日,计划生育已成为一项基本国策。“少生优生”的思想已普遍为人们接受。王梵志地下有灵,也会深感慰藉吧。

目前,我们教育上就存在着许多思维不严密现象。就拿家庭教育来说吧:

由于思维不严密,家长在教育孩子方面往往发生归因错误:

一个人做事的成败,学习的效率大小,原因是复杂的。然而,人们在归纳原因时,却往往出现错误,流于简单。家教中这种现象很多。例如:人家孩子考试成绩好,就归因于“认真”。自家孩子考试成绩差一些,就归因于不认真,于是拳棒相加。其实,孩子学习成绩差一点,也可能有其他原因,如学习基础差、身体素质、学习方法乃至智力因素等。

有一位初中生,以全校总分第一名的成绩考入省城一所名校高中。家长欣喜若狂,给孩子定下了“要争第一,再创辉煌”的目标。然而,新学校云集了各个初中考来的尖子,这个孩子第一次考试只占个中等。家长也不分析原因,只是简单地归结为孩子不认真,先是训斥,后是打骂。一次、两次,孩子得了考试恐惧症。一次,期终考试来临,他便走上了不归路。

一位家长,孩子在学校上晚自习,家长怕孩子上网,家长计算行程,要求孩子按时回家,孩子也照章办事。可是,有一天,孩子迟到家一小时,刚进门,父亲就迎面一个巴掌,打得孩子泪水直流。其实,这天晚上,学校请了作家给孩子作报告耽误了时间!

孩子的成长,有其自身的规律。然而,家长往往思维不严密,对孩子的期望值太高,揠苗助长,结果画虎不成反类犬。

试看城市的众多孩子,从牙牙学语时,家长就教他背唐诗宋词,上幼儿园时,就认字画画,稍大一点,学舞蹈、学弹琴、学书法,上了小学还要学奥数,结果孩子疲于应付,身体得不到正常发育,智力得不到锻炼,创新能力得不到培养。也许一时取得点成绩,可以让家长炫耀,但长大后却平平如“仲永”。其实,如为孩子减负,把时间让给孩子,让孩子过一个快乐的童年,让出充足的时间给孩子玩,这本身就是培养学生健康成长的极佳途径!

家教思想的不严密还表现在从幼儿开始,父母就以成人的标准要求他们,并追求完美,而孩子的生理、心理与成人差距很大,许多言行不合成人的要求,家长就误判为犯错误,因而横加责备,甚至打骂、饿饭;其实,孩子是无辜的。如一个年轻父亲教二三岁的孩子什么是“被子”时采用了“启发式”:“我们家床上是什么?”“妈妈。”本来,父亲预设的答案是“被子”。然而孩子的回答超出了答案范围,父亲就有几分不高兴,态度变得严肃起来,孩子也因此十分紧张。“妈妈身上是什么?”父亲紧紧逼问,总认为这下该回答出正确答案了。谁知孩子的回答却是“爸爸。”父亲一听,猛地一巴掌打在孩子稚嫩的脸上,脱口道:“流氓。”其实,孩子根本没有性意识,只是实事求是地根据经验回答问题而已。

万世师表孔子比喻的魅力

"比喻是天才的标志"(亚里士多德语)。"能博喻然后能为师(《学记》)。"一个人运用比喻的能力高低,也反映出一个人思维品质与语言表达水平的高低。一个教师运用比喻的能力高低,也决定了其教学效果的高低。孔子,不仅是一个政治家、思想家,更是一个教育家。孔子作为万世师表,其比喻运用的水平已达到炉火纯青的地步。孔子不仅是一个泛师论者,也是一个泛生论者,他施教的对象有童子,也有成人;有闾巷之子,也有王侯大夫。然而,他都能以喻动人,取得良好的教育效果。

我们可以肯定地说,孔子的比喻是最有魅力的。这种魅力,有时已超越了教学与语言表达方式的范畴,在中国的社会、政治、生活中产生重大影响。孔子关于"水能载舟,也能覆舟"的比喻就是明证。这个比喻最早见于《荀子》和《孔子家语》,两书记载大同小异,《孔子家语》原文如下:

夫君者舟也,庶人者,水也。水可载舟,亦可覆舟。

这个比喻,引起了后代许多政治家的重视,从而正确处理统治阶层与被统治阶级的矛盾,使民安国治,出现盛世景象。史载:魏征曾把这个比喻讲给唐太宗李世民听。唐太宗李世民深谙这个比喻的道理,因而关心民生,轻徭薄赋,舒缓刑罚,终于促成了社会安定、生产发展的太平景象,史称"贞观之治"。不仅如此,他还用这个比喻教育下一代,为后来的开元盛世奠定了基础。

孔子施教的比喻,具有以下两个重要特点。

一、取譬浅近而又生动

孔子的比喻,就近取譬,本体都是常见的事物,浅近而易懂,但又不失生动形象。如:

① 季康子问政于孔子,曰:"如杀无道,以就有道,何如?"孔子对曰:"子为政,焉用杀?子欲善,而民善矣。君子之德风,小人之德草。草上之风必偃。"(《论语·颜渊》)

② 岁寒,然后知松柏之后凋也。(《论语·子罕》)

③ 孔子过泰山侧,有妇人哭于墓者而哀,夫子式而听之,使子路问之,曰:"子之哭也,壹似重有忧者。"而曰:"然。昔者吾舅死于虎,吾夫又死焉,今吾子又死焉。"夫子曰:"何为不去也?"曰:"无苛政。"夫子曰:"小子识之:苛政猛于虎也。"(《礼记·檀弓下》)

④ 鲁卫之政,兄弟也。(《论语·子路》)

以上几个比喻中的喻体草、风、松柏、虎、兄弟,都是人们耳熟能详的。然而,引作喻体又无不生动、形象。例①中"风""草"两个喻体,形象地说明了统治者的德行对普通百姓的影响。统治者德行善美,普通百姓就会修德向善;反之,上梁不正下梁歪,统治者不修德向善,社会风气就会败坏。例②以树喻人,松柏比喻在险恶环境中坚韧不拔、坚持操守的人,十分贴切。例③是一种比较性比喻,也称较喻。用凶恶吃人的老虎与苛政相比,不仅逼真,而且带有鲜明的感情色彩,表现了对苛政的憎恨

之情。例④用兄与弟比喻鲁国与卫国的政治状况，说明二者“半斤八两”，彼此彼此，我们可以窥见孔子当年说话的不屑神情。

二、思维严密而又开阔

⑤ 良药苦于口而利于病，忠言逆于耳而利于行。（《孔子家语》）

⑥ 为政以德，譬如北辰，居其所而众星共之。（《论语·为政》）

⑦ 季氏将伐颛臾。冉有、季路见于孔子曰：“季氏将有事于颛臾。”

孔子曰：“求！无乃尔是过与？夫颛臾，昔者先王以为东蒙主，且在邦域之中矣，是社稷之臣也。何以伐为？”

冉有曰：“夫子欲之，吾二臣者皆不欲也。”

孔子曰：“求！周任有言曰：‘陈力就列，不能者止。’危而不持，颠而不扶，则将焉用彼相矣？且尔言过矣。虎兕出于柙，龟玉毁于椟中，是谁之过与？”

冉有曰：“今夫颛臾，固而近于费。今不取，后世必为子孙忧。”

孔子曰：“求！君子疾夫舍曰欲之而必为之辞。丘也闻有国有家者，不患寡而患不均，不患贫而患不安。盖均无贫，和无寡，安无倾。夫如是，故远人不服，则修文德以来之。既来之，则安之。今由与求也，相夫子，远人不服，而不能来也；邦分崩离析，而不能守也；而谋动干戈于邦内。吾恐季孙之忧，不在颛臾，而在萧墙之内也。”（《论语·季氏》）

⑧ 子之武城，闻弦歌之声。夫子莞尔而笑，曰：“割鸡焉用牛刀？”子游对曰：“昔者偃也闻诸夫子曰：‘君子学道则爱人，小人学道则易使也。’”子曰：“二三子，偃之言是也。前言戏之耳。”（《论语·阳货》）

例⑤是描述性比喻，本体和喻体不是词语，而是一个句子；本体与喻体也不是某种事物，而是某种事物现象。孔子运用“良药”味道与作用来比喻忠言的感觉与作用，把原本“风马牛不相及”的“药”与“言”链接到一起。思维跨度大，非想象力丰富者而不能为，但不失严密，深刻地揭示了二者的相似点。

例⑥，作者的思维眼光由地上转向天空，用“众星拱北斗”来说明德是为政的关键，诚可谓奇想天外了。

例⑦用了两组比喻。一组为“危而不持，颠而不扶”，比喻冉有、季路没有像盲人的领路人一样尽心尽力地匡正季氏过失，阻止季氏讨伐颛臾。用“虎兕出于柙，龟玉毁于椟”批评冉有、季路，没有像管理员一样忠职守。任虎兕窜出笼子，让龟玉毁在匣子里。虎兕比喻季氏发动侵略战争的欲望，龟玉，比喻颛臾。这种带有系统性的比喻，既准确到位，滴水不漏，无懈可击，又展示了思维的宽度与深度。

例⑧更是拓展了比喻的空间。先秦时期，比喻常用来描绘事物情状，阐明道理，显得“正儿八经”，而孔子却用来“开玩笑”，可谓别出心裁。试想，在身心俱疲、奔波无定的周游生活中，师生情绪难免会低落。而这个比喻一出，玩笑一开，众人的精神就会为之一振。如果说“任何比喻都是有缺点的”（列宁的话），孔子的这个比喻可以说是个例外！

孔子为“万世师表”，这是为世人公认的。人们向来重视其教育思想、教学方法的研究，其实，他的教学语言艺术也值得我们深入研究。仅从他比喻手法的运用中，就可以窥见其一斑。

2011 年 9 月

天才就在你身边

——谈家庭教育中创新智慧的培养

一、引言——培养孩子的创新智慧,是新时代明智的亲情

"望子成龙,望女成凤",是天下父母共同的理想。然而,如何使子女成龙成凤?这是一个严肃的课题。目前,许多家长有意无意地认为,让孩子上名牌中小学、大学,将来找个条件丰厚、待遇优越的职业就算达到目标了。其实,这种做法难说是最佳方案。我们认为仅仅如此,是远远不够的。在知识经济时代、市场经济时代和毕业生自主择业时代,一个人能否在竞争中立住阵脚,关键要看创新智慧水平的高低。金马先生在《创新智慧论》中中肯地指出:"明智的亲情,应化为孩子适应未来社会的'神靴',因为世界只有富于创新智慧的人才能体面地通行。这样的亲情,质的内容,是用父母颇具权威意味的情感之力,驱动孩子创造和创新欲望的增长,他们对孩子由于创造行为所形成的所谓'破坏性'以及哪怕是严重后果,都能给予真诚恳切的理解和有限度的宽容,他们自身甚至也准备为孩子的创造行为和创新付出哪怕是惨重的代价。他们宁愿为孩子背负创新失败者的名声也不肯让孩子成为背负僵壳爬行的平庸之辈。"金马这番话,明确要求我们把精力放在子女的创新智慧培养方面。只有这样,才能使子女真正地成龙成凤!

或许有些父母认为,孩子尚小,这个问题可以等孩子稍大一点再着手抓。其实,这又是一个认识上的误区。日本学者小林由树子告诫人们:明慧的母爱,最要紧的就是,要全神贯注地爱护并设法发展"孩子身上隐藏着的大人想象不到、测定不出的神秘的能力。"即使是婴儿,也非无能之辈。"儿童本身就是创造之神。"亲情之中原该包含着发掘这种神秘"创造性原点"的职能与动力,因为"幼儿从出生到会说话这一阶段的变化,要比从学童成长为牛顿的变化还要大……"。

小林由树子所说不虚。我们不可忽视对子女的早期教育,应该让子女从"人生旅程"的第一站就登上创新智慧的列车,帮助他们营造一个凭借创新智慧而成功的幸福人生。

二、孩子创新智慧的培养途径

(一)呵护、培养孩子的好奇心

好奇心,是人对外界事物刺激敏感而发生兴趣的心理现象。它是创新智慧的土壤。孩子的好奇心可以说是与生俱来的,我们尽可能地不要去干扰他们因好奇而从事的创造性活动。

孩子缺少成人的经验,没有成人的规矩,他们的好奇心,在成人看来也许是荒谬的,但实际是弥足珍贵的。爱迪生小时候看到老母鸡孵小鸡,非常好奇,自己便决定效仿一番。一次,爱迪生突然"失踪"。家里人半天才在一个角落找到他,只见他蹲在那里,身子下也有几个鸡蛋。别人叫他,他却示意别人不要打扰,因为他正在孵小鸡。可以毫不夸张地说,爱迪生成人后之所以有一百多项发明创造,与其幼时的孵小鸡等行动不无关系。

近几年上市的“如意瓜果”，就是一个 8 岁孩子的 “好奇心”产物。

陈陈只有 8 岁，上小学三年级。有一天，陈陈吃完西瓜，问父亲，西瓜是怎么长出来的。父亲说，只要将你吐出来的西瓜籽种到地里，过不了多久，就会长出西瓜苗，并慢慢结出西瓜来。父亲只是简单地介绍了西瓜生长的有关知识，但好奇的陈陈却行动起来了。

陈陈按照父亲的介绍，将西瓜籽种了下去。不久，西瓜长苗、开花、挂小果了，陈陈很高兴。谁知，一天早晨，陈陈发现拇指大的小西瓜被老鼠吃掉了两个，心里难过极了。陈陈向父亲讨教办法，父亲让陈陈自己去思考。陈陈想，得想个办法将小西瓜保护起来。于是，他找来玻璃瓶、易拉罐、塑料盒，将小西瓜一一套起来，让老鼠吃不到。

几天时间过去了，日渐长大的小西瓜让瓶颈卡住，出不来了。陈陈想，再过几天，看看小西瓜成长的力气有多大，能不能将玻璃瓶胀破。奇怪的是，一个星期过去了，小西瓜非但没胀破瓶子，倒顺着瓶子的边缘继续生长，变成圆柱体西瓜了。真好玩，真好玩，陈陈高兴极了！继而又想，如果改用四方体瓶子、小葫芦套住西瓜，能不能长成四方形体、葫芦形的西瓜？西瓜能不能长成猪八戒、孙悟空的形状？对了，北京申奥成功，到 2008 到举行奥运会时，能不能生产一批“奥运标志”西瓜、体育明星西瓜？还有，西瓜的形状可以人为控制，其他瓜果能不能呢？

好奇心促使陈陈提出了一大串问题，也思考了一大串问题。在思考中，他做了大量试验，得到很多收获。结果，陈陈越思考越有兴趣，越思考越有所得。在父亲的帮助下，陈陈提出了“克隆瓜果模”的创意，并向国家申请了专利。试想，一个 8 岁的小孩何曾想到要创造发明？又何曾想到要开发潜能？但好奇心将他的能量释放出来，并不知不觉地做出了发明创造。因此，创新智慧一点也不神秘，只要你具有好奇心并善于将它释放出来。

（二）注重培养孩子的探究精神

探究精神，是创新的动力。探究精神与好奇心有联系又有区别。好奇心容易引发探究的行动，然而，探究精神已超出了好奇心的范畴。探究精神使人行动更自觉，动机更持久，目的更明确，成效更显著。牛顿之前，说不清有多少人看到苹果落地，然而，具有强烈探究精神的牛顿，长期考虑天体运动的牛顿却因此陷入了沉思，终于在此基础上发现了万有引力定律。此种结果，远非好奇心所能达到。目前，中小学新课程标准把研究性学习纳入必修课范畴，目的就在于培养学生的探究精神。为人父母，应该与学校一起，想方设法培养孩子的探究精神。从上文所说“如意西瓜”的故事中，也可以窥见家长对孩子的探究精神培养的重要性。

探究精神的威力是巨大的，只要你拥有了它，即使是一个孩子，也能有所发现，有所发明。南朝宋代的陶弘景小时候就凭借探究精神推翻了经书上的定论。他出生于官宦人家，自幼受到良好教育。陶弘景的母亲知书识礼，是他人生的第一个启蒙老师，母亲不但教他博览群书，还培养了他的探究精神。陶弘景读书很细心，读书时边读边思考，遇到问题喜欢寻根究底。《诗经》中有两句诗说：“螟蛉有子，蜾蠃负之。”这两句诗包含着一个传说：有一种小虫叫螟蛉，当它在自己的窝里产生幼虫后，蜾蠃往往把其幼虫背回自己的巢中抚养。这些幼虫长大后，就成了蜾蠃的孩子了。所以，后人往往把螟蛉作为养子的代称。陶弘景对这种传说并不轻信。他到野外捉到一些蜾蠃，把它们拿回书房养起来。经过细心观察，他发现传说与事实大相径庭。一天，螟蛉正在窝内活动，蜾蠃飞来，用尾部的毒针刺它。螟蛉被刺后僵卧不动了。于是，蜾蠃的幼虫就过来咬食螟蛉。原来，蜾蠃把螟蛉背回巢不是为了抚养，而是给自己的子女当食粮！陶弘景的发现被父母知道后，受到了他们的高度赞扬。陶弘景终于纠正了“螟蛉义子”的误传，纠正了民间根据这一传说将领来的儿子叫做“螟蛉子”的说法。

陶弘景受了鼓励后，越发勤于探究，长大后在历算、地理、医学方面都有研究成果。他整理了古代的《神农本草经》，编写了《本草经集注》等医学专著，大受医家欢迎，因此沿用了一千多年，为我国的中药发展提供了可鉴之方。

“兴趣是最好的老师。”探究精神的培养离不开兴趣的培养。诺贝尔奖获得者丁肇中教授曾在北京大学讲学，会场上，有人问及他成功秘诀，他脱口而出：“兴趣。”是的，当一个人对某种事物或工作产生了浓厚的兴趣时，他就会积极主动去探究。在他的眼中，工作本身就是生活的一部分，生命的一部分。常人眼中的辛苦，在他那里是享受；常人眼中的困难，在他眼中是机遇。他会凭借着这种执着的精神，百折不挠地探索创新，最后摘取这个领域的桂冠。诺贝尔为了发明安全性能好的新型炸药，甘冒生命之险，屡败屡战，靠的也是兴趣。本来，父亲希望他做一名机械师，而诺贝尔却在这条路上走出了自己的辉煌。被称为“为元素排队的人”的门捷列夫，凭借兴趣研究化学元素，遭到讽刺打击而不动摇。他坚信：“终身努力，便成天才。”他研究到了着迷的地步，有时几天几夜都不停息。最后，他终于发明了元素周期表，揭开了元素顺序的秘密。因此，我们提倡无论是家长还是教师，都要注重孩子兴趣的培养。让兴趣为创新智慧导航！

一个人创新能力的强弱，与他的智商与文化水平并不紧密相关，也不成正比例关系。一个人智商很高，文化水平也很高，然而缺少执着的探究精神，很可能碌碌无为。然而，一个人智商与知识即便不是那么出类拔萃，如果执着探究，却也会获得前者望尘莫及的成果。古今中外，无数事实证明了这个论点。传说中发明锯子的鲁班，只是一个木匠而已；发明火车的史蒂芬孙原来只是一个放牛娃；天王星的发现者赫歇尔也只是一个“吹鼓手”；而创伤外科学的革新家巴雷，在当时医学界眼中却是一个没进过学校大门、连拉丁文都不懂的门外汉（粗人）。尽管《外科学》一书凝聚了他的智慧，但学术权威机构却不授予他学位，唯一反对的理由是他不懂拉丁文。因此，我们的家庭教育，不要一味地只看学生的学业成绩，还要注重他们探索精神的培养。

（三）培养孩子良好的思想品质

思想品质，事关创新大局。思维上迷信、保守、狭隘的人往往缺乏创新精神，难有创新成果。反之，那种敢于挑战权威，思想开放，见多识广的人，则容易发现或发明新的事物，在创新领域施展身手。

先说思想上破除迷信。人们习惯崇拜偶像。其实，偶像崇拜会造成个人迷信，以至于“使亿万只大脑的自主思维能力丧失殆尽，而令其把创先、创智、创新的职能拱手盲目地让给一个人造的偶像去主宰。”，“它所造成的恶果简直是灾难性的和无以复加的（《创新智慧论》）。”前苏联就出过这样一个笑话：

高尔基写了一本书，书名为《姑娘与爱情》，请斯大林作序。斯大林的序在《真理报》刊载后，举国瞩目。原因是斯大林把“爱情”一词少写了一个字母。大家都在猜测微言大义。有两位教授在《真理报》上撰文评论斯大林的用语艺术，说他一个字母之差就把无产阶级的爱情与资产阶级爱情区分开来，这是伟大的创举，因为无产阶级的爱情与资产阶级的爱情就是不一样！后来，斯大林看到评论文章，十分生气地批道：“放屁！我纯属笔误。”请看泱泱大国，人才众多，然而在个人迷信（偶像崇拜）面前，其智商等于零！

我们有责任引导孩子仰慕信任的长者（包括父母）、天才的智人、敬爱的先驱、伟大的领袖，但只能视之为优化人生的对象，不应使之成为崇拜的偶像。孟子说：“尽信书不如无书”，我们说尽信偶像不如无偶像。

蔡元培先生就是一个引导学生不崇拜偶像的导师。一次，他与学生们谈话，谈到热烈之际，他突然提问:“五加五是多少?”学生们听了,认为必有奥妙,便静心思考起来。过了好大一会,一个学生才怯怯地说:“等于十。”蔡元培就此充分肯定了这个“大胆”的学生,并鼓励大家不要崇拜偶像!

再说思想解放。不崇拜偶像中就含有思想解放的成分,但思想解放的领域更宽广。崇拜偶像者向后看,思想解放者向前看。思想保守者要我们墨守成规,而思想解放者则要打败陈规。一切陈规旧习,在思想解放者眼中都可以打破。用鲁迅的话说,第一个吃螃蟹的人就是了不起的人物,因为他敢对前人不敢吃的动物下手。没有解放思想,就没有列宁“资本主义链条可能在统治薄弱的地方断裂”的理论,就没有苏维埃共和国的建立;没有解放思想,就没有“农村包围城市”的理论,中国可能长期在苦难中徘徊;没有解放思想,就没有改革开放的伟大成就;没有解放思想,就没有“一国两制”的理论,港澳回归的进程就没有这么快。“解放思想”,不仅有益于政治改革,也有益于民族生活,没有思想解放,就没有西红柿走上餐桌。没有思想解放,就没有城乡随处可见的超市。

至于见多识广,是孩子创新智慧的奠基工程。古人把“读万卷书,行万里路”作为成才秘诀,奉为至言。没有草堂之居,杜甫写不出《客至》;没有“流放遇赦”的经历,李白就写不出“朝辞白帝城”的名篇;没有图书馆的苦读,钱钟书就写不出《管锥篇》;没有深厚的计算机与汉字知识,就不可能有电脑的汉字输入法。

当然,良好的思维品质还表现在善于联想和想象,能够见微知著。鲁班因为手被带细齿的茅草划破而产生联想,最终发明了锯子;曹操利用条件反射的作用而缓解士兵口渴的问题;鲁迅对中国命运前途的预测等,无不发散着创新智慧的光芒。

想象,是思维的基础,是人的认知能力的重要因素。想象可以分为再生想象和创造想象。它们都是创造的基础,特别是创造想象,是任何一种创造活动的必要条件,是创造活动的核心。科学技术的创造发明,文学艺术的新作品、新形象,社会发展的新理论、新观点,无不是创造想象的产物。因此,创造想象对于人类的发展、社会的进步和生产力的提高有着极其重要的作用。目前,创造想象能力的高低已成为国际上衡量人才质量高低的一个重要指标。作为家长,要想孩子成为高质量的人才,就必须注重孩子创造想象能力的培养,让孩子练硬创造想象的翅膀,在思维的天宇中自由翱翔。

培养孩子创造性想象的途径很多。家庭的文娱活动就是培养孩子创造想象的大好机会。

孩子虽然赤条条地来到这个世界,但他却具备了一个了解世界的大脑。一个人在童年时期,每天都要接受大量的信息。在这个时期利用文娱活动对他们进行创造想象的启蒙教育,往往能收到事半功倍的效果。神话故事就是对孩子进行想象启蒙教育的好教材。在没有电视、广播的年代里,说不清多少孩子夏夜依偎在祖父母或父母身旁,望着神秘的星空,听牛郎织女、嫦娥奔月、吴刚伐桂的故事。而这些孩子的创造想象力正是从这些故事中得到滋润,为他们日后成为国家栋梁之才奠定了基础。游戏,有利于孩子创造想象力的开发。至于现代的电子游戏,对学生创造想象能力的开发,效果更好。有些家长,因为孩子面临中高考,连一点文娱活动时间都不给孩子,这不利于孩子创造想象力的发展。其实让孩子在紧张的作业间歇欣赏一下富有想象力的电视剧,对孩子作文的创造想象力培养有利,对调整心理、放松思想也有好处。

在生活实际中,同样一种生活现象,思维品质不同的人会有不同的看法,不同的做法,因而有不同的结果。

两个鞋厂推销员来到一个岛上推销鞋子。一个人看到岛上的人赤脚不穿鞋,觉得没有销路,掉头离去。而另一个推销员则认为,这里市场开发潜能大,并因此留下来,让个别居民免费试穿鞋子。这样一来,居民渐渐认识到鞋子的优点,便纷纷来买鞋。市场打开了,推销员的钱袋子也鼓起来了。

两个人拉着一车瓦罐到街市上卖,由于山路不平,车子倾倒,瓦罐摔坏大半。其中一人见状认为倒霉,唉声叹气,而另外一个人却很庆幸,因为没有都摔坏。

有些人"独立自主"求创新,却难有收效。有些人,对别人的东西整理、归纳、综合,却能获得创新成果。例如:在一次盛大的宴会上,中国人、俄国人、法国人、德国人、意大利人争相夸耀自己民族的文化,唯独美国人笑而不语。为了使自己的表述更加形象,且具有说服力,他们纷纷拿出具有民族特色、能够体现民族悠久历史的实物——酒,来彼此相敬。中国人拿出古色古香、做工精细的茅台,打开瓶盖,香气袭人,四座皆惊,众人为之称道。酒美,瓶子也贵重。俄国人拿出伏特加,法国人拿出大香槟,意大利人拿出葡萄酒,德国人拿出威士忌。轮到美国人时,只见他把各种酒勾兑在一起,随之举杯相敬,说:"这叫鸡尾酒,它体现了美国的民族精神——综合就是创造!""综合就是创造",是创新哲学的精华。它要求的是:一个民族,一个国度,乃至个体的人,要时刻具有扫描"世界文明智慧博览会"的胸怀和眼光,要具有勇于从这种博览中汲取一切优秀的创造成果、创新思路,乃至创新启示的机敏和心境,排除一切莫名其妙的妄自尊大或目空一切,摒弃一切自我封闭式的满足和自我陶醉式的盲目。不抱成见,也弃绝偏见,尤其要克服"视而不见、听而不闻"貌似"正经"实则为"破落子弟"的心绪。少看标签,多看实质。让世间一切创造的优美在我们的身边集合,成为我们创新活力的姐妹。

现代文明,从综合中诞生。一切杰出的创造性思维的精神产物与物质产物,莫不是由人类点滴积累的思维材料经过综合处理或个性加工而实现的。何况,人的社会化历程本身,就是一个由所处社会给予自然的人以综合化的施教和哺育的过程。这种综合社会文化、精神、物质文明于一身的水平越高明,越精粹,越博大,人的个体素质也越精美,越高尚,越卓越,创新活力也越蓬勃,越长久,越优秀。这种综合所涉及的视野有多大,人的创新的视野也将有多大。

人类创造第二自然的能力,随着综合能力的不断增强而增强;轮子和轿子的综合产生了轿车,轮子和舟楫的综合产生了轮船,车船和翅膀的综合产生了飞机,而包括上述综合创造成果在内的众多运载技术的大综合,创造了"阿波罗"登月飞行的壮举,使人类实现遨游天空的理想!

(四)宽容与期待的态度

对待子女创新智慧的培养,需要父母宽容的态度与期待赞许的目光。换言之,要给孩子营造长期的宽松的环境。

创新的理想与实践,并不像喝酒聊天那么轻松,也不像立竿即可见影那样短效,也不像瓮中捉鳖那样十拿九稳。创新和智慧需要时间,需要空间,会有错误,会有失败。作为家长,如果急功近利,求全责备,那无异于扼杀创新。

创新的过程,是一个探索的过程,没有前车之辙可鉴,难免要走弯路。俗话说:"年轻人犯错误,上帝都会原谅。"我们认为,探究创新过程中犯错误,是无可非议的。子女在创新中出现了失误,父母既不应该袖手旁观,也不应该恶言相向,而应该帮助他(她)分析得失,总结教训,以便再战。家庭应是港湾,让游子的船只避风;家庭,应是鸟巢,让刹羽的游子疗伤。父母,应是孩子的导师,为孩子的旅程护航。爱迪生、瓦特、牛顿都在教师的教鞭与冷眼中成了失败者,然而,他们却在家庭中找到了宽容,找到了期待,找到了前进的动力和方向。试想,如果他们的父母像教师一样雪上加霜,他们还会成为科学巨匠吗?

其实,孩子的"错误",有时候是大人带有片面性的成见。仔细分析,其中说不定本身就蕴含着创新的分子。有些"错误",本身就是"创新"。

幼儿园教师讲人体器官的对称性时,举了眼睛、鼻孔、耳朵、膀子、腿的例子。一个小朋友举手说,"还有我小鸡鸡下面的两个蛋蛋。"幼儿园老师一听羞红了脸,并向家长通报:"孩子的思想意识有问题”。孩子母亲听了羞愧之余，把孩子批评了一顿，并忧心忡忡，担心孩子会变成流氓。其实，幼儿园的孩子还没有性别意识，换言之，“思无邪”。他的回答应该是“创新”，应该表扬而不应该批评，更不必要担心。一个三年级的小学生，语文老师布置家庭作业是用“发现”和“发明”两个词造句子。孩子认真思考一番写道：“爸爸发现了妈妈，妈妈创造了我。”父亲看了，给孩子一巴掌，还骂道：“下流。”孩子委屈地哭了。其实，这个句子显示了孩子的智慧，只是大人的成见委屈了孩子。鲁迅也曾在一篇文章中讲到类似的现象：一个父亲带儿子看电影，电影上出现了一个女性背部的裸体镜头，画面停滞了好长时间，孩子好奇地问：“这个人为什么不转过脸来？”父亲啪地打了孩子一巴掌。其实，这巴掌打屈了心无邪念的孩子，倒是反映出父亲心中的“不轨”。

“一个人的错误，可能侥幸地成为另一个人的发现。”迪·恩·帕金斯这样发出感慨。

他是从他儿子所谓的“错切”苹果所显示的奇迹中感受到的。

一次，他的儿子走上前来，向他报告幼儿园里的新闻，想把新学会的东西在帕金斯面前显示一番。孩子取出一把他还不该使用的小刀，从冰箱里取出苹果，要当着帕金斯的面切开，以便让父亲看看里面“藏”着什么？但是，孩子不是从苹果的茎部切到底部窝凹处，而是横向拦腰切下去。按常规来看，这种切法是“错”的。但当孩子把切好的苹果伸到父亲面前时，帕金斯却被自己从未看到过的美丽图案感动了。

“爸爸，看啊，里头有颗星星呢。”

真的，从横切面看，苹果核果然显示出一个清晰的五角星状。帕金斯一生不知吃过多少个苹果，都是规规矩矩地纵向切开的，孩子从“错切”中得到的发现，彻底改变了帕金斯的“成见”，使他顿悟了冥顽不化的“自我”。以至于使他体会到：“所谓创造力，往小处说，就是苹果——切‘错’的苹果。”

苹果之所以纵切，可能多少有一些切削上与食用上的方便，但若认为唯有纵切才是正确的切法，横切则是错误的切法，也实在找不出多少可以作为辨别正误的依据，更多的理由恐怕还是由于习惯。而正是这种纵切的习惯，却使得为数众多的人，吃了一辈子的苹果，却未能有幸欣赏其中深藏的星星图案的巨大魅力。幼儿尚不知苹果的切法什么是不当的，于是不管不顾地拦腰横向切下去，使深藏其中的星星显示出了迷人的身影，竟然使它在众多的成年人面前由“相识”变得“陌生”，由“熟知”变得“新颖”，这其中蕴含的哲思耐人寻味。

我们当家长的，要坚信“天才就在身边”，赏识你的孩子，用足够的耐心去鼓励、去期待，持之以恒，终会有所收获。

这里，有一个平凡而又动人的实例：

一个男孩上幼儿园时，妈妈去参加家长会。老师跟妈妈说：“你家孩子有多动症，连一分钟也坐不住。”妈妈回家后，孩子问妈妈老师说了些什么。妈妈说：“老师讲了，你比以前进步多了。以前只能坐一分钟不动，现在能坐两分钟了。”孩子听了十分高兴，当天晚上多吃了半碗饭。

小学六年级时妈妈又去开了一次家长会。回家后，孩子照例问妈妈老师说了什么。原来，老师说：“这个孩子智商低，根本就考不上初中”；而妈妈则讲：“老师说，只要你努力，考初中没有问题。”儿子听了十分兴奋，结果儿子考上了一所不起眼的初中。

上初中时妈妈又参加家长会，老师对妈妈说：“这个孩子很刻苦，可是不太聪明，想考重点中学困难。”而妈妈回家却说：“老师说你考重点高中大有希望。”结果，孩子果真考上了重点高中。

三年高中生活，孩子异常努力。高考结束不久，接到了清华大学的录取通知书。他跪在妈妈跟前说：“我其实知道我不聪明，但是，你的每一次鼓励，都给了我自信与力量！”

进一步说，人类的创新智慧，只有在宽松的环境下才能充分释放。从某种意义上来说，“历史是夜间创造的”。如彭加勒发现福克斯群和福克斯函数，奥古斯丁·凯库发现苯分子结构，无不是在夜间。为何形成这种现象？这是因为夜间一般来说总归要比白昼轻松。而轻松是释放潜意识能力的先导。因此，美国一所学校在其《诺菲尔德科学教学方案》中，劝导人们“必须为有利的做梦提供机会。”我们作家长的，应该把“梦”的外延扩大，扩大成为孩子的创新环境。要注重减轻孩子生理与心理上的压力，让孩子的生活如梦一般轻松。让孩子在梦中展开翅膀，在创新的太空中翱翔。当然，创新特别需要宽松的社会环境，然而，目前的社会竞争环境太不宽松了，因此，父母营造家庭的宽松环境就更显得必要了！

三、结语

创新是一个令人神往的字眼，创新的成果又非常令人羡慕。谁不愿意子女拥有创新的智慧，创新的生活，创新的成果？然而，靠谁？我们不必向上帝祷告。因为我们家长本身就是上帝。要坚信，天才就在你身边，你就是天才的上帝！

2013 年 4 月

与孩子一起应对高考

高考，是我们生活中一个绕不过的话题，是千家万户关心的一件大事。社会上无论家长、学生、各界人士都在谈高考，因为谁家都有孩子，都要参加高考。目前，社会中的一些人对高考产生了一些误解，甚至对高考恨之入骨，为什么呢？高考凭着一张卷子来决定学生的终生这是非常不合理的。作为一个教育工作者，我也认为这是一种不合理的方式。一张试卷或者几张试卷是很难把学生的水平考出来的；但是在目前的状况下，没有别的方式比高考更能体现公平、公正，也没有别的方式比高考能够更好地选拔人才。在目前这样一个社会诚信体系不够健全、人际关系复杂的社会中，如果不用考试这种方式，那就会产生很多弊端，甚至出现一些“走后门”的现象，国家也选不到优秀的人才。所以，我认为在最近五十年之内高考是不会取消的。目前，高考仍是高校选拔人才相对而言最公平的一种形式，学生只有通过高考检验才能走进高校的大门，接受高等教育，来提高自己的道德和学识修养。

一、社会和家长对高考的认识

唐代诗人韩愈曾说：“师者，所以传道授业解惑也。”那么传道、授业、解惑是针对谁讲的呢？我认为韩愈当年说这话的时候，不是对小学老师讲的，也不是对中学老师讲的，因为小学、中学老师搞的是基础教育，而真正传道、授业、解惑的是成人教育，也就相当于今天的大学教育。孩子只有通过大学教育，才能在道德和修养方面有所建树，为自己的人生开辟一个新的天地。

另外，针对目前中国的现实情况，高考的竞争就是就业的竞争，高考把就业的竞争提前化了。现在大多数家庭，就是想让孩子考上一个好大学，找到一份好工作。现实就是这样残酷！现在，已经不是能不能上大学的问题，而是要上声誉好的大学、重点大学（“211”和“985”学校）。在中国，学校的牌子非常重要，北大、清华、南大毕业的学生在社会上非常抢手，相反一般院校毕业的学生，不少用人单位置之不理，甚至“拒绝入内”。

其实高考不仅是对学生学习成绩的一种检验，从某种程度上来说，也是对一个家庭的考验。中国是一个有着五千年历史的文明古国，从隋代开始，科举就成为国家选拔优秀人才的主要手段，一直延续到清末。因此，中国受科举制度的影响非常深远，考试成为国家选取人才的主要方式，当然，科举跟现在的高考有着很大的差别，但在本质上还是考试这种形式。从中国传统的社会关系层面上来看，孩子能不能考上好大学，不仅关系到孩子的将来，还关系到家长的脸面，甚至关系到光宗耀祖的问题。假设两个亲兄弟的子女又恰好是同学，哥哥家的孩子考上了重点大学，一家人就兴高采烈；弟弟家的孩子没有考上，那么弟弟一家就愁眉苦脸。因此，高考不仅是孩子升学的一次机会，还关系到家长甚至亲戚朋友的脸面。

高考很精彩，高考同样也很无奈。孩子十年寒窗苦读，都希望考上梦想的好学校，但目前中国优质的高校资源还是比较少的，江苏更是这样。尽管江苏的高校非常多，跟全国比，高等教育也是比较发达的，但是在家长和孩子眼中理想的学校还是少的，每个孩子都想进南大、东大，但是江苏只有两所这样的学校。所以说，想考上理想的学校是非常困难的，即使考上了高校，就业又成了难题，这跟以前是不一样的。在计划经济时代，考上了大学就意味着找到了工作，大学毕业国家包分配。而现在的高等教育已经与就业分离了，考上大学以后你还要自己去找工作。找工作首先就是靠学历和能力，其次还要靠家长的面子。从学生的角度来讲，上了大学之后，不仅要学习专业知识，还要为将来找工作做打算，包括考各种证书，锻炼自己的各种适应能力，因此说高考很精彩，高考很无奈。此外，在一些贫困地区，高考并没有改变家庭的命运，甚至加重了经济负担。我看过这样一则报道，在甘肃的某一个村子里，孩子基本都能考上大学，当时非常风光，但是上大学的学费非常昂贵，家长们的钱花光了，就跟亲戚们借，最后这个村变得贫困不堪；而这些孩子毕业之后又找不到好工作，回家之后又出现了问题，受过高等教育的孩子不会干农活，也不会做小生意，只好安于贫困。哎，高考很精彩，高考也很无奈，但是高考又不得不考。

尽管当今社会比较重视高考，但是家长要淡化高考，特别是家里有孩子即将参加高考的家长，在最后两个月时间里，你要适当地淡化高考这个话题，不要像念紧箍咒似的天天跟孩子念叨，把孩子的精神搞得异常紧张。学生和家长都要认识到：大学教育只是过程教育，并非终结教育。20 世纪八九十年代，学生大都读完本科就参加工作了，而现在学生的学习时间延长了，读完本科考研，读完硕士还要读博士。因此，高考只是决定读本科还是专科，并不能决定你以后的长远发展。也许南大是你心中理想的学校，考不上并不是说你以后就没有机会了，本科毕业可以继续读研，南大、北大、清华之类的学校都可以选择。大学只是一个过程，是人生的一个起点，或者准确地说是一个跳跃的平台，我们不要把它看得过重，不一定要一蹴而就。

高考不是人生的独木桥，俗话说，“条条大道通罗马”。万一孩子高考失利了，明年可以再考，就算是考不上了也不代表他就不能成功了。事实上，有许多人，虽然没有考上大学，但事业上却非常成功。我就遇到这样的事例，以前我们学校有个同学，他的成绩特别差，但是他迷上了计算机，并且网页做得很好，后来他就给一些大型网站做网页，一个月最多能收到 5000 美金的汇款单。一个中学生，没上过大学，一个月收入就有 5000 美金，一个普通大学生毕业了，能赚这么多也就不错了。因此，我们要重视高考，但是家长要淡化高考这个话题，不要天天跟孩子唠叨。

二、家长如何与孩子一起应对高考

上面我们讲了社会、家长对高考的一些认识，下面就重点说说家长应该如何和孩子一起应对高考。高考不仅仅是学生这个群体在独立奋斗，它的后面还站着成千上万个家长，他们是孩子考试能否取得成功的后勤保障。

家长如何和孩子一起应对高考？

首先，家长应该从心理上为学生减轻负担，这又叫因生施教，就是具体孩子具体对待。自然万物是多种多样的，有高大挺拔的树木，也有矮小伏地的小草；有娇艳欲滴的玫瑰，也有朴实无华的菜花。人类也是如此，每个人的智力、体力、能力都不一样，我们不能以同样的要求对待他们。家长要了解自己孩子的能力，不能盲目地提高期望值，只有这样才能够有效地指导孩子进行高考。例如家长在给孩子定位报考院校的时候，要根据孩子平时的学习考试情况来看，有的孩子只能考二本，你要他考一本，孩子压力太大，孩子心理承受不了，最后反而连二本都考不上。这种情况在生活中屡屡发生。根据孩子的实际情况，确定他的奋斗目标，这是非常重要的。家长还要正确理解“成功”这个词的概念:成功是相对的而不是绝对的,不是说考上一本就是成功,二本、三本就不是成功。总的说来,家长应该了解孩子,了解高考,在最后阶段给他一个适中的目标,不要要求太高,也不要太低,这样才能够让学生轻轻松松迎接高考,在心理上赢得了高考,孩子在考试中才能够获得超常的发挥。

第二,要安排好孩子的学习生活,在学习过程中注意劳逸结合,张弛有度。许多家长为了让孩子认真复习考试,电视不让看,电脑不给用,甚至还把网络断掉了。家长的心情可以理解,但是方法未必可取,因为孩子学习太紧张了,也需要放松一下。吃完晚饭,让孩子看看新闻联播,这不仅能够使孩子的大脑得到放松,学习起来更有效率,同时还能够让他们多了解国内外的事情,增长知识储备。适当的课外阅读对孩子的成长和学习也是必要的,有些家长说长篇小说不能看,但是像《读者》之类的杂志还是可以看的,花上几分钟就能看一篇小说或者散文,对孩子的写作有很大帮助。我记得20世纪90年代末,当时江苏的高考状元谈了自己高考的体会,他说他的作文之所以得了满分,与两则材料有关。这两则材料一是在家从报纸上看来的;二是从新闻中看来的。当时的作文要求写一篇议论文,他就把平时看到的材料用来作论据了。所以,让孩子适当地放松一下没有什么不好,过度的紧张反而会影响他们的学习效率。

第三,家长应该给孩子撑起一把伞,为他们遮风挡雨。这个风雨不仅包括社会上的风雨,也包括家庭中的风雨。就是说我们要创造良好的环境,让孩子专心地学习,不要让孩子受社会上以及家庭中的不良因素干扰。比方说,孩子正在高考,这个时候家里有一个亲戚突然去世了,家长不到万不得已不能让他知道,因为孩子知道了会受到打击,影响他考试的情绪。还有家庭中出现了一些变故,父母下岗了或者没被提拔,这时候家长的怨气千万不能带回家,不能影响孩子的情绪,关于这一点我非常佩服流沙河。他在20世纪五六十年代就非常出名,是当时著名的诗人,后来被打成右派,文革时候又受到批斗。一次他被打得遍体鳞伤。但是,回到家以后,为了逗两岁多的孩子开心,他就在地上爬,给孩子当马骑——这就是父母替孩子遮风挡雨。现代社会,夫妻间经常会闹些小矛盾,但遇到高考这样的大事,即使夫妻矛盾不能调和,也千万不要在这个时候影响孩子,因为这关系到孩子一生。我曾经见过这样的家长。我的朋友请我吃饭,他同时也请了一对夫妻,吃饭的时候那对夫妻向我咨询了很多关于高考的事情,两个人非常默契。结束后,我朋友才告诉我,他也是受那对夫妻所托请我吃饭,最后他还透露了一个秘密,说这两个家长刚离婚,但为了孩子的高考,就把这些矛盾都搁置在一边。说实话,在饭桌上我根本没有看出他们离异的样子,反而给人恩爱有加的感觉,这件事情让我深有感触,做家长的一定要给孩子撑起一把伞,为他们遮风挡雨。

家长应该给孩子遮风挡雨,但一定要控制好分寸,不能什么风什么雨都为他们挡了,最后孩子成了温室中的花朵,这样是永远长不大的。这就要像奥巴马的母亲学习,奥巴马是美国第一任黑人总统,他特别重视学习,也特别提倡孩子认真学习,我们中国现在提倡减负,但美国奥巴马现在正提倡"加负"。他在美国一个商会上说,目前美国的教育是失败的,美国学生学习的时间比亚洲学生要少得多,如果不加重学生的负担,那么国家教育就会落后,教育竞争力就会减弱。他号召孩子的家长要担当起教育的责任。奥巴马讲,最优秀的校长、最优秀的老师,也不能帮助家长管孩子看电视、上网,孩子在家主要是靠家长管。他特别举了自己的一个例子,他小时候读书的时候,4点半母亲就把他叫起来,洗脸、刷牙,然后看书。5点钟吃完饭以后,母亲又帮他温习前天的功课,预习当天的功课,然后才送他上学。年幼的奥巴马说:"妈妈,我想多睡会觉。"妈妈讲,"我和你一样,我也想睡觉,但是为了你的未来,要不怕苦不怕累。"奥巴马说,他之所以能够成为美国第一位黑人总统,一是靠机遇,二是靠自己的努力,更离不开小的时候母亲对他的严格教育。在高考的最后阶段,家长们就该像奥巴马的母亲学习,不管你是哪个单位的领导,还是哪个企业的总经理,首先你是孩子的爸爸、妈妈,你有义务在孩子人生最重要的时候照顾好他，帮助他走向人生新的起点。

除了上面讲述的三个要点外，我们还要讲讲应对高考的“七个该”。

第一，把该养成的习惯养好。习惯决定成败，高考中尤其如此。高考时间紧，任务重，要求考生在规定的时间内完成答卷，但有些学生答题速度就是慢，喜欢磨洋工，这时候就可能完不成试卷了。所以平时家长要配合老师，要求学生提高答题的效率，比如说老师规定语文一个半小时内做完，家长在家就必须掐表，在做试卷的过程中不允许孩子做别的事情，时间一到就把卷子收起来，有的时候好的习惯应该首先从家庭开始培养。

另外，还要培养孩子良好的思维品质。如今的高考跟20年前的高考差异性很大，以前的高考题目是基础知识多，现在却是注重考察学生的个人能力。因此，家长更要注意培养孩子良好的思维品质。培养孩子的思维品质可以是多方面的，例如思维的严密性就非常重要。现在高考命题说得通俗一点就像和学生捉迷藏一样，命题专家有的时候会设置许多陷阱迷惑你，你如何跳过种种陷阱，找到解题的关键思路，这时思维的严密性就显得非常重要了。有的时候家长可以通过生活中一些普通的事例，培养孩子思维的严密性。我举一个例子，有一次子贡问孔子说：“有一个人，人人都说他是个好人，这个人是不是好人呢？”孔子说：“不一定。”子贡又问：“人人都说他是坏人，是不是就是坏人呢？”孔子说：“也不一定，对于那些说他好或者坏的人，你都要考察一下。判断一个人的好坏，不能只看他本人，还要看评价他的人，只有那些好人说他好的，坏人说他坏的人才是好人。”从这段对话中，我们就可以看出孔子的思维非常缜密，我们教育孩子也要培养他们思维的严密性，这对他们的学习或是生活都有非常大的帮助。

高考试卷更能考察一个学生的逻辑性和严密性，比如说语文，一个词的颠倒就能导致整个句子的意思发生变化，有些学生审题不清楚，解题的时候就容易犯错误。除了严密性以外，解题还需要灵活性，平时我们做数学题都知道前面容易后面难，尤其是最后两道大题目一般都是非常难的。但有的时候出试卷的老师就故意把第一道题目的难度系数设置得比较高，一些学生不懂得灵活变通，就可能出现焦躁、死抠难题的现象，影响后面题目的发挥。有这样一个故事，一个小伙子到银行取钱，看见其他窗口面前排了长队，而有一个窗口却空无一人。小伙子想取两千元，可是柜台不受理五千块钱以下的业务。于是，他灵机一动，说取一万块钱，柜员给了他一万，然后他又把八千存进去了。这就说明这个小伙子头脑非常灵活！

我再讲灵活性。虽然有些人说高考的题目不就非此即彼，其实并不是这回事，有时是可此可彼的。有一年高考的作文有这样两个题目：一个是近朱者赤，近墨者黑；另一个是近朱者未必赤，近墨者未必黑。两个题目任学生选一个，虽然两个题目的意思完全不一样，但只要你能自圆其说，能够言之有理就可以了。还有一年的高考文学欣赏题，是让学生来评价一首诗，你说好或者不好都可以，只要你能说出道理来就行，这就特别考验学生的灵活性，当然更需要思维创新。写作文同样也是这个道理，你的论点新颖，老师就会给你高分，你的解题方法新颖，解题角度跟别人不一样也可能得高分。

第二，把该得到的分数得到。学生应该对自己的能力和目标有一个正确的认识，了解自己的目标是一本院校还是二本院校，如果是二本院校的话，那么把基础分得到就行了。这就要求学生要注意做基础题，注意抓基础分。有的学生一看基础题，觉得容易就轻松放过了，去做一些难题、怪题，结果到了高考的时候，基础题不会，难题又不会，分数自然不理想。把该得的分数得到，首先要注重基础，特别是到了复习的最后阶段，一定要教育孩子回归课本，把基本概念、基本知识和基本内容弄通弄透，把该得的分数得到，不要犯低级错误。俗话说捡了芝麻丢了西瓜，我们要先捡芝麻再捡西瓜，这就是高考的策略，光顾捡西瓜，不仅会丢了芝麻，最后什么都丢了。

第三，把该拉的家常拉好。大人之间拉家常是很普通的事情，可是跟孩子拉家常大人就有点不知道怎么办了。有些家长习惯了照顾孩子的生活，习惯了关心他们的学习成绩，一直把子女当成一个未长大的孩子看，所以跟他们拉家常有点无从下口。跟孩子拉家常就是和他们聊聊一些轻松的话题，不能像平时那样三句话不到就开始讲考试，讲多了孩子也很烦，这时候也许心中正有火发不出去，就跟家长吵起来了。因此说，拉家常谈一些轻松的话题是关键，这是一种和孩子交流沟通的方式，也是对孩子心灵上的一种安抚。此外，家长说话也要带一点幽默。许多家长和同事之间谈起来就非常幽默，但是一和孩子说话就板起面孔了，神情严肃，其实这都是不必要的，和孩子开开玩笑也是可以的，因为玩笑可以让孩子精神放松一些。我记得有这样一个例子，一名考生在临近高考时，吃饭的时候他妈妈要给他讲讲当年他爸爸的罗曼史，对于大人的爱情，孩子一般都比较感兴趣。他妈妈说："当年你爸爸家里非常穷，念中学的时候，一个女同学家庭还不错，这个女孩子就给他织了一件毛衣，你爸激动地流着泪跪了下来，说要永远爱这个女孩。但是后来你爸爸考上大学了，离开了农村，这个女孩子没考上就留在农村了。"讲到这里，妈妈就打住了。那个孩子迫不及待地问，"那后来这个女孩在哪里啊？"他妈妈说："后来这个女孩就成了你妈妈。"孩子一听就笑了。其实这就是和孩子拉家常，这样可以给孩子减减压。千万不要口口声声都是考试、分数，有时候效果反而会适得其反。

第四，该掌握的信息掌握好。其实高考也是一门学问。高考考什么内容，高考怎么考，家长一定要详细了解。还有孩子选修科目、目前孩子这门学科的学习状况，家长也都要了解。要做到以上几点，这就要求家长与老师及时沟通，要看一些相关的招生资料。比如说孩子准备考什么学校，哪一科最薄弱，哪一科有优势，这些都与考什么学校有很大关系。目前江苏高考语、数、外三门是必考，两门选修科目分为 ABCD 四个等级，不同的高校对这个等级要求是不一样的。语数外这三门当然是分数越高越好，选修科目也不能忽视，有的时候即使你语数外三门分数非常高，但是选修科目达不到学校的要求，学校肯定是不录取你的。这些问题都是非常重要的信息，家长也必须要掌握这些信息，只有这样，我们才能够更好地督促孩子有针对性地复习。

第五，把该确定的复习策略确定好。高考复习一定要讲策略，就像刚才讲的，如何看待选修课就是个策略。另外，考试中抓薄弱学科也是一种策略。高考就像一个装满水的木桶，木桶里水多水少取决于那块最短的木板，不管其他木板有多高，水位只能停留在你的短板处。因此，在学习的过程中，薄弱的学科一定要抓紧，语、数、外哪一门差就多补哪一门，这就是策略问题。除了学习方法策略外，还要注意学习时间策略。早上背书效果最好，此时你不要去做题目；中午时候人最容易疲劳，这时候就应该休息一下，这样下午学习才能更有效率；晚上学习不能太迟，熬夜对第二天的学习有影响。因此，什么时间段做什么事情，看什么书，这些都要安排好。不少家长都希望孩子的学习时间越多越好，有些学生也经常熬夜看书，其实学生学习的时间并不是越多越好，适当的休息非常重要，一定要注意劳逸结合，这就是家庭教育的策略问题。

第六，该准备的东西准备好。特别是在临近高考的时候，物质方面的准备要充分，同时必须具有科学性。比方说，学生在高考时候用的一些学习工具也是有规定的，如铅笔必须是 2B 的，这个不能搞错。除了物质方面，孩子的营养也非常重要，临近高考不能全部大鱼大肉，而应该吃一些清淡的食物。还有，考试接送的交通工具，也要准备好。我就遇到这样一个情况，2007 年高考，有一对家长开车送小孩，结果迟到了 15 分钟，幸亏考的是语文，如果是外语迟到 15 分钟就不能进考场。为什么会迟到呢？就是家长犯了一个低级错误，夫妻俩太紧张了，结果把表看错了。所以家长要时刻注意，高考中哪一个环节都可能出问题，因此对待孩子高考一定要慎之又慎。

第七，该营造的环境营造好。这里讲的环境涉及很多方面，主要有家庭环境、学校社区环境等，这些环境都要营造好。比如说临考试前一天孩子与同学打了一架，心情肯定不好，这就会影响考试的心情。除此之外，还要把学生的心理环境调理好，心理环境非常重要，它是一种自身环境，需要自己去调整。高考不仅考知识、能力，还考验学生自身的心理素质。现在的孩子在家都是娇生惯养，父母让着他，爷爷奶奶让着他，但走进校园，老师不一定让着他，学生不一定让着他，甚至还有坏学生欺负他，这时候就要靠学生自己调整好心情，克服一切困难。1996 年我在一所县中做校长，有一个姓李的同学，平时她的成绩都是全市前三名，而且数学每次都是满分，考清华、北大这样的学校应该说稳操胜券。但是，高考的时候她带了一个透明胶布进入考场，后来老师因为防止作弊把胶布收走了，她就非常生气，她想，我这样的学生还用作弊吗，老师太差劲。考试的时候，心里一直想着这个问题，心情就有点急躁了，也就没有静下心来做题目，结果数学考了 120 分，远远低于平时水平，那一年也就没有考上清华。这就是心理环境存在问题，会极大影响高考的发挥。下面再举两个心理调整能力强的学生的例子。一个同学，现在已经南大博士毕业了。他遇到的事情就比较有意思。考试的时候，他发现监考老师老是走到他身边看一看他的试卷，然后再走到另一个学生旁边指指点点。老师经常跑来跑去自然会影响到考生的考试，那个学生非常聪明，他沉着冷静地把题目做完，考完后他直接跟考监老师说："你什么意思，经常来看我的答案，干扰我的考试？我要报告考点主任。"老师当时就吓愣了，连忙赔礼道歉。第二场考试老师再也不敢去看他答题了。结果这个学生超常发挥，考上了南大，这就说明他的心理环境确实很好。还有一个学生，他是 2007 年考上同济大学的，他的成绩特别好，在考试的时候，后面的同学想看他题目，他不给看，后面的学生就在课桌下面用脚踢他，他忍住疼痛，考完后找到老师反映当时的情况，老师警告了那个学生，后面的考试也就没有再发生这样的情况。上面三个例子都说明了学生的心理环境非常重要，尤其是考试的时候可能会遇到一些特殊情况，家长平时要注意引导孩子去处理各种情况，适应外面复杂的社会环境。

三、考场应对技巧

上面我讲了家长如何与孩子一起应对高考，现在我讲考场的应对技巧。对于这个问题，不仅仅需要老师在临考前讲给学生听，更需要我们的家长了解一些基本的考试应对技巧，在高考前的一段时间里讲给孩子听，因为老师的精力是有限的，要向几十个学生讲授这些技巧，也不可能天天去重复这些问题。如果孩子应付得当，那么可能会多考三五分甚至十分以上。

第一，要保持平和的心态。那么如何保持平和的心态呢？首先，在战略上藐视考试，不要把高考看得如何如何重，给自己和孩子减轻心理负担。我们就把高考看成去听一场报告，看一场戏，或者看成上一次网，这样才能考好。其次，思想要放开，正确看待考试的难度。这里有一副对联赠给大家："人易我易我不大意，人难我难我不畏难。"这就是说人家容易我也容易，那我就不能大意；人家难我也难，那我就不要怕难，如果这样想，那么心态也就自然平和。

第二，对自己要充满自信。上考场的时候要有阿 Q 精神，在心里想我一定能考上的，自己不会失败的。考试有的时候不仅需要实力，同时还需要一点点运气。俗话说："七分成绩三分命运"。我给学生讲过这样一个故事，英国前首相丘吉尔中学的时候成绩并不好，后来想考军校，但是考试之前书都没怎么看，想把书从头到尾看一遍时间肯定是不够的。前一天，他灵机一动，把书合起来闭着眼睛祷告一番，心想翻到哪一页就看哪一页吧！结果翻到那一页正是奥地利的地图，他就把奥地利的地图从头到尾认真看了一遍，熟背于心。结果第二天考试就考了这张图，他很幸运地得了高分，考上了向往的军校，这就是考试运气的问题。高考有的时候也需要这样的运气，我们还是拿作文为例，比如你家孩子作文可能不太好,但有的时候不同的阅卷老师也决定学生的分数。每年高考,我们老师都会遇到一些情况,平时成绩很好的同学考得不好,一般的学生反而成绩冒出来了,这其中就有阅卷的因素。例如,2007年《新华日报》就登载了这样一个消息:当时有一个学生的高考作文,三个语文老师都给的是38分,后来高考阅卷组长把它定为53分。

第三,要重视时间的分配。考试过程中时间的分配非常重要,比如说做语文题,最后一定要留一个小时来写作文,作文70分,是重头戏。有的学生解答前面的题目花费的时间比较长,结果留下二十分钟来写作文,这样作文肯定写得不好,最多得40分,甚至30分。还有,就是考试时会使用答题卡,许多学生紧张得连卡都忘记涂了。其实,每门考试结束前15分钟,老师都会提醒考生注意涂卡,但是就是有学生仍然忘记涂卡,考试打铃后再想涂就不可能了。因此,对于这些细节问题家长在孩子临上考场前一定要关照孩子,这时候多啰嗦一下是有用处的。

第四,做题要遵循先易后难的原则。这个问题开头就已经讲过了,就是做题目的时候,遇到难题目就跳过去,把简单的、自己会做的题目先做掉,到最后再回头攻克那些难题目,这样一方面可以节约考试的时间,另一面可以控制和调整好自己的情绪。有些学生就不懂这个道理,刚开始答题时遇到拦路虎,于是就抱着不解决问题不罢休的精神,结果抠了半天不仅题目没有做对,反而浪费了很多时间,这时候心里更会产生焦急和烦躁的情绪,以致考试失利。

第五,不要吝惜笔墨。不惜笔墨就是说能多写尽量多写,这个是经验之谈,尽管不科学但是实用。以作文为例,记得1983年我到杭州,遇到杭州高考作文阅卷组的组长,他是南京人,因为是老乡所以谈得很投机。在谈话中,他告诉我他的一些“经验”,作文要想得高分呢,就要不惜笔墨。他讲作文要豹头、猪肚、凤尾,就是说一篇作文开头要像豹头一样吸引人,中间要尽量多写一点,像猪的肚子一样,显得内容丰富,结尾要像凤凰的尾巴一样夺人眼球。比如说要求800个字至1000个字,你最好写1 000个字,老师拿到作文首先一看内容丰富,这个印象分就有了,你要是就写个600字,那么要想得高分就比较困难了。其实其他学科也是如此,历史、地理试卷的论述题和简答题如果没有把握,就多写几句,可能就是多写的几句答到了要点上。老师改题目也是具有灵活性的,书上有的知识点肯定能得分,书上没有的你用自己的话说也能得分,就怕你空白一片,什么分都拿不到。有人讲,理科是不能乱写的吧,但是当你不会做的时候,你大差不差地写写也未尝不可。有些话不该讲,但确实如此。我就记得某省第一次新高考,物理特别难,许多家长把出卷子的物理教授都快骂死了,还有不少家长到省政府抗议,但是,后来物理平均分公布了怎么样?物理平均分特别高,比化学、历史、地理都高!什么原因啊?改卷子的潜规则。如果学生普遍考得好,那么阅卷标准就会严一点;如果学生普遍考得差,那么标准就可能会松一点,但放松并不等于没有标准。你要想得分,首先必须写出文字来,这样老师才能手下留情给分。如果不写,一片空白,连阅卷教师也爱莫能助了。

第六,写好后要注意检查。俗话说:“有钱难买回头望”。作文写完之后,要回头再看一看,试题做完以后要认真复查,千万不能提早交卷。有些好学生,试卷做完就交卷了,那可不行,试卷做完一定要认真检查。通过检查,就可能发现自己做错的题目,改正过来就提高了自己的分数。有些时候,学生恰恰在不可能出错的地方出错!比如,学生常常在作文题目上写错别字,这是因为学生往往只看内容,不看题目。题目上出现错别字是一种致命的错误,如果被阅卷老师看出来,那么作文的第一印象就差了。因此,家长一定要求孩子写完以后进行全面检查。

第七,要学会处理意外情况。还拿作文来说,可能有许多学生写作文,写到一半的时候发现自己写走题了,再重写又来不及,这个时候怎么办?这就考验学生处理突发事件的能力。首先要救题,就是把题目救活,这是学生平常写作文的过程中必须训练的技能。举例说明,有的同学举的事例太多,有点啰嗦了，那怎么办呢？你可以这样说，“我上面所说并非是重复，而是反复，是为了证明我的观点！”这样就有可能把题救起来了，重复是有病，反复是强调！

第八，得失由之看得开。孩子有时候考试会发挥失常，回来以后家长千万不能问考得怎么样。遇到这种情况，家长不能再给孩子增加心理压力，应该顺势开导。面对考试，无论家长还是学生都要豁达，考完就考完了，考好考差都已经无法逆转了。这时候家长特别要教育孩子考得好与不好都随它，关键是备战下一场。家长要学会转移注意力，不要老盯着前面考差的一门，不然孩子下一场可能也会考砸。

第九，要学会忙里偷闲。每次考试，都能看到有的孩子在临近考场时还在看书，刚下考场了又在看书，家长来接他的时候，就在车子里面看，真是一刻都不能闲着啊！这个时候应该忙里偷闲，让孩子在考试的间隙能够休息一下。家长接送孩子以后不一定就回家，这时候看看路边的风景未尝不可，到公园坐个十分钟也可以，回家以后，吃吃点心说说话也行，不要把时间搞得那么紧，特别是临近高考的几天要养成良好的生活习惯，把生物钟调整好，与高考时间相适应，特别是最后十天要让孩子早点休息，不能再熬夜看书，这样能够让学生在高考的时候处于最佳竞技状态。

第十，答题时候要灵活。灵活答题也就是上面谈到的思维灵活性，关于这个问题我每年都讲，许多家长和孩子也因此获益良多。学生如果遇到自己不会的题目怎么办？这时候就要灵活多变，不一定要完全按照我们的理解去做。以作文为例，考试的题目相同，学生的生活经历也大同小异，几十万的考生写出来的内容可能就有相似的地方，阅卷老师每天要改几十本试卷，看到差不多的内容，改得都昏昏欲睡。你要想得高分怎么办？你的作文里面必须有夺人眼球的地方，老师看到后眼睛一亮，分数也就提高了。例如：老师在指导学生作文的时候，都要求学生说真话抒真情写真事，但是由于学生缺少生活经历，知识匮乏，因此临战时候不妨灵活变通一下。当年苏东坡考进士，当时的主考官欧阳修看到一篇非常出色的文章，便一眼认定这是自己学生曾巩的试卷，但他又担心别人说他徇私舞弊，思之再三忍痛点为第二名。结果试卷公布后才发现并非曾巩，而是苏轼，欧阳修后来还向苏轼致歉。言谈间，欧阳修对苏轼的文章大加赞扬，又对文章中一处典故的出处不耻下问。苏轼随口说，出自《左传》。欧阳修查遍《左传》也不见这个内容，再次请教苏轼，苏轼吓得大气不敢出，尴尬地承认是自己编的。苏轼以为非挨批评不行。不想欧阳修却赞扬说：“知权达变必成大器。”意思就是你有灵活性，将来肯定能成大器。果然苏轼日后成为大才。所以我一向主张学生是可以灵活答题的，没有事例，编一个来未尝不可！

现在我们再回到刚才讲的那个 38 分被提到 53 分的事情，到底是谁对谁错呢！其实是组长错了，三个老师没错。这位组长提倡写作文要写真事，抒真情，当时他看完那名学生的文章，就被学生所写的事情和抒发的感情打动了，所以就把 38 分提到 53 分。后来我看《新华日报》发表的这篇学生文章，才知道这位老教授错了，其实那个学生写的就是假事，抒的也就是假情。大致内容是这样的：临近高考的前一天，父母到地里收小麦，临走时关照他把饭送到地里去，他中午就送饭给父母吃了。到地里一看赤日炎炎，父母汗水如流，过意不去，就帮助父母割小麦了，一直到天黑才回家。到家累的脚都没洗就睡着了。第二天在考场上，想到父母种田供他读书不易，他就决定考试完以后，再到烈日下晒一个小时，体会父母的这种辛苦，体会农民的艰辛。初看没有什么不通的地方，这名学生很懂事，很能体谅父母，那我们这位组长受骗在什么地方呢？

这位老教授可能不了解农村的习惯。农忙时节，农民清晨到地里干活一般都会把午饭带着，他们不怕饭冷。还有一点，和城市人相比，农村人更重视孩子的高考。农村的孩子多数只有通过高考才能够改变祖祖辈辈面朝黄土背朝天的局面，因此高考前一天家长怎么可能会让孩子在家做饭送饭呢？他们宁愿自己饿着肚子干活，也不会让孩子送饭，宁愿麦子烂在地里，也不会让孩子帮着干活的，肯定要把孩子赶回家！这只能说明这些事情都是那名考生编的，考生无罪，却不知骗了专家！当然，作文分数由38分提到53分这件事，还是说明学生考试的时候确实要有灵活性。

高考是孩子的事，同样也是家长的事，其实每个家长都在和孩子一起应对高考，高考的过程就是孩子成长的过程，也是家长成长的过程。我们学校有一个同学叫惠若琪，2007年入选了国家女排队。当时，她还不到17岁，现在已是女排的主攻手、副队长了。在她20岁生日的时候，她的父母也邀请我参加了。当时她母亲讲了一句话非常感人，她说："孩子，你已经20岁了，你成人了，请原谅过去我对你不友好的态度。我打过你，也骂过你，但是请你原谅父母，父母像孩子一样都也有一个成长的过程。我的母龄和你的年龄一样的，你出生了，我才成为母亲！"这句话讲得很有道理，我们在座的家长，有些人也经历过高考，也只有经历过高考才知道高考的酸甜苦辣。自己经历过高考，自己和子女一起再经历一次高考，你可能就变成了一个高考研究专家，你就可以对你的亲戚朋友的子女进行高考辅导！

2013年6月

把人字写大

——感受美国教育

2007年2月,我有幸率领南京二十九中师生访美团出访美国,对美国教育进行了三个星期的考察,走访了哈佛大学、纽约州立大学、西蒙岩学院等高校,并深入斯蒂辛山高中、寒泉小学进行调研、交流活动。三个星期,考察一国的教育,发言权是不足的,然而管中窥豹,也可见一斑。一斑之见,也不无益处,我们访美的一个最突出感受是:美国教育的根本精神是把人字写大,使人能够主宰自己的命运,展示自己的智慧,发挥自己的能力,享受且创造生活。

一、快乐着学习着

国内流行的教育口号是“快乐学习”,据说是从欧美移植而来的。不过,我们感受到的美国的教育却是“快乐着学习着”。从语法角度分析,“快乐学习”中的“快乐”只是学习的外在形式,“学习”才是目的;而“快乐着学习着”则不同,“快乐着”与“学习着”是并列关系,“快乐着”又置于第一位,也就是说,快乐是前提,是基础,“学习”是快乐的一种方式、一种状态。进一步说,“快乐着学习着”的理念以人为本,以快乐为宗旨,把人字写大了。斯蒂辛山高中的艺术课就是明证。工会主席乔治·贝克上动漫课,首先放映了一段反映“生活节奏太快”的动画片,使中美学生笑得前仰后合。在此基础上,他要求学生到室外模仿影片中人的快镜头动作,并将其摄录下来后制成录像片观看、点评。学生们心胆开张,跃跃而试。这堂课,学生享受了快乐,学习了动漫知识。画画、制作和唱歌,是孩子与生俱来的爱好,那里有欢乐,有创造,有自我成就感。斯蒂新山高中的艺术课,是适应学生的天性设计的。我们国内曾提倡让每一面墙壁会说话,这一点中美许多学校都做到了。然而,不同的是,国内许多学校墙上挂的是名人字画,而美国则是学生自己的作品。尽管那些学生的作品可以用“涂鸦”两字来描述。然而,学生为了快乐而作画、写字,作品又得到了发表,发表之后又受到激励,学习的积极性就更高了。代表团在寒泉小学参与了一堂别致的“劳动课”。中国学生当老师,教美国一年级小学生用筷子。中美学生每人一个小碗,碗中放着玉米花。课程的内容设置,本身就从“快乐生活”着眼:学用外国餐具,吃香喷喷的米花,本身就是一种快乐生活。课堂上,美国学生对“中国老师”很钦佩,言听计从,积极学习,很快掌握了使用筷子的要点。当美国小学生用筷子夹米花在嘴中品尝时,我们看到的是孩子脸上的笑容之花!就是文化课学习,也不背离快乐宗旨。在高中的数学课上,我们看到,老师的题目展示在屏幕上,学生用特制计算器把答案输送到屏幕上。而屏幕只显示正确答案。因而,答错了也不难堪。因而学生踊跃答题,课堂上气氛活跃。斯密斯小学的数学课也别有情趣。教师用大型卡片展示数学题,而学生则用下棋的方式做作业。棋纸上标有各种数字。学生认为答案是什么,就把棋子放到相应的位置上。

二、主体性与探究性

人,应该是生活的主人,学习的主人,然而,东方传统教育中,作为学生却身不由己。在应试教育的框架下,学生只能成为"鸭",被装填进知识;只能作为容器,被盛放"能力";只能生活在书本中,教师唯上,课本唯上,学校唯上。"人",只占一个小小的角落。在东方传统教育中,"人"不是自己的,是属于国家、父母、领导、亲友的。在利益面前,自己只能排在末位,甚至只配作古代祭祀神祇的牺牲。

目前,国内新课改关注学生的主体性,提倡学习的探究性,旨在从学习层面解放学生,让学生作为"人"的主体性得以突出。至于人文学科关于"个性"培养的目标,则是从思想层面,突出"人"的重要性。把"个性"写上生命的旗帜,是新课改最为可贵之处。虽然新课改起步不久,然而良好的开端,也是令人惊喜的。美国这方面的经验,可资我们借鉴。

教师与学生谁重要? 这些问题,在国内提问,许多人会回答颇费踌躇。然而,在美国教育界,人们会脱口而出:学生。事实上,这个问题也很简单,没有学生,还要老师干什么? 这与"皮之不存,毛将焉附 "是一个道理。在美国,学生是学校的主人,学习的主人。学校的一切活动围绕着学生展开。国内狠抓教学质量,连节假日都加班,至于正常工作日更是风雨无阻。然而,斯蒂辛山高中却不是如此。预先得知有大风雪,校方便临时决定放假 5 天。美国中小学的座位的排放也充分体现以学生为主体的精神。国内的中小学都有讲台,无形中把师生的心理距离拉大。美国许多小学,没有讲台,老师在学生中间授课。这不仅有利于体现师生的平等精神,又可以使老师及时做好学生学习的参与者、引领者。国内的学生座位大都横竖成排,方方正正,整整齐齐,看是好看,却不利于学生学习。坐在后排的学生学习的效果多少会受到影响。毋庸讳言,有些教师,按学习成绩或家长的社会地位排位,那些成绩差一点,家长地位低一些的学生只好坐在被人遗忘的角落,使学生过早地体会人情冷暖。而美国的中小学,课桌排法多种多样,有的排成雁阵形,有的排成圆形,有的排成六边形,有的排成长方形,这就可以从最大程度上避免了座位上的不平等带来的遗患。再说,美国活动课程多,学生常常不在固定教室上课,座位问题,谁先来谁挑选,这又避免了使少数人"永恒"地处于遗忘的角落。

在教育内容上,学生的主体性得到了充分体现。学校开设了许多选修课,学生选什么课,悉听尊便。在课堂上,学生的需要,是教师调整教学内容的根据。一个问题,学生讨论热烈,教师就临时改变教学方案。国内有些学校教育仍然面向精英,差生只好坐冷板凳,而在美国,落后学生是教师教学的重点对象,课上弄不懂,课后单独辅导。在教学上,马太效应远没有我们国内严重。

美国中小学的图书馆不仅是借书的地方,也是研究的阵地。那里,可以坐下来上网,或做作业。许多学校各门学科的作业本身就带有探究性。学生要完成作业,需要到图书馆查阅大量资料。在研究性学习方面,有些学校特别重视对学校课程的开发与利用。松树地区的寒泉小学在这方面给我们留下了深刻的印象。这个学校预先得知我们代表团一行要访问他们学校,就开设了"中国文化"为主体的研究性学习系列活动。当代表团来到校园时,研究性学习已经硕果累累了。我们一踏进学校,就感受到了浓烈的中国文化氛围。天真活泼的孩子们都能使用"你好"等中国问候语。在欢迎会上,学生代表的致词全用汉语。校园走廊里,挂着"恭贺新禧"的灯笼,挂着"欢度春节 ""年年有余"字样的条幅,还有学生的汉字书法作品;至于反映中国文化特色的剪纸、中国龙更是琳琅满目。最抢眼的是走廊上的一组纸盘,上面画有中国十二生肖图案。中国客人的到来,也成了他们的课程资源:由中国学生教美国学生用筷子。学生在欢迎仪式上表演了舞龙的节目,并在龙上签名,作为礼物送给代表团。他们还研究了中国的民俗,一个班级的同学还分别给一起参加活动的中国学生送红包。尽管里面只有几个美分,但却体现了对中国习俗的尊重。

在美国的西蒙岩学院，我听了一堂汉语文学课，教学内容是杨绛的《称心如意》。教师要求分析主要人物形象时，并不要求答案统一。由于学生的文化背景、理解水平不同，对文本解读、人物分析客观上有差异性。"仁者见仁，智者见智"的现象在文学欣赏中是客观存在的。允许答案丰富多彩，更有利于学生的探究性精神的培养。

在哈佛大学的"荣誉厅"中，哈佛大学的校训发人深省，"与柏拉图为友，与亚里士多德为友，更与真理为友。"这则校训，是对哈佛培养学生主体意识、探究精神的极佳诠释。现代创新智慧理论表明：对伟人应对象化而不应偶像化，应平视而不应仰视。否则，会形成迷信现象，影响个体创新能力。"为友"二字充分体现了这种理论的精髓。只有抱着与伟人为友的精神，才能保持个性，有所领悟，不至于沦为思想的奴隶。一个"更"字，强调要与真理为友，是对创新理论的进一步升华。真理，是最重要的朋友，是人类探究的终极目标。当伟人的理论与真理背离时，理应选择真理。"吾爱吾师，吾更爱真理"和"当仁不让于师"这两句中外古代哲人的理念，与哈佛校训有异曲同工之妙！我们想，哈佛大学为什么办学成就令全球瞩目？其秘密就在于此！无论是总统、将军还是学界泰斗、工商巨子，他们都是这条校训的践行者。

19 世纪以来，中国许多仁人志士为了富国强民，把视野投向西方。一个多世纪以来，中国在学习西方的过程中有经验也有教训。目前，移植西方中学课程改革的做法毫无疑问是正确的。然而，我们希望在实践过程中不仅要取其形，更要重其神。如果我们在教育活动中注重把"人"字写大，使学生的个性得到充分发挥，主体意识得到加强，创新能力得到提高，我们的教育就可以说是成功的！

2007 年 2 月

父爱的阳光

——《傅雷家书》评介

“凯风自南，吹彼棘心。棘心夭夭，母氏劬劳”。我国的第一部诗歌总集就记载着先民讴歌母亲的诗章。“慈母手中线，游子身上衣”，孟郊的一首《游子吟》，把母爱写得淋漓尽致。几千年来，母爱如月如日，光辉可鉴。然而，在子女成长中起着重要的作用的另一半——父爱，在人们的心目中，包括在反映生活的文学作品中却相对逊色。一个朋友曾戏谑地说：“父爱只是电冰箱中的指示灯。你只有偶然打开门寻找冷藏食品时才能发现它。”对朋友的话，我长期奉为真理。不过，读了《傅雷家书》后，我的思想大大转变。父爱，不只是电冰箱的指示灯，它也会成为月亮，成为太阳。傅雷，就是现当代中国的一轮父爱的太阳。一部《傅雷家书》，充斥着强烈的父爱的阳光。

《傅雷家书》，收录的多数信件是傅雷 1954—1966 年间写给远在国外的儿子傅聪的。那 160 多份信“不仅仅使傅聪与家人间建立了牢固的纽带，也通过这一纽带，使傅聪与远离的祖国牢牢地建立了心的结合(楼适夷《读家书，想傅雷》)。”研读傅雷家书，我们从中不难发现一个伟大父亲的崇高境界。

一、慈善的心肠

社会舆论向来把“严”字冠于“父”之前，而把“慈”字冠于母之前，“严父”“慈母”这两个概念人们习见习闻，许多父母也以此定位。其实，“父”也不一定就要以“严”字出现在子女面前。傅雷就是以一片慈善心肠出现在子女面前的。

傅雷对傅聪的爱是细腻的，具体的。在家书中，傅雷及时通报家中生活琐事，并不厌其烦地详细叙述，以慰异国儿子的乡思。在家书中，傅雷放弃了父亲的矜持，直白地说“孩子，我在心中拥抱你”。对傅聪的思想、学业、礼仪，他事事过问，指导得具体入微。例如他于 1954 年 8 月 16 日晚上在信中写道：

> 你所来往的圈子特别有教育的圈子，一举一动务须特别留意。对客气的人，或是师长，或是老年人，说话时手要垂直，人要立直。你这种规矩成习惯，一辈子都有好处。
>
> 在饭桌上，两手不拿刀叉时，也要平放在桌面上，不能放在桌下，搁在自己腿上或膝盖上。你只要留心别的有教养的青年就可知道。刀叉尤其不要掉在盘下，叮叮当当的！
>
> 出台行礼或谢幕，面部表情要温和，切勿像过去那样太严。这与群众情绪大有关系，应及时注意。只要不急，心里放平些，表情自然会和缓。

看，父亲的关心是如此细致入微，与慈母何异？“慈”不应是母亲的专利品，傅雷的教子实践证明了这一点。

二、朋友的态度

在世俗的眼中,父亲总觉得有恩于子女,应该享有支配子女、教训子女甚至惩罚子女的特权。其实,这正是父爱的误区。许多父亲的爱之所以不被子女接受,原因概出于此。傅雷的一个重要高明之处,就是他能跳出世俗的窠臼,以朋友的态度与子女交往。他在 1954 年 1 月 30 日晚上的信中写道:

真的,你这次在家一个半月,是我们一生最愉快的时期;这幸福不知应当向谁感谢,即使我没宗教信仰,至此也不由得要谢谢上帝了!我高兴的是我又多了一个朋友,儿子变成了朋友,世界上有什么事可以和这种幸福相比的!

傅雷在信中对儿子说话的口吻不是训斥而是动情。他在 1954 年 7 月 29 日的信中写道:

我们的信可以收起来,一个人孤寂的时候,可以不时翻翻。我们做父母的人,为了儿女,不怕艰难,不辞劳苦,只要为你们好,能够有助于你们的,我们总尽量地给。希望你也能多告诉我们,你的忧,你的乐,就是我们的,让我们永远联结在一起。我们虽然年纪会老,可是不甘落后,永远也想追随在你们后面。

这番推心置腹的话,儿子读了能不动容?

在儿子面前,他从不文过饰非。作为父亲做错了事,能够放下架子向孩子道歉。《傅雷家书》的第一篇,就是一封道歉信:

孩子,你这一次真是一天到晚堆着笑脸!叫人怎么舍得!老想到一九五三年正月的事,我良心上的责备简直消释不了。孩子,我虐待了你,我永远对不起你,我永远补赎不了这种罪过!这些念头整整一天没离开过我的头脑,只是不敢向妈妈说。人生做错了一件事,良心就永久不得安宁!真的,巴尔扎克说得好:有些罪过只能补赎,不能洗刷!

父亲向子女道歉,需要的是高度的爱心与若谷的襟怀。这种做法无损父亲的威信,更能拉近父子的心灵距离!

三、导师的高度

傅雷教子,并非停留于舐犊的层面,而是凭借自己的道德修养与学术造诣,从导师的高度,为孩子指点思想迷津,点燃学业心灯,指明人生道路。傅聪之所以成为世界知名的钢琴演奏家,与他的悉心指导是分不开的。傅雷在许多信中都与傅聪谈论钢琴艺术问题;那精辟的见解、精到的指导,如春雨润物。傅雷自身处理社会关系方面颇有些书呆子气;然而,在对待傅聪的思想及与人相处方面的教育,却高瞻远瞩,见地深刻。傅雷认为,一个艺术家应该德艺双馨。因而,他对傅聪的思想教育抓得很紧。正如他在信中所说:我又想到国内学艺术的人中间,没有一个人像你这样,从小受到那么多"道德教训"。你别忘了:你从小到现在的家庭背景,不但在中国独一无二,便是在世界上也很少很少。哪个人教育一个年轻的艺术学生,除了艺术以外,再加上这么多的道德的?我完全信任你,我多少年来播的种子,必有一日在你身上开花结果——我指的是一个德艺兼备、人格卓越的艺术家!

他还告诫儿子:

你记住一句话:青年人最容易给人一个"忘恩负义"的印象。……你千万不要让人误会。

为了使儿子不至于成为爱情至上者，他不惜“现身说法”：

另外一点我可以告诉你，就是我一生任何时期，闹恋爱最热烈的时候，也没有忘却对学问的忠诚。学问第一，艺术第一，真理第一——爱情第二，这是我至此为止没有变过的原则。你的情形与我不同：少年得志，更要想到“盛名之下，其实难副”，更要战战兢兢，不负国人对你的期望。

特别值得称道的是，傅雷潜心教子，琢磨出许多富有哲理的警句来。这些警句已经成为人类共同的精神财富。例如：“得失成败尽量置之度外，只求竭尽所能无愧于心；效果反而好……”“人的心理是：难得收到的礼，是看重的，常常得到的不但不看重，反而认为是应享的权利，临了非但不感激，倒容易生怨望。”“但一个有才的人也有另外一个危机，就是容易自以为是钻牛角尖。”“人总是强迫自己，不强迫就解决不了问题。”这些警言，是智者的参悟，我们如能充分领悟它定会使我们受益终生。

四、愚公的精神

教育孩子是一项长期而又艰巨的任务，应该持之以恒。希望在家教问题上一蹴而就，无异于痴人说梦。许多家长，特别是父亲，主观上都想把子女教育好，然而，客观上却往往因为工作忙而无暇顾及；也有的家长，时间虽有，但缺乏应有的耐心，“一曝十寒”，效果不佳。而傅雷却不然，傅雷，虽然是一个著名的文学艺术翻译家，工作繁忙，然而，他把子女当成自己生命的一部分，把教育子女当成事业的一部分！从傅聪离家出国开始到他本人 1966 年含恨弃世，他在这 12 年间忙里偷闲，写了那么多信，靠的是“愚公移山”的精神。十几年来，无辜被打成右派的他，受到过精神与病痛的双重折磨，然而，通过写信来教育孩子却是他始终不渝的工作。1955 年 4 月 21 日夜，傅雷忍着病痛给儿子傅聪写了一封近 5000 字的长信。信件结尾真实记录了当时的情况：“我坐不住了，腰痛难忍，只希望你来封信安慰安慰我们。”傅雷最后一份家书写于去世前三个月。此时，他“身心交疲”，“眼疾无进步，慢性结膜炎也治不好。肾脏下垂三寸余，常常腰酸，不能久坐”。然而，他仍坚持写信，惦念异国的儿子。时代在进步。时至今日，通信手段高度发达，亲子之间的交流可以通过电话随时进行；即使写信，电子邮件也快捷方便。那种纸质的人工书写的信件已很少见了。傅雷当年为教育儿子写信之苦，我们应设身处地地体会。

傅雷已经作古四十年，四十年来，历史长河大浪淘沙，当年如云冠盖，如今已经湮没无闻；而傅雷，作为一名学者，作为一名父亲，却因其家书和其他著作而光辉日新。也许，他作为一个父亲的成就比作为学者的更大。傅敏在《第五版后记》中说得好：“《傅雷家书》出版十八年已经发行达一百万册，足以证明这本小书影响之大。《傅雷家书》是一本‘充满着父爱的苦心孤诣、呕心沥血的教子篇’；也是‘最好的艺术学徒修养读物’。”

总之，《傅雷家书》是我们民族家教的宝典。它能给我们教育子女提供精神的阳光和力量。傅雷，作为伟大的父亲形象，将垂范永远！

2015 年 1 月

漫谈干部的执行能力

执行能力(以下简称执行力),是当今世界的热门话题。诸多政界要人和商界巨子认为,决策部门的计划、决定本身大多是正确的,然而在执行过程中往往收效甚微甚至事与愿违;究其原因,往往是执行力不强所致。随着教育事业的发展,许多超大规模的中学纷纷涌现。要想管理好这些学校,必须注重干部执行力的提高。下文拟就干部的执行力作一探讨,以期收到管中窥豹的效果。

我们认为,干部在执行力方面,主要应该做到如下几点:

一、服从意识

服从意识,是执行力的基础,是一个集团制胜的法宝。对上级分配的任务,执行层干部不应以任何借口推托,更不能以任何形式抵制。“下级服从上级,全党服从中央”,中国共产党党章中的规定成了中国共产党保持高度战斗力的铁的纪律。尽管国际风云变幻,国际上许多国家社会主义政党解体,而中国共产党却屹立如山,其奥秘便在于此。美国西点军校闻名世界。200 年来,它培养了三位总统,五位五星上将,3700 名将军,甚至还培养了可口可乐公司、杜邦化工总裁等商界巨子。其奥秘何在?就在于西点军校培养了学员高度的服从意识。西点军校规定,学员回答长官只能有三句话:“报告长官,是”,“报告长官,不是”,“报告长官,没有任何借口”。“没有任何借口”体现出的是一种负责敬业的精神,一种服从、诚实的态度,一种完美的执行能力。学校是知识分子集中的地方,“平等”“民主”的意识似乎强一些。然而,我们不能走入认识的误区,以“平等”与“民主”为借口削弱服从意识。有民主也要有集中,上级的决策是民主的集中行为,体现了民众的意志,作为执行层面的干部必须、只能无条件服从。

二、主动意识

主动意识,是提高执行效果的首要条件。上级布置的工作,往往有难度。如果被动应付,很难收到好的效果。反之,主动去做,却会开创柳暗花明的局面。我们应该把任务看成领导信任的具体体现,看成实现自己人生价值、施展才华的平台。如果这样思考,我们能强化内在动机,积极而快乐地去做事。领导布置任务,往往只给出目标,至于实现目标的途径、方法则要执行者自己去想方设法。日俄战争期间,日本士兵打扫战场,发现俄罗斯死亡的士兵身上都有一本书——《致加西亚的信》。日本人断定此书价值非同寻常,便报告长官,长官则把书献给了天皇。天皇一看,便把书印发给每个日本士兵还有公职人员。目前这本书现在已成了世界上十大畅销书之一。美国前总统布什曾把它赠给自己的部属,这本书魅力何在?就在于书中塑造了一个主动执行任务的英雄罗文上校。美国与西班牙在争夺古巴殖民地战争中,美国总统决定派人给古巴一支武装力量领导人的加西亚送信,以便联合起来共同打击西班牙武装势力。可是,人们只知加西亚住在古巴的深山老林,具体地址不详,谁能将信送达呢？总统踌躇再三，后来经过别人推荐，选择了罗文上校。罗文上校无条件地接受了任务，历经千辛万苦，想尽千方百计，终于胜利完成任务。这本书生动地诠释了主动性在执行力中的重要性。其实，共产党之所以能够由弱到强，最终成为中国的执政党，靠的就是无数能够主动执行任务的共产党员。“没有枪，没有炮，敌人给我们造”，这就是对主动意识最形象的注脚。

三、感悟能力

感悟能力的强弱，是一个人生活、学习、工作水平高低的重要标志。一个感悟能力强的人，能够充分领会领导意图，领会文件实质，在执行过程中与领导配合默契；感悟能力强的人能够在执行过程中工作精细、严密，不走弯路或少走弯路；感悟能力强的人能够在执行过程中灵活应变，把工作做得尽善尽美。大凡一个成功的集团，都有一批领悟能力极高的人才。淮海战役的胜利便是有力的例证。刘伯承、邓小平、粟裕、陈毅、谭震林等一大批解放军将领充分领悟了毛泽东关于淮海战役的作战方针，齐心协力，战术灵活，一举消灭了国民党的主力，为解放战争的胜利奠定了坚实的基础。领悟能力极高的人不是本本主义者，他们有时对书本或前人的经验，也不简单从形式上仿效，而是在“神似”上下功夫。韩信在楚汉之争中，曾背水为阵，诸将疑惑不解，因其有违常规的布阵方法。然而，战争结果却是大获全胜。诸将请教其中奥秘，韩信说，其实兵法上写得很清楚：“置之死地而后生”！作为干部应该重视对自身领悟能力的培养，使自己卓有成效地开展工作。

四、忠信意识

忠信意识，是对人格魅力的要求。提起忠信二字，人们对“信”字容易接受，对“忠”者却颇多犹疑。许多人提起忠字，就想起了无条件为封建帝王卖命的人来。其实，这并非“忠”的原意。《论语》中 18 次提到“忠”字，其基本含义是对“别人尽心竭力”。别人的范围很广，包括身份、地位、辈分低于、同于或长于自己者。孔子的学生子张曾经向孔子请教如何从政，孔子回答说：“在职位上不知疲倦地干，行动上处处表现出忠诚。”我们提倡的是孔子所说的“忠”，要求执行层能够恪尽职守，对上级负责，对人民负责，对国家负责。现代社会这方面典型很多。20 世纪 60 年代的雷锋，毫不利己，专门利人可谓忠。至于徐虎、李素丽、张云泉等人，无不以青春、智慧、汗水与热血谱写了一曲曲忠之壮歌。

“信”与“忠”密不可分，它是一个公民应该具备的美德。“人而无信，不知其可”，作为一个执行层的干部，只有言而有信，才能赢得领导信任，下级信赖，才能在工作中树立起威信，充分发挥非权力效应(人格魅力)。那种上瞒下骗，说假话，说空话，报喜不报忧，或者虚报数字的干部，也许得志一时，但却不能得志一世。鲁迅说过：“捣鬼有术也有效，然而有限。所以成大事者，古来未有。”

五、原则意识

原则，是说话或行事所依据的法则或标准。它往往以规章制度乃至法律的形式体现出来。作为执行层的干部应该心中有“原则”，按章办事。只有如此，才能维护集团的整体利益。正因为如此，自古以来，人们称颂那些执法如山的官吏。包拯忍痛判处自幼与自己同经磨难的侄儿的故事，千百年间之所以流传不衰，就在于表达了人民执法如山的愿望。诸葛亮不愧是有远见卓识的政治家。他在《出师表》中苦心叮嘱后主坚持原则，他说：“宫中府中，俱为一体；陟罚臧否，不宜异同。若有作奸犯科及为忠善者，宜付有司论其刑赏，以昭陛下平明之明；不宜偏私，使内外异法也。”诸葛亮本身也实践了自己的主张。挥泪斩马谡，正是他的正直之举。

惜乎,有许多人拿原则当儿戏,拿原则做交易,这些人往往因一己自私,而给集团造成巨大的损失。近年,连连"落马"的省部级高官,无不如此。

有些干部,对任何人都保持良好关系,办事拿不起,放不下,绕着矛盾走。这种人,就是平常说的"老好人""好好先生"。其实,这种人做干部,会严重影响执行效果。毛泽东在《反对自由主义》中就严肃批评过这种人。孔子对这种人尤为愤恨。他说:"乡愿,德之贼也。"乡愿,就是"老好人"的意思,孔子说他是道德之贼,确实没错!这种人颇具迷惑性,在不坚持原则损害绝大多数人利益时,还能结下好人缘,岂不是"贼味十足"吗?我们希望干部树立依法治校的意识,加大教育教学督查、评估的力度,把工作落到实处,做出实效,不做"德之贼"。

六、协调能力

人行动,讲究肢体的协调。一个集体的工作,要求各个部门协调一致。《三大纪律,八项注意》是中国人民解放军克敌制胜的法宝之一。其歌词中有一句云:"步调一致才能得胜利。""步调一致",就是协调。一个国民党资深军官在谈到辽沈战役时讲,国民党部队之所以败于解放军,原因主要在于国民党军队将领之间不能精诚合作。他们互相推诿扯皮不说,有时为了保存实力,见死不救,以致被解放军各个击破。现实中这种现象也不少。不少部门拥兵自重,互不买账,内耗严重,以致事业不兴。作为学校干部,工作中需要协调的地方很多,如各处室之间、各年级部之间、处室与年级部之间、学校与家庭之间、学校与社区教育管理之间等。只有做到协调一致,才能增加合力,实现教育效果最大化。考察一些办学成绩出色的学校,其重要经验无不是各部门工作协调一致:心往一处想,劲往一处使。在实际工作中,我们要求执行层的各个部门互相了解,互相理解,互相支持,互相补台;多发现自己的缺点,多发现别人的优点,在名与利面前让半步,在工作与责任面前进半步;执行层干部做好下情上达,上情下达工作,特别要充分宣传领导意图,让群众理解领导、支持领导。有些干部惯于做落后群众的尾巴,做他们的代言人;更有人甚至以群众代表的姿态出现在领导面前,"为民请命",讨价还价,这种做法是大忌中的大忌。无论在哪个单位,有这种毛病的干部应迅速改变思维方式,长此以往领导是不会容忍的。

七、创新能力

创新能力,是人类发展的重要动力。正因为如此,党和政府才大力倡导创新。然而,在创新工作上人们的认识还有误区,许多人一提创新,就想到科技创新。其实,最重要的创新还是制度创新。作为干部,我们所说的创新,自然是管理制度、工作方法等。在某种意义上,我们在这方面有所创新,就会提高"教育生产力"。《成才导报》2004 年 5 月刊载的关于实行班级管理、强化协作意识的署名文章,就是管理制度的创新典型案例。不妨摘录要点于下:

我们所说的班级组不同于班级。班级组是全班学生和全体任课教师的集合体。我们所说的班级组长也不同于班主任。班级组长不仅是这一个班学生的管理者,也是所有任课教师的管理者。班级组是学校的最基层单位,班级组成员之间存在着共同利益关系。学校考评、奖惩首先到班级组,班级组长再根据任课教师的表现,具体决定奖惩到人。一个班级组整体教育效益好,班级组成人员才有可能提高精神奖励与物质奖励的份额。

实现班级组与班级组长制度的好处有两点,一是使对学生的管理力度加大。班级由一个人独管变成多人齐管。二是班级组成员之间利益关系密切,一损俱损,一荣俱荣,因而团队精神增强。实行班级组管理体制之前,班级管理工作往往是班主任孤军奋战。有时任课教师对学生横加指责,班主任即使满肚子委屈，也敢怒而不敢言。有时候，学生对任课教师有意见，班主任只好抑制学生，生怕任课教师“生气”而闹出乱子。实行班级组管理之前，教师“各人自扫门前雪，不管别人瓦上霜”。有的教师拼命挤占时间，虽然他所任学科一枝独秀，而其他学科成绩则受到影响，教学的整体效益大打折扣；也有的教师责任心不强，上课、辅导都存在着到岗不到位现象。对这种现象班主任也只好听之任之。而实行班级组与班级组长制度以后，班级组长职责明确，对任课教师的管理理直气壮。班级组长根据班级的实际情况，经常给任课教师提要求，包括时间分配问题、备课、上课质量问题、学生心理疏导问题等。有的班级组还实行任课教师联系学生制度。根据学生的学科成绩、性格爱好等因素，把学生分成几个组，每位任课教师负责联系一个组。这样一来，任课教师都成了班级组长的助手。更令人欣喜的是，任课教师不仅各人自扫门前雪，也管别人瓦上霜了。除积极协助班主任工作外，对其他任课教师的工作也鼎力相助。对个别业务不精或态度不端正而拖班级组后腿的教师更是想方设法，促进其提高工作质量。那种滥竽充数的现象已为班级组所不容。总之，班级组管理增强了教育的合力，使教育管理中呈现出旺盛的生命力。

班级组管理，就是对班主任管理观念的创新。目前，不少学校尝试这种方法，收效都很明显。

当然，创新往往不是一帆风顺的。创新之路上有风有雨，有荆棘也有沟壑。因此，作为干部不仅要有创新的意识，更要有创新的勇气。干部与基层接触，等于占有了创新的土壤，再加上敢闯敢干很容易出成绩。当然，勇于创新的干部犯错误的几率高于因循守旧的干部。其实，现在许多领导已经非常开明，对于干部由于创新而出现失误，不仅照常使用甚至会重用。再说，因创新而犯错误，某种程度也是人生的一种境界。正因为如此，美国《心理学通报》上发表的一位八旬老人的文章说：“如果人生可以从头再来，我要犯更多的错误。”

八、奉献精神

奉献精神，不仅是共产主义精神中有，它是人类进步人群共有的崇高的精神境界——无论西方的普罗米修斯，还是东方的大禹，无论是马克思，还是华盛顿。一个集团、一个政党、一个民族、一个国家的兴盛，无不依赖于具有奉献精神的人。我们干部，应该心中有事业，而不应该心中只有职业。心中只有职业，把工作当作谋生的手段，也许会按时上下班，按部就班地开展工作。然而，这种境况下很难做到不计较名利得失，不计较荣辱毁誉，只有用心工作，才能公而忘我，才能开拓进取，立于改革创新的潮头。奉献精神，对于干部尤为重要。领导的决策靠他们去执行。他们没有奉献精神，将会使任务完成情况大打折扣。另外，一个单位干出成绩，风光的往往是单位领导人，而干了大量实际工作的一般干部却默默无闻。在这种情况下，如果一般干部缺少奉献精神，往往会出现消极情绪。因此，我们特别提倡执行层干部的甘做衬托红花的绿叶的意识。当然，话又说回来，“桃李无言，下自成蹊”。作为干部，你努力工作，群众会信任你，钦佩你，领导也会看重你。作为一名干部大多希望升迁，这种心理无可非议。然而，必欲如此，请提高你的执行力，扎扎实实地在岗位上奉献你的青春、智慧与汗水。当你的努力化为实绩，群众会推举你，领导也会提拔你。

关于干部执行力问题，是一个重大课题。以上所谈八点，只是撮其要者。此外，如专业能力、总结能力等，还有待于我们在实践中继续深入地探讨、研究。

2009 年 2 月

漫谈孔子的自由精神

自由，是社会主义核心价值观的关键词之一，也是古今中外的志士仁人向往并为之奋斗的美好愿景。胡适曾经说过："一个新社会，新国家，总是些爱自由爱真理的人造成的，绝不是一班奴才造成的。失去独立自由的灵魂，无论所依附的人多么伟大，多么崇高，不过是依附他人的奴隶。"孔子，作为先秦文化的集大成者，作为著名的教育家、思想家，一生崇尚自由，追求自由；他的自由精神，烛照千秋。我们这里所说的自由，不仅指狭义的人身自由，更包括精神自由，一种摆脱世俗习惯羁绊、克服人性弱点的自由。

今天，我们重温孔子的自由精神，于我们实践社会主义核心价值观，对于修身处世，都有借鉴意义。从这个角度看，孔子的"自由精神"大致可以概括为如下十个方面。

一、重视财富而不形为物役

财富，是生活的重要保障。人之爱财，无可非议。有人说，儒家重义轻利，这是误解。孔子也是爱财的。然而，他主张取之有道。反对无义而富，不做财富的奴隶。孔子说："富与贵，是人之所欲也；不以其道得之，不处也。贫与贱，是人之所恶也；不以其道得之，不去也。"他还说过，如果能够通过正当途径取得财富的话，即使是执鞭的下等差使也愿意干，然而，如果不通过正当手段才能得到，我还是干所爱好的事吧。

孔子有一个著名的比喻："不义而富贵，于我如浮云。"

孔子这种贫富观是值得称道的。他摆脱了物质的枷锁，获得了精神上的自由。

如果富不可得，沦落"贫穷"怎么办？面对贫穷，更能考量一个人的精神世界。"贫而无怨难，富而无骄易"，有的人贫而生怨，有的人贫而生谄，有的人贫而失态，有的人贫而叛逆。而孔子主张"安贫乐道"，贫而无怨，贫而不改其志。他认为，即使吃穿住条件很差，其中也有乐趣。他弟子三千，而最钟爱的是颜回，原因何在？重要原因之一在于贤回"安贫"。他曾由衷地赞扬颜回说："贤哉，回也！一箪食，一瓢饮，在陋巷，人不堪其忧，回也不改其乐。贤哉，回也！"

孔子自己也是个"安贫乐道"的典型。他带领弟子周游列国，曾困于陈蔡，七日绝粮。然而，却能够"弦歌不绝"。这种超脱于物质以上的精神自由境界，真的令人景仰。

二、看重仕途而不贪恋权位

富，指有财富，而贵，则是有社会地位了。说得更直白一点，就是入仕做官。

儒家的政治理想是“兼济天下”，而做官入仕，是兼济天下的重要途径，是题中应有之义。因此，孔子一生大部分时间都在寻求入仕，期望为诸侯重用，以实现自己的救世理想。然而，孔子只把权力作为救世的手段，而非目的。如果违反自己的理想，孔子宁愿辞职不干也不委曲求全，决不与当道者同流合污。这种精神，在官场中特别难能可贵。古往今来，说不清多少人困于围城，忍辱受冤，狗苟蝇营而不肯离去。孔子五十二岁那年（公元前 500 年）由小司空升任大司寇，并任代总理（摄相事）。上任伊始，他就运筹外交事务，在齐鲁谈判中，以弱胜强，粉碎了齐国在会盟中压服鲁国的阴谋，不仅结盟成功，而且收回了郓、归阴等失地；他整顿民俗，打击造假贩假现象，匡正舆论导向，杀了诡言惑众的少正卯；他还堕三都以强公室。他的政绩有目共睹，威震诸侯。鲁国大治，齐国畏惧，齐国便“选美女八十，衣以文衣，并文马二十四驷馈鲁君”。鲁君得到美女宝马，便耽于淫乐，乃至不上朝听政，甚至不按礼制分送郊祭的肉给孔子等臣僚。孔子本可以半睁着半闭着眼以保官位，然而，孔子却不甘“糊涂”，愤然辞职，率领弟子周游列国，寻求实现理想的“乐土”，颠沛流离而不悔。孔子在周游列国期间，受到过不少诸侯国的礼遇，然而道不同不相与谋。他从不迎合问政的君主，而是据理力争，宣传自己的“仁道”主张，宁愿不被任用也不迁就。虽经十四年无功而返鲁，但是他保持了一个思想家、政治家、教育家的气节。他自由的精神，修身、处世、为政、从教的思想却播于四海，并在后学中生根开花。孔子晚年返鲁后，主要从事教育与整理典籍活动，坚守着儒家“达则兼济天下，穷则独善其身”的处世准则。

三、尊重习俗而不拘泥成规

习俗，是一个国家、地区、民族的文化积淀，是一个社会圈里人的言行准则，理应遵守。然而，规范习俗之于社会发展总是处于滞后乃至僵化状态。有些时候，不能守株待兔，死搬教条，而应破除成见，冲破时俗，于“原性”之外更具灵活性，才能使思想冲出牢笼，在自由的天空翱翔。

孔子，是一个敢于、善于冲破陈规陋俗，灵活性与原则性相结合的典范人物。在这方面，孔子的事迹可圈可点。

一次，孔子周游列国时，受到国君款待，赐食以示尊重。当时宫中习俗是先吃水果后吃食品，而孔子都先吃食品，后吃水果。宫中的人窃笑，认为他不懂习俗。而孔子却独立不迁。他主张先吃主食，再吃副食。

孔子率众到卫国去，途经蒲国。蒲国人怕孔子到卫国后受到重用，卫国因此强大，会给蒲国造成威胁，就包围孔子，不准他前往卫国，直到孔子答应不去卫国，并与他们签了协议，蒲人才解围。然而，蒲人刚解围，孔子马上命令向原定目的地出发。子路因此劝谏道：“盟约墨迹未干，我们就违约，不怕老天爷谴责吗?”孔子说：“不平等条约理应无效。违背不平等条约，老天爷不会谴责的。”

孔子非常讲究“礼”，然而，在特殊情况下，也可以不拘于礼。权贵阳货专横跋扈，却又喜欢拉拢知名的学者以附会风雅。孔子就在他拉拢的名单之列。然而，孔子不吃这一套。阳货绞尽脑汁想了一个办法：主动出击，赠送孔子重礼——一头小猪。礼尚往来，孔子理应回访。孔子因此“不讲诚信”了。他派人打听到阳货不在家的时候去回访。这样一来，表面上不失“礼”，但却坚持了不受笼络的初衷。

南子，是卫国的风流王后，名声不好。孔子到卫国后，南子闻名请求一见。见不见南子？见了会有人议论——在众人眼中违反常理，孔子的高足子路就坚决反对。如果不见的话，南子的枕边风一吹，他到卫国寻求发展的机会又泡了汤。最终，孔子还是做了晋见南子的选择。以孔子的身份与声誉，在当时是惊世骇俗的。

孔子善于品评人物来表达自己的是非善恶的标准。他评价人物的时候，也能打破常规，不拘一格。“舍生取义”是儒家的道德标准之一。人们长期以来，把“君死臣亡”视为舍生取义的道德标杆。齐国公子纠与公子小白争夺王位，结果，公子小白险胜，登上王位，而公子纠则命归黄泉。管仲先是辅佐公子纠，公子纠死后，他又改弦易辙，做了小白的相国。时人对管仲颇有微词。而孔子却认为管仲施行的是大信，他帮助桓公成就了霸业，使华夏民族免受夷狄之侵害，功劳是巨大的。管仲不必要像匹夫匹妇那样拘泥于小信上吊自杀，委身沟壑而默默无闻。孔子说，“言必信，行必果，硁硁然小人哉！”这句话的意思为：“说出的话一定要兑现，做事一定要果断，不问是非曲直，固执己见，那只是小人而已。”凡事都有度，没有灵活性，就会出现过犹不及的后果。

芸芸众生，不知有多少人为习俗所累，精神与身体都不自由。而孔子，却能够在习俗面前灵活自如，从容潇洒。

四、重视情感而不困于私情

人是感情动物，亲情、友情、爱情是人生幸福天平上的重要砝码。人非草木，孰能无情，对亲人、友人之爱，无可非议。但是，爱亦有道。孔子就是一个爱而有道的人。孔子既重感情，又不为私情所困。

孔子爱生如子。他了解学生，关心学生，平时注重因材施教，与学生结下了深厚的感情。他的学生冉伯牛生了传染病，被隔离在一间房子里，只留一个窗口可以递饭进去。孔子却不顾危险，伸进手与冉伯牛相握，感叹欷歔。因而，他逝世之后，学生们在他墓旁结庐而居，守孝三年，“临别而去，痛哭尽哀”，有的人继续留下守墓，子贡竟守墓六年！然而，孔子对学生却不为情所困，从不偏袒其错误。一部《论语》虽短，但记载了不少孔子批评学生的片段。就是他最钟爱的颜回，也被批评过。孔子与学生组成了一个利益集团。学生的家庭生活方面，孔子都要进行安排，然而他坚持“周急不继富”。公西华出使齐国，冉有代公西华母亲申请生活补助——小米。孔子说，给他一釜吧。冉有嫌少，请再增加点，孔子说再增加一庾吧。冉有觉得老师太小气，私下增加了很多，给了五秉。孔子知道很生气，教育冉有说：“公西华到齐国去，坐的是肥壮的马拉的车子，穿的是轻便华丽的皮裘，这说明他家经济条件好。君子应该雪中送炭周济穷人，而不应锦上添花，周济富人。”孔子如此认真，不徇私情，是更高层面的精神自由境界！

亲情，是最能困扰人的。就说父子(女)之情吧，说不清多少人平日铁面无私，可是，在子女问题上，却丧尽原则，乃至作奸犯科。然而，孔子却能超然于这个误区之外。陈亢曾经好奇地问孔子的儿子伯鱼：“你在老师那里听到过特别的教诲吗？”伯鱼回答说：“没有呀。有一次他独自站在堂上，我快步从庭中走过，他说：‘学《诗》了吗？’我回答说：‘没有。’他说：‘不学《诗》，说话就不会得体。’我回去就学《诗》。又有一天，他又独自站在堂上，我快步从庭中走过，他说：‘学《礼》了吗？’我回答说：‘没有。’他说：‘不学《礼》，就不懂得怎样立身。’我回去就学《礼》。我就听到过这两件事。”陈亢回去高兴地说：“我提一个问题，得到三方面的收获，知道了关于《诗》的道理，知道了关于《礼》的道理，又知道了君子不偏爱自己儿子的道理。”

孔子的儿子孔鲤和最得意的学生且有亲戚关系的颜回都不幸早逝，一般人会竭尽财力厚葬的。然而，孔子却量力而行，用理智战胜了感情。孔鲤先死，他只用简单的棺材殓葬。颜回死了，他的父亲颜路要求厚葬，并明确要孔子卖掉乘坐的车子为颜回买椁。当时，薄葬只有棺没有椁(椁，是棺外面又套一层的大棺材)，厚葬就得有棺有椁。孔子对颜回之死悲恸不已，然而还是坚持了原则，主张量力而行，予以薄葬。结果，学生们还是另想办法厚葬了颜回，孔子因此也无可奈何，哭道：“颜回啊，你对待我像父亲一样，我不能对待你像儿子一样。都是你那班同学搞的啊。”

坚持原则，摆脱私情干扰，是精神自由的最高境界，古今能像孔子一样的能有几个欤！

五、善于修辞而不花言巧语

毫不夸张地说，孔子是一个修辞大家，他不仅在修辞理论上有所建树，而且在修辞实践上卓有成效。他认为，文章语言要做到“文质彬彬”，要用比兴等修辞手法。就拿比喻这种修辞手法来说吧，孔子已运用到炉火纯青的地步。他的不少比喻，已演化为成语，例如：“水可载舟，亦可覆舟”“苛政猛于虎”“君子之德风，小人之德草”“岁寒，知松柏之后凋也”“良药苦于口而利于病，忠言逆于耳而利于行”等。然而，孔子又提出“辞达而已矣”的主张。他认为，修辞只不过表情达意罢了，不应一味追求，“因辞害义”。他特别反对花言巧语，文过饰非，阿谀谄媚的行径。他一针见血地指出，“巧言令色鲜仁矣”。他当代总理期间，杀了鲁之闻人少正卯，其中的重要理由就是少正卯“言伪而辩”。所谓言伪而辩，就是语言虚伪，却修饰得鲜明生动，讲起来慷慨激昂。孔子在删编古籍时，就删掉了不少内容虚假的篇什。例如，有一首古诗，孔子公开批过，从此它便从各种《诗经》版本中消失了。目前，只有《论语》中记载下了孔子批评的片段内容：

唐棣之华，
偏其反而。
岂不尔思？
室是远而。

这几句诗的意思是：“唐棣树的花儿，在风中翩然摆动，风姿绰约，多像心中的人儿。不是我不想你啊，是我们住处相距实在太远。”孔子认为这首诗情感虚假，他说：“还是没有真正的思念。真正的爱情是山水挡不住的，路途不是问题。”孔子言行求真，“知之为知之，不知为不知”，是他的学风，也是文风。“子不语怪力乱神”，因为这些内容往往流于荒诞！

六、重视荣誉而不爱慕虚荣

建功立业，扬名四海，享受荣誉，受人尊崇，这是千百代人心中的梦想。孔子也不例外。他说“君子疾没世而名不称焉”。他代表的儒家学派就是一个入世进取的学派。孔子一生的绝大部分时间都在谋求出仕诸侯，建功立业或者授徒讲学，研修学问，博取世人的尊敬。然而，孔子对荣誉也“取之有道”，不慕虚荣，不欺世盗名。他旗帜鲜明地反对虚荣心，从某种意义上讲，能够不为荣誉所累，克服虚荣心的人才是一个身心真正自由的人。

孔子反对生活上爱慕虚荣。孔子弟子三千，贤人七十二，但孔子认为，在这方面没有虚荣心的只子路一人而已。一次，他感喟地说："穿着破旧的丝棉袍子，同穿着狐貉皮裘的人站在一块儿而不自觉寒酸的人，大概只有子路吧。"

一次，孔子病得很厉害，子路就派孔子的一些年轻学生充当家臣，为他准备后事。可是，过了几天，孔子的病好转起来。孔子神志清醒后，对子路这种虚荣行为马上提出批评意见："仲由搞这种虚荣欺诈的行为已经很久了。没有家臣却安排别人扮作家臣，这能欺骗谁呢？欺骗上天吗？况且，我与其死在家臣的手里，还不如死在你们这些学生的手中。即使我不能按君臣的礼节安葬，难道还会弃而不葬吗？"

历史上，有不少人出身低微而日后飞黄腾达。这种人往往对自己的出身讳莫如深。一些重权在握者，甚至因为别人偶然触犯而置人于死地。秦末的那个陈胜当初为人佣耕，曾对伙伴们发出"苟富贵，毋相忘"的呼吁。后来，他果然发迹称王了。一班穷兄弟不忘旧约，找上门来，起初也受到优待。但是，这班兄弟不识相，竟毫无顾忌地谈起陈胜当年困厄的往事。消息传到陈胜耳朵里，陈胜便送他们上了西天。明朝的朱元璋小时当过和尚，当了皇帝后忌讳多多。许多臣子奏折中涉及相关的词语，诸如"光""秃"之类，便会被视为忤逆，处以极刑。

而孔子却能够坦荡地对待自己的出身：

太宰问于子贡曰："夫子圣者与？何其多能也？"子贡曰："固天纵之将圣，又多能也。"子闻之，曰："太宰知我乎？吾少也贱，故多能鄙事。君子多乎哉？不多也！"（《论语·子罕》）

看，本来太宰视孔子为圣人，钦佩他的博学多能。子贡听了，自然为老师吹嘘一番。然而孔子知道子贡与太宰的对话后，并没有飘飘然，反而冷静地说："我小时候贫贱，所以才多掌握了一些技艺。一般的君子要不要多能呢？我看不一定要多能！"看，孔子是多么真实！孔子这样的人才算得上真人。

七、从众随俗而不盲信盲从

一个人，生活在一个社会圈中，要想融入其中，必须"入乡随俗"，在常规生活中"从众"。然而，这种从众不是盲从，而是应该择其善者而从之，择其不善者而改之。从众，可以获得被认同的"自由"，不盲从，才能获得精神上的自由。孔子正是这样做的。

《礼记·儒行》记载：一次，鲁哀公问孔子说："先生穿的服装，就是人们所说的儒服吗？"孔子听了笑笑说："我年轻时候住在鲁国，穿着衣袖宽大的衣服；长大后到了宋国，戴章甫之冠。我听说，君子的学问广博，穿衣要随俗。我不知道什么叫儒服。"这则资料，充分说明孔子的从俗态度。儒在精神思想，而不在服装！

孔子对是否"从众"是以"礼"为基准的。不违反礼的，他就"从众"；有碍于礼的，他决不盲从。他郑重地阐述过自己的观点：礼帽用麻线织成的布来做，这是符合古代礼制规定的；现在大家都用丝织品来做，从原料制作上看违背了古礼，但只是形式不同，尊重古代礼制的实质没有变。从节俭和容易制作的角度考虑，我还是"从众"的好。但是，现在臣子们只在堂上跪拜行礼，这是骄泰的表现。我不敢苟同"从众"，我坚持遵从堂下先拜，然后再升堂而拜的古礼。

"得英才而教之"，是自古以来执教者的理想，孔子作为一名教育家也不会反对这种理想。然而，教育现实告诉我们，学生天资、习惯总有高低优劣之分，英才可教，“蠢材”怎么办？孔子未敢从众，而是提出了石破天惊的教育主张：“有教无类！”孔子招生授业，没有什么名目繁多的招生考试，只要能把最基本的学费交掉，就可以入学了。至于家庭出身、性格脾气、年龄长相、智商情商，一概不予苛求，因此，他的门下有贫穷的颜回，也有愚钝的高柴，有胆小怕事的冉有，也有鲁莽灭裂的子路，曾皙、曾参虽然是父子，但不妨碍他们成为同学。

孔子对这些水平参差不平的学生因材施教，最终使众人都学有所成，有所建树。孔子的“有教无类”思想，时至今日的世界各国教育界也没有得到彻底实施。例如：号称讲究自由、人权的美国曾长期存在种族歧视，黑人不能与白人在同一个学校读书。这个限制，一直到 20 世纪中叶，艾森豪威尔动用联邦军队才初步解决。如果说爱亲友、爱学生是一般人能做到的，那么“泛爱众”则非常人能做到的。然而，孔子却孜孜不倦地做到了。

孔子不仅对学生如此，对偶尔求教的人也是如此。互乡人，是当时人们公认不好讲话、难以理喻的。许多人不愿跟这里的人打交道。可是，有一个互乡的少年拜见孔子，孔子却热情接待，谆谆教诲。孔子的学生们见了，都对孔子的做法困惑不解。孔子却不以为意。他说：“别人前来请教我，我怎么连话都不跟人家讲呢？人家把衣服整理得干干净净来访，这一点就应该受到肯定，怎能追究他从前脏乱的缺点呢？”

八、敬待鬼神生死，而不妄论鬼神生死

《论语》记载：有一天，樊迟请教孔子，怎么做才算明智。孔子说，“使民众做事合乎道义，敬重鬼神但保持一定的距离，以免陷入‘迷信’的泥潭，这可以说是明智之举。”这则资料充分表明了孔子对鬼神的态度。“敬”是底线。孔子不是无神论者，他不否定鬼神的存在，然而，他又不主张迷信鬼神，失去对生命的自信，对现实的自信。在“敬”与“远”之间，孔子实现了精神的自由。

“子不语怪力乱神”。这是“远之”的具体表现。有人偶然把话题往这方面引，他也拒之于千里之外。粗鲁的子路就直接问过孔子怎么侍奉鬼神。孔子很不高兴地说：“活人还不能侍奉好，谈什么去侍奉死人（鬼神）呢？”子路不甘心，又说：“敢问生死方面的事。”孔子说：“生的道理还未弄明白，谈什么死的问题！”

当然，孔子对生命问题还是有真知灼见的。孔子重“生”，这是毫无疑问的，这是儒家积极入世的特质之一。他提倡孝悌，他提倡“爱人”，都是对生命尊重的体现。孔子思想中已经具有人文主义的成分。一次，孔子回家发现马厩失火被烧毁了。他第一反应是问人有没有伤亡，至于马的情况他问都没问。

对于死，孔子也是重视的。孔子的学生曾参主张“慎终追远”，是对孔子孝悌思想的发展。曾子认为，慎重地对待长辈的丧事，追念祭祀去世年代已久的先人，这样就会净化社会风气，使人民的道德趋于仁厚。

孔子信天命，自称“五十而知天命”。孔子还说过“不知命，无以为君子也”。孔子的“天命”可以理解为自然、历史的规律，当然也包含着个人的命运。然而，孔子在天命之前不是消极无为。他认识到“道之将行也，命也；道之不行也，命也。”他不因命运不公而改变挽狂澜于既倒的信念，而是“明知不可而为之”，在坎坷崎岖的道路上踽踽而行。

九、提倡复礼而又注重创新

孔子主张“克己复礼”，推崇周礼，赞扬尧舜，这是事实。因此，历代都有人把保守、复古、倒退、刻板等帽子套到他的头上。我们认为，春秋之季，乱世纷争，生灵涂炭，人们产生怀旧心理在所难免。孔子就像一个人发现路走错了，决定回头一样，自然无可厚非。某种程度上，主张复古，也是一种探索！或者说，“复礼”只是手段，“治世”才是目的。揆之孔子一生，可以看到它的总体方向，不是泥古，而是创新。

孔子开创了民办教育的先河。自古学在官府，只有少数贵族才有机会享受良好的教育，这是国民素质教育提高的桎梏。孔子另辟蹊径，个人设帐授徒，成了民办教育第一人。

孔子首倡终身教育。孔子曾说：“吾十有五而志于学，三十而立，四十而不惑，五十而知天命，六十而耳顺，七十而从心所欲，不逾矩。”这里谈的是人生从小到老的不同阶段，不断地学习修炼，自我教育，身心不断臻于新的境界。他“发愤忘食，乐以忘忧，不至老之将至”，“五十以学易”，专注执着，以至韦编三绝。日本人持田荣一在《终身教育大全》一书中庄严宣称：“孔子为东方发现和论述终身教育必要性的先驱者。”

春秋末期，交通不发达，人际交流尚且困难重重，人才交流更是举步维艰。“鸡犬之声相闻，老死不相往来”的现象十分严重。说不清多少优秀人才，由于地域的局限，“英雄无用武之地”，如“良骥而老死槽枥之间”。这种现象严重阻碍了社会生产力的发展。

孔子带着学生周游列国，历经千难万险，百折不挠，开创了人才交流的风气。他们所到之处与各国君主大臣以及各界知名人士广泛接触，传播了自己的主张与思想，给原本沉寂的大地带来一缕清风。应该说，在周游过程中，他的学生们了解了各个国家，同时也被各个国家所了解。他们自身或者后学因而打破国家疆域的限制，成为国际性人才。

孔子还是大同思想蓝图的草拟者。共产主义，是时下国人的信仰。其实，共产主义与大同思想一脉相承。年轻时代的毛泽东就说过：“大同者，吾人之鹄也。”

看，孔子在复礼与创新之间，在学习问题、在人才流动方面，都打破了桎梏，游刃有余！可以说，孔子是春秋时代的一只自由之鸟，在思想与实践的天地间翱翔！

十、博学望重却不自诩自重

历史上，博学多才、德高望重时，能够头脑冷静、低调而不自恃的人很少，因为名如缰绳，利如锁，摆脱名的羁绊，才能算得上自由。但是孔子算一个！孔子在世时已经享有很高的国际声望。他在鲁国当代总理(摄相事)的时间不长，但是，成绩卓著，世界闻名。他致力于民办教育，周游列国，虽然未受到诸侯重用，但常作王侯座上宾，知名度很高。由于他博学多才，许多国家遇到一些疑难现象都去求教他。

梁王闲居，有赤雀衔着紫色花纹的金简放在殿前，不知是什么意思，派人去问孔子。孔子说：“这是灵宝呀，禹曾佩戴过。禹临死的时候把它锁在石匣中，今天赤雀衔来，是天授予您的呀。”

楚昭王渡江，见到一个很大的红色东西，感到很奇怪，派人去问孔子。孔子说：“这是萍实，可以吃，只有成就霸业的人才能得到。”子游问孔子何以得知，孔子说：“过去在陈国听到童谣，‘楚王渡江得萍实，大如斗，赤如日，剖而食之甜如蜜’，所以知道的。”

一只脚的鸟飞集齐国宫廷，展翅而跳。齐侯很奇怪，派人问孔子。孔子说：“这种鸟叫商羊，是洪水的预兆。过去儿童们屈着腿晃着肩，边跳边唱：‘天将下大雨，商羊跳起舞’。今天预兆到了，请赶快治理沟渠，加固堤坝。”不久，天降大雨，洪水泛滥，各国受灾，只有齐国免遭损失。

吴国征伐越国，攻下会稽，得到一种骨头，一节就需要一辆车运送。吴王派人问孔子：“什么东西的骨头最大？”孔子回答：“禹召集大臣集会于会稽山下，防风氏迟到了，禹就杀了他，他的骨头一节就需要一辆车，这是最大的骨头了。”

然而，孔子始终保持谦虚的本色。

太宰曾经问子贡说：你们老师是圣人吗？为什么这样多才多艺呢？子贡回答说：“上天将要让他成为圣人，又使他多才多艺。”孔子听说后，感慨地说：“太宰了解我吗？我因为小时候家中穷困，干了许多下等差事，才练出一些技艺。君子没有这种经历，也就不掌握这些技艺了。”看，子贡把老师美化成“天才”，孔子却实事求是地说，他多艺是因为出身穷苦，干的鄙贱的事情多。

孔子始终学而不厌，认为自己知识储量不足。《论语·子罕》记载：

子曰：“吾有知乎哉？无知也。有鄙夫问于我，空空如也。我叩其两端而竭焉。”这句话译成白话文为：我有知识吗？没有啊。有知识匮乏的鄙夫问我，有时候我对问题也一无所知。我就对问题从头到尾盘问，查找领悟，得出答案后再为其解惑。

“大江东去，浪淘尽，千古风流人物。”然而，孔子却例外，他在历史的长河中虽然历尽风浪，但却岿然屹立。这归功于他汇集了中国优秀传统文化之大成，凝聚了中华民族的精神。仅仅他自由独立的精神，就如火炬烛照千秋！古人说，“天不生仲尼，万古如长夜”，此言不虚矣！

2015年6月

新时期“合格校长”八议

校长,是一校之魂。实践证明,学校的兴衰成败与校长的素质息息相关。因此,专家认为,要办好一所好学校,就必须选择一个好校长。当然,“好”字是个形容词,它的内涵太丰富,我们不敢妄论。我们这里只想根据新时期的特点,从合格校长的角度,择要谈一下几点新的思考。

我们认为,合格的校长除常规要求外,还应做到以下几点:

一、视教育管理为事业而不是职业

事业与职业虽一字之差,然而,却是校长是否合格的分水岭。把自己的教育管理工作视为职业,就会将工作当作谋生的手段而被动应付。这样的校长,也能按时上下班,也能上传下达,按部就班地开展工作。在学校师生的眼中,他(她)可能是忙碌勤勉的,在上级领导眼中,他(她)可能是尽职尽力的。然而,深入研究会发现,这种校长,对学校的工作缺少深层次思考,同时也缺少创新的行动。而把校长职位当做事业的校长,则把学校当作自己施展抱负的舞台,积极主动地构思学校发展的剧本,并充当导演与演员,带领全校师生排演教育改革与发展的大戏。这种校长,不满于现状,不畏惧困难,不计较名利,执着地在前进的道路上探索,“衣带渐宽终不悔”,“虽九死犹未悔”。当年的南开大学校长张伯苓先生就是这样的人。抗战时期,南开大学毁于日本侵略者的战火。面对一片废墟,许多人喟然兴叹:“南开,难开”!身为校长的张伯苓却乐观地说,“南开,难,开!”他多方奔走,筹集资金,终于使南开大学重新开办。作为社会名流的张伯苓先生并非不办南开就吃不上饭的人,如果没有执着的事业心,能这样做吗?苏北某县的一位校长,也用他的实践树立了事业型校长的高标。某县斥资巨款易地重建县中,并定于 2001 年 9 月准时开学。然而,新建学校谈何容易!这位校长既要管理老校区的正常工作,还要负责新校区的建设工作,每天都工作 16 个小时左右。工地上晴天尘土飞扬,雨天道路泥泞,他因此不穿皮鞋,不穿凉鞋,只穿解放鞋。2001 年 7 月份,这位校长喜讯沓来:一是全国总工会组织全国劳模去北戴河疗养,他接到了请柬;二是他于 6 月份在南京《莫愁·家教与成才》上发表的一篇文章与 7 月份的高考作文题不谋而合,不少事先看到文章的学生受益。省妇联和杂志社拟开新闻发布会,要求他作主题发言。这两件事都是露脸出名的大好机会。然而,由于新校建设正处于关键时刻,他咬咬牙放弃了北上南下的机会。为了事业,他只有这样选择!

二、视校长为领头雁而不是官僚

中国的官本位思想根深蒂固。毫无疑问,不少校长深受影响。其实,作为一个教育管理者,这种思想千万要不得。校长一旦把自己视为官吏,势必就会摆官架子脱离群众,作威作福不廉不洁;校长一旦把自己视为官吏,就会眼睛盯着“权力”,心中想着关系,手中玩着权术,就不会一心一意搞教育。假如校长一旦如此,副校长和中层就会纷纷仿效,整个学校的干部队伍就会变成臃肿的官僚机构,教育的实际工作就会抓不紧抓不实，最终导致办学效益的下降。反之，校长不把自己当作“官”，而把自己当成领头雁，就会身先士卒，勤奋工作，以实际行动感召群众；就会平等待人，走群众路线，多做事，少谋人，专心致志干工作；就会全面贯彻教育方针，推行素质教育；就会廉洁奉公，勤于创新，乐于奉献。洋思中学的蔡林森校长就是这样的典型。他干校长，却不以校长自居，团结教师，深入一线，着力创新学校机制，硬是把一所偏僻的农村中学办成驰名海内的素质教育典型学校。笔者曾多次在各种会议上接触过蔡校长，并问及他的秘诀，他回答说“秘诀就在于做好领头雁”。如今，蔡校长虽已年过花甲，却在超期服役，并把学校由乡村办到了城市。

其实，作为一名校长，凡是官欲熏心者，往往事与愿违，不为群众信任，不为领导赏识，结果加不了官，进不了爵，倒往往因工作不力，成绩不著甚至渎责、犯罪而丢了“乌纱帽”。倒是那些不以校长为官，踏实苦干的人，为群众拥戴，为上级赏识，最终名至实归。蔡林森校长就是如此，他的起点只是一个民办教师，一个偏僻农村的初中校长，如今成了全国劳模、特级教师、江苏省名校长。“种瓜得瓜，种豆得豆”，这是俗话，然而俗话不俗，其中蕴含的哲理值得我们深思。

三、树立全面的“以人为本”理念

作为校长，应该树立正确的以人为本的理念。一谈起以人为本，人文关怀之类的话题，许多校长立即想到如何维护教师的利益，关怀教师的疾苦，调动教师的积极性，这样想诚然是对的，但是只想到这一点，就失于片面了。其实，校长谈及“以人为本”，首先想到的应是学生与家长。不少学校的校长，把放松对教师应有的管理当作人文关怀。教师可以不按时上下班，教师上课可以不讲质量，教师可以搞有偿家教，教师可以体罚学生训斥家长，教师可以把课堂作为发泄对政府不满的场所。对这些情况，领导听之任之，规章制度形同虚设，奖金分配平均主义，总结工作，一团和气，八面玲珑，结果导致学校的管理混乱，学生的成绩下降。望子成龙、望女成凤的家长们眼看着在其他学校就读的孩子考上理想的高校，而自己的子女无缘，只好望洋兴叹。

我们说，这种片面地对教师的人文关怀主次颠倒了。学校的人文关怀首先应该是对学生及其家长。这正如医院谈人文关怀首先是针对病人一样，商场谈人文关怀首先是针对顾客一样。明确地说，人文关怀应该以学生为主。中国教育的封建意识向来根深蒂固。封建教育颠倒了师生的主次关系，念的是师本论的经，而我们应该念生本论的经。或许有人面对“生本”之说不以为意。其实道理很明显，学生犹如皮，而教师和学校则是毛。皮之不存，毛将焉附？没有了学生，学校存在还有什么必要？没有了学校，没有了学生，教师还有书可教吗？不少民办学校倒闭的例子足以证明这个观点。惜乎许多公办学校的教职工捧着“铁饭碗”，吃着“大锅饭”，仍然执迷不悟，令人痛心疾首。

因此，我们断言，一个合格的校长，必须是一个树立全面的以人为本理念的校长。

四、高度重视潜性课程的开发

通常说的学校课程，指的是显性的学科课程，它有系统教材，有课程表，有专职教师操作实施。而潜性课程则不然，它没有课程表来规范，没有专职教师来实施，它是通过学校文化底蕴、办学理念、课外活动、“三风”建设、建筑、绿化、环境等方面使学生耳濡目染来提高自身素质的。例如学校的建筑、道路、绿化、教学设备以及卫生状况，都会对学生的成长产生影响。学校的建筑高大宽敞，疏密有度，学生拥有充分的活动空间，自然会心胸开朗，眼界开阔。学校绿化、美化程度高，学生不仅赏心悦目，审美情趣也会得到提高。学校楼房、道路的命名、标语牌的内容精当，会对学生产生引导、激励作用。就拿厕所来说吧，细心的校长也会做足文章。有一个学校的男厕所里的小便器上方贴着两幅标语，一幅是“来也匆匆，去也冲冲”，一幅是“靠近方便，贴近文明”。这两幅标语文彩斐然，典雅脱俗，显示出了丰厚的“文明”底蕴，至于校风、教风、学风建设，都是潜性课程的主要内容，与学生的成长关系更加直接，需要校长用心“经营”。从某种意义上讲，一名校长的水平高低，不仅要看显性课程的开设情况，更要看潜性课程的开发情况。不过，老实说，目前学校的潜性课程开设水平普遍不高。究其原因，一是在于有些校长缺少应有的办学素养，潜性课程的意识淡薄乃至浑然不知，二是有些校长即使具备一定的办学素养，然而迫于应试教育的压力，急功近利地抓升学率，不愿在这方面下功夫。我们希望校长们能够显性、潜性课程一起抓，切实为学生的终身发展做奠基。

五、创新管理机制，敢于否定自我

创新，是一个使用频率极高的名词，创新活动已经给我们这个古老的民族注入了活力。可是，“人们常注重科技创新，其实，制度创新才是最大的创新。”作为一名校长，应该具有强烈的创新意识、创新的能力，在学校管理机制上努力创新。笔者曾任江苏省东海高级中学校长。这所学校 2000 年易地重建，2001 年秋季正式开学。新建学校为独立高中，由原东海县中和东海县第二中学高中部合并而成，共 90 个班级。如此大规模的学校怎么管理？当时省市教育部门相关领导人都提出疑问。我在充分思考的基础上，决定实行分部管理。所谓分部管理，就是把学校分为三块(部)，每个分部各有 10 个班高一、高二、高三。这样化整为零，每个分部类似于一所小学校。每个部设主任、副主任、主任助理，全面负责部里的日常工作。当然，在权限上，部又不等同于独立的学校，平常又接受教务处、政教处、总务处等行政职能部门的管理。这些部门每月对分部进行一次量化考核，根据考核得分决定奖惩。而部里则参照学校的考核制度二次考评到年级组、班级组和个人。实践证明，这样做有三点好处：一是管得深透，避免“夹生饭”。分三个部，化整为零，平常可以相对独立地开展工作，管理到位。当然，部内仍然存在年级组，部里抓年级组，年级组再抓班级组，班级组则抓到个人。二是强化竞争，互相促进。每月一次考评，各部的纪律、卫生、用水用电、公物维护、教学情况高低分明。成绩好的分部群情振奋，并为了卫冕而再接再厉，奋发工作。处于中游的既想赶超第一，又怕跌入末位，更是想方设法，努力工作。而处于末位的也不服输，“哀”师奋战，志在必胜。这种你追我赶局面的形成，给学校的工作注入了极大的活力。校长不必再为学校大而愁，抓住部这个“纲”，班级自然“目张”了。三是旱涝保收，稳步发展。在实行分部管理之前的学校，年级与年级之间往往发展得不平衡。以毕业年级高考为例，某一届由于分管年级的领导的工作态度、水平高一点，成绩便很理想，而一旦分管领导弱一点，可能全军覆没。目前这种管理，即使有某一个分部较弱，但其他分部也可以弥补其不足。再说，像这样规模大的学校，平常在本地区不可比较，只有到高考，才能与邻县区比，但此时大局已定，即使失败，也无可奈何。分部管理，定期考评，对落后的分部我们可及时发现问题，分析问题，亡羊补牢。再说，处于落后位置的分部领导，我们可以加强帮扶，帮助其提高领导水平，使三个分部走共同富裕的道路。

实践证明，分部管理体制是大校管理的良方。这所学校的教育教学质量年年攀升，连续两次被评为江苏省文明单位。回良玉、梁保华、冯敏刚等国家、省领导人都视察过学校，并给予高度评价。

“否定”是人类发展的重要规律，人类只有不断否定“前人”或否定自我，才能得到发展。就是马克思主义的发展，也概莫能外。马克思、恩格斯认为，革命不可能在一国取得胜利，因为资本主义统治如汪洋大海，一国革命，其他国家群起而攻之，必然失败。而列宁则认为链条可在某个薄弱点断裂，革命也可以在资本主义统治薄弱的环节取得胜利。结果，列宁创建了苏联。苏联革命成功的经验是城市包围农村，中国革命最初也机械模仿，结果遭受重创。毛泽东反其道而用之，以农村包围城市，从而使革命走上坦途，创立了新中国。在学校管理中，一个合格的校长也应敢于否定，否定一些不合时宜的理念、规章制度。当然，说起否定，否定别人容易，而否定自我则难。有些校长制定了整套管理经验，一度取得了辉煌的成果。于是，就躺在经验主义的床上睡觉，后来形势变化了，他却仍然凭老经验办事，结果使学校遭受损失。古人云："五十而知四十九岁非"。一个合格的校长要能够敢于否定自己，因时而变，图新图强，不断创造出教育新的风景。目前，教育改革大潮涌动，面对新形势、新课改、新高考，我们应该勇立潮头，不断进击。

六、树立事业的高标，追求卓越

一个人所做的一切绝不会超过自己所追求的一切。所有在事业上获得成功的杰出人物，无不是志存高远，开始就把奋斗目标定得很高。当年秦始皇东巡，刘邦见了说"大丈夫生当如此"，项羽见了说"彼可取而代之"。毛泽东年轻时代就写下了"问苍茫大地，谁主沉浮"的言志诗句。作为一名校长，要有办一流学校，当一流校长的高远之志。当然，一个人的成功需要客观条件的限制，然而，我们只要不坠青云之志，至少可以在一定的范围内做得突出。古人云："不成名相，即成名医"，因为成为名相不仅靠自身的能力，还要靠外在的有利条件，而成为名医，则主要靠自身的能力与努力。就拿我们江苏来说吧，一些不起眼的学校因为校长的努力而声名鹊起的例子就屡见不鲜。就说南通栟茶中学吧，地处偏僻，生源、师资办学条件与县中不可抗衡。然而经过努力，却创造了奇迹。以 2004 年高考为例：三年前中考，招收的高一学生平均分比县中差 12 分，三年后的高考平均分却超过县中 16 分。参加高考的学生均分达 593 分，雄居全省榜首。再说近的，江浦的行知小学，原本是一所不起眼的小学，然而，校长杨瑞清勇于创新，在当地政府的支持下，把学校改造成了一所寄宿制中心小学，近 20 个村的小学生上学全部由专车接送。至于学校建筑、环境、设施，让你不敢相信它是农村小学。这所学校还独辟蹊径，创办学农基地，为南京市中小学生学农提供吃、住、学一条龙服务，既有社会效益，又有经济效益。杨校长因此也被评为全国劳模、全国师德模范、南京三创典型。

作为校长，办学理念应有超前意识，不应人云亦云。现在许多学校的校风千人一面，原因在于许多人不动脑筋，无志追求卓越。浙江上虞中学，90 年前的校训就是"与时俱进"，今天看来不是仍然可圈可点吗？

因此，我们提倡校长应珍惜党和政府为我们提供的平台，志存高远，导演出优化教育的大片。

七、追求"学者化""哲人化"的境界

校长，是学校办学的引路人、指挥员，不仅是学生的老师，还应是教职工的老师。目前，一些规模大的学校，师生员工已逾万人，校长的担子非同寻常。因此，我们要求校长学者化、哲人化。一个学者化的校长，学有专攻，既能垂范于教师，又能高屋建瓴地指挥教育教学工作，惠泽学子。那些达不到学者化程度的人做校长，就难以指挥到位，难以达到办学效益最大化。

一些名校之所以成为名校(政策扶持除外)，很大程度上靠的就是学者型校长，欲作为一个校长，欲办好学校，固然要靠职位赋予的权力，更要靠个人的魅力。一个学者型校长的魅力是神秘而且巨大的。例如魏书生，他当校长，也当教委主任，还要参加大量的社会活动，无法一年到头在学校里，但是学校工作却井然有序，办学成绩仍然出类拔萃。原因何在？就在于他高瞻远瞩，正确决策，精当指挥；同时还在于他个人的学者型魅力，因而使其他干部和教师对他信服，言听计从，齐心协力，从而使学校在良性轨道上前进。

或许有人说，大学教育，需要校长为学者型人才，中小学这样提，未免要求太高了。我们说，否！

中小学教育尤其需要教育家。回首中国近现代史,很多教学界泰斗、文坛巨匠乃至政坛巨擘,都曾经担任过中小学校长,例如老舍、陶行知、陈鹤琴、徐特立、鲁迅、毛泽东等。更值得注意的是,梁漱溟、陶行知、陈鹤琴这些学者,他们原本就是大学教授或留学博士,他们甘愿从大学的黄金塔中来到民间办中小学校教育。新时期,我们也希望有志有识的学者投身中小学教育,来当教师、当校长。但是,我们首先要自力更生,要把中小学原有的校长层次提升,使他们成长为专家、学者。

中小学校长应该是一个思想深刻、理念先进、特立独行的哲人,而不是头脑简单、人云亦云、浑浑噩噩、不辨是非的庸人。惜乎,我们当前的中小学校长中这样的人太少了。而一个校长没有思想,就难以真正把教育办好。孔子是中国教育史上的圣人,也是民办教育的开山人,他当初既是校长,又是教师,从教半生,学生三千,师范永垂,其原因在于他有深刻的思想。

思想深刻的人,能够超越集团、民族,乃至国家的界限,着眼于全人类去思考问题。孔子正具备这种品质。一次楚王打猎丢了一张弓,臣下要派人去找,楚王制止说:"一个楚人丢了弓,肯定另一个楚人会得到,不要去寻找了吧。"这个消息传到社会上,许多知名人士纷纷赞扬楚王仁厚爱人。而孔子则不以为意,他认为楚王胸怀仍不够宽广。孔子认为,楚王应该说:"一个人失掉一张弓,会有另外一个人捡到,又何必去寻找呢?"

世界发展到今天,其复杂性远非孔子时代可比,许多事情需要我们沉下心来分析。作为校长,应该像孔子那样追求对现实思考的广度与深度,为教育事业的发展,在实践层面与理论层面都作出应有的奉献。

孔子之所以成为万世师表,原因就在于他思想的深刻。我们当然不敢期望中小学校长人人成为孔子。然而,我们期望中小学校长至少成为思想者。在这个熙熙攘攘、为利来往的世界,缺少的就是思想者。而一个时代缺少思想者,就犹如汽车缺少了动力,是无法前进的。

八、追求立体化的办学环境

王安石在《游褒禅山记》中谈到一个人成功必须具备三个条件:一是有志气,二是有能力,三是有外力(物)相助。作为校长,光靠自己的志气与能力是远远不够的,还应想方设法争取"外援"。作为校长争取外援的途径很多,然而,从宏观来讲,创设立体化的办学环境应该成为校长的首选目标。

所谓立体化办学环境,是指学校与家庭以及包括党组织和政府在内的社会各界紧密结合的办学环境。

学校只有与家庭紧密结合,实行"家校合作",才能优化教育效果。因此,一名精明的校长,不满足于让教师通过家访、校访与学校沟通,而是通过"家长委员会""家长学校"等形式,让家长了解学校,让家长支持学校,从而使学校教育与家庭教育无缝对接。苏州市副市长、苏州大学博士生导师朱永新的教育部新教育实验课题组与《莫愁》杂志社共同创办的"莫愁新父母学校",就是家校结合的极好方式。目前,全省已有包括南师附中在内的一大批名校加盟。学校以新父母学校为阵地,向学生父母传授现代的教育科学知识方法,父母也以"新父母"学校为依托,与学校校长、教师沟通;新父母学校成了家校合作的津梁与纽带。这不仅有力地促进了学校的德育工作水平的提高,也促进了学校教学水平的提高。令人遗憾的是,目前省城不少学校家校合作工作开展得不够理想。由于地域原因,有些学校的家长或供职省级机关、外资企业、高校,或者是腰缠万贯的企业家。在这些家长眼中,中小学教师属于弱势群体,平时言谈中少不了轻蔑之举。这种做法会影响到学生,学生便少了几分对教师的尊敬。对这样的孩子,教师的教育效果难免打折扣,而家长又疏于教育,致使孩子成了"问题学生"。为什么条件优越家庭的"问题孩子"相应要多一些?这应当是重要原因。如果学校能够重视家校合作，对家长进行教育知识的宣传，他们很可能会改变这种不良行为，会使孩子的教育环境得到改善。

学校教育与包括党组织和政府在内的各界力量紧密联系，是优化办学环境不可或缺的要素。作为一名校长，只有在党组织与政府领导的支持下才能有效地开展工作。有些校长怨天尤人，感叹得不到领导支持，这是欠妥的。领导人往往政务缠身，日理万机，很难主动关心到每一所学校的工作。而作为校长，我们应该见缝插针，经常向领导汇报工作，反映问题，争取领导的理解与支持。总之，“坐等关怀”，是校长之大忌！

至于社会各界人士，是学校办学的重要社区资源。特别是城市中学，更应该充分利用。就拿新课改中的社会实践活动问题来说吧，社区资源就可以充分利用。比如说，研究性学习的开展，学生选题广泛，教师由于知识面所限，难免对有些内容无法有效指导，这时候就可以向社会人士寻求智力支持。在不少省城学校，专家已经被邀请进了校园，其效果远非闭门办学所能及。南京市在九中、二十九中等学校开展校委会的试点工作，就是对学校与社会结合办学的有益尝试。以二十九中为例，校委会除学校主要负责人外，由省政府办公厅、省委组织部、大学校长、律师以及本校学生家长组成。校委会对学校的办学方针、办学理念、办学规划、办学策略进行宏观指挥，对学校教育、教学工作的健康发展提供了强有力的保障。

另外，关于退离休的教职工，他们也是不可忽视的社区资源。他们人退而心未退，强烈期望原工作学校兴旺发达。作为一名校长，在关心他们的同时，也可以借助他们的力量为学校的发展作出贡献。就拿招生宣传来说吧，老教师与社会联系广泛，而且德高望重，他们的宣传效果比校方花大钱动用媒体会更有效果。

中国是个人口大国，也是个教育大国；然而，却又是教育人才奇缺的大国。就拿校长来说吧，我国现在还缺少苏霍姆林斯基那样的顶尖人物。以江苏而论，如今有几个校长比得上陶行知、陈鹤琴？就以笔者所言的合格校长的八个条件衡量，大江南北的省域内也寥若晨星。“江山代有才人出，各领风骚数百年。”新时期的教育呼唤我们教育出人才，特别是出好校长。我们衷心希望党和政府及其职能部门进一步加强校长培训工程，为校长搭建成长的平台，使他们如锥处囊中，脱颖而出！

2000 年 3 月

校长如何面对“问题”

什么是问题:从工作角度讲,问题就是需要研究讨论并加以解决的矛盾。现实生活中矛盾无处不在,问题也就无处不在。作为一名管理工作者,应该有关注问题的意识,思考问题的大脑,直面问题的勇气,调研问题的技巧,掌控问题的水平,解决问题的良策。这里,我们不妨逐条论述。

一、有关注问题的意识

江苏中学生作文竞赛曾出过一道题:《没有问题的问题》。一个特等奖获得者在作文中写道:“世界是充满矛盾的,不少被认为是没有问题的问题,往往会成为问题。”这就是说,问题是客观存在的,只是由于人们没有或缺少对问题的关注意识,使得有些问题被暂时忽视了。我们说,缺少关注问题的意识,被忽视的问题就是隐患,一旦暴发,后果不堪设想。像扬子石化大爆炸这类的特大生产安全事故的发生,或多或少与管理者缺少问题意识有关。

其实,在日常生活中,即使是简单的常识问题,由于缺少关注,也会闹出令人啼笑皆非的笑话来。

美国一名中学生写了一篇文章,呼吁人们签署一项请愿书,要求对“一氧化二氢”这个化合物进行严格控制,甚至完全予以废除。理由是:(1) 它有可能引发过多出汗和呕吐;(2) 它是酸雨的主要成分;(3) 处在气体状态时,可能引起严重灼伤;(4) 发生事故时吸入也有可能致命;(5) 它是腐蚀的成因;(6) 它会使汽车制动装置效率减低;(7) 在不可救治的癌症病人肿瘤中已经发现该物质。该中学生拿着这篇文章问过百余人,是否支持禁止使用这种化学物质,结果支持率占 80%;尚不能决定的占 12%;只有一人说,“一氧化二氢”就是水呀,怎么能禁止使用呢? 遗憾的是,注意到这个常识问题的人只占 2%! 谜底一揭开,人们顿时醒悟,因为他们被耸听的“危言”左右,而忽略了众所周知的“一氧化二氢”这个水分子基本构成的化学常识。

作为一名基层学校的校长,不仅要关注教育方针的落实,改革措施的制定,还要关注具体的教学工作、人事工作、安全工作、财务工作,包括师生员工的衣食住行。哪一方面缺少足够的关注,哪一方面就会出问题。就说食堂管理吧。在学校的诸多工作中,食堂管理当然算不上中心工作,然而,食堂搞不好,会影响师生的情绪,如果发生中毒等恶性事件,还会危及师生的生命安全。有人说,“学校无小事”,就是这个道理。

二、有发现问题的眼睛

管理创新的源头在于能从独到的角度发现问题。农夫每天在田间劳作,他们的生活原本就是与诗无缘,但是陶渊明却在此领略到田园生活的恬淡高雅,悠闲而惬意;在平常人眼里,山就是山,水就是水,但是常见的山水在王维看来却蕴含着诗的元素,清新而富有情趣。校长要独具慧眼,见微知著,及时发现一些潜在的问题,并把问题消灭于萌芽状态。

多看，是校长发现问题的法宝。首先，校长必须多深入处室、班组，深入课堂、操场、食堂、宿舍，多参与教育教学和教科研活动，与师生零距离接触，这样才能及时发现问题。其次，校长要多了解国际国内包括邻校的办学信息，在比较中发现问题。有时候，不比不知道，一比吓一跳，比较可以看出差距，比较可以开阔视野，比较可以发现问题，比较可以明确努力方向！三是从政策法规的学习对照中发现问题。通过对国家相关政策法规的学习和对照，明确在管理中哪些事情必做，哪些可做，哪些不做，从而权衡轻重，分清主次，查漏补缺，完善管理。四是从各种媒体的相关信息中发现问题。媒体中曝光的问题，可以引起我们自警自省，防患于未然或者解决问题于初然。有些重大活动，由于校长少看一眼，结果出了不少煞风景的事故。就拿校庆来说吧：有的学校校办主任为领导人写的主持词，“敬献花篮”写成“敬献花圈”。主持人事先没看，大会上照本宣科，结果使听众愕然，继而哄然。还有的学校，主持人宣布奏国歌，录音机里却没有磁带……凡此种种，校长没有发现问题的眼睛怎能行？

三、有思考问题的大脑

面对问题，我们要学会思考。思考，是人类有别于其他动物的重要特征之一。而思考能力（思维能力）的高低，是一个人能力高低的重要标志之一。哲人说：“思之思之，鬼神通之。”思考，可以弄清问题的真相，思考可以寻求解决问题的办法。我们说要有思考问题的大脑，不仅在于说要能思考，更要会思考。一位优秀的校长，思维应该具有严密性、批判性、深刻性、灵活性与创新性。

大千世界，万象纷纭。要想正确地认识世界，把握事物的本质，就要求思维具有严密性。

目前，各个部门无论评优评先提干，都流行一种方法：“民意测验”。民意测验得票率愈高，就被认定为愈好。其实，这种做法就是思想有失严密的表现。人人都说他好的就一定是好人吗？有关这个问题，孔子两千多年前就已经洞若观火。《论语·子路》载：子贡问曰：“乡人皆好之，何如？”“未可也。”“乡人皆恶之，如何？”“未可也。不如乡人之善者好之，其不善者恶之。”

孔子认为，人群中有好人，有坏人，而好人坏人都喜欢的人，可能是“伪君子”“老好人”，至少不能算作理想的“好人”。理想的好人，应该好人都喜欢他，坏人却厌恶他。这种人在当今各种测评中是难得全票的。长期以来，组织考察干部凭票数，结果导致许多干部工作放不开手脚，不敢坚持原则，怕得罪人；不敢改革创新，怕被别人指责。结果一个个敢作敢为的干部沉沦下僚，一些拿原则做交易，善于笼络人心的干部却青云直上。好在目前国家高层领导对这种现象已有所察觉，并加以纠正。

思维的批判性，是为学做事难能可贵的思维品质。唯有思维带有批判性，才能避免人云亦云，盲从照搬，乃至邯郸学步的现象。作为校长，应该具有独立不迁的品质，用智慧的眼光鉴别古今或别人的经验，才能另辟蹊径，有所创新。

事实上，只要我们沉下心来思考，古今有许多关于教育的理论和做法都是值得商榷的。例如“授人以鱼不如授人以渔”，这句话被当代学者奉为圭臬。其实，这句话“硬伤”很大。首先，以“鱼”喻“知识”，本身就不妥。因为“鱼”与“知识”没有相似点。你给人一条鱼，别人吃完了就没有了。但是，你教给别人一门知识，他会终身受益。这个人将来为人父或为人母，为人师或为人领导，他还会把知识信息再传递给别人。再说，我们的教育活动中，“鱼”与“渔”并非不相容，我们为什么不能既授人以“鱼”，又授人以“渔”呢？其实，万丈高楼平地起，知识是基础。基础不牢，就会地动山摇。没有知识作基础，奢谈学习方法、能力培养，无异于痴人说梦。譬喻一个人正在饿肚子，你是先给他鱼呢，还是先教给他钓鱼的方法呢？答案是显而易见的。

再说，人们常说“给学生一碗水，教师要有一桶水。”细细思考，这个比喻也有缺陷。首先，学生与教师都不是静止的容器，而且也不是碗与桶的关系。教师应是江河，而学生应是海洋。江河源源流向大海，才能成就大海之大。教师教育学生，应使学生青出于蓝而胜于蓝。

目前，我国各级各类学校的办学规模越来越大。且不说大学，就是中小学也不乏上万人的学校。这种做法，已经被许多领导和专家首肯，并美其名曰："放大优质资源。"可是，我们要问："优质资源真的能够放大吗？"一碗干米饭加上一盆水，已经不再是干饭，而是"粥"了。放眼神州大地，学校合并、名校设立分校，一时间热热闹闹，结果是师资短缺，生源下降，管理跟不上，办学质量大滑坡！特别是有些分校，挂着名校的羊头，卖的是劣质教育的狗肉。结果只是把图虚名的家长腰包中的钱攫为已有，至于学生的成绩、前途，那又另当别论了。其实，"山不在高，有仙则名"，校不在大，质高就行。精品意识是名校的生命线。而打破了精品意识去肆意扩大办学规模，也是自己践踏自己啊！在这方面，西方人的头脑似乎比我们清醒。美国教育家鲍耶说："最好的学校应该是学生数只有300人的学校，他们彼此都能叫出对方的名字。"

思维的深刻性，要求人们透过光怪陆离的现象看清本质。许多骗子的骗术之所以得逞，就在于受骗人缺乏思维的深刻性。目前，我们教育界的许多问题是由于决策者的思维缺乏深刻性，往往按下葫芦起了瓢。例如在普及义务教育的基础上，高中、大学的办学规模也在迅速扩张。然而，由于师资、管理诸多原因，质量却上不去。目前，社会的大环境强调现代化建设，过多着眼于硬件，而忽视了软件建设。教育管理者与教师的教育思想乃至现代教学设备的操作技术都跟不上，结果是穿新鞋走老路，现代不起来，甚至盲目地用最新技术武装中小学。而这些中小学对现代化的设备无人会用或者用不着，只有等着报废。看着纳税人的钱被浪费，真令人揪心。

事物的矛盾有一般性，也有特殊性。对待问题的特殊性，我们的思维要有灵活性。军事上的"打得赢就打，打不赢就走"的游击战术，就是思维灵活性的体现。"因材施教"的教育方法，也是思维灵活的体现。灵活性在教育活动中尤为重要。《班主任》曾刊载过一段趣事：一对科学家夫妻去看望当年的班主任老师。班主任设家宴招待。席间，推杯换盏，师生微酣。当年的男学生说："老师，我们中学时就谈恋爱了，你怎么没发现？"老师说："我怎么没发现？只是装糊涂而已。中学生谈恋爱有两种类型。一种为促进型：双方为了值得对方珍视，积极上进，努力学习。这种恋爱行为老师不必多管。这种情况不多，是有特殊性的。而另一种常见现象则为沉沦型：双方沉湎于恋爱泥潭难于自拔，不仅影响学习，还会带来其他不良后果。老师是非管不行的。你们属于前一种，我为什么要去管？"老师一席话说得夫妻俩感动不已。他们庆幸遇到了思维具有灵活性的老师，否则，中学时代就会被"棒打鸳鸯两处飞"了。

四、有直面问题的勇气

世界充满了矛盾，充满了困难。如何面对矛盾？英雄与懦夫的态度截然不同。英雄具有直面困难的勇气，迎难而上，用勇气、智慧去化解矛盾。而懦夫则选择骑墙、回避、拖延等方法，结果使矛盾由小而大，以致不可收拾。

南朝陈朝末代君王陈叔宝，面对隋朝巨大的政治军事压力，便实行回避态度。他不去设法强军固防，而是肆意寻欢作乐，甚至照镜自语："好头颅，不知会被谁砍掉。"最终，隋军渡江南下，陈军不堪一击，陈叔宝吓得与爱妃躲到枯井中避难，最终成为阶下囚。

历史上也不乏直面矛盾、勇于面对、夺取胜利的例子。项羽"破釜沉舟"的事例颇能说明问题。

秦朝末年，秦二世派大将章邯攻打赵国。赵军退守巨鹿，向楚国求救。楚怀王派宋义和项羽去救援赵国。但是宋义把兵带到安阳以后，接连46天停滞不进。项羽一再要求他赶紧渡河北上，但宋义就是不肯前进，而且在军中邀请宾客，大吃大喝。

项羽忍无可忍，一怒之下杀了宋义。将士们马上拥戴项羽为上将军，他随即下令全军渡河救援赵军，并采取了一系列果断措施：把所有的船只凿沉，击破烧饭用的锅子，烧掉宿营的屋子，只携带三天干粮，没有做一点后退的打算。这支有进无退的大军到了巨鹿外围，立即包围秦军。经过9次激战，大败秦军，秦军将领一个被活捉，一个自焚。

而在这之前，来援助赵国的各路诸侯虽然在巨鹿附近，但都不敢与秦军交锋。楚军拼死决战并取得胜利，就是因为项羽和他的部队敢于直面问题，勇于迎难而上，善于用勇气和谋略解决问题。

作为校长，能够直面矛盾，克服困难的例子也不少。原洋思中学的蔡林森就是一个典型。洋思中学原为一个乡间带帽子中学，且不说校舍简陋，师资水平也不高，都以民办教师为主。然而，蔡林森直面矛盾，硬是用了十几年时间把这所学校办成全国名校。洋思的办学模式，在中国教育史上留下了辉煌的一页。如今，我们的办学条件比起蔡林森的洋思创业时代已不可同日而语了。然而，学校的管理矛盾仍然存在。我们希望校长们能够学习蔡林森的勇气，克服困难，把教育事业推向前进。

五、有破解难题的恒心

难题的破解，大多是无法一蹴而就的，而是需要我们长期奋斗，这就需要我们有恒心，能坚持，在坚持之中追求胜利。谈迁博览群书，善诸子百家，精研历史，尤重明朝典故。他立志编撰翔实可信的明史，这是自己给自己找的难题。他从明天启元年(1621年)开始，历时20余年，前后“六易其稿，汇至百卷”，最终完成一部编年体明史，共500万字，取名《国榷》。清顺治四年(1647年)，《国榷》手稿被窃。他时已53岁，发愤重写，又经4年努力，最终完成新稿。

哥德巴赫猜想也是一大数学难题，然而陈景润却迎难而上。20世纪六七十年代，在没有计算机的条件下，他凭借着笔来演算，演算的纸都装了几麻袋。然而，陈景润硬是凭借这股恒心，终于取得了突破性的成果。

教育上存在着诸多难题，如何破解，特别需要我们有恒心。例如“高考制度改革”“家庭与学校教育的对接”“教育教学的评估”，都不可能毕其功于一役的。这些问题的解决，需要包括校长在内的大量教育人为之长期奋斗，甚至献出毕生心血。

六、有调研问题的技巧

调研，是发现问题、分析问题、解决问题的前提。不注重调研工作，“闭塞眼睛捉麻雀”，是极其危险的。然而，调研要有技巧。例如，调研要有准备，确定目的，编写提纲。要设法缩短与调查对象的心理距离，“放下臭架子，甘当小学生”。要注意调查对象的广泛性与典型性。“兼听则明，偏听则暗”，坐在办公室里听汇报和走到下面只听小圈子里人的片面汇报都是不足取的。古人为什么要“微服私访”？目的就在于革除上述做法的弊端。

调研问题的技巧，是调研者智慧的结晶。肯德基占领中国市场，就是一个有力的佐证。

在中国，你问十个小孩，肯德基好吃还是麦当劳好吃？能有七八个小孩告诉你，肯德基好吃。为什么呢？因为肯德基最本土化，最迎合中国人的口味。肯德基卖油条、饭，四川的肯德基里还有麻辣味的酱料包，这只是肯德基“本土化”最简单的体现，早在1985年，时任肯德基总经理的迈耶，就对中国这个大市场产生了深厚的兴趣，萌发了开发中国市场的念头。在做出开发中国市场这个决策上，迈耶正确地选择了一件事情：选择了新加坡作为进军中国市场前的试点，以此来调查中国人的饮食文化和饮食习惯。选择新加坡的原因是其大部分国民说汉语，生活习惯与中国最为接近。

1986年的4月,眼看时机成熟,迈耶立即采取行动,改组肯德基东南亚地区办公室,并任命具有中国成长背景又有国外求学经验的中层管理人员王大东出任肯德基东南亚地区副总经理。通过一年在新加坡的调研,肯德基对跨文化管理,尤其是对东方人的管理积累了足够的经验,另一方面也积累了熟悉中国特点的运营人才,保障了进入中国之后能够迅速地整合并做到游刃有余。1987年11月12日,肯德基在北京前门繁华地带设立了在中国的第一家餐厅,正式启动了中国区战略的步伐。

肯德基为确保在中国市场的正常运作,首先选择和中国人饮食习惯相近的新加坡作为试点进行调研,这为肯德基日后进入中国餐饮市场迈出了坚实的一步。"项庄舞剑,意在沛公",事实证明,肯德基的良苦用心在其后来的发展中发挥了不可忽视的作用。正是因为肯德基的老总会调研、肯调研,能够掌握市场调研的技巧,并准确把握问题,所以在中国,肯德基远比麦当劳更受欢迎。

七、有掌控问题的水平

天有不测风云,工作中有难以意料的问题。特别是一个重大问题,乃至变故,如果领导者没有掌控问题的能力,会影响全局,甚至造成不堪设想的后果。

当年,西晋灭亡,衣冠南渡。然而,多数人流亡异乡,胸无大志。一次,众人在新亭聚会,一个叫周顗的人感叹说:"此处风景与洛阳相似,然而,放眼山河,却大不相同。"这句话引得众人"相视流泪"。而此时在场的王导却严肃地站起来慷慨陈词:"敌人丧心病狂,致使山河沦陷,我们应该振作起来,共谋复国大业。哭哭啼啼,哪像个男人样!"他言出行随,果然联合士族,拥立新帝,创立了东晋王朝。

刘邦也是个具有掌控问题能力的人。当年他与项羽对阵打口水战。冷不防项羽一箭射来,正中胸口,但是刘邦不是本能地以手捂住胸口,而是用手握住脚,大骂:"匹夫无礼,射中了我的脚。"试想,胸口是要害部位,如刘邦捂住胸口,部下将士会知是统帅受了重伤,因此丧失斗志。至于对方,刘邦伤及要害,就会掩杀过来,结果不堪设想。刘邦及时掌控,智慧应对,捂住脚,说明生命无碍,自然稳住了军心,迷惑了敌人。

康熙皇帝亲政以后,国内形势十分严峻,清政府的权力还不能通行全国。同中国历史上的一切封建君主一样,康熙绝不能容忍藩臣分权,因此,康熙把平定三藩之乱作为他亲政后要解决的第一个问题。三藩就是镇守云南的平西王吴三桂、镇守广东的平南王尚可喜、镇守福建的靖南王耿精忠。

吴三桂在西南一带势力大,一开始,叛军打得很顺利,一直打到湖南。他又派人跟广东的尚之信和福建的耿精忠联系,约他们一起叛变。这两个藩王有吴三桂撑腰,也反了。历史上把这件事称作"三藩之乱"。

三藩一乱,整个南方都被叛军占领。康熙帝并没有被他们吓倒,一面调兵遣将,集中兵力讨伐吴三桂;一面停止撤销尚之信、耿精忠的藩王称号,把他们稳住。这样整个局势就都在康熙帝的掌控之中。尚之信、耿精忠一看形势对吴三桂不利,又投降了。吴三桂开始打了一些胜仗,后来清兵越来越多,越打越强,吴三桂的力量渐渐削弱,处境十分孤立。经过八年战争,他知道支撑不下去,连悔带恨,生了一场大病,一命呜呼!

同样,校长的掌握水平如何,是校长能够称职的重要标志。学校难免会产生这样与那样的矛盾,诸如校园安全事故等,一旦出现,不可慌张无措,而要智慧应对。处变不惊,临事不乱,从容镇定,应对有方,应该成为校长认真修炼的气质。

八、有解决问题的良策

面对问题,如何解决,这是个棘手的问题。不少人也许有解决问题的方法,然而要有好方法(即良策)却是相当困难的。以学生应对高考为例。加班加点读写练习,固然是一种方法,的确也是能够见效的方法,然而,算不得好方法。这种方法的结果是“重负有效”,而学生更需要的是“轻负高效”的好方法。惜乎这种好方法亿万人“众里寻他千百度”,她还“空山不见人,但闻人语响”。

中国人是智慧的。一部《三国演义》,就有不少精彩的例子。如“借东风”“草船借箭”等。我们不妨再看一个外国的例子:美国首都华盛顿广场的杰斐逊纪念馆大厦年久日深,建筑物表面斑斑驳驳,后来竟然出现裂痕。虽然政府采取了很多措施,但仍无法遏制。后来专家调查发现:冲刷墙壁所含的清洁剂对建筑物有酸蚀作用,而该大厦墙壁每日被冲洗的次数,大大多于其他建筑,受酸蚀损害严重。但是,为什么要每天冲洗呢?因为大厦每天被大量鸟粪弄脏。为什么这栋大厦有那么多鸟粪?因为大厦周围聚集了特别多的燕子。为什么燕子要聚在那里?因为大厦上有很多燕子爱吃的蜘蛛。为什么这里的蜘蛛多?因为这里有很多蜘蛛爱吃的飞虫。为什么这里飞虫多?因为飞虫在这里繁殖得特别快。为什么飞虫在这里繁殖得特别快?因为这里的尘埃最适宜飞虫繁殖。为什么这里的尘埃最适宜飞虫繁殖?尘埃本无特别,只是配合了从窗子照射进来的过于充足的阳光,形成了特别适宜飞虫繁殖的温床。大量飞虫聚集于此,以超常的速度繁殖,于是给蜘蛛提供了大量的美餐,于是燕子飞来了——解决问题的方法非常简单:拉上窗帘,挡住过分充足的阳光。看,以智慧为支点,连地球都可以撬动,更何况一个大厦的问题。

作为一名校长,是做人的管理工作的,更需要用智慧应对问题。笔者在工作中就有深切体会。关于教师的绩效工资发放问题,一度成为教育界的一大难题,我们学校是集团化学校,也不例外。我校由一所高中、两所初中组成。校区间的利益,干群间的利益,职称不同的教师之间的利益,一线教师与后勤、教辅职员的利益,如何摆平?这确实是一大难题。我们成立了教师、干部、民主党派三个小组先自我酝酿,各自拿出方案。不过,小组成员是全体教师选举的。有些人“不得而入”,但又特别想参与其中。在这种情况下,我们决定没有入选讨论小组的人,只要自荐,学校同意,也可以成为代表,我们称之为自荐代表。这些自荐代表受到了尊重,不仅没有搅局,反而对绩效工资方案的制订、通过起到推进作用。结果,学校在民主的基础上集中,拿出了绩效工资方案。方案尽管不够完善,但在教代会上表决时,通过率100%,这与我们智慧应对、允许“自荐代表”参与是分不开的。

以上列举的八个问题,在不同程度上是交织的,“我中有你你中有我”。我们分为八个方面,只是为了论述的方便。在具体工作中,我们应该系统思考,多“管”齐下,以期敏锐地发现问题,理性地分析问题,智慧地解决问题。

2014年11月

校长必备的十个特质

校长，是一所学校的“灵魂”。人们常说，“一名好校长就是一所好学校”，这充分说明了校长在学校管理中的重要性。然而，怎样的校长才算是一名好校长呢？这是一个值得认真探究的话题。在此，我们不妨一抒己见。

我们认为，一名好校长，应该具备以下十个特质。

一、谋事高标准

谋事的标准反映一个人的工作状态，折射一个人的事业心和责任感的程度。校长谋事的标准将直接影响到一所学校的整体工作状态。孔子就教育他的学生：“取乎其上，得乎其中；取乎其中，得乎其下；取乎其下，则无所得矣。”《孙子兵法》也明确指出：“求其上，得其中；求其中，得其下；求其下，必败。”古人说的就是谋事要有高的标准。谋事高标准，可以高屋建瓴，出精品；谋事低标准，只能流于平庸，出粗品，甚至出次品。

2008年5月12日的汶川大地震，大面积殃及震区学校的师生，然而绵阳安县桑枣中学却出现了奇迹：两千余名师生无一伤亡。原因何在？就在于该校校长叶志平谋事高标准。他平时对学生严格的安全疏散训练和注重对校舍的防危加固，在关键时刻显示了威力。报载：突如其来的汶川特大地震没有让全校两千余名师生惊慌失措。大地抖动的那一瞬间，老师首先想到的是学生。全校2000多名刚刚从午睡中醒来即将开始学习的学生，在各班教师的命令下，立即趴在课桌下进行自我保护。当震波刚过去的一刹那间，各班学生按照学校的统一指挥迅速有序地疏散到了操场上，仅用了1分30多秒，全校31个班2000多名学生疏散完毕。学校有一栋20世纪80年代花了17万元修建的没有经过竣工验收就投入使用的教学楼。1995年叶志平同志担任校长后，怕这座教学楼出安全事故，就自筹资金40多万元对这座楼进行了防危加固。在这次大地震中，这座被加固的教学楼尽管损坏严重但没有垮塌。坐在这栋教学楼里的700多名学生全部平安地从楼里疏散出来。叶志平校长有着强烈的安全意识和高度的责任感，他平时十分注重学生的安全教育。为了让学生在突发事故面前不惊慌失措，他坚持每一学期要对学生进行一两次应急安全疏散演练，让学生自觉养成面临突然事故沉着应对的良好习惯。由于学生训练有素，所以在这次强大地震面前，人人都能从容自如，平安无恙地跨过了伤亡线。

因此，谋划任何事都要高标准，严思索，精雕琢，争上游。校长应在办学过程中面向社会，面向未来，树立学校更高的发展标杆，勇于攀高比强、追求卓越，创造一流的办学业绩。南京二十九中之所以近年来办学效益不断提高，就得益于三维办学目标的确立。三维办学目标为：学校目标——质量上乘，特色鲜明；教师目标——站稳课堂，写好文章；学生目标——全面发展，学有专长。这个三维目标，立意高远，现在和将来，都将对学校的发展起到推动作用。

二、干事有激情

激情是一种精神气质，激情是成就事业的优秀的潜质，是一种心理内在固有的基因，是我们自身品质、精神状态和对事物认知程度的一种外化表现。激情可以令人情绪高涨，干劲十足，信心百倍，充满无穷无尽的力量和智慧。从某种意义上讲，激情就是创造。中国历史上不乏激情澎湃而成大业的人。终军请缨，刘琨闻鸡起舞，岳飞“驾长车踏破贺兰山阙”，毛泽东“问苍茫大地，谁主沉浮”，演绎着一幕幕“惊天地泣鬼神”的历史大片。干大事如此，干小事又何尝不如此？前乒乓国手邓亚萍就是一个充满激情的人。每场比赛，她都是全身心投入，每打好一个球都要挥拳呐喊，激情四射的活力不仅征服了对手，也征服了全场的球迷，连国际奥委会主席萨马兰奇也为之倾倒，在 1991 年乒乓球世锦赛上亲自为邓亚萍颁奖。有了激情，才会有拼搏的冲动，才会有挑战自我、冲刺成功的动机。退役后的邓亚萍始终保持这奋斗的激情。她先后去清华大学、诺丁汉大学和剑桥大学就读并顺利毕业，完成了自己人生中的第二个“大满贯”。

校长面对的学校管理工作，十分繁杂。长年累月，没有激情支撑，难免会产生职业倦怠。而校长一旦产生职业倦怠，便会流于平庸，学校想有声色便成为不可能。反之，一个有激情的校长，把学校管理不当作职业而当做事业，用心去做事，想尽千方百计，历经千辛万苦，最终会赢得万紫千红。《中小学校长》报道的中共十七大代表丁继泉的事迹，很能说明问题。丁继泉被誉为“用激情燃烧理想的校长”。她充满激情地在重庆市人民小学的副校长、校长位置上干了近二十年，把一所小学办得在“巴蜀教育界乃至全国颇有名气”，教育部长评价该校“实施素质教育有突破性进展”。

正如心灵只能由心灵唤醒一样，激情也只有激情能够点燃。一位理想的校长应具有激情，在激情的支配下，才会调动身心的巨大潜能，振奋精神，产生动力，冲破障碍，产生灵感。激情不仅可以释放自身能量，还能感召身边的人。因此，一个充满激情的校长可以感染教师，教师的激情可以感染学生。只有校长、教师、学生的激情汇合，我们的校园才能充满生机。

三、办事讲策略

所谓策略，指的是做事的技巧艺术，能注意方式方法。在同一条件下，由于策略不同，效果也会大相径庭。南京二十九中之所以在南京市教育界异军突起，也是我们讲究策略的结果。例如“集团发展策略”。集团发展，收到了资源共享、优势互补、办学理念衔接、人力物力节省的效果。又如：高中文理并重策略。目前，江苏办学有两种倾向。一种是顶级学校重理轻文，学生基本学理科，一部分薄弱学校惧理亲文，学生基本学文科，而我校则采用了“文理兼重”的策略。根据学生的实际情况合理引导，使学生各得其所，因而在高考中也取得了文理双丰收的好成绩。例如 2013 年高考，在三年前计划招生只有 10 个班的情况下，文化类考生理科达二本线以上 332 人，文科达二本线以上也有 136 人，共 468 人。

孙膑是春秋战国时期的著名军事家，他是齐国的将军田忌的门客。田忌经常同齐威王赛马，马分三等，在比赛时，总是以上等马对上等马，中等马对中等马，下等马对下等马。因为齐威王每一个等级的马都要比田忌的强，所以田忌屡战屡败。孙膑知道此事以后，对田忌说：“再同他比一次吧，我有办法使你得胜。”临场赛马那天，孙膑先以下等马对齐威王的上等马，再以上等马对他的中等马，最后以中等马对他的下等马。比赛结果，一败两胜，田忌赢了。同样的马匹由于调换了一下比赛程序，就得到了反败为胜的结果。由此可见，选择正确的策略是多么的重要！

学校管理是一门科学，更是一门艺术。众所周知，近代教育家蔡元培先生的办学方针是“兼容并包，思想自由”。一方面，他聘请了陈独秀、胡适、周作人等一批新文化运动的健将，一方面，又延聘一些学术上有造诣但政治上保守的学者，如辜鸿铭、刘师培等。他认为大学就是要“囊括大典、网罗众家，此大学之所以为大也”。他聘用辜鸿铭等保守学者正是因为他们的学问可为人师，是尊重学术。在中国这个自古以来习惯专制、好同恶异的社会里，蔡先生这种兼容并蓄的办学策略开创了一代新风，使北京大学成为一所多元、开放、宽容、民主的大学。要做一名好校长，必须有创新的思维、管理的策略和艺术。只要愿意学习，愿意尝试，就必定可以成为智慧的管理者，充分调动学校每一位成员的积极性，达到事半功倍的管理效果。

四、处事讲原则

原则，是看待问题，处理问题的准则 。管理一个单位，必须讲究原则。孔子就是一个原则性极强的“校长”。

两千五百年前的一天，发生过这样一件事：

孔子的学生公西华出使齐国去了。另一个学生冉有请求孔子接济公西华母亲粮食(小米)。孔子答应给“六斗四升”，冉有嫌少，要求多给一些，孔子便答应再给“二斗四升”。冉有认为老师太小气，背地里给了公西华母亲八十斛。孔子知道这件事后批评了冉有。他说：“公西华出使时乘着肥马拉的车子，穿着轻便的皮袍，这说明他家经济状况很好。作为君子，只应救济有急难的人，而不接济那些富有的人。”

孔子的话很有道理。救济对象只应是贫困者。他不同意多给公西华母亲粮食，是坚持原则。他不愿意徇私情而放弃原则，而冉有却做不到这一点，理应受到批评。

我们应该学习孔子这种坚持原则的精神。

探究一个政权的兴亡史，不难看出，统治者能否坚持原则，是其兴衰的重要原因。凡统治者讲求原则，秉公执法，国家就会得人心而使国家昌盛。如不讲原则，徇私枉法，亲疏异法，就会使国人寒心，国势衰微。

诸葛亮不愧为有远见卓识的政治家，他出师北伐前对后主放心不下，写了《出师表》以劝谏。他说：“宫中府中，俱为一体，陟罚臧否，不宜异同。若有作奸犯科及为忠善者，宜付有司论其刑赏，以昭陛下平明之理，不宜偏私，使内外异法也。”一番话语，推心置腹，不仅反映了诸葛亮的一片忠心，也反映了他的远见卓识。《三国演义》中的诸葛亮挥泪斩马谡，就是他坚持原则的突出表现。试想，蜀以偏僻的区区之地能在群雄逐鹿的三国时代立于不败之地，不正是诸葛亮的功劳吗？后来，诸葛亮病逝，后主刘禅不能坚持原则，以致宦官黄皓专权，国政混乱，最终葬送了父辈们筚路蓝缕而创下的大好河山，刘禅自己也成了司马氏政权的阶下囚。

目前学校的校长，手中掌握着评价、评优、评奖、评先、提干等权力，这就要求校长应有原则性。有了原则性，才能任人唯贤；有了原则性，才能奖罚分明；有了原则性，才能张扬正气，鞭策后进。作为校长，搞任人唯亲、徇私情的人并不多；然而，做“乡愿”(孔子语，即今人所说的老好人)的却不少。

这种人是非不愿分，善恶不愿辨，不敢直面矛盾，只求一团和气。其结果是人缘很好，事业很糟。这种人做校长，其实是拿原则换人情，拿良心做交易，尸位素餐，最终毁了学校，毁了师生的根本利益。孔子说“乡原，德之贼也”，我们不妨说，“乡原，校之贼也”。我们希望教育界少一些乡原校长，多一些坚持原则的校长。倘能如此，教育幸甚！

五、临事有胸襟

临事有胸襟，要求人做事能以大局为重，舍小我而成大家；要求人有肚量，兼容天下，海纳百川；还要求人“上善若水”，能为人之下。刘备以匡复汉室为己任，指责田登求田问舍，这是一种胸襟。霍去病“匈奴未灭，何以家为”也是一种胸襟。韩信年轻时曾受胯下之辱。然而，他上任淮阴侯时，找到当年侮辱他的人非但不杀不打，反而任命他为卫队长，这也是一种胸襟。当代著名学者季羡林“甘为学生之下”的故事也是一种胸襟。季羡林先生平时打扮得非常朴素，即便是任北大副校长期间也是如此。有一次新生报到，学生看到他，还以为是学校的工人，就让他帮自己看行李，结果他等了那个新生一个多小时。在第二天开学典礼大会上，这个新生看到昨天那个帮他看行李的“工人”也在主席台上，非常吃惊，问了旁边的同学，才知道这个“老师傅”就是中国著名的东方学专家、北京大学的副校长季羡林教授。

当然，校长的胸襟更在于以学校利益为重，全身心谋求学校的发展。当年南开大学的校长张伯苓便是典型。南开大学在抗战初期，就被日机炸成废墟。许多人感叹说：“南开，难开”。然而，他却毅然地说：“南开，难，开！”结果，他以自信、智慧与毅力，多方奔走，终于又使南开大学重建重开！如果为了一己之私，他也可以弃校而走，到大后方去再谋一官半职也无人指责他。然而，他凭借着视学校利益为重的胸襟，使南开重振雄风。这种胸襟，就是一种理想，一种信念，是人类永不泯灭的力量。

校长应是弥勒佛，“大肚能容天下难容之事”。目前，即使是中小学，师生员工近万人的学校也不鲜见。这些学校，百人百性，千人千面，校长要面对，还要面对师生员工背后众多的家长家属。此外，校长还要面对层层叠叠的领导机构，形形色色的社会组织，难免会遭受种种不公平的待遇。此时要有胸襟，想得开，放得下，不怨不悔，百折不挠。当然，我们不主张校长成为出气筒，窝囊废。我们希望校长面对中层干部和员工的矛盾，既要坚持原则不让步，又要心胸开阔不记仇，既要坚持原则严要求，又要胸怀慈悲多关怀。有这样一位校长，工作严要求，下级经常“挨骂”。然而，他的部下却在“骂声中成长”。一是通过骂，无形中传授了管理的经验；一是在关键时刻，对被骂的干部照常任用或举荐。岁月流逝，原来被他骂过的干部一个个成为教育界的栋梁，他当年的“骂”则成为被骂者温馨的回忆。

六、遇事讲奉献

作为校长，应该有能吃苦的奉献精神。如果贪图享乐、追求安逸，你绝对成不了一名好校长。“衣带渐宽终不悔，为伊消得人憔悴。”这本是恋爱相思的境界，王国维曾引来比喻做学问必备的境界，我们也不妨引来比喻校长办学应有的境界。校长应该视学校为心中的“她”，为了她献青春献智慧献忠诚。陶行知就是这样的好校长。他“捧着一颗心来，不带半根草去”的名言充分体现了他的无私奉献精神。1939 年，正值抗战时期，陶行知在重庆附近创办了招收战争难童的育才学校。当时政治形势紧张，经济非常困难，为了把学校办下去，陶行知经常要为募集资金四处奔波，自己的生活也非常艰苦。盛夏的一天，学生高缨听说书店到了一些好书，就想请陶行知陪他一起去看看。他来到先生窗前，那情景使他吃了一惊：先生打着赤膊，脸上、身上流淌着汗水，正在伏案疾书。高缨不好意思地把自己的来意告诉先生，没想到陶行知很快地回答："现在不成。"高缨失望了，他很奇怪，先生平时最喜欢和学生在一起，也最愿意帮助人，今天是怎么啦？陶行知好像看出了他的疑惑，手指着晾在窗外的衬衫说："我很高兴陪你去书店，可是我的衬衫还没有干。过一个小时你再来，好吗？"高缨望着那还在滴水的白衬衫，心想：先生找借口吧？他说了一句"那就算了"，不高兴地回去了。过了一个小时，陶行知穿着还没干透的白衬衫，笑嘻嘻地来找高缨。高缨还躺在床上生闷气哩。见了先生，忙起身一起上街。后来，高缨还是想不通，就去问副校长马侣贤。马先生说："大家都知道陶行知是个名人，可是有谁知道，他为了你们这些孩子，几乎到了山穷水尽的地步。为了坚持办学，他把自己的大衣和呢裤子都送到当铺去了，换来的几文钱解决了一天的菜金。夏天，他只有一件像样的衬衫，这也不稀奇呀！"高缨听着马先生的话，非常感动。陶行知先生就是这样办学，为了办学，舍得一切！

作为校长，如果视自己的工作为职业，满足于完成职业的规定动作，也是无可厚非的。但是，这仅仅是为稻粱谋，是为了解决自己的生存问题。干事业却不是这样，事业是无止境的。一个人，只要把他的职业作为事业来做，他的追求，他的理想，他的境界就完全不一样了，他就会奉献。著名教育家夏丏尊先生认为，如果没有爱心，就不要来做教师这一行。我们说，如果没有奉献精神，就不要做校长这一行！一名校长，他必须把学校的利益放在至高无上的地位，把学校的发展放在至高无上的地位，把学生的发展、教师的发展放在至高无上的地位！

七、小事不轻视

读过《细节决定成败》一书的人都知道，在日常生活中往往容易为人们所忽略的"小事"，在做人、做事和管理中却起着重要的作用。一直以来，我们都倡导要树雄心、立大志、做大事，虽然也说做事要从大处着眼、小处着手，但在实际工作中却往往对细节重视不够，甚至把不拘小节、忽视细节当成做人的优点。殊不知，小事懈怠，往往会影响全局，使我们的工作功亏一篑。2006年5月14日，中央电视台《世界周刊》栏目的一期节目题目是《小纽扣，惹大祸》，说的是1812年拿破仑60万大军征伐俄罗斯，面对长驱直入的法军，沙皇亚历山大自焚其城，阻断入侵者的供给，拿破仑军队饥寒交迫，其中大部分在严寒中冻死于野，仅2700名士兵幸存。此役之败，后人追究过去，认为是纽扣之故。据说拿破仑军当年制服鲜艳考究，后为节约经费将衣服上绘有"帝国之鹰"的铜纽扣一律改为锡制。锡制品在13.2度以上便与铜一样坚硬，但在遭遇零下33度奇寒后，必然化为粉尘。于是，法军在刺骨的寒风中，在冰天雪地里，不得不常常敞胸露怀，将士冻死也就顺理成章。虽然说，拿破仑的部队侵入俄国，失败不可能全在于区区纽扣，但纽扣对部队非战斗减员起了致命影响。

学校无小事，事事关育人。一个优秀的校长，决不会轻视教育中的小事。陶行知先生就是这样的优秀校长。南京的燕子矶自古以来就是一处风景名胜。然而，这样一个风景美丽的地方，竟然也是个著名的"自杀胜地"。南京数百年来曾流传一句俗语："燕子矶的肉包子，一两(仰，南京话'仰'与'两'谐音)一个"，意思是在燕子矶跳崖坠江的自杀者多。据资料记载，过去数百年间，燕子矶发生的跳崖自杀悲剧多得无法统计。个体的生命对于整个社会而言也许显得微不足道，于是人们见得多了，渐渐麻木、漠然，习以为常，以至于人的生命像"肉包子"般无足轻重。1927年，陶行知来到南京燕子矶畔的晓庄乡，创办晓庄师范学校。一天，他听到人们谈论，燕子矶下又浮起了一具女尸，并且是个学生。他极感不安，立即到学校木工场地找来块木牌，在上面写了劝喻轻生者的话："想一想死不得"。大字下边还写了几行小字："人生为一大事来，当做一件大事去。你年富力强，有国当救，有民当爱，岂可轻生？死有重于泰山，或有轻于鸿毛，与其投江而死，何如从事乡村教育为中国三万万四千万同胞努力而死！"陶行知把木牌竖立在燕子矶头，又委托一位在附近开茶馆的朋友多留心，看见有人在矶头徘徊要赶快上前劝说。此后，不少来到这儿打算自杀的人，看了木牌，听了劝说，"想一想"后，真觉得"死不得"，终于重新鼓起了生活的勇气。

校长注重细节，既是一丝不苟精神的反映，也是明察秋毫、见微知著的智慧折射。校长可以在细节中寻找教育的机会。校长"一言可以兴人，一言也可以毁人"，有这样一个事例颇有说服力。20 世纪 60 年代，一个中学生学习成绩平平，一次偶然机会，在学校作文竞赛中得了三等奖，也没有赢得老师和学生的注意。然而，有一天上厕所出来，遇到了校长。校长询问他姓名，他以实相告。校长听后，啧啧称赞："你作文竞赛获奖了，不简单！好好努力写作，将来肯定会成为作家。"校长的一席话鼓起了孩子理想的风帆。后来，这个学生果真成了著名作家！这就是细节的力量！一个校长记住了一个三等奖学生的姓名，并予以赞扬鼓励，结果成就了一位作家！

八、大事敢担当

古人云：大事难事看担当，顺境逆境看襟怀。所谓担当就是"承担并负责任"。担当意味着挑战，在工作过程中，迎接挑战是对我们职业心态的最大考验。有这样一个例子，一位刚大学毕业的年轻人，应聘到一家公司做主管，因为怕犯错误，大事小事都不敢做决定。老板说："我安排你到这个位置，就是请你替我拿主意的，不要什么事都来问我。"年轻人无奈，只好尝试着自己来做决定，但还是担心出错，就这样，每天提心吊胆，一旦工作中出现失误，就把责任全推到具体办事的员工身上，员工不服，经常发生争执，老板知道这些情况后，对这位年轻人说："你是部门主管，部门工作出了任何问题，你都有责任。担责任怕什么呢？我并没有责怪你，你何必怪到员工身上，影响士气！"最后，老板炒掉了这位年轻人。由此可见，能否敢于担当，直接反映出一个人的敬业精神和道德品行的高低，并决定他日后所能达到的高度。

美国第 16 任总统林肯曾经说过："每一个人都应该有这样的信心——人所能负的责任，我必能负；人所不能负的责任，我亦能负。如此，你才能磨炼自己，求得更高的知识而进入更高的境界。"一个人能够担什么样的"责"，就能够当什么样的"任"。这体现了权利与义务的统一。作为一校之长，工作中经常会面对很多挑战，面对挑战是迎难而上，勇于进取，敢担风险，还是墨守成规？这是每个校长都不容回避的问题。作为校长，可以上传下达，不冒风险，这样虽无政绩，但却不犯错误。然而这种没有错误的行为本身就是错误。中国的教育需要改革创新，需要有一批勇立潮头，敢做第一个吃螃蟹的人。南京二十九中从建校伊始的一个班，20 余名学生，发展成今天 7000 余名学生的规模宏大、质量卓越、享誉海内外的名校，靠的就是历任校长、书记敢于担当、勇于创新的精神。

九、处事能坚韧

校长要有坚韧不拔的意志品质。有人说，"信心和坚韧比黄金更重要"，这的确是至理名言。古往今来，成大事者无不具有坚韧不拔的品质。孔子周游列国十三年，历经艰难险阻，四处碰壁，可他依然秉持信念，上下求索，毫不动摇。唐玄奘天竺取经同样历时十余载，其间历经千辛万苦，终于取回"真经",促进了佛教在东方的传播。中国最好的英语培训机构"新东方"的创始人俞敏洪,就是凭着坚韧,克服重重困难,最终创造了"新东方"的辉煌。在创业阶段,他平均每天给学生上 6—10 个小时的课,很多老师坚持不了倒下了或放弃了,他却没有放弃,十几年如一日,凭着坚韧不拔的意志,克服困难,勇往直前。直到今天,他还在带领着他的团队努力奋斗。可见,凡举大事者,都必须具备坚韧不拔的意志。学校每天面临着大大小小、各种各样的问题和困难,校长如没有克服困难的恒心和勇气,没有坚强的意志品质是根本不行的。"只要思想不滑坡,办法总比困难多","挣钱不挣钱,就在行里缠",这是校长办学的金玉良言。

2014 年 12 月

十、成事思进取

俗话说,成功来源于努力进取。古人说得好:"谦受益,满招损。"如果取得了一点点成功就被眼前的胜利冲昏头脑而沾沾自喜,不思进取,那辛辛苦苦取得的成功也会毁于一旦。西楚霸王项羽就是居功自傲、不思进取,急于衣锦还乡、称王称霸,导致其战略上连续失误,最终兵败垓下,命丧乌江。毛泽东曾感慨道:"宜将剩勇追穷寇,不可沽名学霸王。"在解放战争时期,也曾有人向毛泽东建议与国民党划江而治。但毛泽东准确分析形势,积极进取,向全国发出了"打过长江去,解放全中国"的命令,最终建立了新中国。现代奥林匹克精神"更快、更高、更强"就是对顽强拼搏、不断进取、奋斗不止的精神最简洁、最形象的诠释。正是在这种精神的鼓励下,运动员们在赛场上不断向极限进军,创造了一个又一个的奇迹。正如球王贝利在成名后所说,自己最好的球永远是下一个!

作为校长,成功之后更不能满足于成绩,故步自封,而应开拓创新,谋求更大的成功。校长的进取精神还在于校长不能满足于已有的经验与理论而自我陶醉。应该研究新形势,采取新对策,争取新成果。天变,道也在变,把已有的经验当成教条 ,是非要碰壁不可的。校长要学会自我否定,否定过时的经验,探索新的工作途径和方法,在否定中"凤凰涅槃";校长要成为终身学习的楷模,学习新知,增长智慧,与时俱进。唯有如此,才能使自己常立于事业之巅峰,使你所领导的学校教育业绩不断攀升。

2014 年 12 月

校务委员会

——现代学校管理的推进器

校长负责制是我国中小学现行管理的普遍模式。随着时代的进步、教育的发展,“办人民满意的教育”呼声日高,学校教育迫切需要进一步与社会、家庭相结合。然而,在现行的校长负责制管理框架下,作为法人代表的校长可以代表学校利益,教职工代表大会可以代表教工利益,却没有一个组织机构可以代表社会和家长的利益,从而造成了学校管理体系的缺失。我们意识到,学校必须尽快探索出新的管理模式,才能办好人民满意的教育。

2002 年,南京市教育局承担了教育部、中央教科所“现代学校制度实验研究”子课题——“中小学校务委员会建设的实验研究”,并在全国率先开始校务委员会制度的试点工作。我校是南京市最早进行校务委员会制度试点的学校之一。目前已进行了两轮实验:2002—2006 年,是探索研究阶段;2006—2009 年,是试行阶段;2010 年至今,是巩固发展阶段。

我校校务委员会委员层次高、能力强,参与学校管理的积极性也高。例如,我校第二届校务委员会的委员就有河海大学副校长朱跃龙,省委组织部部委委员袁工民,省委办公厅副主任何国平,著名教育家、省教科院副院长杨九俊,著名律师、江苏国安律师事务所主任、南京电视台“法制现场”特聘律师钱苏平,著名媒体人、江苏省特殊教育师范学院教授马建强等。他们充分行使校委会成员的宣传和协调职能、咨询和建议职能、审议和决策职能、评议和监督职能,在学校重大决策、日常管理、工作实施、办学思路等方面起着重要的支撑作用,对学校的办学品位的提升、学校办学特色的形成等方面都产生了极为深远的影响。

经过近 12 年的实践,我们可以肯定地说:校务委员会是学校管理体制的重要组成部分,是校长负责制的补充和完善,是家庭、社会参与学校管理、有序表达利益诉求的组织与渠道之一。从某种意义上说,校务委员会是现代学校管理的推进器。

一、校务委员会推进了学校重大决策的民主化与科学化

自 2006 年成立校务委员会以来,我校所作出的重大决策无不通过校务委员会来讨论拍板,从而使决策更趋民主化和科学化。

“素质教育的内涵是什么? 文化教育在素质教育中究竟处于怎样的地位?”这类问题一度引发思想风暴。如何全面理解素质教育的深刻内涵,成为一个严肃的课题。校务委员们就这个问题进行了深入的探讨和研究,一致认为,素质教育是集合概念,它囊括了科学文化教育和体艺美劳等方面的教育。实施素质教育,就是要使学生全面发展。衡量一所学校素质教育的水平,科学文化教育是一个重要指标。办质量上乘的教育,不仅是家长、社会的需要,也是四星级高中的神圣使命。因此,学校要树立质量为魂的理念,视质量为生命线,理直气壮地抓教育教学质量。另外,校委会还认识到,在狠抓教学质量的同时,学校也要走特色发展的道路,重视学生个性与特长的发展,鼓励学生在某一学科、某一领域学有专攻,努力使学生成为符合社会需要的创新型人才。基于这一共识,我校 2007 年

就提出了“质量上乘,特色鲜明”的办学目标。2010年颁布的《国家中长期教育改革和发展规划纲要(2010—2020年)》中也明确指出“树立以提高质量为核心的教育发展观”,“鼓励学校办出特色”。我校的办学目标与“纲要”精神可谓不谋而合!

由于坚持正确的素质教育目标,我校学生的文化素质和个性特长都获得了长足的发展。近几年,我校办学业绩一年一个新台阶。我校不辱四星级高中使命,高考成绩连年攀升。目前,每年已有95%的学生升入本科院校继续深造。2006—2013年,我校连续8年荣获南京市普通高中发展性评估最高奖“综合奖”。学校特色教育成果卓著,体育、文学、艺术、科技等特色闻名全国。我校武术队代表江苏省参加第十届全国中学生运动会一举夺得武术团体总分全国冠军。学校为国家队输送了女排惠若琪、高尔夫球吴豪川等专业选手。我校学生参加各类竞赛获奖人数之多、等级之高已位居全省前列。以2013年为例,我校学生在各级各类学生竞赛中都取得了丰硕的成果,共有19人获国家级奖项,116人获省级奖项,86人获市级奖项。

南京市鼓楼区有6所区属高中;另外,江苏省顶级名校南师附中和金陵中学也在鼓楼区。由于生源的制约,我校招生分数线在老六城区六所招收指标生学校中一直排名靠后,高考本科进线人数也在第五至第六名之间徘徊。经过校委会讨论,我校出台了《关于加强初中教学工作的决定》和《关于加强高中教学工作的决定》。明确规定:“适度扩大初中办学规模,强化初中教学质量,提高初中毕业生的素质,优化自身造血功能,为高中生源奠定坚实的基础。”近年来,我校高中招生分数线一路攀升,主要得益于我校初中的优质生源在增加。我校高中办学水平,一是由于生源的优化,二是由于教育管理的加强,也迅速攀升。尽管我校高中招生规模只有10个班,然而,我们2013年高考文化本科达二本线人数468人,另有50多个艺体考生被清华、中央美院、中国美院等名校录取。目前,我校正实施高考本科争第一的计划,预计近年内有望实现。

二、校务委员会推进了学校日常管理的规范化与精细化

能否使学校日常管理走上规范化、精细化之路,是衡量一个学校管理水平高低的重要标杆。我校校务委员会推进了学校日常管理的规范化与精细化。

每年中考过后,我校都会成为众多家长追捧的择校热点。按照物价部门的相关规定,择校生最多只能收取3万元择校费;但有不少分数较低的学生,非常向往我校,家长甘愿拿10万元甚至更多的钱到我校就读。在巨大的诱惑面前,校务委员一再提醒“一定要规范收费”,所以我校未收一个“特价”择校生。

校务委员会也是家长利益诉求的有效渠道。通过这个平台,家长可以把对学校日常管理的建议和意见及时有效地传达给学校,客观上促进了学校工作的精细化发展。例如,学校为了便于管理,要求学生中午在学校食堂就餐。然而,有些有条件的家长想中午送饭给孩子吃。一开始,学生分管部门没有允许,怕导致秩序混乱。后来,经校委会商议,觉得凡事都不应一刀切,部分家长的要求是合理的,应该予以满足。实施结果证明,学校中午管理并没有因此而变乱,而部分家长的诉求也得到了满足。

近年来,学生的心理问题日益凸显,如何做好心理疏导工作成了现代学校日常管理工作中的棘手问题。校务委员会委员就牵头请著名心理学家桑志芹等人为我校学生开设了心理健康专题讲座,并为我校高中毕业班家长举办了专场应考心理咨询会。不少家长深情地说:“29中的管理真精细,考生最需要、我们家长此时最关心的事,学校都帮我们想到了。”

由于校务委员积极参与学校的日常管理,学校的日常管理出现了创新的局面,视野更为开阔,规

范化和精细化管理水平日益提高。

三、校务委员会推进了学校工作实施的系统化与科研化

学校工作的实施应该系统化、科研化，这样才能推动学校在科学的轨道上发展。我校的校务委员代表广泛，个人素质高、能力强，对推进学校工作实施的系统化与科研化起到了极为关键的作用。

校务委员认为，教育是有规律的。一所学校的发展固然需要与时俱进，不断创新管理思路；同时，也需要有相对稳定的、系统化、规范化的工作目标。因此，校务委员会在总结学校办学经验的基础上，制定了学校管理的“双十”工程，作为学校工作规范化的、一以贯之的工作目标。“双十”工程即：

学生管理方面，“常人教育工程、思维品质工程、科文浸润工程、特长开发工程、健强体魄工程、行为规范工程、学习力工程、珍爱生命教育工程、健康人格工程、国际交流工程”。

行政管理方面，“干部执行力工程、立体化教育工程、师德师能工程、科研先导工程、管理创新工程、教学艺术工程、目标责任评价工程、综合保障工程、文化内涵工程、辐射与形象塑造工程”。

干部素质方面，我们提出了十二个转化：① 由事务型转化成事业型；② 由官员型转化成服务型；③ 由飘浮型转化成实干型；④ 由超逸型转化成深入型；⑤ 由推卸型转化成担当型；⑥ 由乡原型转化成负责型；⑦ 由知足型转化成进取型；⑧ 由小众型转化成公众型；⑨ 由梦幻型转化成现实型；⑩ 由墨守型转化成创新型；⑪ 由专门型转化成多能型；⑫ 由平庸型转化成智慧型。

对教学工作，我们提出了“十个关注”：① 关注奋斗目标；② 关注敏感学科；③ 关注临界人群；④ 关注基础内容；⑤ 关注课堂效率；⑥ 关注讲练质量；⑦ 关注课后巩固；⑧ 关注氛围、心态；⑨ 关注思维品质；⑩ 关注学科匹配。

对课堂教学，我们提出了“十二个度”：① 表达生动而不哗众取宠；② 语言朴素而不枯燥无味；③ 内容丰富而不俎豆杂陈；④ 放手讨论而不信马由缰；⑤ 讲授简约而不粗枝大叶；⑥ 反复强调而不絮絮叨叨；⑦ 随机生成而不旁枝逸出；⑧ 启发点拨而不故弄玄虚；⑨ 复习旧知而不老调重弹；⑩ 设疑提问而不深浅失当；⑪ 解难答疑而不王顾左右；⑫ 引导探究而不钻牛角尖。

教学保障方面，我们提出了十个作用：① 年级干部的指挥与示范作用；② 班级组长的落实与协调作用；③ 学科组长的研究与统筹作用；④ 任课教师的主导与教导作用；⑤ 课内教学的阵地与关键作用；⑥ 课外辅导的补充与彰显作用；⑦ 现代技术的助力与增效作用；⑧ 教育智慧的支撑与促进作用；⑨ 教风学风的烘托与决胜作用；⑩ 教育决策的途径与方向作用。

在工作实施过程中，校委会确立了“一部两组”管理机制。一部，即年级部；两组，即备课组和班级组。“一部两组”犹如鸟的“一体两翼”，相辅相成，密不可分。“年级部”通过抓牢备课组和班级组来对年级教学和德育实施具体的管理，实现了横向管理支撑纵向管理的良好局面；备课组是传统的教学组织形式，不用多说。班级组则是我们的创新。我们所说的班级组不同于班级。班级组是包括班主任在内的全体任课教师和全体学生的集合体。在班级组里，班主任不仅是一个班级学生的管理者，也是所有任课教师的管理者。班级组是学校的最基层单位，班级组成员之间存在着共同利益关系。学校考评、奖惩首先到班级组，班级组长再根据任课教师的表现，具体决定奖惩到人。一个班级组整体教育效益好了，班级组人员才有可能提高精神奖励与物质奖励的份额。实行班级组与班级组长制度的好处有两点：一是使对班级的管理力度加大。班级由一人独管变成多人齐抓共管。二是班级组成员之间利害关系密切，一损俱损，一荣俱荣，因而团队精神增强。实践证明，校委会研究确立的“一部两组”管理体制，使学校的管理中心下移，既适应办学规模较大学校的管理需要，又便于微观

把握，把工作抓紧抓实抓具体。

在具体工作中，我校依照校务委员会的建议，走研究性道路，构建研究性教育、教学体系。学校加强管理和教学研究工作，对教师提出了"站好课堂，写好文章"的教师成长目标，要求教师通过研究，能够把握规律，寻找办法，努力使管理与教学智慧化，艺术化。学校始终围绕教育、教学中心搞科研，提高了管理的力度与教学的深度，促进育人质量的提高。

例如，在高三的选科问题上，前几年省内不少学校总是逼着学生选择文科。近几年不少名校又要求大多数学生选择理科。我校在对新高考进行认真调研分析的基础上，认为不应当"跟风上"，而应采取文理兼顾，尊重学生意愿的原则。实践证明，我校的策略是正确的。近几年，我校不仅高考出现了文理双丰收的局面，更重要的是学生们能够自主选择专业，上心仪的高校，毕业后从事自己喜欢而又擅长的工作。

在对高考的研究上，有的老师会迷信"专家"，以往学校也经常会请一些高考专家进行讲座辅导，可事后发现这些名家的讲座往往脱离学生学习实际，收效甚微。校务委员会的专家们建议学校应当重视高三教师对高考的研究和指导，他们处在教学一线，因而研究和指导就更有针对性和有效性。高三教师在校委会的建议下，注重研究高考命题趋势，连续两年考前作文训练题都与高考命题不谋而合：2009 年高考作文题为《品味时尚》，而语文组老师的考前训练题为《我看时尚》；2010 年高考作文题为《绿色生活》，而语文组老师的考前训练题为《撑起绿色的天空》！2012 年，我校语文考前练习资料产生了奇效。一个邻校的学生考前一周在家自习，由于语文薄弱，求助我校。我校提供了最后一次冲刺性资料。考生和家长共同认真研究了我校资料，结果令人吃惊：他平常模拟考试语文最高分 114 分，而高考却考了 147 分！

四、校务委员会推进了学校办学的开放化与立体化

学校校园有围墙，但办学思路绝不能要围墙。校务委员会认为学校教育应当具有开放化的视野，应当与国际接轨，面向全社会；应当充分整合利用社会资源，共同构建立体化的办学体系。只有这样，才能培养出具有开拓、创新精神的新型人才，才能全面提高学生素质。

前几年，校务委员会经过研究，提出要"跳出南京看教育，跳出国门看教育"。为此，我们打破思维定势，积极为师生创造外出交流的机会，让师生在"走出去"的过程中开阔视野。近几年，我校的对外交流日益频繁，我们与美国、英国、澳大利亚、新加坡、中国香港等地区的学校建立了定期互访的友好关系，每年我校都有近 10 个团、400 余名师生参与国际交流。同时，学校确保每位教师每年都有机会外出，赴其他省市考察、调研。我校教师的足迹已遍布了国内外中学名校，学到了许多教学与管理的经验，为我校的教育注入了新的活力。

近两年，校务委员会又提出，学校要全面落实办学理念。我校的办学理念是"培养既有优秀传统文化素养又有国际视野的现代公民"。前几年，我们注重学生国际视野的培养，近两年我们又注重学生优秀文化传统素养的培养。为此，我们申请了江苏省十二五教育规划重点课题"普通高中儒学课程基地建设研究"，并于 2012 年正式成功申请"江苏省普通高中儒家学课程基地"。我们以课题与基地为抓手，强化了传统文化教育。例如，我们打造、提炼了以儒学内容为特色的校训、三风，打造了儒学文化园，开发了校本课程与校本教材，开展了诗意校园活动，并正在筹建全国第一家中学儒学博物馆、全国第一家儒学图书馆。

通过校务委员会这个平台，学校向社会借力借智，发展学校的特色。以武术特色为例，作为江苏省武术传统学校，我校只配备了一名体育教师兼职担任武术教练，师资力量相对薄弱。在校务委员

会的积极运作下，学校和龙江体育馆(跆拳道训练)、江苏省武术协会达成合作办学协议，它们为我校提供专业的武术教练，帮助学校武术队制订训练计划并有效实施训练。几年来，学校的武术特色获得了跨越式的发展，学生们多次在国家级运动会上获得冠军，并为专业运动队输送了大量武术队员。经过不断探索、创新和发展，目前，学校在体育、艺术、文学、科技和对外交流等方面已初具特色。

学校依托校务委员会，邀请社会知名人士走进校园，创设开放性课堂，拓展学生的知识面。我校不仅开设了"学校百家讲坛"，还开展了名人进课堂的系列活动，仅 2010 年至今，就有南京军区原司令员朱文泉上将等 20 余位名师、名作家、名演员、名教授以及著名将军走进课堂。他们深邃的思想内涵、丰厚的人生阅历、崇高的思想境界开拓了学生的视野。

在开放化办学思路的引领下，学校联合社区、家长共同营造宽松、开放的教育环境，培养具有健全人格的青少年。2008 年汶川地震发生后，学校校务委员会认为这是对学生进行爱心教育好机会，于是广泛发动学生进行爱心捐款。这些捐款有的是学生的零花钱，有的是家长和学生一起捐的，还有一部分则是在立体化教育研究会的安排下，学生深入社会通过开展义卖、勤工俭学等活动所得。据统计，全校师生共为汶川捐款近 50 万元人民币，数额之大在全省中学首屈一指。这样的活动极大拓宽了学校教育的层面，不仅培养了学生的爱心，更重要的是让学生得到了用自己的奉献去帮助别人的体验。此外，学校经常组织学生深入蓝天园社区开展青年志愿者社会实践活动，还依托交警五大队定期组织学生走上街头担任义务交通协管员，宣传交通法规。社区为学生了解社会、服务社会搭建必要的平台，使学生获得课堂内无法获取的体验。

立体化教育体系是学校教育的有利补充，社会和家长可以通过校务委员会对学校办学给予鼎力支持。例如，我校是四星级高中，骨干教师众多，每年教师职称评定指标数总显得捉襟见肘。校务委员会的成员们了解情况后，利用自身的社会地位和人格魅力，与相关部门充分协商，为学校争取指标，总能顺利解决学校的难题。这样一来，也极大地提升了老师的工作热情。再比如，绩效工资实施以后，按照政策规定，学校就不能对教师进行额外的奖励。为了激励教师尤其是高三年级教师的积极性，鼓励在教育教学上有突出贡献的教师，校务委员会经过研究，建立了"教学奖励基金"，以接受社会人士对学校办学的赞助。南京新城市商业置业有限公司董事长朱献国就每年出资 20 万建立"高三年级奖教基金"，以奖励高三年级有特殊贡献的教师。

此外，校务委员们也是连接学校和社会的义务宣传员。在他们的协助宣传下，学校的知名度不断提高。仅 2013 年度我校就获得市级以上荣誉 30 项，例如江苏省文明单位、江苏省教育系统关心下一代工作先进集体、江苏省体育传统项目学校、江苏省国防教育示范校、江苏省经典诵读示范学校、南京市青奥示范学校(现代化示范学校)、南京市文明单位、南京市阳光体育学校、南京市推进素质教育示范初中、南京市奥林匹克教育"同心结"学校、南京市节水示范学校、南京市语言文字规范化学校、南京市校务委员会建设先进学校等多项荣誉。此外，媒体关注和美誉度也不断提高。2013 年，各类媒体报道我校近 70 次。学校被评为"扬子小能人优秀校园基地"。《现代快报》用整版报道我校，对我校雄厚的教学师资、奇峰竞秀的办学特色、先进的教学理念、浓厚的科研氛围给予了高度评价。

总之，近几年来，在市教育局的指导下，我校校委会建设取得了显著的成绩。然而，校委会毕竟是新生事物，还需要在今后的工作中不断探索完善。"路漫漫其修远兮"，我们身上的担子还很重，要干的事还很多，我们今后将沉下心来，"在行动中研究，在研究中行动"，为校务委员会制度的完善作出应有的贡献。

2013 年 7 月

打造儒学课程基地，留住民族文化之“根”

——南京市第二十九中学儒学经典课程基地掠影

“创新”，是时代的强音。各行各业都需要创新，这已成为人们的共识。然而，我们认为，在创新的同时，不要忘了继承。从某种意义上说，继承就是创新，因为继承是创新的基础。一个民族只有注重继承自己的优秀传统文化，才能自立于“世界民族之林”。学校教育，也应如此。

一个没有科学技术支撑的国家与民族，可能一打就倒。然而，一个失却了自己文化根基的国家与民族，可能会不打自倒。毋庸讳言，目前西方文化浸染学生，社会上包括学校中出现了“香蕉人”现象(即外皮是黄的，里面都是白的)，这是令人痛心的。我们已面临着失却民族文化根基的危机，我们必须惕然自醒，用中华优秀传统文化哺育学生，培养“芒果人”(不仅皮是黄的，里面也是黄的)，留住中华民族之根。否则，民族与国家的前途不堪设想。加强优秀传统文化教育，是我们各级教育工作者的神圣使命。根深才能叶茂，我们的下一代只有具备了优秀的中华民族传统文化的素养，才能使我们的民族与国家立于不败之地。我校的办学理念是“培养既有中国优秀文化素养，又具国际视野的现代公民”。前几年，我们在“国际视野”方面做了大量工作，收效显著。最近几年，我们又实施了中国优秀文化素养的培育工程，已经初见成效。

为了落实学校的办学理念，进一步深化普通高中课程改革，江苏省教育厅开展了普通高中课程基地建设活动。我校在开展“普通高中儒学经典课程基地建设的实践”课题研究(江苏省教育科学“十二五”规划重点课题)的基础上，于2012年成功申报了江苏省普通高中儒学经典课程基地。党的十八大工作报告中明确指出：“建设优秀传统文化传承体系，弘扬中华优秀传统文化”。中共中央总书记习近平也指出：“民族文化是一个民族区别于其他民族的独特标识。要加强对中华优秀传统文化的挖掘和阐发”，“对历史文化特别是先人传承下来的道德规范，要坚持古为今用、推陈出新，有鉴别地加以对待，有扬弃地予以继承。”我校的课题研究和基地建设恰与中央精神不谋而合，这更增强了我校儒学经典课程基地建设的信心和动力。

我校的儒学课程基地建设倾力打造以儒学文化为核心的中国优秀传统文化教育的内在特色，致力于留住中华民族传统文化之根的教育目标。近两年来，我们在潜性课程与显性课程两个方面倾注了很大的精力。现将相关工作汇报于下，以就教于各位领导和专家。

一、建构体系

构建了儒学课程基地建设的研究体系，确保研究有力，实施有序，结果有效。我们成立了十大研究中心：

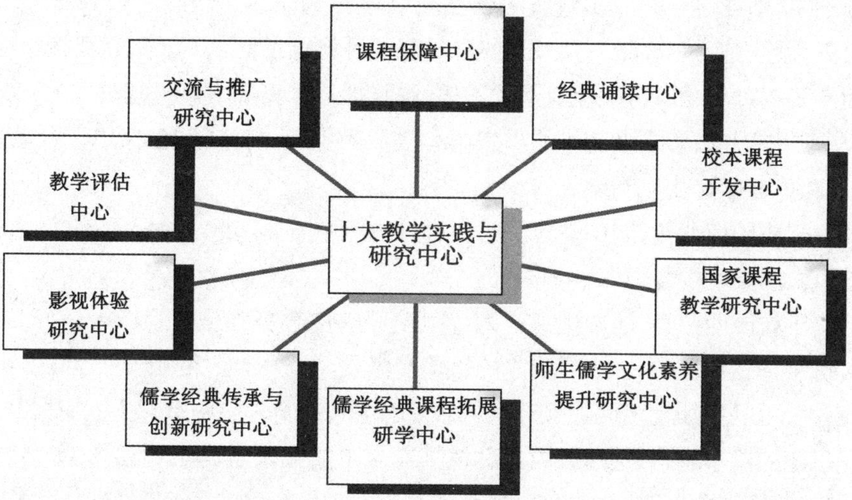

二、倾力打造

目前,我们从以下几方面入手,并已初见成效:

(一)打造具有儒学文化内涵的"校风、教风、学风、校训"

"校风、教风、学风、校训"是校园文化的核心,我们从校风、教风、学风、校训着手,收到了纲举目张的效果。学校的校训为"己所不欲,勿施于人",校风为"再思、慎言、敏行",教风为"诲人不倦",学风为"学而不厌"。

(二)打造具有民族文化特征的学校精神

学校精神是对学校历史、传统和文化的总结和提炼。我们借鉴儒学文化中的"入世""弘毅"等思想,着力打造学校精神,使其既有儒学文化核心内涵,又具有鲜明的时代特色。我们的学校精神是:

1. 不辞寸土、海纳百川的精神;
2. 藐视困难、风雨前行的精神;
3. 内力驱动、自强不息的精神;
4. 敢为人先、创新发展的精神;
5. 志存高远、勇争第一的精神。

(三)注重校园儒学特色环境的营造

我校投资10个亿,正在按五星级高中标准打造一个建筑面积8万平方米的高中新校区。目前,新校区建设已经启动。新校区的建筑风格充分突出儒学文化特色,表达了"见素抱朴"的理念,表达了"以人为本,天人合一"的经验。"疏密结合、错落有致"的布局特征,拙朴而大气的建筑风格,无不显示着泱泱中华的文化气度。

目前,新老校区的楼宇、道路都以《论语》《诗经》《离骚》及唐诗宋词中蕴含儒家进取精神的"材料"加以命名,旨在加强校园文化建设,提升校园文化品位,以更好地浸润儒家文化。

如"学而楼",语出《论语》第一篇《学而》,子曰:"学而时习之,不亦说乎?有朋自远方来,不亦乐乎？人不知而不愠，不亦君子乎？”寓意我校学生要以学习为乐事，孜孜不倦，好学不辍。“求索楼”“修远路”均语出屈原《楚辞·离骚》：“路漫漫其修远兮，吾将上下而求索。”寓意我校学生要懂得学习是一个艰辛而漫长的过程，要孜孜以求，坚韧不拔，顽强地追求真知、真理和理想。

在龙江校区的校园内，学校以孔子的思想核心“仁”为主题，打造了“仁义园”“仁智园”两个儒学文化主题园，以凸显儒学文化氛围。

“仁智园”位于校园西北角，园中建有儒学长廊，以壁画(浮雕)的方式展示儒学文化，并配以“川上池”和灵璧奇石，于灵动中复现沉稳。

“仁义园”位于校园西南角，园中主建筑为“赏心亭”。赏心亭曾是南京城内一处名胜，后毁于战火。唐宋文人每每登临抒怀，留下大量隽永的诗篇。学校重修“赏心亭”并刻辛弃疾《水龙吟·登建康赏心亭》于亭内，可以更加直观地加强对学生的爱国主义教育。园中草坪上立有“仁义”石，石上刻有体现“仁义”思想的儒学名言；主题园内还种植具有儒学文化寓意的名树嘉木，如体现“岁寒，然后知松柏之后凋也”等意境的“岁寒三友”等。

配合新校区建设，我们计划在新校区营造出“诗书古韵·和乐至美”的氛围。我们将建设论语墙、成语诗歌墙、经典栏、国学立柱、读书林、杏坛、寻根园等，让学生亲近与理解经典，与圣贤对话，“从无趣到有趣，再走向乐趣，让儒学经典融入高中生的日常生活，并逐步形成一种习惯，这样民族文化的基因就会慢慢融入孩子心灵。”

(四) 打造儒学课程教育的文化情境场所

学校重视儒学文化情境场所的建设，不惜投入重金建立儒学教学情境场所，力求为广大师生提供一个可观、可听、可感的文化空间，一个独具一格的阅读场所，从而在耳濡目染的学习和熏陶中，感受中华传统文化的独特魅力。

根据规划，我校着重进行了以下项目建设：

儒学馆。2014年4月20日，我校儒学馆正式揭牌。该馆占地320平方米，分儒学源流、儒学大师、儒学影响、儒学校本研究四个主体板块。用实物、图片、文字、视频等资料呈现儒学的发展和影响，儒学演变、先师风采及学校儒学校本课程的实施情况。馆内序言《儒学馆赋》由中国辞赋协会会长、南京大学许结教授创作；与之相辉映的结语《儒学馆铭》由我校教授级高级教师、特级教师、中国作家协会会员孙汉洲校长撰写。整体装潢风格以古朴典雅为主，馆内除了展览史料、文物、文献等资料，还利用塑像等形式复原古代儒学文化场景。置身其中，能够体会儒学传统文化历史的悠远和深邃，体会浓浓的文化气息。

全国政协副秘书长、民进中央专职副主席、中国教育学会副会长朱永新参加了揭牌仪式并对学校的儒学教育给予高度评价，他指出：南京二十九中的儒学教育“不仅是读点国学经典，更重要的是培养学生对于优秀传统文化的价值认同。学校课程契合学生的生命，又注意仪式庆典的作用，特别是在培养行为习惯上下功夫，使学生活出中国文化的根本精神。”

儒学图书馆。学校创建了儒学专业图书馆，收藏有关儒学的图书资料3000余册。其中包括书籍、图片等文本资料，音频和视频资料等内容丰富、形式多样的有关儒学的文化产品，供师生学习、研究和交流之用。

儒学体验馆。学校正在兴建儒学体验馆。体验馆占地约200平方米。馆内将安置现代化视听设备,用声、光、电等现代化手段展现古代儒学文化场景,或播放儒学文化内容的经典影视剧等作品。置身其中,可以回眸岁月的流光,可以聆听先贤的足音。

中华大讲堂。采用讲坛的方式,借助六朝古都丰富的人文资源,以儒家文化为核心内容,兼顾诸子百家等中华传统文化,定期聘请名家开展主题教育活动。讲堂占地约100平方米,按照古代书院格局设计建造,蒲团、案几一应俱全;同时,配以现代化的投影、电子白板、录播装置设备,是开设讲座,传播中华传统文化以及举行中小型学术交流活动的重要场所。

创办杂志及网站。我们将创办一本以儒学教育为主要内容的杂志。一方面旨在推动儒学及中华传统文化教育的研究和交流。另一方面,杂志将秉承传播以儒学为核心的中华传统文化的思想,将传统理念和现代思想相结合,以活泼的形式、新的视角去解读儒家思想、传统文化,使不同年龄段的人阅读后都会有收获及感悟。此外,还将建设儒学教育网站,设置“信息快递”“视频在线”“儒学文苑”等专栏。

（五）积极开展儒学仪式活动

学校积极利用节假日、班会、周会、选修课、研究性学习等形式,开展“我与经典同行”儒学经典系列鉴赏活动。我们在每年的3月24日—4月20日开展“孔子文化月”系列活动,如儒家经典征文评比活动,班级、年级诵读会,诵读擂台赛,诗文朗诵会,论语感恩故事比赛,儒学故事会等,我们还规定“孔子诞辰日”为学校的“儒学文化节”,举办儒学讲座和各种纪念活动,从而提高了全校师生学习儒学继承、创新的积极性。

（六）倾力打造“诗意校园”活动

诗教是儒学教育的重要内容。有鉴于此,我们倾力打造诗意校园,鼓励广大师生们与诗同行,用诗歌滋润心灵,用诗歌抒写情性,用诗的眼光看世界,用诗的色彩绘人生。我校开学典礼、毕业典礼、教师节、成人仪式等活动中师生的发言都以诗歌的形式呈现。我们把《中学生日常行为规范》编为43首诗歌,使学生乐学易读易记。“儒学经典诵读”“‘校园诗韵’诗歌诵读”“必备诗歌和必备美文诵读”“活动性诵读”等课程的开设,旨在让优秀的中华文化和民族精神不断产生潜移默化的效应。学校的“诗教校园”和经典诵读校本课程受到了省内外的一致好评。2012年,浙江、广东等地的教育代表团纷纷来校考察,江苏省语言文字工作委员会委托学校编写的40万字《中华经典诵读教材》已经成书。

（七）整合儒学课程

我们在教学实践中,应注重国家课程与校本课程的整合。提高国家课程儒学经典的教育效力,是我们的不懈追求。我们平时确保教学计划落到实处,师资力量充足,课堂效率有保障,教学艺术有研究。

目前的高中语文教材中就有不少涉及儒家经典的篇目,如《劝学》《师说》《季氏将伐颛臾》《寡人之于国也》等,还有教材《〈论语〉〈孟子〉选读》。学校要求教师通过阅读教学,让学生在文本阅读中对儒家思想的精髓有更深的理解和感悟。通过诵读经典、解说经典来学习中国传统的大智慧,以期世事洞明,了悟人生,成就事业。

学校目前开设的课程有:

1. 孔子教做人
2.《论语》中的成语智慧
3.《论语》与现代文明
4. 诗话《论语》
5. 儒家文化的发展与传承
6. 诸子中的成语智慧
7. 儒学走向世界
8. 儒学常识

围绕校本课程的实施,学校又组织编订了相应的校本教材。目前,《〈论语〉中的成语智慧》、《向孔子学做人》、《〈论语〉诗歌》等校本教材已经出版。

（八）加强教师的传统文化修养

学校注重校本培训,提高全体教职工的儒学文化修养,从而提高广大教师传播优秀传统文化的自觉意识和教育教学的浸润能力。孙汉洲校长作为儒学研究专家,充分发挥引领示范的作用,带领教师开展儒学课程的校本研究,先后在《新华日报》《江苏教育报》等媒体发表了多篇研究孔子的文章,并出版了 6 本儒学研究著作。其中,《孔子教你做老师》就作为教师传统文化教育的校本教材。学校依托南京大学、东南大学等高等学府的资源优势,聘请多位知名学者担任顾问,定期给老师举行儒学文化讲座和培训。在"站稳课堂,写好文章"目标的引领下,一批优质的语文教师成长为专家,为课程基地建设提供了有力的师资保障。

（九）加强拓展性研究

中国传统文化博大精深,儒学只是其中的一朵奇葩。我们不能只见树木,不见森林。在致力于儒学研究的同时,我们还拓展延伸到其他流派,研究儒学和其他流派的联系和区别。目前已取得初步成果,《成语中的诸子智慧》一书已经出版。

（十）加强合作交流,实现传统文化资源共享

建立儒学教育研究交流平台,搞好校际、地区及国际交流。既借他山之石以攻玉,又注重辐射示范,传播研究成果,实现资源共享。

我们诚邀东南大学人文学院院长樊和平教授作为我校"孔子学堂"的专家,此外还邀请南京大学、东南大学、南京师范大学的知名专家学者不定期作儒学知识的普及讲座。我们还和美国、韩国、日本、中国香港、台湾等国家和地区人士开展儒学成果的交流,将研究成果进行推广,充分发挥辐射作用。目前,《孔子教你做老师》已由韩国又松大学翻译出版,作为韩国教师的进修教材。我们还鼓励学生"走出去"拓宽视野,提供教师在本地或异地观摩学习儒学相关研究的机会。

三、成效初现

（一）学生道德水平提升

伴随着儒学经典课程基地的研究和实施,学校学生的传统文化修养不断提升,传统道德习惯不断养成。学校初步形成了具有儒学文化内涵的校风。二十九中学生的个性特质也初步显现。二十

九中的学生特质可概括为三气:即“心气、勇气、灵气”。心气,就是要志存高远,自尊自爱,独立不迁,追求卓越;勇气,就是要不畏困难,直面人生,敢于担当,百折不挠;灵气,就是要善于思考,博学敏行,善于应对,善于创新。在儒学传统文化的浸润下,我校学生的道德水平不断提升,服务社会的意识不断增强。学校青年志愿者们定期深入共建社区蓝天园社区开展为离退休老红军打扫家庭卫生,清除小区“牛皮癣”,认养社区小树苗等活动。他们走进鼓楼区特殊教育学校,与“特校”的学生们手拉手结对,送去爱心。青奥会即将展开,青年志愿者们又利用节假日走进南京地铁,担当义务引导员,用他们的爱心和热情诠释着南京的博爱精神。雅安地震,学校师生捐款近5万元。学校在校生李彦希同学将自己的2万元零花钱积攒下来,创建了全省首个学生个人慈善基金——“李彦希慈善基金”。李彦希同学已荣获南京市“美德少年”称号。学校由于社会科学知识普及工作突出,被评为江苏省社会科学普及基地,这在全省学校中只此一家!

(二)学校教育教学水平高位攀升

学校儒学经典课程基地的研究和实施,不仅促进了学生道德水平的提升,还促进了学生科学文化水平的提高。

近年来,学校在八次蝉联南京市普通高中发展性评估最高奖——“综合奖”的基础上,教育教学质量实现质的飞跃。2014年高考尘埃落定,南京市教育界捷报频传,我校也成绩空前。

先说文化类考生:

1. 我校文化类考生为601人,二本以上达线人数541人,达线率跃过了90%大关。

2. 我校预测指标任务为472人,达线541人,超额完成69人。

3. 我校文化类考生达一本线人数319人,完成率为127.46%,二本222人,完成率为110.81%,二本以上达线总完成率为114.62%。

4. 培优工作成绩显著。董欣睿同学入学成绩为南京市第1200名左右,高考成绩为401分,名列南京市第8名。

5. 班级组作用凸显。11班和14班文化类考生二本以上达线率100%,其中14班一本达线率也高达95%。

6. 择校生异军突起,成绩喜人。三年前,我校招收了125名择校生,今年高考有114名同学达到了二本以上分数线。

再说说艺术类高考和“洋高考”:

1. 艺术考生陆扬同学高考文化总分371分,成为全市艺术类考生状元。

2. 体育艺术考生中有26人被中央美院等名校录取。

3. “洋高考”成绩不凡,有18人被国外名校录取。

由于我校教育、教学、教研等各项工作成绩优异,尤其是高三年级工作更为突出,南京市教育局安排我校在　年　度的教育教学工作会议上发言,我校也连续第九次获得南京市普通高中发展性评估“综合奖”。

2015届南京市高三统考成绩揭晓,我校初战告捷。二本达线人数(前8713人)中,我校621人,以绝对优势在南京市遥居第一,高分段人群也首屈一指。理科390分以上全市128人,我校27人,占全市的1/5。文科385分以上全市23人，我校3人，占1/8。另外，二本以上达线率也令人振奋。高一招生达我校录取线的学生，本次考试达线率为98.5%，择校生达线率也高达93.3%。

我们的口号是“把第一写在我们的旗帜上”，用优异的教育教学成绩向校庆七十周年献礼！

在文化成绩节节攀升的同时，我们的特色教育也是硕果累累。学校坚持“不拘一格育人才”的理念，在办学过程中形成了体育、艺术、文学、科技以及以儒学为核心的传统文化教育等方面的特色。

校友惠若琪入选国家排球队并成长为队长，吴豪川入选国家高尔夫球队。我校代表队代表江苏省参加全国奥运知识竞赛，勇夺冠军，并作为南京市青少年代表赴英国参加青奥会宣传。魏忠祥同学获全国青少年科技创新奖；黄闵羚同学申请了5项国家专利，并作为江苏省唯一人选荣获第二届中国青少年科技创新奖，在北京人民大会堂受到国家领导人接见；余修铭同学获得两项国际发明银奖和三项发明专利。在江苏省高中生机器人大赛中，我校有3名学生获得一等奖，其中闫冬同学获一等奖冠军。

在各级各类学生竞赛中，我校学生也屡屡夺冠折桂。2011年，在全国中学生生物学竞赛中，我校有5名学生获得一等奖，人数之多在南京市众多同类学校中独占鳌头并跻身全省前五名。2013年，共有19人获国家级奖项，116人获省级奖项，86人获市级奖项。其中，1名同学荣获全国中学数学联赛省一等奖，2名同学荣获江苏省中学生物理学科奥林匹克竞赛一等奖，2名同学荣获26届全国高中生化学竞赛江苏赛区中学生化学学科奥林匹克竞赛一等奖。

学校重视对学生的文学教育，学校是全国语文教改示范校。学校文学爱好者在各级各类笔会中折桂夺冠，有2名学生分别获得全国、省级特等奖，近50名同学获得全国、省级一等奖。颜欢同学以高考作文满分而轰动语文教育界；张倩同学获全国作文大赛一等奖；马薪蕊同学获得全国新概念作文大赛一等奖并被厦门大学提前录取；眭以宁同学获得江苏省作文大赛特等奖被南京大学提前录取；谭丰雪同学获得江苏省中小学诗歌竞赛一等奖。

学校影像工作室制作的节目连续三次蝉联全国校园电视和优秀节目评比金奖。话剧社曹嫣然同学创作的剧本《天亮了》荣获首届中学生原创文学大赛暨全国百家文学社团小说(戏剧)一等奖。环保社在环保方案策划比赛中荣获全国五强。学校重视创建工作，我们除了是全省唯一一家江苏省儒学经典课程基地，全市中学唯一一家江苏省中学社科普及示范基地，还是江苏省国防教育示范学校，南京市唯一一家国家级(武术)青少年俱乐部。

我校的儒学经典课程基地建设已初见成效，受到省内外的广泛关注。香港慈善家何崇本先生捐助20万元用于学校儒学经典课程基地的建设。仅新落成的儒学馆就已接待常州、镇江等十余批学校考察团。全国政协副秘书长、民进中央专职副主席、中国教育学会副会长朱永新，南京市委宣传部副部长、市文明办主任曹劲松，鼓楼区委常委、宣传部长董伟，鼓楼区委常委、副区长郭明雁，原鼓楼区人大常委会主任、鼓楼区关心下一代委员会主任王红云等领导多次莅临儒学馆，对学校的儒学教育给予了高度评价，并指出要进一步巩固进而扩大现有的研究成果。今后，我们还将努力研究，探索实践。我们有能力、有信心打造一个示范性、高水平、综合性的普通高中儒学经典课程基地，为江苏教育乃至全国教育作出新的贡献！

2014年6月

第四编

教余心语

校训歌：己所不欲，勿施于人

己所不欲勿施于人，
道德底线孔子首倡。
西人誉为黄金法则，
国人遵守理所应当。

要想别人尊重自己，
切莫言行骄横嚣张。
要想儿孙孝顺自己，
切莫忤逆虐待爹娘。
要想不受诬陷诽谤，
切莫对人恶意中伤。
要想环境卫生整洁，
切莫随意乱扔乱放。
要想采购价廉物美，
切莫造假甘当奸商。
要想生命财产平安，
切莫为非丧尽天良。

要想为政万民拥戴，
切莫暴虐效法纣王。
要想国家多出忠臣，
切莫鼓励敌人来降。
要想外交享受平等，
切莫称霸凌弱恃强。
要想免受战争创伤，
莫存野心掠地扩张。

假如
人人己所不欲，勿施于人，
老少和睦家庭安康。
假如
人人己所不欲，勿施于人，
社会和谐麟凤呈祥。
假如
人人己所不欲，勿施于人，
民族团结共创辉煌。
假如
人人己所不欲，勿施于人，
国际交流互惠互谅。
假如
人人己所不欲，勿施于人，
地球村里“同热同凉”。

2013 年 6 月

校风：再思、慎言、敏行

再 思

春秋有个季文子，
小心谨慎出了名。
生怕言行有过错，
凡事三思而后行。

孔子对此不嘉许，
曾与弟子细点评：
反复思考过了头，
再思而行最适中。

思前想后生犹豫，
坐失良机事难成。
卤莽从事易失败，
优柔寡断亦无功。

鸿门宴上楚霸王，
当决不决留笑柄。
秀才造反常失败，
思虑太多事难成。

行思分寸把握好，
南北东西任驰骋。
行思分寸掌握好，
能谋善断路路通。

慎 言

孔子入太庙，
阶前见塑像。
铁箍缄其口，
一副怪模样。
背上有铭文，
过目而难忘：
“古之慎言人。
言多必败伤。”

孔子倡慎言，
言行要相当。
说到做不到，
骗子耍花腔。
一言可兴邦，
一言可伤邦。
言为心之声，
岂可不思量？

承诺莫轻率，
轻率威信降。
结论莫草率，
武断祸端藏。
观点莫含糊，
态度要明朗。
发言有条理，
切忌乱无章。

追究语言美，
远离粗与脏。
说话讲修辞，
风度总泱泱。
一言而九鼎，
方可做栋梁。
慎言且敏行，
潇洒走四方。

敏　行

敏于行而讷于言，
孔子教诲记心间。
从来空谈误家国，
自古成功靠实干。
朝闻道兮夕可死，
周游列国路漫漫。
明知不可而为之，
只手也要挽狂澜。

敏行讲究争朝夕，
最忌一暴十日寒。
孔子就是敏行人，
治学诲人两不倦。
五十学易不知老，
七十奋斗不言艰。
中华民族要复兴，
国家未来靠少年。
敏行二字是真经，
牢记在心益无边！

2013 年 6 月

教风：诲人不倦

教师是职业，更是事业，
民族与国家靠你托起明天的太阳。
教师不是家长，胜似家长，
多少个家庭的希望在你手上。
教师是小溪也是长江，
多少个学生靠你成就知识的海洋。
教师是柴薪也是火种，
人类知识传承的火炬靠你点亮。
教师肩头的担子沉甸甸啊，
讲台就在世界中轴线上！

如何当好教师？
千万个智者苦思冥想。
一本本教人为师的著作，
汗马牛而充栋梁。
然而，四字真经君应记，
“诲人不倦”不能忘！
诲人不倦，师之大法，
诲人不倦，成功秘藏。
诲人不倦，师德高标，
诲人不倦，功德无量。
诲人不倦，国家有幸，
诲人不倦，民族有望。
诲人不倦，我校教风，
立教之基，兴校之纲。

2013 年 6 月

学风：学而不厌(一)

"学而不厌",
一个古老的声音,
指明了学习的态度。
学而不厌,
一个执着的声音,
昭示着学习之路。
学而不厌,
一个响亮的声音,
燃起一支探索的火炬。
学而不厌,
一个睿智的声音,
指示着成功的明珠。
学而不厌,我校学风,
莘莘学子,千万记住!

学而厌之,
就会目光短浅,
不见森林,只见树木。
学而厌之,
就会思想浅薄,
不见五脏,只见肌肤。
学而厌之,
就会夜郎自大,
蚂蚁自夸撼大树。
学而厌之,
就会故步自封,
赛跑败北龟不如。
学而厌之,
就会功亏一篑间,
落得遗恨留千古。

身为中华儿女,
应为民族擎天柱,
樊膏继晷惜光阴,
勤学闻鸡也起舞。
身为中华儿女,
腹藏经纶与诗书,
终身学习贵有恒,
人生路上永进取!

2013 年 6 月

学而不厌(二)

学而不厌是箴言，
言简意赅有奥妙。
学问欲有大建树，
舍此无觅康庄道。

学习犹如行千里，
骏马一跃难达到。
驽马十驾功告成，
锲而不舍石可雕。

学习犹如建大厦，
一砖一石要备料。
先打基础再砌墙，
日积月累入云霄。

知识海洋烟波渺，
学习犹如手执瓢。
瓢饮自满意如何？
海若面前尽贻笑。

自古圣贤学不厌，
孔子五十不觉老。
研究《易经》有心得，
删订诗书立高标。

天生识字白居易，
苦读不厌也不骄。
眼花耳鸣口生疮，
手不释卷基础牢。

莫道古训已过时，
信息时代更重要。
人称知识大爆炸，
更新必走快车道。

不学则退中途废，
仲永平庸不足道。
寄言少年立长志，
终身学习弄大潮。

2013年6月

校园之歌(歌词)

云山苍苍,
江水泱泱,
二十九中,
知识殿堂。
再思慎言敏行,
志气勇气灵气,
学子弄潮荡双桨。
铁肩担道义,
妙手著文章,
民族复兴,我们做栋梁。

云山苍苍,
江水泱泱,
二十九中,
桃李芬芳。
爱国爱家爱民,
自尊自重自强,
面向世界放眼量。
揽月上九天,
捉鳖下五洋。
民族复兴,我们做栋梁。

2010 年 3 月

录取通知书寄语

你选择了我，
我选择了你，
从此我们心相连。

你选择了我，
我选择了你，
从此我们手相牵。

假如你是一艘船，
我就是一个深水港湾，
那众多良师，
则是你们助征的云帆。

假如你是一片大海，
我就是江之头河之源，
那众多良师，
则是细流涓涓。

假如你是一座大厦，
我就是水泥和红砖，
那众多良师，
则是钢筋支撑其间。

三年，
我有知识的乳浆供你饮用；
三年，
我有能力的刀枪供你磨炼；
三年，
我会用母爱滋润你的心灵；
三年，
我会把你理想的风筝放飞蓝天！

来吧，
这里是你生活的乐园，
求知的林园，
精神的家园。

来吧，
这里是成功的阶梯，
智慧的硅谷，
青春的驿站！

2013 年 3 月

开学典礼献词

第一章

又是一年秋风劲，
熟了稻穗，红了高粱。
又是一年秋风劲，
山青水绿，鹭歌莺唱。
呵，金秋九月，成熟的季节，
啊，金秋九月，孕育着希望。
又是一年秋风劲，
二十九中张开臂膀：
欢迎你，新入学的莘莘学子，
欢迎你，振兴民族的健将。
这里是学业的摇篮，
这里是知识的殿堂。
这里是精神的家园，
这里是起航的良港。
这里有不是父母胜似父母的师爱啊，
犹如晚上的月色白天的阳光。
这里是有丹青妙手啊，
为你构建、描绘青春的画廊。
这里有知识的乳汁啊，
让智慧在心灵中成长。
这里有良师益友啊，
一起学习、生活，共同成长……

第二章

二十九中，一个响亮的名字，
在神州大地上回响。
哦，二十九中，一所历史名校，
省城大地上屹立着他伟岸的形象。
67 年风雨，他由小到大，
67 年风雨，他由大到强，

67 年风雨，他一路坎坷一路探索，
67 年风雨，他一路鲜花，一路辉煌。
先进的办学理念，
指引育人方向：
优秀的传统文化素养，把根留住，
广阔的国际视野，心存七洲五洋。
办学的三维目标，
催征的风帆高扬：
办学目标，质量上乘，特色鲜明，
教师目标，站稳讲台，写好文章，
学生目标，全面发展，学有专长，
把第一写在我们的旗帜之上！
二十九中精神逐渐形成，
给奋进的学校倾注了力量：
海纳百川，不辞寸土而成其大，
藐视困难，风雨前行永向前方，
内力驱内动，自强不息图发展，
敢为人先，创先发展敢拼闯，
志存高远，永存第一志气昂。
在江苏的教育事业的林苑中，
他是丹柯的火炬之光。
在南京的教育苍穹下，
他是矫健的雄鹰高翔。
孩子们，放心吧，
他与你共渡三年美好时光。
孩子们，放心吧，
他的手将托起你的太阳！

第三章

万里长江送远帆，
百仞石城迎朝阳。
人生青春莫辜负，
少年学习如朝阳！
亲爱的同学们，
未来的三年你有何设想？
人生发展要规划，
发展目标要定向。
德智体美劳，
样样要争强。
个性要发展，

学习有专长。
是鱼总要游,是水总要流,
好儿女志在八方!
是马总要跑,是鹰总要飞,
好儿女争高争强。
厚德载物,志在济苍生,
追求卓越,民族做栋梁!
未来的你们,将如芳草遍天涯,
未来的你们,应是桃李绽芬芳。
未来的你们,学习事业有大成,
未来的你们,为国添彩为校添光!

哦,亲爱的学子,今天,你们为母校自豪鼓掌吧,
哦,亲爱的学子,明天,母校将为你们骄傲歌唱!

2012 年 2 月

毕业典礼祝词

石城巍巍，
扬子长流，
拱围母校，
演绎春秋。

三年光阴，
学业勤修。
夙兴夜寐，
上下索求。
文史林苑，
寻芳探幽。
科学湖海，
扬棹泛舟。
技艺益进，
目无全牛。
身心健康，
青春竞秀。

三年光阴，
德积逾厚，
仁义廉耻，
规范自守。
浩然气生，
欲带吴钩。
志存高远，
击楫中流。
指点江山，
挥斥方遒。
放眼未来，
心怀全球。

三年光阴，
结交师友。
朝夕相处，
意气相投。
手足情深，
同泽同仇。
师恩难忘，
春风悠悠。
舞雩风轻，
杏坛声柔。
精神家园，
共同守候。

临行依依，
何时聚首？
此去四方，
天涯海陬。
犹如良种，
广撒田畴。
春风将过，
绿遍五洲。
当为鹏飞，
扶摇重九。
当为鹤鸣，
声嘹皋头。
造福亿民，
立功千秋。
回报母校，
壮志已酬！

2013年6月

校长训词

一、戒空谈

空谈从来误家国，巧言令色是毒药。
成功须从干中来，嘴上功夫惹人笑。

二、戒骄傲

骄傲定使人失败，闯王战死究可哀。
疯狂之后必衰败，谦逊二字记胸怀。

三、戒奢侈

勤俭节约是美德，奢侈浪费是犯罪。
世界人多资源少，心中悲天悯人类。

四、戒虚伪

劝君莫当伪君子，行尸走肉不如死。
众人有眼察秋毫，机关算尽反误己。

五、戒浮躁

读书做事要深沉，切莫近利急事功。
沙上建塔无不倒，百炼好钢始得成。

六、戒贪婪

万恶之首在于贪，千般美德尽被掩。
君看监狱锒铛者，整日后悔泪洗面。

七、戒懈怠

学习工作如行舟，不进则退变下游。
持之以恒有建树，成功秘诀垂千秋。

八、戒自闭

人生友谊胜黄金，要拿己心换人心。
四海之内皆兄弟，但愿天地一家亲。

九、戒虚荣

虚荣之心恶之花，心累身累常作假。
玛尔蒂德夫人泪，君且记取莫效法。

十、戒乡原

乡原就是老好人，孔子斥为“德之贼”。
爱憎分明崇真善，是非之前分泾渭。

2013年1月

儒学馆铭

石城巍巍，扬子汤汤。金陵古都，文帜高张。儒学馆成，落成名庠。课程基地，发轫滥觞。筚路蓝缕，呕心枯肠。献芹献曝，诚恐诚惶。抛砖引玉，就教大方。

中华文明，源远流长。儒学文化，仲尼肇创。思想武库，智慧宝藏。仁义忠恕，天维地纲；修身济世，闻道至上。以和为贵，礼乐崇臧。泛爱大众，大同理想。浩然正气，斐然文章。志士仁人，辈出门墙。文化血脉，长河大江。百族骈阗，功德无量；民族复兴，一剂良方。泽被中外，万世景仰。皇皇遗产，彰显发扬！

冀我学子，莫负重望。儒学留根，枝叶万丈。克绍箕裘，饮醇味粱。孝悌为本，诚信善良。夺席谈经，识辨商羊。厚德载物，奋发图强。修身齐家，兴国安邦。令尹垂范，用行舍藏。校训校风，铭记勿忘！

如此幸甚，庠序呈祥。齐鲁春风，桃李芬芳。青出于蓝，为师何怅！区区一铭，半瓣心香……

2014 年 4 月

孔子赋赞

孔子何许人？
《论语》可观之。
不愧人中圣，
不愧万世师。

一

家国式微日，
仲尼生乱世。
天将降大任，
筋骨以劳之。
母子苦相依，
贫贱多鄙事。
深知民间苦，
博学而多艺。
志在匡天下，
志欲乱世治。
穷究天人理，
研尽人间事。
慧口述尧舜，
铁肩担道义。

二

立身凭孝悌，
处事重礼仪。
仁者即爱人，
学说一贯之。
忠以待他人，
贵贱两无欺。
乡原德之贼，
怨仇报以直。
礼乐化百姓，
言行德之系。
父子相与隐，
不离亦不弃。

三

不与鸟兽群，
积极求入世。
身为天下忧，
心怀天下志。
欲使风俗淳，
祸患无所辞。
理想执着求，
独立不媚世。
真理至高上，
朝闻夕可死。
上下而求索，
闻道梦所思。
即使为独木，
亦将大厦支。
明知其不可，
汲汲而为之。

四

从政不为谷，
欲谋天下利。
人欲横流时，
提倡要克己。
爱憎讲分明，
礼治兼法治。
诛杀少正卯，
司法正风气。
整治饮羊俗，
勤为民生计。

五

利害有取舍，
标准心自恃。
富贵人所求，
执鞭也为之。
富而悖礼义，
弃之如敝屣。
富贵不能淫，
贫贱不能移。
君昏道不行，
忍痛去乡梓。

六

周游十三载，
万苦亦不辞。
陈蔡曾绝粮，
宋国受威胁，
卫国求发展，
权宜见南子。
恍若丧家犬，
只因知音稀。
曾听接舆歌，
曾受宋人讥。
三军可夺帅，
匹夫不夺志。
天生德于予，
胸中存正气。

七

学问在于问，
太庙问不耻。
学习不餍足，
五十拟学《易》。
终身学习论，
发轫自其始。
博学通天人，
能释天下疑。
学高德亦高，
王者拜为师。

八

平生教子弟，
穷困情不移。
教育由民办，
实从子之始。
诲人而不倦，
爱生如己子。
有教而无类，
平等以待之。
因材而施教，
灵活不拘泥。
讨论讲民主，
“毋以长乎己”。
师生常对话，
言情也言志。
《论语》赖之成，
读书有种子。
门下桃李芳，
四科出巨子。
为文才斐然，
为德明孝悌。
为商成巨贾，
为政邦国治。

九

情系衣胞地，
老迈归故里。
欲令学术纯，
编史复删诗。
殷勤传薪火，
悉心教子弟。
韦编曾三绝，
专心而读《易》。
从心不逾矩，
洞察人间事。
不堪爱子卒，
深忧贤契逝。
绝笔悲获麟，
太息知天意。
昊天亦不吊，
哲人溘然逝。

十

智慧泽中华，
伦理化夷狄。
民族如大厦，
儒学栋梁支。
文化如大树，
儒学如根系。
天不生仲尼，
万古如长夜！
国盛儒学兴，
治世为利器。
民族要复兴，
儒学藏玄机。
继承加创新，
无往而不利。
敬告后世人，
莫作撼树蚁。

2014 年 6 月

东海高级中学校碑铭

东海名郡，人杰地灵，温泉水暖，水晶空灵，稻麦连畴，花果无垠。将军岩上，原始遗画；大贤庄里，史前文明；羽山脚下，殛鲧有泉；尹湾汉墓，木牍驰名。黄公有约，孝妇有情，稼轩跃马，魏胜驰骋，马岱捷足，佩弦先行。思厥先民，开创文明。

廿纪四九，国运新开，县府西迁，万业俱兴。创立县中，教化子孙；为国育才，传承文明。于是名师云集，学子莘莘，亦学亦劳，栉雨沐风，英才辈出，商兵工农，五洲涉足，叱咤风云：为政一方，造福黍民；为商一隅，市场先锋；务工务农，立国有本；从文挥毫，创新文风；从戎卫国，扫尽胡尘。为校争光，为国争雄。生因校强，校因生荣。东海县中，海内知名。

兴县大计，教育先行。县委县府，高屋建瓴。世纪之交，筹箸肇定，易地建校，更名扩容。因而斥资巨亿，征地三百，精心设计，细心论证；择日开工，汇聚精英，技赛鲁班，巧夺天工。一年之内，宏图初成。师生六千，汇聚于斯。国歌声里，纪元新始。

放眼新校，气象峥嵘。亭阁翼然，群楼凌云，假山岧岧，曲桥玲珑，碧水悠悠，花木葱葱。教学设备，精良一流，校园网站，联结全球。更有专家治校，名师执教，创新求是，人本立校，淡泊明志，修身自好；翩翩学子，风华正茂，良骥翘首，宝剑出鞘，放眼未来，把握今朝！办学二年，成果良多，犹如大树，枝繁叶茂。看优生潮涌，素质日高，夺冠奥赛，折桂高考，奖牌踵接，掌声如潮。省市领导，齐志称赞；国际友人，连声叫好。名校效应，初步放大；规模效益，花枝独俏。

全体师生，饮水思源：党政领导，功劳如山；社会各界，功德齐天。欣逢盛世，敢不加鞭？兴我中华，重任在肩。科学如山，勇于攀援；文化如海，击水三千。

校门有碑，未敢遽题。时逢校庆，不宜空然。勉强提笔，草成碑铭，献芹献曝，斗胆抛砖。理想宏文，以待诸贤。

2003 年 8 月

三八节致女教师

你做家务的手，
推动摇篮也推动地球。
你拿粉笔的手，
书写例题也书写春秋。
你是人生的导演，
——导演希望与成就。
你是慈爱的港湾，
——停泊幸福和自由。

托请织女献上云锦，
托请嫦娥舞动长袖，
托请森林化作诗行，
托请溪流变成美酒。
表达民族和国家的祝福，
还有男同胞节日的问候……

2012 年 3 月

临考赠言

——致 2013 届毕业班同学

高考在即,情系高三学子,创作十副对联勉励同学,祝愿同学们高考顺利,金榜题名!

1. 多点自信,人难我难我不畏难,
   少点麻痹,人易我易我不大意。
2. 有战争就有伤亡,谁怕?
   有考试就会失分,何惧!
   得分率达 65%,二本在握,
   得分率过 70%,一本稳操。
3. 基础题基础分,奠定成功基础,得基础得高考,一分不丢,
   高难题有难度,选择角度突破,困难迎刃而解,每分必争。
4. 心态平常易发挥,切忌患得患失,
   临场不乱创佳绩,务必镇定从容。
5. 似曾相识防陷阱,
   同中有异细辨别。
6. 认真审题,细心答卷,耐心检查,
   听清信号,适应环境,精准涂卡。
7. 走进考场有信心,遇到难度有耐心,
   出现错误要宽心,下场考试要倾心。
8. 绕过"拦路虎",先易后难,柳暗花明,
   踏平"羊肠道",步步为营,攻城略地。
9. 对高考说一声:"你终于来了",
   对大学说一声:"我马上就到"!
10. 今朝小试牛刀,喜临高考展身手,
    他日大展宏图,笑傲环球主沉浮。

2013 年 6 月

耕耘在希望的田野上

——在2012年鼓楼区教育教学工作会议上的发言

第一章　成就回眸

又是一年秋风劲，
熟了稻穗，红了高粱。
又是一年秋光好，
山青水绿，鹭歌莺唱。
又是一年好收成，
二十九中教育谱新章。
我们用智慧和汗水，
耕耘在希望的田野上。
我们用汗水和智慧，
让写着“第一”的旗帜飘扬！

新一届的区委区政府，
对二十九中关怀有加，
书记区长第一次与校长见面，
就提出任务寄予厚望。
“高考二本以上达线超一中，”
提出要求的是杨区长。
“招生分数线要超十三中，”
陆书记指示有分量。
于是，我们调整工作目标，
于是，我们调整战略思想，
二十九中这艘巨舰，
加足马力，高速出航。

三百天，花开花落，
三百天，雪雨风霜，
赶超之路漫且长。
终于，高考揭晓，
我们以空前优异的成绩，

实现了杨区长的理想。
二本达线超过追赶学校 48 人,
文科达线 164 人,
一名文化考生分数线超北大 6 分,他叫司鸣晨,
一名艺术考生录取中央美院,他叫程训昌。
高校捷报雪片似飞来,
南京大学的贺信上,十七名新生的名字让人眼睛一亮!
终于高中招生落下帷幕,
我们实现了陆书记的期望。
今年招生增加两个班,
分数不降反涨。
同类学校第一,鼓楼教育志气扬!
终于,小高考再获全胜,
4A 人数名列全市前三强。
终于中考又爆新闻,
又有一名男生荣登状元榜。

提高成绩是硬道理,
课堂是素质教育的主战场。
学生的成长是我们的责任,
我们终于七次蝉联南京市教育发展性评估最高奖——综合奖。

科研是教育的第一生产力,
学校重视抓不放。
“十二五”省级课题申报难,
我校轻松拿下了七项!
200 多篇论文高水准,
5 部著作体现分量,
专家啧啧连声赞,
“可与高校争高强!”

“五四杯”青年教师大赛层次高,
我校荣登冠军榜。
32 人登上领奖台,
学校荣获组织奖!
传统文化是中华民族之根,
把根留住才能自立自强,
我们成功申报了江苏省儒学课程基地,
600 万基金支撑着“留根”工程的理想。

我校成为全市中学唯一的江苏省社科基地，
就是要用社科知识把师生武装，
全国语文课改示范校，声威震华夏，
全国特色化教育试验学校，证书闪金光。

学生素质大提高，
个性发展又张扬。
中华武术甲天下，二十九武术甲中华，
武术队全国中学生运动会上夺金奖。
为申办青奥作贡献，
我校代表队全国青奥知识竞赛又把冠军拿。
全国中学生作文大赛，
海峡两岸余光中散文大赛，
我校获奖者群星灿烂。
机器人竞赛，全省第一名，
电视散文全国获奖居五强。
致远校区走出了科学院小院士，
玉泉校区迎来了省故事大王。
体育艺术科技特色更鲜明，
师生青春焕发烈火正旺。

优秀学生如雨后春笋，
优秀教师如长江之浪。
我们奋斗，拼搏，收获，成长；
二十九中出英才，育栋梁！

海纳百川成其大，
二十九中由小到大，由大到强，
四中与二十九中整合，
品牌叠加相得益彰。
四中的传统将被继承，
四中的特色将被发扬，
四中是一只浴火重生的凤凰！
办学空间狭小，
几度使二十九中尴尬沮丧。
区委区政府区教育局，
大智大勇把握航向，
资源整合使玉泉校区走向广阔天地，
新校区启动将使高中部如虎添翅膀！

这将成为现实——几代人的梦想！
这将成为现实——教育人的理想！

问渠那得清如许，
为有源头活水来。
辉煌的数字后面，
凝聚了教职员工的心血、汗水和爱！
难忘高三，
多少人夜批作业，
窗外只有月光做伴；
难忘高三，
多少人早起备课，
身边妻儿梦正酣。
难忘高三，
多少老师把病假条在抽屉里悄悄藏，
多少老师缺席家庭聚会只因工作忙，忙，忙！
难忘高三，
多少老师与学生谈心，耽误了吃饭，
多少老师放弃了午休，为学生无偿补课！

难忘初三，
绿色接力步履维艰。
面对家长的追问，
老师们耐心宣传。
面对学生的疑虑，
老师用爱心来召唤。
多少老师说哑了喉咙，
多少老师把手机打烂，
多少老师三顾学生家门，
多少老师与家长促膝长谈。
精诚所至金石开，
终于，数据赢得了家长信任，
终于，高一录取线663！

成绩不仅靠汗水滋润，
还要靠智慧的甘霖浇灌。
田忌赛马，孙膑用计，
古老的智慧谱出新篇章。
我们文理并重，文理双丰收，

文科达线数全市鳌头独占。
高三领导小组,每周例会,
运筹帷幄,指挥考前!
研究高考,自信自力,
编写练习,契合考点。
跳出江苏看高考,
视角延伸,东北西南。
校长编写,作文教材,
指导高考,行之高效。
教学相长生智慧,
成功之后不是偶然是必然!

逆水行舟,不进则退,
教育工作无止境。
新的目标在眼前。
仰望星空脚踏实地,
再创佳绩谱新篇!
听,进军的号角已吹响,
听,进军的旗帜正飘扬。
我们唱着国歌居安要思危,
我们唱着国歌向前!向前!
我们用双手拥抱成功的明天,
我们用双手托起祖国的太阳!

2012年9月

为了明天更辉煌(朗诵诗)

——四星级高中创建验收旗下讲话

这是一片神奇的土地——
唐朝诗人马戴从这里奔赴长安,
宋朝大将魏胜在这里血洒海疆;
这是一片神奇的土地——
苏东坡曾在这片土地上流连忘返,不肯离去,
朱自清吃着花生、地瓜走向月光下的荷塘;
这是一片神奇的土地——巍巍禹山啊,依然是古渊倒映蓝天、白云,
悠悠古城啊,还可见秦汉的铁剑和瓦当……
数风流人物还看今朝,
看东海儿女后来居上!

如果说东海高级中学的诞生是个神话,
我们要让这神话插上翅膀;
如果说东海高级中学的诞生是个奇迹,
我们要让这奇迹更加辉煌。
一百万父老乡亲啊关注着同一件事情,
六千名师生员工啊奋战在同一个地方!
创建——
建成国内一流的示范高中;
创建——
建成国际先进的知识殿堂。
创建的每一天啊都让我永远难忘……

当夜色还拥抱着小城甜甜酣睡,
是谁的身影如此匆忙?
当星光下的路灯撑开夜色的大幕,
是谁的脚步踏破了寂静空旷?
那是老师啊,
是他们废寝忘食、一心想着工作,
是他们起早睡晚、两头不见太阳。

有人把老师比做蜡烛，
可蜡烛哪如老师用智慧之光照亮学生的心房？
有人把老师比做春蚕，
可春蚕哪如老师日日吐丝、寒来暑往？
一名身患绝症的老师即将入院治疗，
她还为没能讲完的几道习题而惆怅。
一位老师天天把不满三岁的孩子锁在夜晚的家中，
自己赶来学校、深入课堂……
既然选择了教师的职业，
就奉献全部的青春、热血。
既然选择了这所学校，
就应该为学校添彩增光！
获得全国数学一等奖的同学啊，
你为何硬要把奖状塞在老师手上？
手捧生物奥赛金牌的同学啊，
你为何欲言又止、热泪流淌？
一面面锦旗，
一张张奖状，
一个个奖杯，
一次次辉煌！
学生的进步！
就是老师最大的欣慰；
学生的爱戴，
就是对老师最高的奖赏！
学校的每一项荣誉啊，
都让东海人民心花怒放！
创建的每一天啊，都使我们心潮激荡……
如果说高级中学是一面战旗，
这面战旗正挟着黄海长风呼啦啦作响；
如果说高级中学是一首乐曲，
这首乐曲正唱得响遏行云、悠扬高亢；
如果说高级中学是一幅画卷，
这画卷云蒸霞蔚、大气酣畅；
如果说高级中学是一艘巨型航母，
这艘航母啊正汽笛长鸣、破浪远航！
身居海外的校友啊，恐怕你已认不出母校的模样，
如今这里是楼群连云、白壁红墙；飞阁流丹、重榭回廊……
刚刚离去的外国同行啊，
你何时再到这里交流、观光？

如今满校奇花异草、沁芳飘香……
退休在家的老教师啊，
何时再来走一趟？
如今不光是粉笔、黑板，
更有闭路电视、多媒体、宽带网……
这里不是公园，
却比公园汇聚了更多的春色。
这里不是名胜，
却比名胜多了唐诗宋词汉文章！
创建的校园啊，
真是一天一个样；
创建的每一天啊，都让我们热情高涨……

同心协力，拼搏奉献，
与时俱进，奋发向上！
大高中的红楼连着北大的红楼，
西双湖的碧水映着未名湖的波浪。
一根教鞭，古往今来，指点千年文明历史；
三尺讲台，东西南北，培育八方英才栋梁！
谁说老师的生活清苦？
我们用心血酿造世界最美的玉液琼浆。
谁说老师的生活单调？
我们在播种星星、收获霞光！
水晶虽然晶莹，
哪如老师的奉献之心清纯透亮？
温泉虽然温暖，
哪如老师的创建热情那样滚烫？
没有最好，只有更好——
追求卓越，是高级中学人的志向！
只有起点，没有终点——
永远进击，是高级中学人的期望！
听——
声声战鼓连着九天的春雷；
看——
万马奔腾向着同一个方向！
让我们用勤劳和智慧，撬动教育的地球！
让我们用青春和热血，托起明天的太阳！

2003 年 3 月

二十九中 2008 之歌

——学校 2008 年工作总结

石头城下,秦淮河畔,
大桥南端,长江东岸。
这里坐落着二十九中,
虎啸金陵,立地顶天。
二十九中,山路弯弯,
二十九中,曲折向前。
2008 年度,历史又用难题把二十九中来考验。
三年前,高考失利,一夜之间,中考学生纷纷改填志愿。
二十九中人眼看录取分数线首次低于十三中,泪在眼中,痛在胸间。
问苍天,苍天无语,问大地,大地无言。
生源是学校的生命线啊,
生源差了,怎么办?怎么办?
时间如水流逝,二十九中被逼到阵前。
面对难关,做懦夫束手无策,还是做英雄斩将夺关?
社会各界议论纷纷,二十九中人步履维艰。

区委、区政府、区教育局高瞻远瞩,
关注着二十九中的发展。
区委副书记在班子会上的讲话,
增强了我们的危机感。
组织部长在校长调研会上的讲话,
坚定了信心,成了工作指南。
于是,二十九中这艘航船,破浪扬帆。
二十九中,有过失利的记录,但是没有过失败的历史;
二十九中人越挫越勇,奋发图强。
忘不了,高三师生夜战的灯光;
忘不了,全校上下为招生奔忙;
忘不了,多少人累了,打个哈欠又埋头批改作业;
忘不了多少人病了,打完点滴又上课堂;
忘不了,多少人利用中午、双休日为学生无偿补课;

忘不了，多少人没有时间照顾襁褓中的孩子、病榻前的爹娘；
忘不了，多少人带病把教学任务完成后才走上手术台；
忘不了，有人忙得几个月的体检表还在抽屉里，
例如，我们的吴书记和孙校长。
这样的群体，战斗力岂能不强，这样的群体，注定要铸造辉煌！

天道酬勤，一分耕耘一分收获；
春华秋实，播种了希望，于是收获了辉煌。
二十九中，一年来工作全面大突破，把胜利写在我们的旗帜上。
高考的硝烟散尽，
高考的成绩揭晓，
高考的捷报传来，
二十九中“这边风景独好”。
市区的前几所名校，只有我们全面超过南京市预测指标！
南京市绩效评估，我们以总分第一名的成绩铸就了自豪。
更为可喜的是，高考达一本线的学生占 65%，其他学校只能羡慕仰望。
我们从三年前生源的洼地崛起，实现了再创历史新高的梦想。
又一次用事实证明，二十九中不是落日，而是朝阳！

中考成绩是初中教学的风向标，
二十九中的旗帜在高空飘扬。
高分段人群全市公办初中第一，
全面超额完成三级指标。
留生工作做得好，
优秀学生们走进二十九中高中部知识的殿堂。
瞬间，29 中好评如潮，夸奖者从百姓到市长！

中考招生落下帷幕，
二十九中再度风光。
连续三年招生的遗憾，
被 646 分的扫帚一扫而光。
2006、2007 年两年，我们达南师附中分数线的共有 12 人，
而今年一年就有 33 人走向二十九中课堂，
外加达金陵中学分数线 34 人。
我们可以肯定地说，这为三年后的突破聚集了力量！
我们相信，我们和几所名校又站在同一起跑线上，
中原逐鹿，又有一番较量！

素质教育是抓手，全面发展不能忘。

学农学军春秋游，学生眼界大开放；
国际交流出国游，国际视野早培养；
体育活动文艺节，发展个性促特长。
文学社、摄影社，校园充满七色阳光。
竞赛成绩是学校的名片，竞赛最有分量。
一年来，竞赛又有新突破，多少学子荣登金榜！
307人次获国家、省市大奖，这不仅是数量更是质量。
传统武术跆拳道，披金戴银在赛场。
惠若琪入选国家女子排球队，
吴豪川上了高尔夫球国家金榜。
省运会武术得冠军，全运会成绩不凡把名扬。
数学奥赛机器人，海内海外把名扬。
作文大赛创奇迹，
新概念作文、全省作文大赛、“雨花杯”竞赛，
次次都是一等奖！

制度从来是杠杆，机制改革有力量。
教师引进公开化，手有人才心不慌。
职评实行积分制，避免领导凭印象。
考试评估科学化，教学质量有保障。
成绩就是试金石，英雄决战在课堂。

名师培养加速度，一代名师在成长。
基本功竞赛显实绩，市、区青优上金榜。
省级教材我校教师编，为省市开设示范课70场，
仇长帅、栾富海、庞同兵、侯正永，一代青年在成长。
市级试卷我命题，省级赛课拿大奖。
江苏有突出贡献专家，全省教育界仅有三人，评委选中孙校长。
特级教师评选，朱琦校长成了全区中学唯一的希望。
评选揭晓传喜报，特级教师当然上！
全国学术团体中，我校教师照把理事当。
教育科研撑大船，报纸杂志发文章，
6位教师出专著，国内教坛美名扬。

学校办学师为本，教师福利要跟上。
中秋国庆过春节，奖金年年有增长。
中高考奖金超百万，有功人员拿大奖。
办学条件大改善，教学质量有保障。
多媒体改造投入五百万，教学现代化做文章。

党建工作是动力,推动学校大干快上。
全国先进南京唯一,吴书记北京领大奖。
围绕教学搞党建,困难面前党员上;
组织发展抓手上,高三学子心向党。
教育争当排头兵,二十九中美名扬。
出成绩也出经验,市里开会做现场。
大课间活动搞得好,参会人员齐鼓掌;
通用技术实验室领风骚,参观人群如鲫过江。
防震演习做现场,省市领导齐赞扬。
全年高三一模现场会,工作经验被推广。
用实力夺回话语权,用实力显示二十九中力量。
二十九中全面工作一路领先,同行公认,领导夸奖!

回首过去一年,我们自豪。
我们用青春和智慧,泪水和汗水,创造了辉煌。
展望未来,无限风光在险峰,我们豪情万丈。
尽管,明年的高三当年入学成绩最低,
但是,我们相信高三师生是雄鹰,
将飞出低谷,在蓝天碧云间翱翔。

人勤春来早,新高三又迎新风光:
南大强化提前录取创辉煌,全市录取 4 人,我们学校 2 人上。
中国人大提前录取 2 人,我们囊括当仁不让!
尽管,我们的经费空前紧张,
但是,我们相信,我们会进一步开源节流,
为教师多发奖金,做好后勤保障!
尽管,我们还面临许多困难,
包括怀疑与诽谤,
然而,我们会披荆斩棘,越战越强。

兄弟同心,其利断金,精诚团结就是力量。
二十九中人团结起来吧,
我们会变成千手观音,
摘下希望的星星,托起明天的太阳!

2008 年 12 月

赏心亭记

南京二十九中高中部地处鼓楼区龙江小区，东依石头城、秦淮河，西邻长江，占尽天时地利人和。有幸主持校务，虽夙兴夜寐，呕心沥血，然亦足乐也。

学校大兴文化建设，拟于西南隅建一亭，推余命名，吾再三踌躇而不能定。江南人文荟萃，名楼名亭不可胜数，一名之定，匠心存焉。寤寐求之，灵感翩然而至：何不曰赏心亭哉？

赏心亭，乃古金陵之名胜，传说建于水西门城楼。古代文人墨客往往登临其上，把酒赋诗，乘兴抒怀，风流遗韵，千古流芳。如宋人辛弃疾的《水龙吟 · 登建康赏心亭》乃其中上乘之作，我幼年已耳熟能详焉。

惜乎战祸频仍，原亭已名虽存而实亡矣。今何不以“赏心”名此亭。一以补原亭不存遗憾，见此亭犹见古之赏心亭也；二以“赏心”二字命此亭，以使此亭文化底蕴借此丰厚。又于亭中立一石碑，勒辛弃疾“赏心亭”词于其上，又可以作爱国主义教材以勉励诸生矣。

因而为偈云：江水泱泱，钟山苍苍，金陵古都，虎踞龙藏。廿九中学，在水一方。办学育才，志在兴邦：六十五载，广育栋梁。今逢盛世，学盛人昌。为师教而不厌，为生学有专长，质量上乘，名列金榜，特色鲜明，群众夸奖。建亭勒石，意气张扬。百尺竿头，更进一丈。师生戳力，再创辉煌。

校园文化建设，育人之大事也。此亭之命名庶几无憾乎？

2009 年 11 月 29 日于金陵

爱　你

——献给南京二十九中

爱你，用我的眼睛，
只要能给你带来光明，
哪怕化作一只流萤。

爱你，用我的双手，
只要能与你相守，
哪怕作影随形后。

爱你，用我的嘴巴，
只要能演绎你的史话，
哪怕化作一只喇叭。

爱你，用我的耳朵，
只要能为你辨别善恶，
哪怕化作一段光波。

爱你，用我的双腿，
只要能为你争光添辉，
哪怕化作牛马奔波劳累。

爱你，用我的心，
只要你能享受一片绿荫，
哪怕饮尽江河化邓林。

爱你，用眼用手用嘴，
爱你，用耳用腿用心，
只为当初那一个自信的承诺，
形容憔悴繁双鬓……

2015年2月

第五编 公众视角

真情育桃李　妙手著文章

——孙汉洲典型事迹材料

在一般人眼里，中小学教育行业是个不太容易显山露水的地方，而中小学教育工作者似乎只能默默耕耘。可是，有个校长不寻常，总是引来记者关注的目光，他就是全国劳动模范(全国先进工作者)，江苏教育学院附属高级中学孙汉洲校长。

一路走来，孙汉洲扮演了教师、校长、学者、作家等诸多角色，成就斐然，足迹斑斓——

1993年，他被破格晋升为中学高级教师。

1996年，他被破格评为江苏省语文特级教师。同年，被评为江苏省劳动模范，江苏省优秀教育工作者，江苏省首届“红杉树”园丁奖金奖。

2000年，他被评为全国劳动模范，先后两次晋京，受到江泽民、胡锦涛等党和国家领导人的接见。

2006年，江苏省开评首批“教授级高级教师”，孙汉洲名列榜首，新华社向国内外发稿一律以他的名字打头，皆称“孙汉洲等136人……”。这一年，他还被评为全国推进读书十大先进人物。

2008年，省政府评选江苏省有突出贡献中青年专家，孙汉洲是江南地区中学教师唯一的当选者。

他不仅仅是名教师、名校长，同时也是著名学者和作家：他是南京师范大学、徐州师范大学硕士生导师，语言研究学家，孔子研究专家；同时，也是在诗歌、散文创作方面硕果累累的中国作家协会会员。

《中国教育报》《新华日报》《教师报》《语文教学通讯》《中学语文教学》《江苏教育报》等10多家刊物以及省市电台、电视台对他的教育理论与实践成果、事迹先后做了专题报道。就这样，孙汉洲逐渐成为省内外教育界流光溢彩的模范人物。

一、教坛显身手

孙汉洲大学毕业以来，一直坚持奋战在教学第一线，一个人的负荷最高时竟达三个人的工作量。在长期的教学实践中，他形成了“新”“活”“导”“创”的教学风格，《中国教育报》《教师报》《江苏教育报》都曾刊发专文推介。语文出版社出版的国家级重点课题研究成果“名师成长研究丛书”《把人的教育写在旗帜上》开辟专章1万余字对其教学风格、教育理论与实践进行阐述。

丰富的教学实践与独特的教学风格，加之深入的研究，使他能够高屋建瓴地把握语文教学脉络，教学成绩一路领先。2007年高考成绩揭晓，他所任教的班级不仅语文成绩优秀，而且还出了个高考作文满分得主——颜欢。

孙汉洲重视作文教学，潜心研究高考作文的命题趋势，能够把握作文命题脉搏。他先后担任《全国中学生优秀作文选》《莫愁：家教与成才》作文专栏撰稿人。2009年高考前夕，他与同事们在考前指导时预测高考作文题为《我看时尚》，结果当年高考作文题为《品味时尚》。2010 年，他给全校高三 800 名学生做了两个半小时的作文辅导，预测高考作文内容为人与自然、环境问题，并出了一道作文题为《撑起一片绿色的天空》，结果高考题目为《绿色生活》。

孙汉洲在作文教学方面研究高考，又不"唯高考马首是瞻"。例如，尽管高考作文不考诗歌，但他仍注重诗歌教学，他在《语文教学与研究》上发表长篇文章，主张"作文教学要把诗歌请回家"。

孙汉洲特别注重语文校本课程的开设与校本教材的建设。校本教材《中学生语言艺术修养》等教材被众多学校广泛采用。他提倡大语文教学观，潜心于语文活动课程研究，其《语文活动课程方案选粹》受到语文教学研究专家顾黄初的称赞。他主张并实践"语文教学趣味化(生动化)"，开设了"修辞研究"等选修课，还出版了两本教材：《趣味语文》与《快乐语文》。

孙汉洲还注重在语文教学中培养学生思维的深刻性、批判性、灵活性与创新性。山东省语文选修课教材辅导资料《比喻与创新思维读本》就由他主编。

孙汉洲认为，作为一名语文教师，不仅要能教，还要能写。说到底，教师不能"写"就难以做到能"教"。他经常写下水作文，还从事文学创作，发表小说、诗歌、随笔数百篇，散文集《海棠花开》、诗集《尘旅歌吟》深受读者青睐。他现为中国作家协会会员，这在中学语文教师中是极为罕见的。《全国中学优秀作文选》聘请顾问，孙汉洲与著名作家莫言并列其中。作为校长，近几年他着力于学校文学特色的构建。在他的支持下，学校石城文学社被评为江苏金榜文学社，社刊《石城》定期出版，影响甚广。他还策划出版了学生作品集《石城文韵》。学校的文学特色已初步形成。2008、2009 年两年，有 2 名学生分别获得全国、省级特等奖，近 20 名同学获得全国、省级一等奖。2008 年，马薪蕊获得全国新概念作文大赛一等奖并被厦门大学提前录取；2009 年，眭以宁获得江苏省作文大赛特等奖并被南京大学提前录取。

作为一名特级教师，教授级高级教师，孙汉洲特别注重发挥名师的辐射作用。他主持"孙汉洲特级教师工作室"工作，与 12 名骨干教师结成"师徒"。多年来，培养出了不少特级教师、教授级高级教师、学科带头人、优秀青年教师；他每年都到省、市级举办的校长、教师培训班上开讲座或参与送教下乡活动。近年来，他每年接待来访团队都不下 30 次，介绍教育教学经验。

二、教研显风流

有人说，中学教师事务繁杂，既没有时间做学问，更难有空闲搞创作。孙汉洲却不以为意，他常说：时间就像海绵里的水，是要挤出来的。在多年的教学中，他努力挤出时间做学问，倾注心血搞创作，不仅成为语文教育专家，而且成为著名的学者和作家。

多少年来，他不知推掉了多少"开会考察"、迎来送往，电视节目很少看，娱乐场所从不涉足，甚至连陪爱人、孩子逛商店、逛公园也免了。说不清多少个夜晚，书房寂寂，孙汉洲伏案读书备课写作，只有明月探望，灯光做伴；说不清多少个节假日，孙汉洲仍在学校加班。就连去美国考察学习的时候，当别人在胜利女神像旁流连忘返，他却争分夺秒地坐在石凳上写文章！正是这样，孙汉洲才能"教学、教研错杂弹，大珠小珠落玉盘"！近五年来，他在国内《语文教学通讯》《语文教学与研究》《中国教育报》等刊物上发表语言学、教育教学研究论文 20 余篇，出版语言学、社会学专著以及散文集、诗歌集 6 部，主编各类书籍 10 余部。

孙汉洲致力于语言学的研究，出版的《双音典故词典》填补了国内相关辞书的空白。他尤其热衷于修辞学的研究，出版了《中学生语言艺术修养》等修辞学研究专著，他的《语文笔谈》中收集了已发表的几十篇修辞学的文章，"析数"等修辞格还是他首先发现总结的。此外，他还对《红楼梦》探幽发微，发表文章对曹雪芹的常识性错误进行考证辨误。

孙汉洲致力于孔子思想研究。几十年来，他潜心研究孔子，在孔子思想研究方面颇有建树，已出版或即将出版5本专著。他的专著《孔子智慧与现代文明》于孔子诞生2550周年之际出版，获得省政府的哲学社会科学优秀成果奖。2008年，他又连续出版了两本孔子研究专著：《孔子教做人》《向孔子学做教师》。《向孔子学做教师》由省教育厅厅长沈健作序，发行万余册，成为不少学校校本培训的教材。另外两本专著《向孔子学做家长》《诗话〈论语〉》也即将出版。

孙汉洲的研究，还注重宏观与微观相结合。他注重课题研究，"九五""十五"期间，承担了6项国家、省市级课题研究任务。他作为国家"九五"重点课题"素质教育的实践研究"的主要负责人之一，研究成绩卓著，被评为实验先进个人。他主持的4个省级"九五"课题、3个"十五"省级课题均通过专家验收。2005年11月，他主持的江苏省教育改革实验课题"中学综合实践活动课程的实践研究"也顺利结题。此外，他主持的教育科学"十一五"规划课题"确保学生成功率——有效教学行动研究"即将结题；而国家"十一五"规划教育部重点课题"体育、艺术实践教育的特色研究"也于2010年申报成功，并取得了实质性进展。

孙汉洲正是凭借一股钻劲，才真正达到了海纳百川的境界！

三、教育管理争上游

孙汉洲以教学和教科研而出名，可是，当他走向管理舞台时，人们不免心生疑问。一介书生，教得好书，写得好文章，然而，能否管得好学校？孙汉洲就是在疑问与叹服声中走上一个比一个重要的岗位的。

回首望，白塔中学、东海县中学、东海县高级中学、江苏教育学院附属高级中学，孙汉洲从副校长至校长一路走来，屈指已20余年。他所任职的学校都是师生人数超过6000人、办学规模特大的学校，他却能举重若轻，游刃有余，"治大校如烹小鲜"。他一手创建的东海高级中学先后吸引了回良玉、梁保华、季允石、王国生等国家、省市领导人参观并予以好评。

2005年，孙汉洲参加南京市委组织部的处级以上干部公推公选活动。通过笔试、面试考察等程序，一路胜出，于2006年就任江苏教育学院附属高级中学常务副校长(正校级)，不久又被任命为校长。从此，他又踏上了新的征途，用青春与智慧描写教院附中的蓝图。

孙汉洲认为，"制度的创新，才是最大的创新"。他在29中创建了"一部两组"立体式分部管理体制，大大降低了管理的重心，提高了管理的效率。学校通过"一部两组"将全体教师紧紧"捆绑"在一起，一损俱损，一荣俱荣，从而增强了全体人员的协作意识，使年级部、班级组、备课组形成一个有机、灵活的整体。

他努力改革评价机制，由重视终端评价转变为重视过程评价；由过程讲成绩转变为过程讲问题；由评价印象化转变为评价数据化。这些转变在职称评定、能级制评定等方面已初见成效，老师工作的热情和积极性更高了。

拥有优质的师资队伍，是教育成功的关键。孙校长加大教师队伍的建设力度，着力打造能师、名师队伍。学校成立了"教师成长学校"，采取请专家来校讲学，鼓励青年教师参加高层次的学习进修，实行骨干教师与一般教师结对帮扶，带领教师外出学习等措施，扎实有效、全方位地培训教师。五年来，学校迅速打造出一支精干的教师队伍。其中省教授级高级教师、省特级教师、省优秀教育工作者、省优秀班主任、省"333工程"培养对象、市"521工程"培养对象、市学科带头人、省市优质课、基本功大赛获奖者200余人。他自己就培养出了不少特级教师、市学科带头人、市优秀青年教师。

孙校长带着大家走过一段爬坡之路，终于迎来了辉煌。29 中的教育、教学、教研质量一路攀升，连续五年获得南京市普通高中发展性评估最高奖项——“综合奖”和“优秀奖”。孙汉洲认为，教学质量是学校工作的核心，要狠抓教学不放松。高考的数字不能说明全部问题，但能说明重要问题。五年来，29 中由 2005 年高考文化本二上线 90 多人到 2010 年的 360 人，增长了近四倍。2010 年高考，当年高一招生只有 10 个班的规模，而文化达二本线以上的 360 人，在全市众多名校本科达线人数减少的情况下，29 中比 2009 年增长 60 余人。社会各界普遍认为，当年高考文理划线对文科考生不利，而 29 中一个文科班 53 人参加高考，却有 51 人达二本线，其中最高分全省排名 47 名。

高考达本科线不仅数量提高了，质量也提升了，众多著名学府对二十九中的学生青睐有加。眭以宁、陈雨彤提前录取于南大强化班（南京市共录取 4 人）；黄思路、黄思维孪生姐妹花分别提前录取于中国人民大学、武汉大学；李凡熠等三名学生已提前录取于中国人民大学。29 中初中部的教学工作也成绩显著，2010 年更是摘取了中考状元和榜眼的桂冠，这些数字在孙汉洲的眼里都是心血浸润的花朵，芬芳而艳丽！

29 中特别注重学生的全面发展。孙汉洲一上任校长就提出了“质量上乘，特色鲜明”的办学目标，鼓励学生“全面发展，学有专长”。近几年，在他的倡导下，29 中素质教育的传统在发扬光大，体育、科技、艺术、文学等方面的办学特色更加彰显。2007 年，学校 16 岁小将惠若琪入选国家女排，现已成长为主攻手；2008 年，吴豪川入选国家高尔夫球队。2009 年 8 月，校武术队代表江苏省参加全国中学生运动会，荣获二金、三银、二铜以及全国团体总分第一的好成绩；同年 11 月举行的江苏省中学生运动会上，学校武术队又囊括了武术项目的全部奖牌。学校机器人小组参加国际奥林匹克竞赛，荣获中国赛区一等奖；学生社团影像工作室制作的节目《寻迹 1937》获得全国第五届校园电视和优秀节目评比金奖，中央电视台等多家媒体予以专题报道，引起轰动。

由于素质教育办学特色显著，江苏教育学院附属高级中学先后被授予“全国教育科学‘十一五’规划普通高中特色学校”“全国作文教学先进单位”“全国群众体育先进单位”“江苏省实施素质教育先进中小学”等称号。

一流的管理和效益赢得了领导的赞誉和社会的好评。29 中访美代表团在美期间曾受到美国国务卿希拉里·克林顿的亲切接见，她盛赞学校“打开大门，敞开心扉，让学生们获得丰富的有收获的经历”。

“金杯银杯不如老百姓的口碑，金奖银奖不如学生夸奖”，29 中教育教学质量和办学层次的提升获得了学生、家长和社会的一致好评。学校每学期进行的教师满意率调查，学生对教师的满意率都在 87%以上；在 2009 年底举行的行风评议大会上，与会的校行风监督员以及家长代表近 150 人对 29 中的工作给予了充分的肯定，学校获得了高达 99.3%的满意率；《新华日报》《现代快报》《南京晨报》《扬子晚报》《江苏教育报》以及中央教育电视台、江苏卫视、南京电视台等多家媒体也争相报道 29 中的办学经验。

“老牛自知夕阳短，不用扬鞭自奋蹄”，这是孙汉洲近年来的座右铭。已过知天命年龄的他，集教师、校长、学者、作家角色于一身，且每个角色都光彩夺目，不由让人慨叹其充沛的能量和非凡的意志！他正以“老当益壮”的精神，继续在教学、管理、研究与创作的山路上执着登攀，不怕征程的艰辛，只愿领略成功的风景。

（摘自《中华英才》）

2015 年 8 月

天道酬勤

——教育工作掠影

心中有个她

光阴似箭，回首已过中年。从1976年开始做民办教师，1978年考上了徐州师范学院中文系，除了大学四年苦读外，我一直战斗在第一线，过着教书、读书、写书的生活；同时阴差阳错地搞起管理工作。近三十年来，我先后担任了四个学校的副校长、正校长职务，21世纪初，还兼任过党委书记、副局长等职务。

几十年来，我乐此不疲，也干出了一些成绩，党和人民也给了我众多荣誉。我现为江苏省首批教授级高级教师、江苏省中学语文特级教师、中国作家协会会员、硕士生导师。先后被评为全国劳动模范（全国先进工作者）、全国优秀语文教师、全国推进读书十大人物、江苏省劳动模范、江苏省有突出贡献中青年专家、江苏省优秀教育工作者、江苏省中等学校首届“红杉树”园丁奖金奖得主、江苏省教育科研先进个人、江苏省素质教育先进个人、江苏省“333工程”培养对象、连云港市“富民强市，快速崛起”十大杰出人物、连云港市“521工程”培养对象、连云港市拔尖人才、连云港市勤政廉政好干部、连云港首批名校长等称号，兼任中国家庭教育研究会理事、江苏省教育评估院星级学校评估专家组成员，全国中学语文教学改革研究中心常务理事、江苏省创造学会理事、江苏省家教学会常务理事、江苏省中语会理事等多项职务。《中国教育报》《新华日报》《教师报》《语文教学通讯》《中学语文教学》《江苏教育报》等10多家刊物以及省市电台、电视台对我的教育理论与实践成果、事迹先后做了专题报道，我3次成为全国中文核心期刊的封面人物。作为全国劳模和先进工作者代表，我两次晋京，受到江泽民、胡锦涛等党和国家领导人的接见。2004年5月20日，作为中央电视台“心连心”艺术团的特邀嘉宾，我与中国大陆钻探工程首席科学家许志琴院士同台为获奖者颁奖。

这些荣誉的取得，与我投入大量时间于工作中是不无关系的。没有时间的投入，就没有突出的成绩，没有突出的成绩，就不会赢得殊荣。

就拿近几年来说吧，我每年都会出版1—2本学术性专著。不少朋友拿到我赠送的书会惊讶地说：“你哪来这么多时间？”

我总是回答他们：“心中有个她！”

记得大学毕业时，我到毕业论文指导教师古德夫教授家告别。交谈中间，古教授鼓励我在今后工作中教学、教研双桨并用，有可能再搞搞管理工作，努力干出一番事业来。我上大学之前当过两年民办教师，领略过中学教学任务繁重的滋味，便告诉他：“中学教师应付备、教、改、辅、考已经够忙的了，再想搞出什么特色来，时间来不了。”不想他神情严肃地说：“只要挤，时间总会有的。你看那些小伙子谈恋爱，工作再忙，也能挤出时间来约会或写情书。原因何在？就在于他们思想上重视，心中有个‘她’!”

古先生的一席话,像一记重锤敲中了我偷懒的疮疤,又像一针兴奋剂,注入了我的肌体。多少年来,我正像古先生教导的那样去许身于“她”——教育事业。

为了“她”我无情地挤着时间。多少年来,以开会考察为名而行游山玩水之实的机会我基本推掉,不到万不得已,联络感情、迎来送往的场合我也不露面;我电视节目很少看,歌舞等娱乐场所不涉足,麻将桌我从不沾边;陪爱人、孩子逛商店、逛公园也免了。焚膏继晷,是我挤时间的最佳途径。说不清多少个夜晚,书房寂寂,我伏案读书备课写作,只有明月探望,灯光做伴。说不清多少个节假日,我仍在学校加班。

我在工作上不怕辛苦。由于教师缺编等原因,1986 年,我带了三个高中班的语文课,还带了驻军某部的一个文化补习班的语文课。此外,每周还要抽两个晚上为 50 里外的县城高师函授学员讲文学概论。这样一算,一个人的工作量相当于三个人的工作量。我当干部以来,一直也是超工作量的。在东海工作期间,既做校长,又做党委书记,还担任教育局副局长,县文协主席。

长期超负荷的工作给我的身体造成了很大的伤害。我先后患过面部神经麻痹、胆囊炎、高血压等疾病,然而我仍坚持工作、工作、工作!

持之以恒备大课

所谓备大课,是指除了传统意义上凭借教材与参考书编写教案之外,充分利用业余时间认真读书,认真搞研究,甚至也搞搞创作,并且留心一下生活,以促进语文教学水平的提高。

先说读书。还在大学期间,我读苏霍姆林斯基的《给教师的一百条建议》,使我认识到读书也是备课!书中讲道:一位老教师公开课上得非常成功,一个听课人问他这节课备课花了多长时间,他回答说:“准备了一辈子。”苏霍姆林斯基解读说:“这就是阅读。要天天看书,终生以书籍为友。”

四年的大学生活,我吸取了大量知识;但是,我并未满足,参加工作以后,我没有一天不在充实、提高着自己。读书,我不怕辛苦。四书五经、诸子百家、中外教育学、心理学名著,我什么都读。《论语》《李太白全集》《杜工部集》《毛泽东选集》,鲁迅的全部杂文、诗词,我不仅潜心研究,做了大量卡片,还写下过许多研究文章。每次出差,凡发现有价值的新书,我总设法买到。1997 年到南京开会,买书用光了钱,还是向同行者借钱买的返程车票。说来有趣,我家中现在最值钱的财产就是书!我家住房紧张,没有专门书房,7 个书橱只好分放在三个房间里。

对我而言,书可以疗饥,有时看书入迷,连饭都顾不上吃。我最喜欢去的地方就是图书馆,一次,我在书库查书,管理员下班时疏忽,竟把我锁在了书库里。

读书,要坐得住冷板凳。为了读书或写作,我基本不看电视。妻子说我是电视盲,谈起歌星、影星一窍不通。当年读高中的女儿取笑我不懂文艺,我只好苦笑。

正因为书读得多了,我在课堂上才不至于照本宣科,而是“活水常流”;正因为读的书多了,我才能在课堂上对学生的质难问疑从容应对;正因为书读得多了,我才能高屋建瓴,引导学生进行探究性学习;正因为书读得多了,我才能在课堂上“导而弗牵”,拨亮心灯,开启智慧。从我的口中,学生搞清了杜甫诗中为什么不写海棠花,《论语》中的“乘肥马”为什么不能翻译为“骑肥马”,女子自称“妾”并非自称“小老婆”等问题。我用自己读书获得的知识为学生扬起了探索创新的风帆。

几十年的教学实践,使我对教师读书的重要性认识有了升华。开始,我信奉“教师要给学生一碗水,必须有一桶水”这句格言。而现在认识到,信息时代,这句话已经不合时宜。学生不是碗,教师也不是桶。学生应是大海，而教师则应是河流。众多河流的水源源不断地流向大海，才能成就大海之大。如河流一样的教师要使自己水流不竭，必须读书读书再读书。

次说“研究”。“以研促教”，是我的教育策略。古人云：“教然后知困”。那么，怎么解困？我的答案是“研究”。我发表的几百篇教学论文，半数是“解困”之作。其中有微观研究，如“杨柳岸晓风残月”妙在何处，侯嬴为何要“北向”自刎，《孔雀东南飞》“共事二三年”“小姑如我长”释疑等。也有宏观的，如学生创新能力的培养、活动课程的开发与实施、校本课程的建设等。我尤其致力于语文教学趣味化研究。我认为，兴趣是最好的老师。语文教学可资利用的趣味性材料汗牛充栋，我们完全可以“拿来”为我所用，使语文教学生动起来，让学生在快乐中学习。目前，我已出版了《语文趣话五百篇》(中)《少年文史趣闻》《中学生语言艺术修养》等相关著作。最能体现我主张的《趣味语文》一书也于去年由中国文史出版社出版。另外，在宏观方面，我还进行课题研究。我先后主持了省哲学社会科学、省教育科学“九五”“十五”6 项课题的研究，并顺利结题。当然，作为学者型“教师”，我还力求“登高望远”，从更高的层次备课。我的研究范围已延伸到学科前沿。我曾对鲁迅、毛泽东、曹雪芹的著作探幽发微，对孔子教育思想、语言艺术深入探讨，并对汉语双音词典故进行搜罗整理。我出版的《孔子智慧与现代文明》一书，获得了省政府哲学社会科学优秀成果奖。我编著的《双音词典故词典》填补了国内辞书的空白。今年又连续出版了两本孔子研究专著：《孔子教做人》《向孔子学做教师》。

目前，我已在国内 30 多家刊物上发表文章近 400 篇，其中有 10 余篇发表于国家核心期刊或被权威期刊转载。出版自著专著 16 部，主编著作 20 余部，散文集 1 本、诗集 2 本，参编著作 30 本，先后获国家、省、市政府哲学社会科学成果奖、“五个一工程”奖、行知奖、教研成果、论文奖 20 余次。

再说“创作”。中学时代，我就热心文学创作，小说、诗歌、散文、戏剧都尝试过，并见诸报端。大学时代，更是“雄心勃勃”，决心做一名作家。毕业后工作的一二年内，创作的小说、诗歌便相继在《新华日报》《北方文学》等刊物上发表了。只是后来长期带毕业班，便难以潜心于“文艺创作”了。然而，我并没有与文学创作诀别，只是“相见日常稀”而已。我深深感觉到，作为语文教师，适度进行文学创作，是有益于教学的。只有亲自写作，才能深刻体味诗文的得失，从而高效地指导学生阅读、鉴赏、写作，才能不至于讲起课来使学生有“隔靴搔痒”“雾里看花”之感。我创作的散文，有时提供给学生作范文，有时候作为阅读试题的材料；我创作的诗歌，有时用来作为鉴赏的资料：我口讲我“文”(诗)，学生听了有亲切感，我自己讲完也有成就感。目前，我出版了 5 本诗歌、散文、随笔，并于 21 世纪初加入了中国作家协会，还担任过市、县作协领导职务。

教学中注重研究，能够触发灵感。例如前几年高考题中考查了“染指”一词的内容。我由此触发灵感，想到汉语词汇中存在大量双音词典故，人们知其然不知其所以然，因而萌发了编写双音词典故词典的念头。经过两年努力，我终于出版了《双音词典故词典》，填补了国内辞书的一项空白。这本书现已增订，大约有 47 万字，已由江苏教育出版社出版。

教育科研增强了我的教育机智、教学灵感。我带毕业班语文课，往往能把握高考命题的脉搏。1988 年，我于高三下学期接了一所农村中学差班的语文课，可是，就是这个班级高考成绩全县第一。其中的重要原因是我复习对路，对当年的作文题事先做过辅导。我出的作文题《习惯》与高考的作文题一字未差。2000 年我带的高三年级，高二接手时语文成绩是全年级 10 个班中倒数第一名，而高考成绩却位居全年级第二。原因何在？因为我意识到创新思维培养的重要性，为学生作了“创新思维的培养”专题讲座，其中便谈到多角度思考问题等内容，并举了大量的例子，因而学生高考作文写起来轻松自如,我平时举的许多例子,学生信手拈来,引入作文。2001 年,我作为《莫愁》杂志专栏作家,在高考前发表了一篇题为《诚信,比一千棵樱桃树更重要》的文章,与当年高考作文题目也相吻合,引起轰动效应。2003 年,我为校内外学生做作文考前辅导,讲了作文命题的四个范围,其中一个标题为"与心灵对话",结果高考题为《心灵的选择》。不少学校的学生走出考场欢呼雀跃,因为事先辅导到位,学生胸有成竹。2005 年,我给全校 30 多个班的学生上作文辅导课,其中一项内容的标题就是高考作文的命题内容。2007 年,我组织四位学生在《成才导报》上发表了优秀作文。其中,颜欢同学的作文思路与后来的高考命题内容暗合,他当年的高考作文得了满分。

创新管理机制

(一)勇于开拓,创新管理模式

没有创新,就没有活力与发展。东海高级中学有 104 个教学班,是由原东海县中与东海第二中学合并而成的。原有的管理模式难以对学校实施全方位的精细化管理,我便开拓创新,首创"分部管理"体制。我把学校等份划为三个分部,每个部都有三个年级,每个分部享有相对独立的管理权,但又隶属于学校行政职能部门的管理。行政部门每月对分部的常规管理、教学质量等方面进行量化考核,根据考核积分决定奖惩;分部再参照学校的考核制度逐层考评到年级组、班级组、个人,形成环环相扣的分部管理体制。责、权、利具体化,激发了教工的竞争潜能。

为了加强协作,我又在全校实行班级组管理,强化协作机制!"班级组"是包括班主任在内的全体任课教师和全班学生的集合体,班主任为组长,管理班级学生和班级任课教师。班级组成员之间存在共同的利益关系。学校考评、奖惩首先到班级组,班级组长再根据任课教师的表现,分解细化,奖惩到人。共同的利害关系,加大了教工的协作力度。

创新管理,使学校迅速走上了在协作中竞争,在竞争中协作的发展轨道。2003 年 5 月,学校的管理模式受到了时任省委副书记的冯敏刚和时任市委书记的王国生等领导和专家的高度评价。澳门大学客座教授、华东师大教授胡东方认为这种管理模式具有原创性,在全国具有创新意义。广东佛山高中、宿迁市沭阳县中、山东临沂一中都先后考察借鉴了这种模式。《成才导报》教育管理专栏 2003 年 5 月连续五期头版头条介绍我的相关管理经验。

2006 年我来到江苏教院附属高中,又开始了新的征程,在新的形势下进行了"一部两组"的体制探索。目前,我校实行了以年级部为体,两组为翼的管理体制。年级部作为"准学校",可以在学校与各处室的工作框架下独立开展教育教研、教学活动,这样就使管理中心下移。年级部主任多数情况下可以直接对校长室负责,避免管理学上的衰减现象。

关于班级组管理,前文已讲,这里不多说。我们现在又加强了备课组管理。随着年级部管理的加强,办学规模的扩大,教研组活动相对减弱,而备课组则相对加强。我们的奖金分配为三块,一块是看班级组的整体情况,一块是看备课组的整体情况,最后才看个人的贡献份额。

(二)着力打造干部队伍与教师队伍

毛泽东说过,"教学问题,首先是教员问题。"俗话说:"火车跑得快,全靠车头带。"只有抓好干部队伍建设,才能有效地开展教育教学工作。在干部培养方面,我们首先克服了市教育局徐局长痛斥的那种现象:"勤于理论,疏于措施,怠于行动。"我们注重改变务虚不务实,说事不干事,在位不在岗,讲情不讲理,捧人不管人,谋人不谋事,立言不立德,当头不带头的怪现象。

在教师培养方面,我们着重做到了以下几点:

1. 确立“人文关怀”的正确理念。“人文关怀”不是不要制度管理。加强制度管理，是人文关怀的前提与保障，加强制度管理，才能提高教学质量；提高教学质量，才能增加经济收益；有了经济收益，才能提高教职工福利，这是显而易见的道理。

2. 增强教师的“羞耻之心”“荣辱之感”“奋斗之志”，形成积极向上，奋力拼搏的局面。努力使广大教师与学校党委、校长室同心同德，心往一处想，劲往一处使，确保“一个声音喊到底，一鼓作气干到底。”

3. 实施名师工程，加大名师培养力度，积极开展“站稳课堂，写好文章，搞好讲座”活动，对骨干教师，定科研任务，发科研经费；设立教科研专项经费100万，重奖教科研有功人员。如教师在核心期刊在发表一篇文章，奖励稿费3000元。并根据区教育局部署，切合学校实际，积极探索，实施能级制管理办法，使教师成长有目标，考核有依据，分层推进，使教师水平逐步登上新台阶。

（三）构建研究型管理与教学体系

构建研究型管理与教学体系，是我们近年确定的努力方向。我们这里仅就高三工作加以说明。

1. 问题的提出

新课程改革，不仅仅是课程设置和教材内容的变化，更是培养目标、教育理念、教师角色的转变。新课改最重要的目标之一就是要通过研究性学习等综合实践活动，培养学生良好的思维品质与创新能力。那么，这个目标如何实现呢？这就需要我们有一个良好的教育环境。首先，需要我们的教育工作者自身具有良好的思维品质与创新能力；否则，“师傅不明徒弟拙”，教育目标就难以实现。

基于对新课改的认识，我们决定从构建研究性管理与教学体系入手，着重提高我们管理人员与教学人员的研究水平，以期借此把新课改理念落到实处，从而更有效地提高综合办学效益。

2. 几点做法

(1) 深入研究，科学决策

高三教学工作是一项具有挑战性、竞争性的工作。它承载着社会的期望、家长的期待、学生的希望、教师的希冀。如何搞好高三教学工作？这需要我们对校情、师情、生情进行分析研究，准确定位并采取切实措施，进而有效地开展教育教学活动，使教育资源最优化，教育效益最大化。通过调查研究，我们认定，我校的高三教学工作面临的形势为：

① 从生源看，我们是“二流”的。鼓楼区地域仅有26.62平方千米，但是名校林立，我们不可能招收到一流生源。以本届高三三年前的招生为例，我校录取分数线仅为556分，全市前6756名考生中我校仅有240人。

② 从社会期许度看，我校的教学质量必须是一流的。二十九中地处省级机关干部和高校教工密集居住区，他们的子女大多就近入学，上了二十九中。这些家长对孩子的期望值，对学校的教育质量要求都很高，容不得我们不努力。2005年，我们稍有闪失，舆论大哗，便是明证。

③ 从教师水平看，我校师资水平相对较高。因此，只要我们有效管理，充分调动教师的积极性，是可以弥补生源质量的不足。目前，我校有教授级高级教师2人，特级教师6人，另有全国、省市劳模、市名师、市级学科带头人及市、区级“青优”60余人，这支骨干教师队伍是我校提高教学质量的保障。

基于以上分析，我们对高三工作策略的定位为：a. 二流生源，一流质量。b. 面向全体，人人成功。c. 立足基础知识，关注能力培养。d. “语数外”三门与选修兼顾，高效与减负同行。

实践证明，我们的工作策略定位是准确的，收效也十分明显。我校今年高考仅文化类考生三门与二选匹配过二本线人数就达 305 人，外加艺术类考生达二本线 76 人，再加上升入华盛顿大学等海外名校的 21 人，二本以上人数突破了 400 大关。我校前不久召开了校委会，与会的领导与专家们一致认为我们在二流生源的基础上，实现了一流质量，实现了“人人成功”的目标。此外，我校学生在综合素质、能力培养方面也跃上了新台阶。在各级各类竞赛中，我校获国家级一等奖 2 人，二等奖 2 人，三等奖 4 人；省级一等奖 33 人，二等奖 28 人，三等奖 4 人；市级一等奖 15 人，二等奖 14 人，三等奖 15 人。我校机器人创作竞赛获国际奥林匹克竞赛中国赛区一等奖；数学、计算机、语文、航模等竞赛分别获得国家和省级大奖；继惠若琪同学入选国家女排队之后，吴豪川同学又入选高尔夫球国家队。

(2) 深入研究，宏观调控

把教学比喻为战争，似乎有点太“残酷”。然而，我们排除战争“残酷”的一面，取战争必须用心用智的一面，却又是非常贴切的。传统意义的战争，双方的胜负往往不取决于战场上的拼杀，而在于战前的斗智。目前，我们面临着新课改、新高考，必须像指挥战争一样用心用智，运用新思维，采取新措施，寻求新突破。因此，我们立足校内，面向全市，放眼全省来研究新高考。在充分调查研究的基础上，我们对高三教学工作从宏观上进行了有效调控。例如：

选科问题。省内不少学校逼着学生选择文科。我们没有跟风上，采取消灭理科的策略，而是采取文理兼顾的策略。在理科的选修课方面，由于生物是我校强势学科，我们便对学生适当加以引导，使选生物的学生稍微多一点。高考结果证明，我们的调控是有效的。本届高三理科 9 个班，文科 4 个班，但都超额完成了预设二本以上指标。在三门总分与选修 2B 的匹配率上，我们的调控也是有效的。我们主要是以班级为单位来抓匹配率。我们把“班级”称为班级组，5 位任课教师是一个小组，班主任就是组长。组长负责对任课教师的教学进行全程调度、监控。每个班级都实行“责任区制”，所谓责任区，就是根据学生三门总分与二门选修达 B 程度，确定边缘学生名单，名单内的学生就是教师的责任区。每次大型考试后的评估，主要考察责任区内学生的升降情况。为了实现有效匹配，我们在津贴、奖金发放方面实行捆绑式管理，使所有成员“一损俱损，一荣俱荣”。我们借用“木桶理论”，把五门学科比为五块木板，要求每个学科都不做短板。因此，每个班级“班自为战”，开展“消灭短板运动”，使三门总分与选修 2B 匹配率大大提高。

(3) 深入研究，把握细节

“细节决定成败”。在宏观调控的基础上，如何靠前指挥，从细节入手，抓住备教改辅考中的每个环节；如何从细节入手，把理念转化为措施，使措施落实为行动——这都是教学成败的关键。我们践行深入细致的工作作风，努力提高对问题的敏感性、洞察力、预见性，努力做到见微知著，防患于未然，把握细节，决胜全局。这里我们不妨再举几个例子：

有一位年轻教师，在省市赛课都榜上有名，但其所带班级学生的考试成绩却不理想。校长和分管校长就这个问题深入课堂听课，结果发现这位老师课上的确实不错，但疏于对学生的管理。他评讲练习，有五分之一的学生连练习都没拿出来，只凭两只耳朵听。由此，我们再深入调查，发现这种现象在年轻教师中相当普遍。于是，我们便提出了“教管”并举的课堂教学要求，要求教师在教学的同时，注重对学生学习过程的管理。就是这个细节抓下来，一年之后，这位教师包括其他年轻教师的教学质量都有了明显的提高。

作息时间，课时长度，这在人们眼中也是细枝末节；然而，我们却十分重视。复习阶段的不同，我们作息时间与课时长度也有所不同。就拿课时长度来说吧。第一轮复习时，以传统课时长度 45 分钟为主；第二轮复习时，45 分钟与 80 分钟交替使用；到了最后一轮复习，则以 80 分钟为主。实践证明，这种做法符合不同阶段复习的需要，使时间效率得以最大化。

临考前一个月，学校组织了迎考大会。平时开会，学生队形方方正正，会议程序死死板板，无非是教师、学生代表的发言，发言形式是常规的散文化语言。而这一次，我们则力求形式上的突破。首先，学生队形由方阵改成“圆阵”，学校领导与教师融入其中。会议则由两个年轻教师主持。主持人激情演说，而教师代表与学生代表的发言稿也由散文变为诗歌或歌曲。教学校长带领学生宣读的誓词和校长的总结，无不带有诗情画意。最后，以全体师生合唱《真心英雄》结束。半个小时大会下来，师生们的心灵被震撼了，情绪之火被点燃了，高昂的斗志被激发了。他们一个个像出征的勇士，充满着必胜的信心与豪情。如果说平时的管理与教学如火一样把水烧到了 99℃的话，那么，这一把火已把水烧开了！

一般来讲，教师对教学内容的选择，校领导是不大干预的。然而，由于今年是新课改后第一次高考，对这个细节我们也紧抓不放。我们对各个学科的选修内容，都组织力量认真讨论研究，三思而后定。就拿物理学科来说吧，可以选学 3－3，也可以选 3－5。3－3 是热学与光学；3－5 主要是动量与原子物理，其中的动量守恒定律，是力学的三大支柱之一，贯穿于物理的各个分支。这些内容学起来不仅费时，而且领悟能力不高的学生也难以掌握。尽管省内许多名校都选择了 3－5，然而我们根据学生的实际水平，选择了 3－3。高考揭晓后的统计数据表明：3－3 模块的得分率比 3－5 模块的得分率总分高 4 分多。这样一来，就大大提高了我校学生物理成绩的达 B 率。

（摘自《把人的教育写在旗帜上》）

2013 年 6 月

人生辛苦走一回

光阴荏苒，回首已是中年。屈指算来，二十年讲台生涯，实在辛苦。任花开花落，寒暑易节；任人世代谢，鬓生白发，我教书、读书、写书不辍，远离尘世的富贵繁华。45岁生日时，女儿问我人生的格言是什么，我戏改流行歌词云："辛苦走一回。"是的，我走的是一条人生辛苦之路，而且今后还将走下去。

心中有个她

1975年我高中毕业，那时上大学靠推荐，作为普通农家子弟的我不敢奢想。1976年，我当上了民办教师，虽然月工资仅14元，但自我感觉颇为良好，真有几分不辞长作教书匠的恬淡。"文革"结束后，高考制度改革，给了我重新把握命运的机会。然而，我在志愿表上仍填了师范大学中文专业。当读完大学，拿到毕业证书、学士学位证书后，我又回乡任教，在命运的地图上画了个圆！不过，我的知识充盈了，民办教师的身份也变为公办教师了。

记得大学毕业时，古德夫教授勉励我毕业后努力工作，干出点名堂来。我推说中学教学任务重，能应付下来就不错了。不想他神情严肃地说："只要挤，时间总会有的。你看那些小伙子谈恋爱，工作再忙，也能挤出时间约会或写情书。原因何在？就在于他们思想上重视，心中有个'她'！"

古先生的一席话，像一记重锤敲中了我偷懒的伤疤，又像一针兴奋剂，注入了我的肌体。多少年来，我正是像古先生教导的那样去工作的。我的心中也有个"她"，"她"就是古先生的期望。

我在工作上不怕辛苦。由于教师缺编等原因，1986年，我带了三个高中班的语文课，还带了驻军某部的一个文化补习班的语文课。此外，每周还要抽两个晚上为50里外的县城高师函授学员讲文学概论。这样一算，一个人的工作量相当于三个人的工作量。

长期超负荷的工作，给我的身体造成了很大的伤害。我先后患过面部神经麻痹症、胆囊炎、高血压、脊椎骨质增生等疾病。1989年11月，我面部神经麻痹，寝食不安，吊针一挂就是半天，老母和妻儿都为我担忧，我却利用挂水时间阅读教学资料。治病用了激素，夜里难以入眠，我就化弊为利，挑灯夜战，又一次研读了中学语文12册教材，做了3000多张读书卡片。等到不再需要打针吃药时，专著《中学实用修辞》已成初稿。二十年来，说不清多少次夜深人静，我伏案写作，只有台灯做伴，夜风探望……

源头活水来

四年的大学生活，我吸取了大量知识；但是，我并未满足，参加工作以后，我没有一天不在充实、提高着自己。读书，我不怕辛苦。四书五经、诸子百家、中外教育学、心理学名著，我什么都读。《论语》《李太白全集》《杜工部集》《毛泽东选集》，鲁迅的全部杂文、诗词，我不仅潜心研究，做了大量卡片，还写下许多研究文章。每次出差，凡发现有价值的新书，我总设法买到。1997年到南京开会，买书用光了钱，还是向同行者借钱买的返程车票。说来有趣，我家中现在最值钱的财产就是书！我家三代人住在60多平方米的房子里，本来就够紧张的了，没有专门书房，7个书橱只好分放在三个房间里。对我而言，书可以疗饥，有时看书入迷，连饭都顾不上吃。我最喜欢去的地方是图书馆，一次，我在书库查书，管理员下班时疏忽，竟把我锁在了书库里。

读书，要坐得住冷板凳。为了读书或写作，我基本不看电视。妻子说我是电视盲，谈起歌星、影星一窍不通。刚上初中的女儿取笑我不懂文艺，我只好苦笑。

"问渠那得清如许，为有源头活水来。"正因为如此，我上起课来才内容丰富，生动活泼；正因为如此，我搞起教研才得心应手，挥笔成文；正因为如此，我搞管理工作才高屋建瓴，左右逢源。

放飞比翼鸟

"教而不研则浅，研而不教则虚。"教学与教研，是一对比翼鸟。我们只有放飞这对比翼鸟，才能在教育的领空自由翱翔。

二十年来，我走的是一条辛苦、曲折的以研促教的道路。我不喜欢照本宣科，把"教参"当做教条。每上一节课，我都要加上自己的研究心得，都要适当拓展、发挥。我的许多教研成果都得力于教学中发现的问题。例如《孔雀东南飞》云："新妇初来时，小姑始扶床。今日被驱遣，小姑如我长。""共事二三年，始尔未为久。"课本注释"兰芝在焦家只有二三年时间，小姑不可能长得这样快。这是夸张，极言时光之快。"而我研究发现："小姑如我长"不是夸张，小姑如我长是实写。而"二三年"才是缩小性夸张。二三年，可能是十年八年之谓。这类夸张在古代不少。如苏轼《念奴娇·赤壁怀古》有句云："小乔初嫁了。"实际上，赤壁之战时，小乔与周瑜结婚已经十年。

教育科研增强了我的教育机智、教学灵感。我带毕业班语文课，往往能把握高考命题的脉搏。1988年，我于高三下学期接了一所农村中学差班的语文课，可是，就是这个班级高考成绩全县第一。其中的重要原因是我复习对路，对当年的作文题事先做过辅导。我出的作文题《习惯》与高考的作文题一字未差。2000年我带的高三年级，高二接手时语文成绩是全年级10个班中倒数第一名，而高考成绩却位居全年级第二。原因何在？因为我意识到创新思维培养的重要性，为学生作了"创新思维的培养"专题讲座，其中便谈到多角度思考问题等内容，并举了大量的例子，因而学生高考作文写起来轻松自如，我平时举的许多例子，学生信手拈来，引入作文。

我以研促教的效果还在于培养学生的研究、创新能力。我要求学生实事求是，不迷信权威。我指导他们挑名家作品的刺，他们往往都做得很好。例如：他们能够发现鲁迅《拿来主义》一文中的错误："几位大师们……"是病句。

天道自酬勤

我的天赋并不高，好在天道酬勤，因而也小有收获。且不说在教学上初步形成了"新""活""导""创"的个人风格，带高中毕业班课程，成绩在市县处于领先地位。

感谢社会对我的承认，我先后获得过全国优秀语文教师、江苏省特级教师、江苏省劳动模范、江苏省优秀教育工作者、江苏省首届中等学校红杉树园丁奖金奖、连云港市拔尖人才、江苏省"333工程"培养对象、江苏省素质教育先进个人等奖励和荣誉称号。去年"五一"前夕，我还作为全国劳动模范和先进工作者代表，赴京领奖，受到了江泽民等国家领导人的亲切接见。

国内不少同行慕名来信求经，我总是把冰心老人的话赠送给他们："成功的花儿，人们只惊喜她现时的明艳！然而，当初她的芽儿浸透了奋斗的泪泉，洒遍了牺牲的血雨。"

平常心态平常人

曾经有位记者问我，你如此苦干，是什么精神力量在激励你？我看得出，他要的答案是目前流行的说法。但是，我回答他："由于能够保持平常的心态，做一个平常的人！"

我认为,教师这个职业并非太阳底下最光荣的职业,那只是伟人鼓励教师的口号。我们自己不能定位太高。我们的职业与商店营业员、医生,包括环卫工人都是一样的。我们只有抱着这种心态,才能努力工作。商业界提出顾客是上帝的口号,大家习以为常。但是,谁要提出学生是上帝的口号,我们听了肯定刺耳。其实,“皮之不存,毛将焉附?”没有顾客,经商的人自然赚不了钱,我们教师没有学生教,自然也会失业。我正是抱着这种心态投入工作的。面对每一个学生、每一节课、每一次作业,我都不敢马虎。长期坚持,自然赢得了学生的尊敬、同事的好评、家长的赞誉、社会的承认。总之,二十年的教学实践让我深刻体会到,我们教师要以平常心态干平常的工作,自然就会有平常乃至不平常的收获。

有些友人说我太辛苦了,如把这些精力用在官场或商场,也许会大有出息,然而,我不自信,我也许除了教书与爬格子,别的什么事也干不成。人生苦短,岁月无多,我还是与“苦”同行吧,不期望有济世之功,只期望得天下英才而教之,使日子过得充实。

路漫漫其修远兮,吾将上下而求索!

(摘自《中学语文教学》)

2012 年 3 月

成功的秘诀

——特级教师孙汉洲教学实践与理论评述

孙汉洲,江苏省东海县人 。1976 年参加教育工作,恢复高考后考入徐州师范大学中文系。1982 年毕业以来,始终奋战在教育、教学、教研第一线,用智慧和心血,谱写人生的诗篇。

孙汉洲现任东海县中学副校长、党总支副书记,先后被评为全国优秀语文教师、江苏省中学特级教师、江苏省劳动模范、江苏省优秀教育工作者。他还是江苏省首届中等学校“红杉树”园丁奖金奖得主、连云港市专业拔尖人才、江苏省“333 工程”培养对象。

十几年来,他教学教研“双丰收”。早在初出茅庐的 20 世纪 80 年代,他就在教学上创造了佳绩。1985 年,他在农村中学任教,学校有三个毕业班,一个重点班,两个普通班。可是高考成绩揭晓,他所教的两个普通班均分分别高出重点班 5 分和 6 分。1988 年,他教的理科班成绩超过了县内的省重点中学,雄居第一。1999 年高考,他任课的班级平均分不仅在县内夺魁,而且高出省均分 16 分。《中国教育报》《中小学教师培训》《中学语文教学参考》《江苏组工通讯》等十余家刊物先后发表了介绍他事迹与成绩的专题通讯。

面对如此卓著的成就,人们不禁要问:“孙汉洲成功的秘诀何在?”我们认为,他成功的秘诀就在于深厚的学术功底,执着、严谨的治学态度.深邃独到的教育教学思想。

孙汉洲深信:“水之积也不厚,负大舟也无力。”他认为,打铁先须身板硬。没有深厚的学术功底,心中无书,是无法成为合格的语文教师的。四年大学生涯,他打下了坚实的学术基础,但他不满足于此。十几年的教学生涯,他无一日不读书。他自称“杂家”,无论是枯燥的《辞海》、艰深的《二十五史》《诸子集成》及中外心理学著作,还是趣味横生的名人传记、时文期刊,他都广泛涉猎。他有一幅自勉联:“虚心静心宽心,读书教书著书。”上联是为人修身之遭,下联是工作自况目标。我们从中不难看出,他是把读书放在首要位置的。

读书,为孙汉洲的治学提供了活水。

为此,他在课堂上高屋建瓴,得心应手,左右逢源。他不仅能够对教学内容分析到位,还能够指瑕辨误。“杨柳岸晓风残月”是柳永《雨霖铃》中的名句,然而妙在何处,教参上也语焉不详。勤于研究的孙汉洲告诉学生,妙就妙在“借典型景物来烘托离别情绪”。他旁征博引,从古人折柳送别的风俗、诗句,讲到中华民族关于“月”的文化心理,使学生充分领略到了诗的意境。他对《促织》《阿房宫赋》中的注释乃至 1996 年高考试题第 30 题关于纪年问题的失误都一一予以更正。课余,他把这些内容撰写成文,发表于《咬文嚼字》《文教资料》《语文周报》等刊物上。

因此,他的治学路子很宽,不拘泥于教材研究,研究的触角已伸向学科前沿。他的《双音词典故词典》填补了辞书的一项空白。学界泰斗廖序东先生称这一成果“是一项富有开拓性的工作,很有意义”。他对孔子、曹雪芹、鲁迅、毛泽东等人的语言艺术进行了系统探讨,对语言、文学领域的难题进行考释;对《孔雀东南飞》中的“小姑始扶床”等难句作出合理解释;对《红楼梦》中曹雪芹对典故的疏忽予以订正;他30万字的新著《孔子智慧与现代文明》已由江苏古籍出版社付梓。早在大学时期,他对修辞学已经有独到的研究。他在毕业论文中首次总结出修辞新格十种,先后有5篇论述修辞新格的文章在《语文战线》《修辞学习》等刊物上发表。他的专著《中学实用修辞》影响颇广。他的研究范围并不局限于语文学科,他对历史研究也颇有收获。他出版的专著中涉及历史的很多,如《少年英才录》《少年文史趣闻》等。作为校长,他还发表了管理论文30余篇,并出版《古代教育启示录》等专著。他兴之所至,还信手写出小说、散文、诗歌,共有30余篇在刊物上发表。

孙汉洲对教育、教学、教研的执着程度达到了无以复加的地步。无论教学、还是科研,他都有"拼命三郎"精神。1986年,他不仅带了三个班的语文课,还带了驻军某部的一个文化补习班课程。此外,还要抽出时间为远在县城的高师函授学员讲授文学概论课。这样一算,他一个人的工作量,相当于三个人的正常工作量。1989年11月,他患有面部神经麻痹症,寝食不安,整日打针吃药,吊针一挂就是半天,老母和妻儿都为他忧愁不已,他却利用挂水时间阅读资料;治病用了激素,夜里亢奋难以成眠,他就变弊为利,"你不让我睡,我正需不睡",硬是挑灯夜战,又一次研读中学语文12册教材,做了3000多张读书卡片。

现在,他作为省老牌重点中学的副校长,负责学校的常规管理、政工、科研等工作,带一个高三班的语文课,还负责一个国家级、三个省级"九五"课题研究工作。另外,培养年轻教师、到各地大中小学讲学以及其他社会工作,也占去了他的大量时间。他积劳成疾,患有高血压症。医生劝他放慢工作节奏,可是他置若罔闻。他的生活安排中没有休息日。白天没有读书、写作的时间.他就焚膏继晷。说不清多少个夜晚,他伏案耕耘,只有星月做伴……

天道酬勤。二十年的教育实践,使他成为教有特色、教有思想的学者型教师。

他在教学中提倡一个"实"字。在他这里,"实"字的含义包括实实在在的教学态度和务实求真的治学精神。面对五花八门甚至故意而为之的教学法,他不以为然。对不顾人文学科的特殊性,主张语文教学理科化的理论,他嗤之以鼻。他认为,"运兵之妙,存乎一心",用什么方法,不仅因执教者而异,因受教育者而异,还要因教学内容而异。他不屑于标新立异,提出什么"法"来,而是注重调动师生两方面积极性,实实在在地进行听说读写训练工作。平常备课上课,他也不唯向教材讨生活,而是探幽索微,务得真是。《念奴娇·赤壁怀古》一文中"小乔初嫁了"一句的作用,教参上语焉不详,有的资料上认为是以"美人衬英雄"。孙汉洲却不轻信此说。他详尽考证了苏轼的婚姻生活,得出令人信服的结论:"小乔"句是以周瑜婚姻爱情的美满,反衬自己婚姻爱情的不幸。

他是语文教学趣味说的倡导人。孙汉洲认为,教师应该是一个语言闪烁着幽默智慧的人。汉语言文学矿藏丰富,可以从中找出具有趣味性的材料用于教学与测试。他的课讲得妙趣横生,学生常常为之陶醉。一次,他讲王之涣的《凉州词》,开始并没有直接分析课文,而是讲了王之涣与王昌龄、高适"旗亭打赌"的故事。绘声绘色的叙述,为学生设置了学习的理想情境。

他在语文教学趣味问题上下了大功夫。他搜集过大量语文趣味材料,出版了《语文趣话五百篇》等专著,并发表了《试谈语文试题的生动性》等论文。他把自己的理论付诸实践,设计趣味性试题。如《读写月报》1990年10期就发表了他的"幽默语言运用技巧训练"试题。

"活",是孙汉洲语文教学的一大特色,具体表现为教学方法活、教学内容活、教学评价活。

他的教学方法不拘一格,或发挥学生的主体作用,让学生自学讨论,老师稍加点拨;或发挥教师的导向作用,循循善诱,娓娓而谈;或师生对话,质疑答难;或师生共同研究问题。他在教学中注重联系发挥,并提出了"有益""有机""有趣""有序"等五条原则。许多抽象难懂的问题,他都能巧妙设喻,使学生豁然开朗。例如,在讲授《义理、考据和辞章》一文关于风格问题时,我们可以就书中提到的鲁迅与闻一多的风格加以比较,也可以拿茹志鹃与王愿坚的风格加以比较,但是,都难以说清楚。而孙汉洲只是打了一个比方,他说:“以女子为喻,玲珑娇小为美,婷婷秀颀为美,肥硕丰腴的贵妃何尝不美?”这几句话以人喻文,简洁生动,很能说明问题。

他的教学内容不拘泥于课本。他在充分发挥课文例子作用的同时,经常补充一些内容,选印一些相关的古今文章,以便阅读查证。《读者》《微型小说选刊》等刊物上的文章,常化为他的教材。

他将对学生的评价活用为教学的调控手段。例如:甲乙写同题作文,按常规衡量,甲可得80分,乙只能得60分。但是,由于甲这次作文写得马虎,赶不上上次作文,只给他60分;反之,乙的作文虽然不理想,但比上次有进步,就给他80分。通过调控,甲惕然自警,乙则受到激励而奋发。

“导”,是他教学中善于运用的策略。一次,教完《内蒙访古》,他在黑板上写下“乘肥马”一语,并注明出自《论语》,要学生译成现代文。不少同学脱口而出:“骑着肥壮的马。”孙汉洲未置可否,只建议大家重温一下文中“胡服骑射”的内容。这一点拨,同学们恍然大悟:中原人骑马之风始于战国时期,《论语》中所说春秋时期的中原人只能“坐着肥壮的马拉的车子”!

孙汉洲的“导”还在于他发挥自身对学生引导、熏陶的作用。他常说,教师本身就应该是一本书,对学生施加潜性的影响,收到润物细无声的效果。他教过的学生中,许多人受其影响,走上了语文教学或文学创作的道路。曾驰名全国的“荠菜花”文学社的骨干成员基本上都是他的学生。这些高考榜上无名的青年,如今不少已成为记者、诗人。

“创”,是孙汉洲教学追求的目标。他在长期的教学实践中摸索了一套培养学生创新思维能力的有效方法。在教学中,他鼓励学生鼓起想象的翅膀,破除迷信,敢于向权威挑战,向书本挑战。他还注重学生发散思维、求异思维、综合归纳能力的培养。在他的倡导下,学生能够不惟书本,并能发现教材中的微瑕。如:人教社版教材第一册《雨中登泰山》注释中的“磨崖”应为“摩崖”;鲁迅《拿来主义》一文的“几位‘大师’们”一语,“几位”与“们”表意重复。一次,他组织了题为“失街亭主要责任在谁”的讨论。学生们说“在马谡”,这是常规评价。他却援引毛泽东的评论:“初战宜慎,诸葛亮轻率用人而失街亭,主要责任不可推脱。”由此,他又鼓励学生对传统的定论提出异议,学生受到启发,提出了“有志者事未必成”“要标新立异”“不想当元帅的士兵未必不是好士兵”等有见地的观点。

他的“创”还表现在他注重课程建设方面。他主持的省级课题“语文活动课的设计与实施”本身就具有创新性质。他的论文《试谈语文活动课设计的原则》在《文教资料》上发表后,被中国人民大学复印资料中心全文复印。他主编的《活动课程方案选粹》,是语文活动课教材的拓荒之作,全国语文教学法研究会副会长顾黄初先生予以极高评价。他的《语文活动课程与创新思维》《论语文教学中创新思维能力的培养》等文章相继发表,在语文界引起了反响。

孙汉洲正值盛年,用他自己的话说,“还有许多路要走,还有许多事要干。”我们相信,在未来的岁月中,他会在教育这块希望的田野上更加辛勤劳作,收获丰硕!

(摘自《语文教学通讯》)
1998年5月

孙汉洲:现代陶行知

人物档案

孙汉洲

名族:汉族

出生地:江苏东海

星座:双鱼座(充满浪漫、极富情调、有爱心、一生为梦想而活)

毕业院校:徐州师范大学

职务:南京二十九中教育集团校长

入选理由:江苏省首批教授级高级教师,江苏省语文特级教师,南师大、徐师大硕士生导师,全国优秀语文教师,中国作家协会会员,中国家庭教育学会理事。先后获得全国劳模,江苏省有突出贡献的中青年专家等称号。

专著与作品:《双音词典故词典》《孔子的智慧与现代文明》《孔子教做人》《向孔子学做家长》《海棠花开》《花落知多少》等

兴趣爱好:喜爱诗歌、散文创作,热爱诗化的生活与工作。

教育格言:教育应该以成长、发展为目的,以爱为出发点,以导为主要手段,让学生乐学,学乐,日有所得。

人民的教育,需要人民的教育家

他是南京第29中学的校长,他是全国劳动模范,他是全国优秀语文教师,他是中国作家协会会员……他,还有很多很多的头衔和荣誉,可是这些并不能帮你认识一个真正的孙汉洲。在一个下雨的周末早晨,我们走近了这位名校校长,去感受他的真性情,听他娓娓道来这一路走来的风雨沉浮。也许你也会和我一样,收获一份源自心底的力量与感动。

“半百回首,才惊奇地发现,语文和管理这两个概念竟然成了我人生的主题词,关系着我的命运——沉浮毁誉,喜怒哀乐……”

【我是农民的儿子】

“我父亲是一个读书人,然而社会动乱之际,却在其父辈的安排下做了一个本分的农民。我一出生,中年得子的他便把沉甸甸的期望放到我的身上……”

说起与语文的结缘,孙汉洲总是反复提起“父亲”这个字眼。他说:“三年自然灾害时期我刚上小学,饥寒交迫的寒夜,就成为父亲教我诗词骈赋的家教时间。1963年的一天,我随父亲到村部去,村部会计伏案写材料,写到‘缸’时突然举笔不下,我脱口而出缸字的写法,赢得了村会计好一通‘前途无量’的夸奖,对我幼小的心灵是一次莫大的鼓励,我对语文学习的兴趣就是在这样一次次的肯定中日渐浓郁。”

【我以我血荐轩辕】

“2005年,一个偶然的机会,我参加了南京市组织部门组织的公推公选,并顺利通过笔试、面试与考察。2006年2月,我‘明媒正娶’地来到南京,出任南京二十九中常务副校长(正校级)。”

一名来自县中的校长,能够到省会城市当好校长吗?孙汉洲刚刚上任时,周遭的眼光里怀疑多过信任。在这样的情况下被“空降”,舆论的压力是可想而知的。可是孙汉洲选择勇往直前,用响铮铮的事实回应质疑。

孙汉洲从2006年来29中,无论做常务副校长还是做校长都抓住“升学质量”和“办学特色”这两个主题词不放。屈指数来,学校已第六次蝉联南京市教育局发展性绩效评估最高奖项——综合奖。2010年高考,仅文化类二本上线人数就达396人,是2005年的四倍!他很有信心地告诉记者,三年内,高考文化类考生二本达线数将冲刺400人、500人大关!另外,学校的武术、体育、文学艺术、科技特色已闻名全国。机器人创作小组获得国际奥林匹克竞赛中国赛区一等奖,武术队获得全国中学生运动会团体总分第一名,奥运知识小组获得全国竞赛冠军……

【骨子里是个诗人】

2011年的三八妇女节,全校女教师都收到了印有孙汉洲题诗的一张蛋糕券。在29中招生录取通知书上,你也可以读到他即兴写下的诗篇。在别人留恋于景点乐而忘返的时候,他却乐滋滋地躲在旅馆里写文章。甚至是在学校的日常管理中,这位诗人校长也提倡进行诗化管理。他与同事一起把《中学生日常行为规范》改成40多首诗歌,让学生易读易记。他提倡“有滋有味地生活、有情有义地相处、有声有色地工作。”这就是这名诗人校长最本真的性格,他以学者的心态为“官”,反而做得更加从容淡定。

孙汉洲经常说:“在我看来,校长不是一个官,而是一个学校的带头人。作为一名校长,不仅要有人格的魅力,也要有学识的魅力。当校长是责任,做学问才是我的爱好。”在一般人看来,当上名校校长是件名利双收的光荣差事,但他却说:“我当校长不如做老师,做老师不如搞学问,搞学问不如搞创作。”这个不同寻常的逻辑,追根溯源只能有一种解释,那就是他骨子里流淌着诗人作家的激情和血液,这辈子注定要与文学创作结下不解情缘。

【精彩语录】

问:作为父亲,您如何教育子女?

孙汉洲:“我是校长,也是一名家长。作为父亲,我觉得自身的示范作用对孩子是最重要的。我从乡镇到县城再到南京,一路的辛苦和努力,孩子是耳濡目染的。白天我是校长,晚上回家写作,这种积极向上的身教在孩子的成长过程中树立了榜样。其次,对孩子言教也很重要,都说母爱如水,父爱如山。母爱像天花板上的照明灯,无微不至,那父爱就像电冰箱里的指示灯,平常看不到它,但当孩子饥饿时打开冰箱,就会发现指示灯也在身边。父爱在大是大非时就会凸显出来,比如升学、工作等问题。另外,教学有教龄,父亲也有父龄,父亲的父龄和孩子一样大,所以和孩子的相处应该建立在平等、共进的基础上。”

问:对于家长一些错误的教育观点,您怎么看?

孙汉洲:“家庭教育的误区通常发生在对度的把握上。比如,家长都爱孩子,但很多人不会爱。作为父亲,我认为对子女的爱要心存大爱:大爱无声、大雪无痕。要让孩子在爱的氛围中成长,但爱泛滥了就成了溺爱。如何做到学校和家庭教育的结合也很重要,一些夫妻双方都是事业型的家庭,以为让孩子上最好的学校,接受最好的教育就行了,这是不对的。自己的孩子要自己管,再好的学校教育都代替不了亲情的教育。孩子精神上若得不到家庭的温暖,孩子就成了‘有父母的孤儿’。至于主妇型家庭,又会管得太多,孩子需要自由成长的空间。一些父母在孩子上学后,对其特别苛刻,甚至失去耐心。须知孩子的成长是一个过程,成绩固然重要,但并不能决定孩子的未来。"

问:对"虎妈""鹰爸"的家庭教育方式,您怎么看?

孙汉洲:"吃苦是可以激励孩子的潜力,但是还有其他更好的方法,比如赏识教育。我认为对于中小学生教育最重要的是把握好五点:第一,要形成良好的学习生活习惯;第二,要积累一定的文化科学知识;第三,要学习为人处世的经验;第四,要培养思维品质;第五,要身体和心理健康发展。"

【采访手记】朴素豁达的他

周日,南京的天空出人意料地下起了"盐粒子"。我提前半个小时抵达了事先约好的采访地点。出乎意料的是,孙汉洲校长已经在等着我了。他衣着朴素,言语亲和,我们一行人来到他的办公室,这是一间才 10 多平方米再普通不过的办公室,没有豪华的陈设,没有高雅的字画,甚至没有一套像样的茶具,如此朴素的校长却创造了这么多辉煌的成绩,不禁勾起了记者的好奇,他凭借的是什么?

采访过程中,记者特别留意了周围人对孙汉洲校长的评价——"侠义""豁达""真汉子""人民教育家""质朴"……这些赞誉的辞藻,让我们从侧面了解了朋友心目中的孙汉洲。当采访即将结束的时候,我想说的是,当你真正走近孙校长之后,他就不再是一位高高在上的大校长,而是一个可以忘年交心的知己和前辈。

(摘自《现代快报》)

2012 年 3 月

耕耘在希望的田野上

箴言：种瓜可能得豆，但天道酬勤，有耕耘必有收获。

简介

孙汉洲，男，江苏省东海县人，江苏省首批教授级高级教师，中国作家协会会员。1955年生，1975年高中毕业，务农一年，任民办教师2年，1978年考取徐州师范学院中文系，1982年毕业从事教育工作至今。现任江苏教育学院附属高级中学校长。他先后被评为全国先进工作者(全国劳动模范)、全国优秀语文教师、江苏省中学特级教师、全国推进读书活动十大人物、江苏省劳动模范、江苏省有突出贡献中青年专家、江苏省优秀教育工作者、江苏省中等学校首届“红杉树”园丁奖金奖、江苏省教育科研先进个人、江苏省素质教育先进个人、江苏省“333工程”培养对象、省辖市“富民强市，快速崛起”十大杰出人物、省辖市名校长、省辖市勤政廉政好干部等称号。作为全国劳模和先进工作者代表，两次晋京，受到江泽民、胡锦涛等党和国家领导人的接见。2004年5月20日，他作为中央电视台“心连心”艺术团特邀嘉宾，与中国大陆钻探工程首席科学家许志琴院士同台为获奖演员颁奖。

一、蔷薇流水“语文”情

中华人民共和国成立后的第六个年头，孙汉洲出生在苏北东海县蔷薇河畔一个叫瓦基的小村庄。

孙汉洲的父亲是一个读书人，然而社会动乱之际，却在其父辈的安排下做了一个本分的农民。随着新中国的成立，革命政权的巩固，许多早年的同学成了“吃皇粮”的，他未免有几分遗憾。孙汉洲的出生，使得中年得子的他把沉甸甸的期望放到了儿子的身上。

三年自然灾害时期，孙汉洲刚上小学，白日饥肠辘辘不说，寒夜里，布衾不耐五更寒。然而，这不眠之夜成了父亲语文家教的时间。父亲教他唐诗宋词，还有朗朗上口的骈赋。起初，他只是顺口背诵，不知所以然；慢慢地，竟也能懂得了意思，品出了味道：他八九岁时初读《阿房宫赋》，已自扼腕叹息；背《吊古战场文》时，竟为古代的无名战士而潸然泪下。

他听过妈妈讲过关于文曲星的故事。有时，他夜晚独自仰望星空，希望有一颗属于自己的星。

“文化大革命”的飓风席卷神州，他这个少年也未能幸免。小学六年级，跟着老师喊了“打倒刘少奇”的口号后不久就毕业了。那时，中小学全部停办，他为生产队割草、放牛。因此，夕阳牛背驮走了好几年美好光阴。不过，他有书做伴，倒也快乐。堂兄家藏书颇多，他常借来读。这个时期，他读了古代的四大名著，读了古代的笔记作品，就连《评中国人民公敌蒋介石》《李白与杜甫》等“文革”期间在特殊背景下出版的书他也熟读了。在那生活单调的年代，是书沃灌着孙汉洲的心田，慰藉了他精神的寂寥。1971年初，大队办了初中班，但他因受一位堂叔(当时被造反派定为县内最大走资派)的牵连，起初被拒之门外，后来由于生源不足，才又补充进去。当他走进初中课堂时，已经开学两个月了。不过，由于他读了很多书，写作水平崭露头角，语文老师给他的第一篇作文判了100分，并当作范文评析。这一来，他成了语文课代表，在班级有了知名度，他的语文学习热情更加高涨。

到了高中，孙汉洲遇到了两位语文老师，他们因为孙汉洲的语文成绩好而赏识他，因此他也更加倾情语文。20世纪70年代中期，课程远不如现在这样紧。因而，他有了充分学习语文的时间。两位老师家中的藏书成了他高中丰厚的精神食粮。《唐诗三百首》，引起了他的诗情，写作成了他的爱好，诗歌成了他的青春栖息地。读了《牡丹亭》《雷雨》，他也尝试写剧本……毕业时，他已成了当地小有名气的才子，他的诗歌，多次出现在公社大型的宣传栏上，出现在市县文化馆的刊物上，他的剧本被公社宣传队搬上舞台公演……

高中毕业，他回乡劳动一年后又做了民办教师，教高中语文。尽管当时每月工资只有14元，他已相当满意了。有书教，有饭吃，在那个时代，已经足够了。他一边自学大学汉语课程，一边教书。教学相长，其乐融融。尽管是高中生教高中，然而他的教学成绩却出类拔萃：全乡联考，他的任课班级平均成绩名列第一。高考改革，他和学生一起走进考场，语文试卷中的文言文试题竟选自他刚教过的《荀子·劝学》。语文，为他扬起了青春的风帆。

大学四年，他像一个穷人意外地发现了一座金矿，拼命地开采。教室、图书馆、宿舍三点一线，处处留下他读书的身影。说不清多少个假日，多少个夜晚，孙汉洲沉浸在书本里，与哲人对话，与伟人谈天，与古人共沉浮，与今人共忧乐。做过教师的他更知道将来的责任重大，于是便深究教书育人的原理与艺术。语文，为他事业的成功奠基。

大学四年，他还被一位女生称为“书呆子”。那是数学系一位活跃的女生，她在一年一度的全校春节晚会上的歌声曾倾倒了全场观众。在图书馆，他们相识。于是，她常向孙汉洲借书。其实，是要孙汉洲为她借书。她要什么书，他就从图书馆借给她，看完了还给他，他再还给图书馆；如是而已，他竟然没觉得有什么特别。想不到毕业几十年后，那位女士偶然与一个朋友谈起孙汉洲，说他是个书呆子。听了朋友转述这位女士的话，孙汉洲也觉得当时真呆。一个姑娘家，书在咫尺，为什么不直接借，而是叫他转借？今天的年轻人，自然会一听而知雅意。可是，那时心中只有语文的他，却坐失良机……不过，语文就是他的青春知己，不，红粉知己！

二、“语文”结伴风雨行

1982年，大学毕业，孙汉洲又被分到家乡所在县。起初，管人事的教育局长看了他的档案很满意，决定把他留在县中学工作。然而，他接到的介绍信却是一所乡村中学——白塔中学，原因是临分配时，由于一个政要安插关系户，他被偷梁换柱。不过他抱定“金子总会发光”的决心来到白塔中学，带了高一年级两个慢班。然而，三年下来，他所带班的学生的考试成绩远居年级之首，那一年教师节，他被县政府授予“优秀园丁”称号。

1984年，连云港市教研成果评比，他是全市两位30岁以下获奖的青年教师之一。1993年，他成为连云港市两位40岁以下晋升高级职称的教师之一，并被评为全国优秀语文教师。1996年，他成为连云港历史上最年轻的特级教师。2000年，他成为全国劳动模范(先进工作者)。2006年，他有幸成为江苏省第一批教授级中学高级教师。2008年，他又被评为江苏省有突出贡献中青年专家。

可以说，他初圆了名师梦！是语文，给了他施展能力的平台！

回顾近30年来的教学生涯，他不无深情地说：“语文助我向成功一步步前进；语文教学，使学生成功，也使我自己成功。”他“新”“活”的教学风格使学生受益无穷。他上课，不喜欢照本宣科，而是追求语文的趣味性，让学生在享受中学习语文。近年来，他与不少早年的学生聚会，学生们对学过的许多课文记忆已经模糊了，然而，对他补充的知识却记忆犹新。

孙汉洲认为，教学生写作文，自己必须会写，否则，指导起来难免隔靴搔痒。因此，他平常除写作文外，也写诗歌，也写散文，集腋成裘，竟也成果颇丰，他如今已经是中国作家协会会员。

“教而不研则罔”。孙汉洲平常醉心于教学研究，几十年下来，竟也发表了论文几百篇，自著专著16本，主编或参编了学术著作、教辅类书籍30多本。

有人说，中学教师，不需要做大学问，他则不以为然。几十年来，他潜心研究孔子，出版了3本专著。专著《孔子智慧与现代文明》获得省政府哲学社会科学优秀成果奖。他也研究《红楼梦》，发表了纠正曹雪芹常识性错误的文章。他研究毛泽东、鲁迅的作品也能另辟蹊径。鲁迅诞辰一百周年研讨会，绍兴市政府给他发出了请柬。他研究修辞，总结发现了多种新的修辞格。早在1990年他就出版了专著《中学实用修辞》，正因为如此，他被聘为高校硕士生导师。

饮水思源。他多少次独处独省，十分庆幸选择了语文，也感谢语文成就了他。他说，“不选择语文，我也许没有今天的成就，是语文教学的平台使我‘英雄有用武之地’。”他曾有过几次改行从政的机会，然而，他坚持在语文园地耕耘，至今无悔！

他的语文教学生涯已逾30年。30年来，风风雨雨，坎坎坷坷，多少人和事如涛声远去，唯有语文与他寸步不离，使其人生充实。余下的路也许还很长，他将如何走下去？几番考虑，他深信，能够忠实伴他风雨前行的，只有语文！

凭他校长的职位与年龄，完全可以脱离语文教学的课堂了，然而，他不。是水总要流，是鱼总要游，离开语文，离开学生，一个教师的价值便要打折扣。

凭他的资历，现在不必再靠著书立说来证明自己的语文研究能力。然而，“老骥伏枥，志在千里，烈士暮年，壮心不已”。他要把语文学习、教学的经验与成果留给后来者。

其实，更要紧的是，他发现语文已经融入他的生活，一次他在日记中写道：“我的生活中不可一日无此君。可以食无酒肉，但不能一日不看书；可以不看电视不打牌，但不可以一日不写作。如果一天不看书，不写作，我便觉得日月虚度。床头有书，案头有文章，此生亦足乐矣。平时所交，有高官有富豪，然而，身处其中不自卑者，因有语文支撑我！当然，论及地位，我自然不如他们。然而，我有弟子三千，专著一摞，又何贱之有？何贫之有？何卑之有？我坦然，恬然，安然，不以为惭焉。”

三、种瓜得豆也风流

做学校管理工作，是孙汉洲始料不及的。他做过许多“梦”，想当科学家、文学家、名医、名师，唯独没有想做干部。记得1987年，教育局任命他做教务主任，他还闹别扭不干。然而，历史却把他“无情”地推上这个岗位。

孙汉洲自1990年当校长以来，屈指已近二十年。二十年，他当过四个中学的校长，涉足乡村城市、大江南北。所到之处，都勤政廉政，开拓创新，不仅改善办学条件，提高教学质量，还能创新管理制度，更新办学理念。

“制度创新，才是最大的创新”，孙汉洲一直致力于管理制度的创新。多年来，他任职的江苏省东海高级中学、江苏教育学院附属高级中学都是拥有100个左右教学班的超大规模学校。他在探索超大规模学校的管理机制方面，在实践与理论方面都有新的突破。

孙汉洲在东海高级中学创立了立式分部管理体制，即把学校分为三块(部)，每部都有高一至高三，各部对师生进行全方位管理。学校的政教处负责对班主任考评，每月一次，考评到部，然后由部内考评到班主任。教务处负责对教师考评，每月一次，也是考评到部，由部内考评到教师。通过考试、统一模拟划线，拉开部与部之间、教师与教师之间的分配差距。至于学校的整体年级工作，由学校指定一名副校长会同教务处一名主任统一指挥、协调。

实行分部管理的好处在于：1. 化整为零，管深管透；2. 强化竞争，互相促进。

孙汉洲还创立了“班级组”制度。“班级组”由班主任、任课教师和学生组成。班主任是班级组组长，既管理学生，又管理本班任课教师。学校考评到部，部内考评到班级组，这样，班级组全体教师紧紧“捆绑”在一起，一损俱损，一荣俱荣，从而增强全体人员的协作意识，使班级组形成一个有机、灵活的整体。

班级组管理的好处在于增强团队精神，增强工作合力，使学生管理由一人独管变为齐抓共管。

创新的管理体制，使学校在协作中竞争，在竞争中发展。省市领导对这种管理模式给予了充分肯定，学校吸引了全国各地的教育部门来学习借鉴。2003 年，《成才导报》“管理纵横”专栏特邀孙汉洲校长作为 4 月嘉宾主持，每周刊登一篇介绍学校管理的文章。澳门大学客座教授、华东师大教授胡东方认为这种管理模式具有原创性，在全国具有创新意义。

2006 年 2 月，经过公推公选，他由苏北来到省城江苏教育学院附属高级中学工作，先后担任常务副校长、校长。新的环境，新的岗位，他又有了新思考，新动作。他系统地提出“一部两组”的管理模式，并成功地进行了实践，成效凸显。

2006 年以来，29 中教育、教学、教研质量一路攀升，连续三年获得南京市绩效评估最高奖项——综合奖，并获得“高考推进奖”。

孙汉洲出版了《向孔子学做老师》等专著，在管理理念上多有创新，走在时代的前列。他率先提出了“学生是上帝”的理念。他认为，学生是皮，而教师是毛。“皮之不存，毛将焉附？”他提出了“即时奖励”的理念，即在工作中注重过程评价，对好的经验、成绩要趁热打铁，予以奖励。另外，对学校中层干部的领导力、执行力、教师的科研思维品质方面都有独到的研究。他经常为省市乃至全国性校长培训班开设讲座，受到专家与同行的高度赞扬。

“老牛只知夕阳短，不用扬鞭自奋蹄”，这是孙汉洲近年来的座右铭。孙汉洲正以“老当益壮”的精神，继续在教学、管理、研究与创作的山路上执着登攀，不怕征程的艰辛，只愿领略成功的风景！

(摘自《江苏教工》)

2012 年 3 月

汉洲,是一道风景

汉洲先生嘱我为其新作《对石当歌》写序。很难。一者笔者才粗学浅,秃笔难全;二者,为汉洲“画像”,切入一点,深而不广;写上全貌,齐而不透。因为:

汉洲,是一道风景。

汉洲的风景立在教学上。汉洲是个“教学家”。说他是教学家而不说他是教育家,在于,教育家常有,教学家不常有;教学家往往是教育家,教育家不一定是教学家。教师的使命、功德、建树都在教学。作为全国优秀语文教师、江苏省首批教授级高级教师、中学语文特级教师、中等学校首届“红杉树”园丁奖金奖得主,汉洲一直坚持扎根在教学第一线,渐成“新”“活”“导”“创”的教学风格,教学成绩一路领先。在他手上,学生青出于蓝而胜于蓝,桃李遍寰球。同时,在语文教学生动性、趣味性的研究和语文知识的普及方面,汉洲建树颇丰。在他看来,语文教师要能教还要能写,不能写就难以教好。目前,汉洲已经出版了《语文笔谈》《语文趣话五百篇》《少年文史趣闻》《趣味语文》和《南京成语诗歌》等著作。我想,学生的成长、成人、成才、成功,更需要汉洲这样的教学专家。

汉洲的风景亮在学问上。汉洲是个“文曲星”。近40年的教学中,汉洲总能挤出时间做学问,倾注心血搞创作,不仅成为了语文教育专家,也成了著名学者和作家。汉洲的研究领域宽广,涉及哲学社会科学、语言学、教育学、文学等领域。在教育教学研究领域,汉洲有《古代教育启示录》《呵护心灵的智慧》等专著,有《中学生语言艺术修养》《趣味语文》等校本教材,有7项国家、省市级课题。在孔子思想研究方面,他的专著《孔子智慧与现代文明》作为孔子诞生2550周年的厚礼,获得省政府哲学社会科学优秀成果奖。《孔子教做人》《向孔子学做教师》《向孔子学做家长》《〈论语〉中的成语智慧》等专著相继出版,《诗话〈论语〉》即将付梓。汉洲在语言学研究上也成果丰硕,《双音词典故词典》填补了国内相关辞书的空白。修辞学研究这一块,汉洲出版了《中学生语言艺术修养》《中学生实用修辞》等修辞学研究专著。近年来,汉洲又致力于南京历史文化研究,《南京语文故事》和《南京成语诗歌》相继问世。与此同时,汉洲还醉心于文学创作,散文集《海棠花开》《梦里花落知多少》,诗集《游子行吟》《尘旅歌吟》等深受读者好评。早在21世纪初,汉洲就已成为中国作家协会会员,这在中学语文教师中是少见的,在校长中更为罕见。

汉洲的风景趣在石艺上。汉洲与石有缘,生长于水晶之乡,从小就耳濡目染水晶的奇妙;调来南京后,学校就在石头城下。在南京,汉洲有机会参观各种石展、石头,藏石兴趣更浓,爱好由水晶石而延伸至雨花石、灵璧石、武陵石、太湖石等种类。汉洲收藏以象形石为主,收藏的雨花石,亦以粗石为主,但他精在以独特的视角,用文学的素养,点染每块石头。石上文字、石上人物、石上历史,独成风景、独领风骚。如今,他已拥有形似汉字、阿拉伯数字、英文字母的水晶石、雨花石100余枚,他将其中的文字石构成了一系列短语或诗歌,诚为难能可贵,其中有一首诗云:“人人开口笑,小庄福寿中,山川万岁古,宝花入江云。”

这次，汉洲精选收藏的精品石头百余枚，编成《对石当歌》一书，分“文字天生成”“石上风景异”“人事入画图”“动物留倩影”和“巧匠夺天工”五个部分。汉洲以石、诗、图、书为食材，精心烹制出一盆藏石艺术大餐。书中不仅有精美的石头照片，他还为每块石头创作了诗歌，并配以多幅由书法家题写或制作的赏石对联、诗歌、篆刻，风雅拂面，品位顿生。“诗里乾坤大，石中岁月长”“案有奇山诚君子，心无俗念真神仙”“以诗为伴抒情志，对石当歌读乾坤”“言行慎独仁作伐，天人合一石为媒”“妙语之出天雨花，精诚所至石点头”“天地精华钟奇石，人类智慧酿好诗”“奇石共欣赏，好诗相与析”等。石头，催生了汉洲诗文的灵感；诗歌，点化了汉洲赏石的意蕴。诗石人生，为汉洲的生命平添了亮色。

汉洲的风景响在做人上，汉洲是个“硬汉子”，汉洲之像在“憨”字，在我所接触的人中，比汉洲脑袋大的人少，比汉洲眼睛小的也少，大头细眼，显然是大智若愚的卡通“憨”像。汉洲之气在“悍”字。汉洲个头高大，身材魁梧，每到一处，便散发出一种强劲厚实的气场和定力。汉洲之恒在“汉字”。他情系“码字”，每晚动笔，字数少则两千多则五千。目前，已发文 400 余篇，出版语言学、社会学专著以及散文集、诗歌集 18 部，主编各类书籍 30 余部。这千万余字都是他披星戴月呕心沥血的回报。汉洲之格在“汉子”。有一次他应邀去某地当专家评委，席间见一地方小吏对同行女士失言要赖，汉洲拍案而起，声如洪钟，斥其不讲诚信，不尊重女士，有失男儿风度，对方汗颜语塞，竟无一语以对。汉洲之命在“捍子”。学高为师，身正为范。几十年来，汉洲一直捍卫和追寻教育梦想，视生为子。所以，汉洲成了全国劳动模范、全国推进读书十大人物、江苏省有突出贡献的中青年专家、江苏省优秀教育工作者……

芸芸众生都在红尘中行走，一路风景各异。汉洲，算是一道。

江苏省教育厅基础处处长　马　斌

2013 年 12 月

一位真正意义上的语文人

各位专家、老师：

大家好！

正当收获的季节，我们相聚在六朝古都南京，共同研讨孙汉洲先生的语文教育思想。这是一件相当有意义的事情。我谨代表《中学语文教学》的全体同仁，向孙汉洲先生表示由衷的敬意！

我认为孙汉洲先生是一位真正意义上的语文人。我和孙先生结缘，是杂志在张家港举办的一次座谈会上。他朴素、睿智的语言，对语文教育的挚爱，给我留下了深刻的印象。而进一步的了解，则是因我主持的《成长之路》的栏目。孙老师的文章会让你感觉到他作为一个语文人的快乐、担当和不懈的追求。刚才孙校长从四个方面给自己做了一个总结，我想从三个方面谈一下我对孙校长的认识。

首先，广读诗书，他是一个快乐的读书人。要当好一名语文老师，不仅要有丰厚的语言文字功底，还要有广博的知识和宽阔的视野、胸怀。而这一切不可能自然生成，需要孜孜不倦地刻苦学习，始终如一地勤奋钻研。古人云："水之积也不厚，则其负大舟也无力。"对于教师来说，读书学习不仅是求知的需要、教学的需要，更是教师自我发展的需要、教育生命的需要。腹有诗书气自华，读书养性，为学修德，读书可以开阔视野，锻炼能力，完善人格，提升气质。语文人首先应该是一个读书人，充满书卷气。从某种意义上说，语文课就是要教学生读书的课。一个学生如果不愿意读书、不会读书，只会做练习，是学不好语文的。而让学生喜欢读书，最好的方式就是教师自己身先士卒，做一个名副其实的读书人。书，是孙校长的挚爱，几十年的教学生涯，他无一日不读书。读书成了他生活中不可或缺的一部分。他自称"杂家"，无论是枯燥的字典、词典，艰深的诸子集成及中外心理学著作，还是趣味横生的名人传记、时文报刊，他都广泛涉猎。每次出差，凡是发现有价值的新书，他总是要想方设法买到。2006 年，他被评为"全国推荐读书十大人物"，他在获奖感言中说："有一种生活叫读书，读书的生活原本就是一种享受。或者说，读书本身就是享受生活。书，是森林，可以栖息疲惫的心灵；书，是甘露，可以滋润龟裂的心田；书，是良药，可以医治心头的创痛；书，是隔音壁，可以屏蔽尘世的喧嚣；书，是砖瓦，可以构筑知识与人格的大厦。我提倡读书生活。"教师读书，首先在于学以致用，融入自己的学科教学中，提升自己的教育教学水平。针对当下教师的阅读状况，他不无担忧地说："今天的教师如果不注重读书，凭借大学时代的老本，是难以满足教学需要的。但是，目前的教师，特别是广大中小学教师，读书不多，可以肯定地说，靠教科书过日子的教师不是优秀的教师！"问渠那得清如许，为有源头活水来。广泛的阅读，厚重的积淀，使他的课上起来内容丰富、生动活泼，搞起教研得心应手、挥笔成文，做起管理高屋建瓴、游刃有余。孙校长在书海中快乐地前行着。

其次，厚积薄发，他是一个幸福的创作者。一名优秀的教师，一定要具有广博的知识和开阔的视野、脚踏实地的实践经验、较强的教学能力和高屋建瓴的理性思考、深厚的人文素养。而写作正是这一综合素质的体现。一个善于写作的教师，不仅能够充分反映自己的教育思想和理念，还能够针对学生作文中出现的问题对症下药。在这方面，孙汉洲老师可谓教师中的楷模。作为语文老师，他驰骋教坛40年，同时在文坛、学术领域也占有一席之地。他说："一名语文老师不能写，犹如一个大兵不能用枪。不能写的语文老师总是缺少切身体验，指导学生往往会隔靴搔痒。"孙老师中学时代就热心文学创作。小说、诗歌、散文都尝试过，每每见诸报端。大学时代，更是决心当一名作家。虽然毕业后成为作家的理想没有实现，但这一情结却始终伴随着他的生涯，并更好地促进了他的专业发展。他先后发表文章400多篇，出版孔学、语言学研究专著16部，发表或参编著作30余部，出版和集结散文、诗歌9本，可谓著作等身。写作是快乐的，也是幸福的。这份快乐与幸福使他的语文教育事业变得多姿多彩，同时也成就了一份辉煌。

第三，科研先导，他是一个以研促教的践行者。苏霍姆林斯基说："如果你想让教师的劳动能够给教师一点乐趣，使天天上课不致变成一个单调乏味的义务，那你就应当引导每一位教师走上教育研究这条幸福的道路上来。"凡是感到自己是一个研究者的教师，则最有可能变成教育工作的能手。教师要想走得更远，取得更多的成就，教学研究则是一个很好的途径。孙校长从做教师的那天起，走的就是一条艰辛曲折的以研促教的道路。他不喜欢照本宣科，把教参当做教条。每上一节课，都要加上研究心得。他孜孜以求，读书、查资料、写卡片，他的研究从微观到宏观，涉及教学的方方面面，他将自己的实践经验加以归纳整理，总结出很多对一线教学有极大参考价值的经验。这些研究源自教学，又回归教学，促进了学生能力的提升。随着经验的积累，阅历的丰厚，孙校长的研究领域逐渐拓宽，涉及哲学、社会学、语言学、教育学、文学等领域，目前已成为语言学、孔学等方面的研究专家。而作为一名领导者，他又把这种理念带给了他的团队。他说："科学的教育，离不开教育的科学。中小学教研，应该是以实践为主的行动研究，目的是为了更好地指导教育教学实践。"在他的影响和要求下，教师以研促教蔚然成风。他还加大奖励力度，鼓励教师写论文、著书立说。他给教师提出了"站稳课堂，写好文章"的目标，同时，通过教科室给教师定目标、定任务，确保大多数教师能够参与课题研究，出文章、出成果、出成绩。

温家宝同志曾经指出："好的教师才能有好的教育，我国不仅需要大批的科学家，也需要大批的教育家。要像宣传劳动模范、宣传科学家那样宣传教育家。"我以为，作为一名语文人，孙汉洲先生身上博学不辍的教师本分、研学一体的成长路径、持恒坚守的教育品格，是非常值得我们好好研究、认真学习、广为传布并发扬光大的。今天，我们总结和弘扬孙汉洲先生的语文教育思想，不仅对推动语文教学改革有着重要意义，而且对于教师、教育家队伍的建设也有着很好的启示。《中学语文教学》杂志作为核心期刊和中语会的会刊，创刊30多年来，始终关心着教师队伍的建设问题。我们衷心希望，通过这次会议和老师们建立更加广泛的联系，把孙汉洲等语文教育家的思想传播出去，为语文教学改革发展、青年教师的成长作出更大的贡献。

最后，祝各位专家、老师身体健康！

《中学语文教学》主编
张　蕾
2015年10月26日

上善若水读汉洲

各位领导、各位老师：

我受到29中邀请，感到非常荣幸。今天站在这里，也是感慨万千。我记得1988年，我在南京市教科所工作，我帮29中写过一个报道，主要是报道德育工作的先进经验。当时负责德育工作的是徐亚连老师，校长是赵亚珍。我写完稿子给赵校长看，她亲切地接见了我，说了一句话："写得真好！找时间请你吃饭吧！"结果等了18年，二十九中都没有请我吃饭。后来孙校长来了以后，很荣幸地认识了孙校长，后来我就吃过二十九中好几顿饭。现在我也退休了，孙校长要我来谈谈对他的认识。刚才孙校长还有前面发言的几位讲得很好很到位，我简单补充几句。

他是一个响当当的校长，肩负着沉甸甸的责任，大事小事天下事，有情有义有朋友。因为我现在出版系统工作，不在教育系统了，孙校长总是不忘记我们这些老朋友。孙校长有很多值得解读的地方，要我讲就三个字——"大智慧"。今年的高考作文题是"智慧"，我们孙校长就是有智慧的人。我在苏州园区的星海高中看到教学楼墙上有四个大字"上善若水"。我们孙校长叫"孙汉洲"，他跟"水"不是有关系吗？所以我就想了一个题目《上善若水读汉洲》。

"汉洲"二字因水而生。孙汉洲校长教语文、办学校，他追求的就是"上善若水"这一最高境界。上善若水被认为是至高无上的品德，也是做人做事的尺度和态度。我试着把自己理解的汉洲校长的语文教学及其教育人生概括为三句话18个字："一叫文史哲，宽视野；二为有思想，敢担当；三曰可操作，成风格。"

第一，何为"文史哲，宽视野"？大家都知道孙校长是名校长、名教师，许多人并不知道他的作家身份。他是中国作家协会会员，发表出版过一批小说、散文、诗歌等文学作品。作家身份并不重要，重要的是孙校长良好的文学素养和深厚的文学功底。他教作文，效率那么高，与他写得一手漂亮的示范文有关。他懂得用形象的文字感染学生，上课比较容易激发学生兴趣。二是历史学的素养。龙应台说："历史就是让你知道，没有一种事物是孤立存在的。"孙校长对中国古代的教育史不但熟悉，而且深有研究。2008年江苏人民出版社出版的《孔子教做人》一书，据我了解，到2010年就重印过3次。孙校长对中国历史中传统教育文化不但有寻根究底式的挖掘、承前启后式的培育，而且还有目标愿景式的践行，并由此不断发展出属于自己的教学方法和教育方式。三是哲学的素养。同样是龙应台所说："哲学就是让你抬头看到星星，并让你在星星的指引下走出迷宫。"龙应台想告诉我们的是，哲学能指引我们的方向，这当然没有错。但我在这里想讲的是，哲学的思维有助于语文老师对知识进行梳理，并通过梳理提炼出属于自己的观点，从而构建原创的教学内容。从一定角度看，有哲学思维的人，才能从根本上克服语文教学的"散、慢、差、废"。我以为，文史哲素养兼备，才形成了孙汉洲校长宽广的视野。我们常讲"大语文"，即为孙校长所说的语文的"广义备课"。孙校长要求语文老师像江河一样奔流不息，意思就是教师知识面要宽，视野要开阔。没有教师的宽广视野，大语文的背景和根基也就不复存在了。

第二,何为"有思想,敢担当"?苏霍姆林斯基说过:校长的领导首先是思想的领导,然后才是行政的领导。什么叫思想?思想就是善于从现实中发现可能,又能够把可能转变为现实。孙校长不但知道语文教学应该是什么样的,而且他还知道语文教学实际上是什么样的,更知道怎样能让语文教学变得更好。在孙校长身上,既有"思"所体现出来的理性思维,又有"想"所包含的想象力培养和浪漫主义情怀;既有"思"的追根究底,又有"想"的超凡脱俗。"思"和"想"本质上是对生命的追问和追寻。"思"追问的是你从哪里来?"想"追问的是到哪里去?"思"和"想"这两方面在孙校长身上得到了完美的统一。这样,我们也就不难理解,孙校长在抓教学质量的同时,为何如此重视学校的诗歌教育。诗,可以兴,可以观,可以群,可以怨。诗歌的熏陶,给人以超凡脱俗的境界。诗歌的无用大用,会让学生一辈子受用。有思想,还要敢担当。记得今年3月份,我在上海参加一个研讨会,著名语文教师于漪老师呼吁语文老师要有担当的意识。她形象地把语文教师说成有"三条命":性命、生命和使命。性命是最低层次,生命就要有点精神追求,使命意味着担当。于漪老师说,语文老师担当的使命,就是要让我们的汉字、母语更有生机。用于漪老师的话说,它关系到民族的生死存亡。语文教育在新的历史时期,要得到更好更快的发展。

第三,何为"可操作,成风格"?孙校长的教学风格早有定论,叫做"实、活、导、创"。风格虽然是一种内在的相对稳定的个性化教学品质,但风格也有动态发展的一面。真正的风格往往如经典的文学作品,往往能为欣赏者提供理解上的再创造空间。孙校长教语文,恰如水的品性,既有浩浩荡荡之博大胸怀,又有百折不挠之渗透精神。他善于从前辈国学大师身上汲取精华,如季羡林的"朴",钱钟书的"慧"。在孙校长的语文教学活动中,燕赵文化的慷慨悲歌、齐鲁文化的经世致用、吴越文化的智敏聪慧在不同程度上交接回流。孙校长对工具性和人文性的结合有自己的看法,孙校长教语文,特别重视工具书的使用,特别重视字词句的落实,特别重视写文章要文从字顺。这些在有些人看来有些老旧落后的做法,恰是孙校长的可贵之处。正是因为孙校长长期重视对语文基本功的训练,才有了今天二十九中过硬的语文教学质量。

孙校长语文教学风格接地气、可操作、能借鉴,只要有心,人人都能学得上、做得了。我用上善若水来引喻孙校长的教育人生,只因为水就像是一位无任何瑕疵与任何古厝的圣人,我们虽无法企及,但心向往之。我当然并不是说孙校长就是完人,就是圣人,我指的是,孙校长一直怀着水的品性、像水一样的人向往之的情怀从事教育工作。

我用美国诗人弗洛斯特的著名小诗《林中路》中的几句诗行送给孙校长:"黄色的树林里分出两条路,可惜我不能同时涉足,但我知道路径延绵无尽头,恐怕我难以再回返。而我选择了人迹更少的一条,从此决定了我一生的道路。"

谢谢!

《全国中学生优秀作文选》主编
姚卫伟
2015年10月26日

复合型的教育名家

尊敬的孙校长、各位领导、各位专家、各位老师：

非常荣幸能够来参加孙校长的教育思想研讨会。大家都知道，在中国，想做一个比较牛的校长，实际上是一件很难的事情。你既要有自己的办学理念，又要有办学的业绩。如果一个校长光有理念，没有成功的高考成绩，这个校长是牛不起来的。如果一个校长只有高考成绩，没有自己的理念，没有高高飘扬的旗帜，这个校长也牛不起来。孙汉洲校长很牛，因为他既有自己的办学理念，又有显著的高考成绩。孙校长还有一个牛的，就是他的语文教学。所以，我觉得他是一个在这三方面都很牛的人，应该成为教育名家。说孙校长三个方面牛，首先就揭示了孙校长是一位复合型的校长，是一位复合型的教育名家。

我觉得今天的研讨会实际上是让我们一起来思考，也是让孙校长自己去思考、整理他是一个什么样的人。我们一般情况下说某个人的教育思想，主要看他有没有将教育上升到哲学层面、价值观方面。这里，我非常仓促地整理了一下，我觉得孙汉洲的教育思想，至少包括八个观：

第一，三本观。爱是教育之本，学生为教育之本，德育为众育之本。爱是教育之本，实际上回答了教育观。学生为教育之本，实际上回答了学生观。三本观，我觉得构成了立体的孙汉洲对教育的理解。

第二，普通高中办学观。普通高中办学观，强调质量上乘，特色鲜明。我们不要应试教育，但我们要应试。大家可能关注到，我们江苏教育报刊总社今年承担了省教育厅的一项重要工作，就是面向全国宣传推广锡山高级中学。我们带队到锡山高级中学去，前前后后有一个礼拜。该校唐江澎校长一个很重要的观点就是，我们普通高中既要兼顾教育的终极价值——为了人的发展，又要兼顾它的工具价值——高考。二十九中在这一方面，我觉得是非常生动地体现了这一追求。高考成绩一路辉煌，同时在体育、艺术方面又有特色，还获得了“全国文明单位”的称号。

第三，教师观。这八个字说得非常好——“站稳课堂，写好文章”。我对语文没有发言权，但是我发现孙汉洲校长的词语非常朴素。他喜欢口诀、喜欢诗歌及口号，但是寓意非常深刻。包括他概括的师爱的 20 个特征，是我看到的关于师爱研究最广泛最全面的一篇文章。

第四，管理观。我觉得可以把它概括成十六字——“目标激励，高度引领，激情点燃，团队进取”，我觉得他的管理观是这样的。

第五，教学观。教学观可以概括为“以研促教，以研立言，不拘一格，独立自由”。

第六，文化观。文化观可以概括为“文化留根，儒学传承，基地辐射”，在校园文化建设方面，孙汉洲校长走出了一条特色之路。

第七,课程观。课程观可以概括为“隐性课程与显性课程,校内课程与校外课程”这一大教育观的课程理念。

第八,校长观。孙校长的文章《校长十大特质》和《校长的十件事》,阐明了校长要“魂之附体”——附校园之体、附教学之体、附教研之体,我觉得这都是对校长责任、使命和岗位的一种认识。

最后,我用三句话来概括一下我的看法:孙汉洲的教育思想最重要的是形成了有效的普通高中办学观,丰富了普通高中办学实践,提供教育家办学和名校长成长的生动范本。

谢谢大家!

江苏教育报刊总社社长,教育学博士

孙其华

2016 年 10 月 26 日

做成全人的教育

尊敬的孙校长,各位专家:

非常感谢南京29中在七十周年校庆之际,给我提供这样一个机会。说实话,今天坐在孙校长对面,又最后给我这个主题发言的机会,心里是诚惶诚恐的。因为之前跟孙校长不是很熟,为了更好地领悟孙校长的思想,昨天晚上临时在研读他的文集的基础之上,做了这样一个PPT。可以讲,借助在校长中心工作的机会,认识了全国三百多位校长,在向他们不断学习的基础上,今天有点感受。上来,就我们孙校长的教学思想,谈几点感悟。我的感悟如果用一句话来归纳的话,我们孙校长,我们29中一直在做着“成全人”的教育。正是因为孙校长有着这样一种崇高的追求,在成全我们29中,成就我们29中每个学子的过程当中,成就了他自身的教育思想。大概,我的感悟,从三个方面,跟大家一起来分享。

第一,就是我们孙校长教育思想的指向。思想总是面对特定的对象。刚才,几位专家的发言都让我感受到,正是因为我们孙校长自己是一个怎样的人,才成就了我们南京29中的学生。同时,我想就孙汉洲教育思想的要素,也就是他自己身上的人格特征,跟我们各位同仁一起分享。第三,作为校长,他不仅仅是一个思想家,更多的是他能把他的思想,在学校的土壤上开花结果。前两天,在肖主任的领导下,我们召开了南京几位校长的一个论坛,也聆听了云龙校长的教育思想(更多的是根据12中的)。我也很荣幸地做了他们的班主任,所以最近底气还是比较足的。尤其是昨天晚上研读了我们孙校长的教育思想,我自以为感悟还是比较丰厚的。

首先,我们来看第一点,孙校长教育思想的指向。教育首先要思考的是培养什么样的人的问题,这是教育最为本质的问题。教育究竟要培养什么样的人呢?我也是从一位校长身上悟到的。同时,我觉得这些优秀的校长,他们所具有的品质,他们所指向的培养目标,在我们孙校长身上完全得到体现。

第一,善良为根。教育究竟是培养虚伪,还是培养好人?大家都在讲这个时代发展变化很快,一切都要追求幸福。但是我觉得,教育的根本还是善良。我们的孙校长,他是用一颗善良心来办教育的,他培养的人也是善良的。所以,洛克曾经讲过:“所谓智慧,它是善良的天性、心灵的努力和经验结合的产物。”所以,洛克在他的书里也非常强调但丁那句名言——“道德常常能够填补人们智慧的缺陷,而智慧却不能同样填补道德的缺陷”。从孙校长研读孔子可以看出,他的教育指向就是要培养善良的人,所以他的学校办学理念,第一是厚德。

其次,崇高为魂。培养一个好人,是最根本的。我们不但有崇高的追求,还要激发孩子的志趣。所以,梦想崇高能够唤醒学生内心中的无限可能。孙校长在思想当中强调“德育是智育之首”,强调“我们的孩子能够有崇高的追求”。

第三,情怀为境。做人最重要是要有真性情。情怀的大小会决定你未来能否走得更好,走得更远。所以,他在学校当中强调“以诗抒情”,强调诗教教育,这是他的教育思想能够在29中这片大地上开花结果的原因。他把他自己如何做人，把他认为应该培养怎样的人，在清楚思考的基础上，形成了教育思想。

所谓好的教育，他一定是自己内心有决定的教育。什么教育都不会是最完备的教育，我们只是在教育过程中，不断地探究、不断地逼近教育的本质。从孙校长的教育思想中，我感悟到我们要做好的教育，一定是"根、魂、情"统一的教育，它统一于我们孙校长对 29 中的办学理念中。孙校长把对语文学科的认识上升到一种诗性、上升到一种哲学思考。挪威有位哲学家在书写西方教育哲学史时，有这么一段话："理念世界，是有价值的。"理念就是理想，对理想的渴望都是根植于我们内心的，这就是柏拉图所讲的对"真、善、美"的不断渴望。从孙校长身上体现的就是根植于他内心的对"真、善、美"的不断渴望。孙校长在成就学生的过程当中，也成就了自己的思想。

近三十年的校长培训经历，我感悟了三句话，我觉得用在孙校长身上也是有道理的。

第一句话，"经历即人"。孙校长讲他小时候父亲就跟他讲《三字经》，就用儒学这样的中国优秀传统文化启迪他，培养这种爱好，成为他一生的追求。一个人的经历对他的成长非常重要。我们作为校长，也是用我们自身的经历，给我们的孩子创造他们的经历。

第二句话，"人即学校"。什么样的人，办什么样的学校；什么样的学校，培养什么样的人。如果自己没有崇高的理想，没有善良的心地，没有宽广的情怀，那么这个学校恐怕也就是一个小学校。正是因为孙校长强调爱，强调以学生为本，所以从 29 中走出去的人都是大写的"人"。

第三句话，"学校即梦"。"诗"是有梦想、有想象力、有追求的一种代表。学校不是要拉孩子做噩梦，更多的是要孩子做一种有追求的梦，要有梦想，要保护孩子的梦想，保护孩子的好奇心，保护孩子的想象力。在孙校长的教育当中这一思想得到了充分体现。读他的文章，尽管这两天我比较疲惫，但还是读着他的文章有品质地进入梦乡。孙校长是一个有真性情的人。只有真性情的人，才能办真教育。现在我们社会上的人，人性没有温度，教育没有温度。如果我们培养出来的人整天模仿崇拜不该崇拜的人，那是没有性情的，那么我们的教育就是失败的。因为教育，是"虽不能至，然心向往之。"正是有着这种情怀，他的思想发展是无限的。正是由于孙校长的情怀，南京 29 中才从 2006 年最痛的时候，发展到现在快乐的时候。这不仅体现在升学指标上，更是他情怀的一种体现。有情怀是非常重要的，但没有理性思考是不行的。"理性总是要为情感服务，但是要追求崇高的情感，还是得具备理性。"我觉得孙校长的语文教育思想中最重要的就是语文要姓"语"。就是要会讲话，学会表达。如果一个人连话都不会讲，是不行的。因为语言是思维的外壳。我们可以通过自己的表达来训练自己的思维。理性的核心，就是自己的思维。未经理性审视的生活，是不值得过的生活。孙校长通过他的思维，他的语文教育，他的理性，使他的教育生活越来越幸福。教育要符合党的教育政策、方针，教育是为社会主义培养接班人，要将"为国育才"上升到生命的高度。一个优秀校长身上的品质，第一是要"立意高"，看他站在什么高度；第二，是要"思考深"；第三就是情怀。从孙校长的教育思想中，我们能感受到他的高度。

孙校长不仅有思想高度，还有思想执行的力度。他的力度通过以下三个途径体现出来：课堂、课程、课题。

新课程标准实施后，我们认为课程是学生生活一切定位的组合。孙校长以一切定位"厚德志强，纯真卓越"为导向，来设置 29 中课程。29 中课程在孙校长的思想引导下，是非常丰富的。在语文课程中，他强调"积累与纯粹"，没有这种积累，没有丰富的体验，就无法写出好文章。课程设置丰富，让孩子学会选择，才能够创造适合孩子发展的教育；让他们学会了选择，这些孩子未来才会走得更远。孙校长的"有教无类""因材施教"得益于自身对教育的追求和对孔子的研究。如果没有他的这种深刻的理解,是没有办法设置这些课程的。

孙校长在课堂中强调把"活水引进来",要有益于学生的发展。他对语文教育的很多研究,可以作为我们改进课堂的学习榜样,有助于更好地创设一种民主的、平等的、活泼的、合作的课堂。校长除了当领导,还有不可替代的能力——领导课程与教学。刚刚肖所长所讲的三点正好符合校长专业发展的三个维度:校长价值引导,主要体现在两个方面:一是规划学校发展的能力;二是营造个人文化的能力。所谓会研究,主要体现在校长不可替代的两个专业能力:一是课程领导力;二是引领教师专业发展的能力。第三个维度就是善于管理,体现在:优化内部管理,调设外部管理。

孙校长刚刚一直在强调"以研促教",所以我们现在讲规划,叫"顶层设计",其背后是校长对于教育本质思考的深入。没有向里面不断地追问和对本质的把握,你的规划是没有高度的。学校的课题,是学校内涵发展的保障。如果没有研究,光有勤奋,是不可能有内涵的。所以,在推进规划中,要抓住龙头课题,使我们29中的内涵更加丰富。没有研究,教师就会产生职业倦怠,校长要主动带头,我们青年教师也要不断参与,研究是教师发展的根本动力,研究的结果就是能够形成自己的风格。一个校长也好,一个教师也好,一个学校也好,应用自己的话语体系来表达自己的内容。我们常常觉得我们讲话没有大教育家深刻,若我们将来在学习他们的话的时候能够有我们自己的话,那便是我们研究的意义。孙校长能够在29中取得辉煌成就的原因,就在于他抓住"课堂、课程、课题"来执行他的思想。学校的执行,决定学校教育的成败,校长的高度决定教育的高度,孙校长是非常强调执行的。所以,领导决定境界,执行决定成败。

在29中建校70周年之际,我们还是要进一步坚定我们的理想和信念,就像习总书记所讲:"好教师,第一就要有理想和信念。"所谓理念,就是理想和信念。对于自己所做的事情要不断地掘新,这个掘新来源于我们对过去反思的不断深入,从历史当中,就像孙校长从孔子身上不断地吸取经验。对历史的反思越深入,未来才能走得更远,对历史记得才能更清,对当下把握得才能更准。最后,衷心祝愿我们29中在汉洲思想、云龙继承的引领下,明天更加美好。谢谢大家!

华东师范大学教授、教育学博士

王　俭

2015年10月26日

海棠花开

——仅以此献给孙汉洲老师以及执着奉献在东海教育战线上的老师们

容姿潇洒的海棠
花开似火的海棠
我们多么想和你说几句悄悄话
我们多么想采一朵作为我们天天向上的理想!

老师,亲爱的老师
您就是容姿潇洒的海棠
您就是花开似火的海棠
您的芬芳开遍东海的楼台亭阁,池畔道旁……
您的芳香任蜂儿摄取,酿成醉人蜜浆

老师,亲爱的老师
在那饥无择食的年代
您曾默默追寻海棠的奇艳
您曾为之梦绕魂牵、插上理想的翅膀!

老师,亲爱的老师
您最钟情于那曾经养育您的三间老屋
那里,南窗灯光如豆,伴你书海泛舟
那里,梁上紫燕呢喃,引您诗心初翔
那里,有您"不比吃穿,只比学习"的座右铭
那里,盛满您童年的幻梦、青少年的憧憬和理想

老师,亲爱的老师
您最难忘的是那冰封雪裹的工棚
那里,有您栉风沐雨的身影
那里,有您点燃大学梦的烛光
在那里,您第一次读懂了海风的苦涩

在那里,您第一次领略了知识灾荒的凄凉

猩红鹦绿的海棠
叠葩重萼的海棠
我们多么想和你说几句悄悄话
我们多么想采一朵作为我们天天向上的理想

老师,亲爱的老师
您就是猩红鹦绿的海棠
您就是叠葩重萼的海棠
您的芬芳 几经夜雨香犹在
你的梅骨 屡遭冬雪志更昂

梅骨柳韵的海棠
幽姿淑态的海棠
我们多么想和你说几句悄悄话
我们多么想采一朵作为我们天天向上的理想

老师,亲爱的老师
你就是梅骨柳韵的海棠
你就是幽姿淑态的海棠
您是从农家走出来的第一代大学生
您的孜孜以求、自强不息,永远是我们学习的榜样!

四年大学生涯,您把自己比作海棠
与玉兰、牡丹相配植
但最引人注目的还是您啊——“海棠”

您怜惜学习机遇来之不易
您从跨进大学门槛的那天起
就像浅水里的鱼游进了大海
在知识的海洋里如饥似温饱地吸取营养
您置身于教室、阅览室和图书馆
热恋着李杜、巴尔扎克、托尔斯泰……的书香
博取着孔孟、杜威、夸美纽斯……的教育思想

老师,亲爱的老师

您的钟爱是文学
当您的诗歌、小说在报刊上变成崭新的铅字
您却毅然地抛弃了文学家的梦想
当鱼和熊掌不可兼得的时候
您决然地站到了教育的起跑线上

老师,亲爱的老师
多么果断的选择
多么果断的思想!
让我们想起杜母的乳名:海棠
她以奶和智慧哺育了千古垂芳的诗圣
您呀——老师
用您难以割舍的爱和满腹经纶
把一批批学子送进高等学堂!

哦,老师
您是无垠的沃土
孕育芳草、造就栋梁
您是辛勤的纤夫
拉拽着中国文明之船 远航
您是沉默的牛
耕耘着知识的洪荒
您是无私的人梯
让学生 攀登高峰 踏着您的肩膀
您是慈祥的母亲啊,养育子女出自本能的爱
从不计较怀胎分娩的苦痛、哺育的操心奔忙

哦,老师
您就是偷知识息壤的鲧啊
为了治服桀骜的洪水
虽被殛于羽山,仍孕育着一代治水禹王

哦,老师
您是偷智慧火种的普罗米修斯
普罗米修斯被钉在高加索山上受鹰啄之苦
而你也忍受着清贫,却从不颓唐!

老师,亲爱的老师
您从一个农家子弟成为一个专家、学者
您从一个民办老师到特级教师到人民大会堂颁奖
凝结你多少心血与汗水
在您的一本本教学专著中
又叠入您多少智慧与风霜

云霞似火的海棠
硕果满枝的海棠
我们多么想和你说几句悄悄话
我们多么想采一朵作为我们天天向上的理想!

老师,亲爱的老师
您就是云霞似火的海棠
您就是硕果满枝的海棠
我们深深地祝福您:
海棠花开依旧
依旧花开海棠!

薄其友
2004 年 12 月 29 日